A HORA DA
VINGANÇA

George Jonas

A HORA DA VINGANÇA

Tradução de
MARIA CÉLIA DE MEDEIROS CASTRO

3ª EDIÇÃO

EDITORA RECORD
RIO DE JANEIRO • SÃO PAULO
2025

CIP-BRASIL. CATALOGAÇÃO NA PUBLICAÇÃO
SINDICATO NACIONAL DOS EDITORES DE LIVROS, RJ

J66h
3ª ed.

Jonas, George, 1935-
    A hora da vingança / George Jonas; tradução de Maria Célia de Medeiros Castro. – 3ª ed. – Rio de Janeiro, 2025.

    Tradução de: Vengeance
    ISBN 978-85-0103-265-2

    1. Relações árabe-israelenses – Ficção. 2. Serviço secreto – Israel – Ficção. 3. Terrorismo – Ficção. 4. Romance canadense. I. Castro, Maria Célia. II. Título

05-3763

CDD – 819.13
CDU – 821.111(71)-3

Título original:
VENGEANCE

Copyright © 1984 and 1985 by George Jonas

Originalmente publicado em inglês por HarperCollins Publishers Ltd. com o título *Vengeance*. Prefácio à edição de 2005 © 2005 by "Avner".

Todos os direitos reservados. Proibida a reprodução, no todo ou em parte, através de quaisquer meios.

Esta é uma obra de ficção. Nomes, personagens e acontecimentos nela retratados são fruto da imaginação do autor. Qualquer semelhança com pessoas reais, acontecimentos e lugares será mera coincidência.

Direitos exclusivos de publicação em língua portuguesa para o Brasil adquiridos pela
EDITORA RECORD LTDA.
Rua Argentina, 171 – Rio de Janeiro, RJ – 20921-380 – Tel.: (21) 2585-2000, que se reserva a propriedade literária desta tradução.

Impresso no Brasil

ISBN 978-85-0103-265-2

Seja um leitor preferencial Record.
Cadastre-se no site www.record.com.br
e receba informações sobre nossos
lançamentos e nossas promoções.

Atendimento e venda direta ao leitor:
sac@record.com.br

Para Barbara Amiel,

e para Assi, David, Kathy, Kopi,
Milt, Tony, Smadar e Yasir,

e para aqueles que morreram
dos que sobreviveram.

Assim diz o Senhor: Porque os
filisteus se entregaram à vingança,
e se vingaram de todo o seu coração,
matando e satisfazendo suas inimizades;

Por este motivo, assim diz o Senhor Deus:
Eis que estenderei a minha mão
sobre os filisteus;

E eles saberão que Eu *sou* o Senhor,
quando Eu tiver exercido a minha
vingança sobre eles.
Ezequiel 25, 15-17

Eles não vão acreditar que o mundo que
eles não notaram é assim.
Graham Greene, *Pontos de fuga*

AGRADECIMENTOS

Sou grato pelos comentários, dados e demais assistência graciosamente fornecidos pelo sr. G. Antal, sr. Yeshayahu Anug, sr. Frank Barbetta, srta. Brindusa Caragiu, srta. Suzy Dahan, sr. Edward L. Greenspan, QC, dr. A. I. Malcolm, sr. Michael Smith, sr. A. Soos e sr. Marq de Villiers.

Também quero agradecer a contribuição indireta, mas essencial, do professor Philip Anisman ao capítulo de notas do livro.

Agradecimentos especiais aos meus pacientes editores, Louise Dennys e Frances McFadyen.

Este agradecimento não implica que qualquer um dos que me ajudaram partilhava meus pontos de vista, ou minha responsabilidade por quaisquer erros.

SUMÁRIO

Prefácio à edição de 2005 13
Prefácio 17
Prólogo 21

PARTE I   O preparo do agente

1   Avner 31
2   Andreas 51

PARTE II   Mudando a história judaica

3   Golda Meir 87
4   Efraim 97

PARTE III   A missão

5   Wael Zwaiter 121
6   Le Group (O Grupo) 133
7   Mahmoud Hamshari 168
8   Abad al-Chir 183
9   Basil al-Kubaisi 192
10 Beirute e Atenas 208
11 Mohammed Boudia 225
12 A Guerra do Yom Kippur 243
13 Ali Hassan Salameh 258
14 Londres 272
15 Hoorn 283
16 Tarifa 298
17 Frankfurt 315

PARTE IV Saindo do frio

18 América 329
     Epílogo.. 363
     Notas 375
     Cronologia.. 396
     Apêndice... 397
     Comentários a respeito de uma controvérsia 398
     Bibliografia 416

PREFÁCIO À EDIÇÃO DE 2005

Faz pouco mais de 33 anos desde que terroristas palestinos infiltraram-se na Vila Olímpica e, no que mais tarde se tornou conhecido como o Massacre de Munique, mataram 11 atletas israelenses inocentes que competiam nos Jogos de 1972. Nas décadas que se seguiram a esse evento pavoroso, eu refleti muito se a reação de Israel — despachar a mim e a quatro outros numa missão à Europa para caçar e matar os 11 indivíduos que, segundo nos disseram, haviam planejado o massacre — foi correta. Infelizmente, como a nossa missão, este é um problema complicado sem respostas fáceis.

Muito do que nos consome hoje no Oriente Médio está enraizado não apenas na história, mas na história antiga. No caso da nossa missão, essa história remonta há quase quatro mil anos, ao Código de Hammurabi, a mais antiga expressão conhecida do que os romanos mais tarde chamariam de *ex talionis* ou lei da retribuição. O Código de Hammurabi realmente não emprega a expressão "olho por olho" (o mais perto que chega é da instrução bem direta "Se um homem arranca o olho de outro homem, seu olho deve ser arrancado"), mas está imbuído com o espírito do que os filósofos chamam de retaliação equivalente — a noção de que a forma correta de punir os malfeitores é causar a eles o mesmo mal que eles causaram a outros.

Moisés impôs esse tipo de lei em Israel, e a expressão "olho por olho, dente por dente" aparece três vezes no Torá. Num sentido muito real, este é o lado inverso da Regra de Ouro. Em vez de "Faça aos outros o que você gostaria que fizessem a você", nós temos "Se você fizer a mim, eu farei de volta a você".

Nos tempos modernos, Israel abraçou, implementou e aperfeiçoou este princípio — não meramente em nome da vingança, mas também como um meio de sobrevivência. "Olho por olho" tem sido a estratégia básica de Israel em resposta ao terrorismo, e uma sucessão ininterrupta de governos israelenses endossou a noção de que essa é a única reação sensata. De fato, nos últimos anos, sob o governo do primeiro-ministro Ariel Sharon, o *ex talionis* tornou-se o princípio fundamental e a ferramenta do Exército israelense.

Mas o *ex talionis* é realmente uma solução? Ou melhor dizendo, é realmente uma boa solução?

Esta questão assumiu uma urgência especial desde os eventos de 11 de setembro de 2001. Embora o terrorismo tenha vazado para fora do Oriente Médio antes de 11 de setembro, ele nunca antes envolvera americanos como fez naquele dia. E, desde então, o governo norte-americano tem sido consumido por um desejo de vingar o 11 de Setembro — a ponto de ter acionado guerras no Afeganistão e no Iraque e brandido seus sabres retóricos contra todas as nações que se recusaram a participar de (ou pelo menos endossar) sua Guerra ao Terrorismo.

Freqüentemente recordo da missão de minha velha equipe quando acompanho as notícias sobre os esforços dos Estados Unidos e de seus aliados para caçar Osama bin Laden e seus colegas da Al Qaeda. Penso nas longas horas e condições perigosas que enfrentamos para buscar vingança para Israel. O mundo mudou imensamente nos últimos 33 anos, mas a mecânica da vingança permanece a mesma.

E também suas deficiências. Segundo um comentário atribuído a Gandhi: "Um olho por olho deixa o mundo todo cego." É difícil imaginar uma crítica mais devastadora — ou eficaz — da justiça do castigo. Mas que tipo de orientação esta crítica proporciona em face ao terrorismo? Enquanto o pacifismo revolucionário de Gandhi pode ter feito sentido quando empregado contra um oponente "civilizado" como o Império britânico, como podemos chegar a considerar dar a outra face a adversários que estão dispostos a cometer crimes da ordem do Massacre de Munique ou do 11 de Setembro — ou, a propósito, do Holocausto?

A questão é: nossas concepções de moralidade exercem pouco poder sobre os terroristas. Afinal de contas, os terroristas que mataram os atletas israelenses em Munique (exatamente como os terroristas que mataram milhares de pessoas no World Trade Center) consideraram suas ações profundamente morais — até mesmo sagradas. Eles viam a si mesmos como guerreiros da liberdade. Para eles, Israel era o verdadeiro malfeitor, culpado de crimes tão hediondos e vastos que podia virtualmente justificar qualquer tipo de retaliação.

Isto significa que devemos levar nossos braços ao alto e nos resignar a um ciclo infindável de ataque e retaliação — um banho de sangue contínuo e crescente no qual a diferença entre nós e os terroristas acabará caindo por terra? Absolutamente, não. O fato é que não existem diferenças reais entre nós e os terroristas. Quando terroristas atacam, eles derramam sangue indiscriminadamente. De fato, matar inocentes é em geral o objetivo do que eles fazem — ou para enviar uma mensagem àqueles no poder ou para aterrorizar a população em geral. Em contraste absoluto, quando Israel exige vingança por ataques terroristas — seja enviando uma equipe como a minha após o Massacre de Munique ou lançando um míssil ar-terra nos territórios ocupados após a detonação de um carro-bomba —, o país tenta fazer isso cirurgicamente, visando apenas aqueles responsáveis pelo incidente que deflagrou a missão. Afinal, a doutrina do "olho por olho" não é uma licença para barbárie irrestrita. Significa retribuir não menos do que você recebeu, mas também não mais.

E então, se eu tivesse de fazer tudo aquilo de novo, tomaria a mesma decisão de quando Golda Meir me procurou há mais de trinta anos. Naquela época — muito anterior ao Acordo de Camp David, muito anterior a qualquer "processo de paz" significativo, um tempo em que todo o mundo árabe (incluindo Egito e Jordânia) pedia diariamente pela destruição do Estado judeu, e em que a manutenção da existência de Israel era uma questão em aberto —, responder na mesma moeda à violência que nos havia visitado era o único curso de ação que fazia algum sentido.

Mas precisamos deixar uma coisa bem clara. Embora eu não faça apologias pela missão que eu e minha equipe realizamos na década de 1970 — e, inclusive, orgulho-me de ter sido capaz de servir ao meu país dessa forma —, não alimento qualquer ilusão de que fizemos algo para deter o terrorismo. Como todos sabemos muito bem, o terrorismo continua a escurecer nossas vidas até hoje; possivelmente numa escala bem maior do que qualquer um de nós teria imaginado há trinta anos.

O que deterá o terrorismo? Não serão equipes de assassinato ou incursões militares. Da forma como vejo, o terrorismo continuará até a situação política e econômica mudar o bastante para levar igualdade e equilíbrio a todo o Oriente Médio. "Olho por olho" pode ser uma resposta apropriada, mas não é uma solução. Infelizmente, até encontrarmos uma, precisaremos estar preparados para lidar com ataques terroristas contínuos e com subseqüentes atos de vingança.

"Avner"
Maio de 2005

PREFÁCIO

No outono de 1981, meus editores me perguntaram se eu queria conhecer um homem com uma história interessante para contar. Após uma série de providências bastante cuidadosas, marcou-se um encontro em uma cidade da América do Norte. Lá, em um pequeno escritório, conheci um indivíduo que me fez seu relato de um importante episódio da guerra clandestina de Israel contra o terrorismo: as atividades de uma equipe contraterrorista formada depois do massacre dos atletas israelenses em Munique, em 1972.

Mesmo antes de fazerem contato comigo, meus editores se convenceram da *bona fide* do homem. Depois do encontro fiz algumas investigações por conta própria, e cheguei à mesma conclusão que eles. Era evidente que estávamos falando com um agente israelense que havia "saído do frio" — que nós soubéssemos, o primeiro.

Encarreguei-me de realizar pesquisa posterior e escrever um livro sobre a história do agente. No decorrer do ano seguinte, viajei para vários países da Europa e do Oriente Médio. Passei algum tempo em duas cidades atrás do que se costumava chamar Cortina de Ferro. Meu informante e eu continuamos a nos encontrar em diferentes regiões do mundo durante algum tempo. Seguindo suas instruções, entrevistei seis outras pessoas na Alemanha, na França, em Israel e nos Estados Unidos. Também entrevistei vários dos meus contatos — peritos, funcionários, observadores — que podiam esclarecer um aspecto ou outro dos eventos. Muitos dos últimos posso designar, livremente, pelos nomes. Alguns, por motivos óbvios, não.

Pelos mesmos motivos, não posso identificar minha fonte principal. Realmente, ele tomou consideráveis precauções de forma a não ter que confiar somente em minha discrição ao proteger-se de pesquisa indesejável. E permitiu-me saber sobre ele apenas o necessário para completar o livro.

Para minha melhor compreensão do cenário, meus contatos tomaram providências para eu observar algumas pequenas operações de campo. Acompanhado por agentes que trabalhavam na Europa, vi alguma coisa dos rudimentos de vigilância de rotina, compra e uso de documentos ilícitos, o estabelecimento de casas seguras e os métodos utilizados para contatar e pagar informantes. Embora meus estudos não fossem, de modo algum, exaustivos, minha pesquisa concedeu um vislumbre de primeira mão do mundo sobre o qual eu pretendia escrever.

A maioria dos *eventos* sobre os quais eu desejava escrever tinham ocupado um ou dois parágrafos nos jornais diários na época em que ocorreram. Embora nunca oficialmente "solucionados", alguns eram descritos desde o início como trabalho suspeito de equipes israelenses antiterroristas. Vários livros recentes que tratam do terrorismo internacional e do contraterrorismo aludiram a alguns deles. Trechos das notícias mais importantes tinham sido relatados em trabalhos de jornalismo documentário como *The Israeli Secret Service*, de Richard Deacon, *The Spymasters of Israel*, de Stewart Steven, ou *The Hit Team*, de David B. Tinnin e Dag Christensen. Edgar O'Ballance salientou os assassinatos de vários líderes terroristas palestinos na Europa em seu excelente *Language of Violence*. A informação básica estivera disponível, mas eu esperava ser capaz de conseguir algum novo *insight*.

Embora eu não inventasse nada, não podia esperar chegar aos padrões exatos do historiador. Inevitavelmente, porque parte de minha informação vinha de uma única fonte digna de confiança que eu não podia citar nominalmente. Certos detalhes de sua história não podiam ser verificados. Eu podia satisfazer-me com outros detalhes, mas teria que alterar alguns deles para proteger meu informante e minhas outras fontes.[1] Ao basear uma história em informação confidencial, o método jornalístico ideal é ter duas fontes checando uma à outra, independentemente: uma exigência que nem sempre pude satisfazer neste livro.[2] Da mesma forma, ao descrever diálogos e permutas que não foram registrados, minha única escolha foi reconstruí-los a partir das recordações pessoais de minha fonte, apesar do risco da memória humana poder ser fraca e funcionar em proveito próprio.

Resolvi contar a história do agente olhando por cima do seu ombro, por assim dizer — conservando-a no encadeamento duplo de seu ponto de vista e do meu. Utilizei o mesmo método com muitos dos outros indivíduos no livro. Ao contrário de uma narrativa na primeira pessoa, permitiu-me ver os eventos através dos olhos de minhas fontes de informação — às vezes, minhas únicas evidências — sem me obrigar a deixar de ser crítica em relação à visão delas. Como um jurado, eu podia tirar conclusões de fatos disponíveis.

Claro que muita coisa nesta história se prende a um terceiro encadeamento: evidência de fontes secundárias, identificadas no texto ou nas notas, segundo a maneira pela qual qualquer livro descreve eventos comuns para o leitor em geral. Onde fatos previamente relatados caminham contra a minha compreensão dos eventos — como acontece com alguns —, observo a discrepância.

* * *

Uma vez que este livro levanta, sem comentário, perguntas sobre que pessoas diferentes têm opiniões diferentes, acho que é justo traçar minha preferência para o leitor.

Como a maioria das pessoas, desaprovo o terror político. Além disso, não acredito na noção cínica de que o terrorista para um homem pode ser o lutador pela liberdade para outro homem. Os terroristas são definidos não por seus objetivos políticos, mas pelos meios que utilizam para alcançá-los.[3]

Ao mesmo tempo, não posso concordar com o sofisma comum de que o terrorismo é ineficaz. Acredito que essa sugestão é apenas uma racionalização de pensamento. Enquanto o terror falha, muitas vezes, em conseguir os propósitos desejados, o mesmo acontece com a guerra convencional, diplomacia ou qualquer outro empreendimento político. Por este critério, pode-se sugerir talvez, também, que a guerra e a diplomacia sejam ineficazes. Meu ponto de vista é de que o terrorismo é errado, quer seja bem-sucedido ou não.

Mas o contraterrorismo também envolve derramamento de sangue. Inevitavelmente, surgem inúmeras questões éticas ao se contar a história de uma pessoa que, a pedido de seu governo, acaba matando 12 seres humanos com as próprias mãos — sete deles deliberadamente e a sangue-frio. Não tentarei tratar destas questões aqui. Na medida em que podem ser respondidas, o são pelo livro como um todo.

Entre Israel e seus inimigos, apóio Israel. Faço isto por duas razões, além do fato de ser judeu. Primeira, acredito na vantagem da democracia liberal sobre qualquer outra forma conhecida de organização social e, no Oriente Médio, Israel se aproxima mais de uma democracia liberal. Segunda — embora sua história, especialmente recente, não seja perfeita sob este aspecto —, através do conflito do Oriente Médio, Israel aderiu a padrões comprovadamente mais altos de conduta do que seus oponentes. E enquanto não deixo de ter simpatia pela causa palestina, *deixo* de tê-la por aqueles que a apóiam por meio do terror.

George Jonas
Toronto, junho de 1983

PRÓLOGO

Munique

COMPARADO AO perfil elegante, engenhoso, que caracteriza a maioria das modernas armas automáticas de infantaria, o Kalashnikov parece atarracado e compacto. Este rifle de assalto, designado oficialmente como AK-47, parece ter sido inventado por um camponês siberiano, ao menos de acordo com a lenda que formou ao seu redor como a arma mais popular do terrorismo internacional. É simples e resistente. O rifle de 87 centímetros de comprimento é feito de madeira amarelo-escura — a coronha e o cabo de pistola —, interrompido por duas estruturas de metal cinza, opaco. A parte central de metal compreende o mecanismo do gatilho e da culatra, com o depósito de cartuchos projetando-se para baixo e para a frente dele em uma curva suave. Comporta até trinta projéteis de cartuchos de 7,62mm; pequenas balas de chumbo com um centro penetrante de aço. Quando preparado para disparo automático, o Kalashnikov cospe cem balas em um minuto, cada uma deixando a boca curta com uma velocidade de 700 metros por segundo, ou cerca de 2.570 quilômetros por hora. Era fabricado em vários modelos na União Soviética assim como em muitos outros países do bloco comunista. Pode cortar, literalmente, um homem ao meio quando usado a curta distância.

Em 5 de setembro de 1972, vários destes rifles foram tirados de seu envoltório oleoso e entregues aos oito terroristas do Setembro Negro, que estavam a caminho da Connollystrasse, 31, os alojamentos dos atletas israelenses na Vila Olímpica em Munique.

Embora não reconhecidos como tal, os *fedayeen* (a palavra árabe para "homens de sacrifício", usada muitas vezes pelos terroristas islâmicos para descrever a si mesmos) foram vistos primeiro escalando a cerca de arame de 1,80m em Kusoczinskidamm às quatro da madrugada. O local por onde entraram na Vila Olímpica ficava a cerca de cinqüenta metros dos alojamentos dos atletas israelenses. Essa distância pode ser percorrida por um grupo de homens caminhando devagar e com cautela em um ou dois minutos. No entanto, somente às 4h25 os terroristas enfiaram uma chave mestra na fechadura da porta que dava para o vestíbulo do apartamento 1 na Connollystrasse, 31. É uma questão de especulação se tiveram ou não ajuda durante este tempo na própria Vila Olímpica.[1]

O homem que os ouviu primeiro foi Yossef Gutfreund, um juiz de luta romana, um gigante de 125 quilos. Embora tenha ficado incerto por um momento se o ruído era feito por um companheiro de quarto — o treinador de luta romana Moshe Weinberger, que deveria voltar tarde e havia recebido uma segunda chave —, as vozes árabes cochichando atrás da porta logo o convenceram do perigo. Na verdade, foi essa a palavra que ele gritou em hebreu — "Perigo!" — para alertar outro companheiro de quarto enquanto atirava seu corpanzil contra a porta que se abria lentamente.

Durante os poucos segundos seguintes, oito árabes tentaram empurrar a porta contra Gutfreund. O esforço que os dois lados fizeram foi suficiente para torcer a maçaneta da porta e deixar em mau estado as dobradiças de metal. Também deu ao companheiro de equipe de Gutfreund, o treinador de levantamento de pesos Tuvia Sokolovsky, tempo suficiente para quebrar uma janela e escapar.

Outros quatro ocupantes do apartamento 1 não tiveram tanta sorte. O treinador de atletismo Amitzur Shapira, o instrutor de esgrima Andrei Spitzer, o treinador de tiro Kehat Shorr e o juiz de levantamento de pesos Yacov Springer foram mantidos sob a mira das armas, depois espancados e ameaçados pelos árabes em uma tentativa de fazê-los revelar onde se encontravam os outros israelenses. Ofereceram liberdade a cada um deles se batessem à porta de qualquer apartamento pertencente a outros atletas israelenses e facilitassem a entrada para os *fedayeen*. Os árabes nem sequer se deram o trabalho de fazer tais propostas a Gutfreund; em vez disso, amarraram-no como Sansão deve ter sido amarrado por seus predecessores bíblicos, os filisteus.

Os terroristas, não conseguindo qualquer ajuda dos israelenses, decidiram explorar a Connollystrasse, 31 — que também abrigava as equipes olímpicas do Uruguai e de Hong Kong. Deixaram escapar os apartamentos 2, 4 e 5 com seus oito ocupantes israelenses,[2] mas capturaram os seis atletas que estavam no apartamento 3. Eram os lutadores Eliezer Halfin, Mark Slavin e Gad Zobari, e os levantadores de peso David Marc

Berger, Zeev Friedman e Yossef Romano. Antes de conseguirem entrar no apartamento 3, contudo, os terroristas tiveram que enfrentar o treinador de luta romana Moshe Weinberger, que estivera fora até tarde e exatamente então descia a pé a Connollystrasse.

Weinberger era um homem aproximadamente do tamanho de Gutfreund, e tão difícil de enfrentar quanto. Derrubou um terrorista com um soco e foi dominado temporariamente só quando outro lhe deu um tiro no rosto. Mas, mesmo gravemente ferido, Weinberger não cedeu. Depois de os homens do apartamento 3 terem sido capturados e estarem sendo conduzidos ao longo da Connollystrasse de volta ao apartamento 1, o peso-leve Gad Zobari resolveu correr. Embora os *fedayeen* disparassem várias rajadas contra ele, o pequeno lutador, ziguezagueando pelo terreno desigual do recinto, conseguiu se salvar, na verdade. Weinberger usou esta chance para pegar mais um terrorista, acertando-o no queixo, fraturando seu maxilar e derrubando-o, inconsciente. Outro terrorista disparou imediatamente contra ele, três vezes, no peito. Weinberger desfaleceu.

Agora era a vez do peso-leve Yossef Romano. Juntamente com seu colega de equipe David Marc Berger, tentou fugir pela janela da cozinha do apartamento 1 antes de os terroristas poderem amarrá-lo. Malsucedido, Romano agarrou uma faca do balcão e esfaqueou um terrorista na testa. O árabe, demasiadamente ferido para usar sua arma, recuou, mas outro que se acercava por trás dele disparou uma rajada de seu Kalashnikov contra Romano, à queima-roupa. O peso-leve caiu. Quando a equipe de resgate tentou remover seu corpo no dia seguinte, relatou-se que o corpo se separara na cintura.

Weinberger, contudo, ainda não acabara de lutar. Em vez de se arrastar para fora do apartamento 1 depois de voltar a si, o treinador de luta romana tateou seu caminho para o interior do prédio a fim de enfrentar os terroristas mais uma vez. Os *fedayeen*, surpresos com o gigante ensangüentado que tropeçava em direção a eles, não dispararam imediatamente. Na verdade, Weinberger teve tempo de ferir mais um e, agarrando uma faca de cozinha, atingir outro no braço antes de ser fatalmente ferido na cabeça.

Agora, eram cerca de cinco da manhã. Na ação inicial, com duração de mais ou menos 25 minutos, o grupo do Setembro Negro matara dois atletas israelenses e capturara nove. Dois tinham escapado. Os terroristas falharam na localização de outros oito israelenses no prédio.

Durante os 25 minutos de luta, os chefes de segurança da Vila Olímpica receberam, aparentemente, apenas notícias vagas sobre "algum tipo de problema" perto do Bloco 31 na Connollystrasse. Isto não era surpreendente, de modo algum. A maioria dos atletas e funcionários dormia profundamente. A ação foi esporádica: gritos e rajadas de armas de fogo seguidos por períodos de silêncio. As pessoas despertadas pelo ruído não teriam sido capazes de identificá-lo imediatamente. Ouviram por algum tempo, não escutaram mais nada, e talvez tivessem voltado a dormir. As poucas que se levantaram para investigar nada puderam ver. Poucas noites se passaram na Vila sem uma comemoração de algum tipo. Muitas vezes houvera fogos de artifício e diversão ruidosa. Para muitos dos vizinhos sonolentos dos israelenses a ação terrorista soou como algo parecido.

De qualquer maneira, foi um solitário e desarmado policial da segurança da Alemanha Ocidental quem veio investigar às 4h55 da manhã, ou pouco tempo depois. Tocou seu *walkie-talkie* e murmurou "*Was soll das heissen?*" — um equivalente germânico para "O que é isto tudo, afinal?" — para o terrorista encapuzado, de pé, diante da Connollystrasse, 31. Sem responder, o árabe desapareceu atrás da porta.

Enquanto isso, no entanto, os dois fugitivos israelenses ligaram o alarme verdadeiro — um do prédio que abrigava a equipe sul-coreana, o outro dos alojamentos italianos. Na meia hora seguinte, as autoridades receberam as exigências terroristas, datilografadas em inglês, em várias cópias. Os *fedayeen* também jogaram na rua o corpo sem vida de Moshe Weinberger.

As exigências eram a libertação de 234 prisioneiros confinados pelo "regime militar em Israel", cujos nomes se encontravam em uma lista nas folhas datilografadas. Os terroristas citaram alguns prisioneiros do governo da Alemanha Ocidental também, entre eles os líderes do grupo Baader-Meinhof, Ulrike Meinhof e Andreas Baader, que tinham sido capturados pela polícia alemã em junho daquele ano. Os *fedayeen* também queriam três aviões para levá-los a um "local seguro" depois que suas exigências tivessem sido satisfeitas. Lá eles libertariam os atletas israelenses. O comunicado dava às autoridades até nove da manhã para satisfazerem as exigências palestinas. Depois disso, executariam seus reféns "ao mesmo tempo ou de um em um".

Seguiram-se as negociações costumeiras. Funcionários de altos cargos da Alemanha Ocidental ofereceram-se para uma troca com os reféns — um gesto corajoso da parte destes indivíduos, um ministro federal e outro bávaro, o prefeito da Vila Olímpica, um ex-prefeito, e o então comissário de polícia da cidade de Munique. Mas os *fedayeen* não aceitaram a proposta. O prazo foi estendido até o meio-dia. O chanceler da Alemanha Ocidental, Willy Brandt, consultou direta e oficialmente a primeira-ministra de Israel, Golda Meir, em uma conversa telefônica de dez minutos. Com resultados previsíveis. Conhecia-se bem a posição de Israel em questões de terrorismo. Nada de acordo. Acordo nunca, sob nenhuma circunstância.

Embora os alemães não tentassem exercer qualquer pressão oficial sobre Israel, há muita evidência de que consideraram a atitude do governo israelense desnecessária e perigosamente inflexível. Por que não podiam libertar, digamos, uma dúzia de *fedayeen* presos? Por que não deixar os terroristas "livrarem a cara", soltar os reféns e sair de Munique? Por seu lado, os alemães desejavam lhes entregar Ulrike Meinhof e Andreas Baader, e acertaram ao dizer isto bem cedo nas negociações.

As conversações continuaram. O prazo final foi estendido gradualmente até as nove da noite. Os terroristas reduziram suas exigências a um avião que deveria levar tanto eles quanto os reféns para o Cairo. Lá, disseram, a menos que o governo de Israel lhes entregasse seus prisioneiros palestinos, matariam os atletas. Esta também era uma pequena concessão dos terroristas, que ameaçaram, originariamente, executar os atletas imediatamente, a menos que seus companheiros *fedayeen* fossem libertados antes de decolar de Munique.

Às oito da noite levaram comida para os terroristas e seus reféns. O chanceler Brandt falou na televisão, lamentando o incidente e expressando sua esperança por uma solução satisfatória — e também para sugerir que as Olimpíadas não fossem canceladas, o que fora solicitado pelo governo de Israel para honrar a memória dos dois atletas assassinados. Do ponto de vista do chanceler Brandt, isto teria sido uma vitória para os terroristas. Certamente, era uma maneira de encarar a questão — embora continuar com as Olimpíadas, que simbolizavam supostamente fraternidade e paz, como se os crimes não fossem importantes, também pudesse ser considerado facilmente como um triunfo para o terror. Ordenou-se, de qualquer forma, que as bandeiras de todos os países competidores fossem hasteadas a meio pau, à tarde. Isto é, até uma delegação representando dez países árabes protestar, e os alemães, obedientes, hastearem as bandeiras até o alto de seus mastros.

Mais ou menos às 10h20 da noite, dois helicópteros com destino ao aeroporto Furstenfeldbruck, de Munique, levantaram vôo de um cercado gramado perto da Vila Olímpica. Os nove reféns e os oito *fedayeen* tinham ido para os helicópteros em um ônibus da Volkswagen. Embora as autoridades da Alemanha Ocidental, com o apoio total do governo de Israel, já houvessem decidido que não permitiriam que os terroristas voassem para o Cairo com seus reféns, não houve qualquer tentativa para emboscar os *fedayeen* durante sua transferência para os helicópteros. Em retrospecto, embora a percepção tardia seja sempre fácil, isto talvez tenha significado a perda da melhor oportunidade.

No aeroporto Furstenfeldbruck, a cerca de 25 quilômetros do centro de Munique, os eventos se desenrolaram rapidamente. Em 15 minutos, aproximadamente às 10h35 da noite, os dois helicópteros aterrissaram, um levando quatro reféns israelenses, o outro, cinco. Os helicópteros desceram a uns cem metros de um jato 727 que estava sendo preparado, ostensivamente, para levar os árabes e seus reféns ao Cairo. Quatro dos *fedayeen* saíram dos helicópteros para inspecionar o avião. Cinco minutos depois — com pouca claridade e de longa distância —, cinco exímios atiradores alemães abriram fogo contra eles.

Alguns terroristas ficaram feridos; os outros responderam ao fogo. Os quatro membros alemães da tripulação dos dois helicópteros tentaram fugir. Dois conseguiram. Os outros dois foram atingidos pelo fogo cruzado e ficaram gravemente feridos. Os israelenses não puderam fazer nada. Estavam sentados, firmemente amarrados e com vendas nos olhos, nos helicópteros estacionados na pista.

Surpreendentemente, talvez, os *fedayeen* não os mataram no mesmo instante. Com certeza sentiram que isto seria jogar fora seu último trunfo. Ou talvez estivessem ocupados demais respondendo ao fogo dos atiradores de elite e esquivando-se de suas balas. Ou talvez tenham até sentido relutância em matar nove homens indefesos: um tipo de inibição animal que tem fama de deter a mão dos assassinos mais desesperados. Os *fedayeen* também rejeitaram várias propostas alemãs para se entregarem, embora soubessem, com certeza, que isto salvaria suas vidas.

A troca de tiros durou cerca de 75 minutos. Perto da meia-noite, os alemães, incapazes de afastar os terroristas de sob os helicópteros — e limitados em sua potência de fogo por causa da presença dos reféns —, resolveram desferir um ataque de infantaria sob a cobertura de seis carros blindados. Quase no momento em que o ataque foi iniciado, um dos terroristas atirou uma granada de mão no helicóptero onde estavam cinco dos israelenses. O aparelho explodiu, transformando-se em uma bola de fogo. Dentro de alguns segundos, mais dois terroristas dispararam e mataram os quatro reféns remanescentes no segundo helicóptero.

Ironicamente, se o ataque blindado tivesse sido retardado em alguns minutos, Zeev Friedman, Yacov Springer, Eliezer Halfin e o gigantesco Yossef Gutfreund talvez tivessem sobrevivido. Os quatro atletas tinham conseguido, de algum modo, afrouxar seus nós suficientemente — havia marcas de dentes nos nós das grossas cordas que os prendiam aos assentos — para se soltarem e surpreenderem os dois terroristas fora do helicóptero. Há pouca dúvida de que os israelenses teriam tentado tomar as armas dos *fedayeen* e libertar-se. Quanto a Amitzur Shapira, David Marc Berger, Andrei Spitzer, Mark Slavin e Kehat Shorr, no primeiro helicóptero, era impossível dizer o que poderiam ter feito. Seus corpos ficaram queimados e irreconhecíveis.

Dois dos cinco *fedayeen* sobreviventes continuaram a lutar. A polícia e unidades de patrulha de fronteira mataram um deles em menos de 15 minutos — o homem chamado Essafadi, ou "Issa", que foi visto atirando a granada de mão no primeiro helicóptero. Mais ou menos à mesma hora, os alemães capturaram um terrorista gravemente ferido chamado Badran. Mais dois, el-Denawi e "Samir" Talafik, também foram presos. Não tinham sido feridos, mas fingiram estar mortos.

O último terrorista era um homem magro, fumante inveterado, chamado Tony, que também gostava de ser chamado de "Guevara". A coragem física não era uma das qualidades que lhe faltavam. Tony[3] continuou alternadamente lutando e ludibriando os alemães por mais uma hora. Conseguiu atingir mais um guarda da fronteira no pescoço. Afinal, foi encurralado e morto à 1h30 da manhã. Estava tudo acabado.

No dia seguinte, os Jogos Olímpicos continuaram. Nesse ano a União Soviética ganhou cinqüenta medalhas de ouro. Os Estados Unidos acabaram em segundo lugar com 33.

PARTE I

O preparo do agente

Capítulo 1

AVNER

AVNER SABIA aproximadamente o que a carta diria antes de abrir o envelope marrom. Ao menos, sabia de quem viera e por quê. Para essas coisas, ele sempre podia confiar em seu sexto sentido.

Isso era bom, porque seus primeiros cinco sentidos eram apenas comuns. A visão, ótima para a vida diária, teria sido apenas marginal para as ocupações realmente glamourosas de seus sonhos: piloto de avião de caça, campeão de tiro. A audição não era excepcional. Tampouco seu tato o teria feito um mecânico perito. Mas seu sexto sentido era algo diferente.

Envelopes marrons, como o que segurava na mão, tendiam a ser assunto padrão do governo de Israel. Mas o governo, mesmo o Exército, teriam algum carimbo no exterior — por exemplo, departamento tal e tal — enquanto aquele envelope não tinha nenhum.

A carta tinha talvez cinco linhas datilografadas em uma velha máquina hebraica que parecia falhar na letra *m*. O remetente sugeria que se Avner estivesse interessado em um emprego, "talvez queira encontrar na esquina de Frishman e Dizengoff em Tel Aviv". Dava a hora e o nome de um bar, e um número de telefone que Avner podia usar em caso de não estar interessado ou achar a hora inconveniente. Estava assinada, "atenciosamente, Moshe Yohanan", um nome que não significava coisa alguma para Avner.

Era o início de maio de 1969 e Avner era um rapaz de 22 anos e boa saúde. Um *sabra*, ou israelense nato, acabara de concluir o serviço militar em uma unidade de elite. Havia lutado na Guerra dos Seis Dias como todo mundo, e tinha a patente de capitão na reserva — como todos que serviram nessa unidade em especial. Os comandos.

Right on (Em frente!), disse a si mesmo agora, e subiu para tomar um banho de chuveiro.

Estas duas coisas — tomar um banho de chuveiro no meio do dia e dizer "*right on*", em inglês preciso, faziam parte de Avner. Para não ir mais longe, quantos jovens no Exército teriam o trabalho de fixar um cabaz de laranjas vazio, alguma corda e um velho balde para ter um chuveiro portátil? Depois amarrá-lo a um tanque, enquanto todos os outros riam às gargalhadas, e levá-lo em manobras no deserto? Em adição ao outro cabaz de laranjas com um orifício perfeito no meio, para um penico caseiro. No deserto de Negev. Mas, no que dizia respeito a Avner, não iria se agachar ali na areia como um macaco, com os insetos subindo-lhe pelas nádegas.

Não que a limpeza fosse algo tão importante, mas ele era uma pessoa asseada por natureza, e não se envergonhava disso. Se era o único soldado em todo o Exército de Israel que, no dia em que foi desmobilizado, entregou seu *kit* de utensílios de rancho exatamente na mesma condição imaculada em que lhe havia sido confiado quatro anos antes, e daí?

Sem dúvida, isto era um pouco de exagero, mas exagerar também fazia parte essencial de Avner. O que se aproximava da outra coisa. Até este ponto, Avner jamais estivera nos Estados Unidos. A mãe de Avner, porém, sempre afirmara que a primeira palavra do filho em bebê — e isso em 1947, quase um ano antes de Israel se tornar um país — não foi "mamãe" ou "papai", mas "América". Talvez isto fosse apenas uma história, mas parecia correta. Certamente soava como Avner. Quando ele tinha idade suficiente para correr pelas ruas vazias, banhadas pelo sol de Rehovot para pegar um filme da tarde, a América se tornara toda a sua vida interior, sua fantasia. Lana Turner. John Wayne. Rita Hayworth.

Foi no cinema que Avner aprendeu suas primeiras palavras de inglês — ou melhor, americano —, uma língua que continuou a falar, como muitos israelenses, com grande entusiasmo, se não com precisão especial. E, ao contrário do inglês na escola, o americano nos filmes era algo que se podia saborear e tocar. Podia-se torná-lo seu e ser uma pessoa diferente através dele. Muito bem, senhor, aqui é o FBI.

Não que Avner pensasse muito nessas coisas agora. Quem podia perder tempo preocupando-se com fantasias infantis ao enfrentar as decisões importantes de um rapaz? Agora, ele havia deixado o Exército. Eles lhe pediram, suplicaram, adularam para ficar, mas não. Quatro anos era tempo suficiente. Muito bem, mas e agora? Conseguir um emprego? Casar com Shoshana? Talvez tentar algum tipo de universidade?

Avner saiu do chuveiro, fresco, limpo, bronzeado até os ossos, e lançou um rápido olhar ao espelho antes de se enrolar em uma toalha. Parecia-se com seu pai — mas não exatamente. Para isto ele teria que ser maior. Mais louro, embora o que o pai houvesse passado o tivesse mudado e envelhecido inacreditavelmente. Agora, seu cabelo era quase branco, a musculatura se convertera em gordura, e seu estado de espírito — bem, ele tinha bons e maus dias. O pai devia ter algo a ver com o envelope marrom que jazia sobre o banquinho do banheiro. Não diretamente, Avner estava convencido disso. O pai jamais falaria com *eles* sobre ele. Ao contrário, se soubesse, os deteria. "Não podem ter o meu filho", diria a eles. "Só passando por cima do meu cadáver."

Mas Avner sequer lhe contaria sobre a carta. Ele diria não a eles por conta própria. Exatamente como fizera com as pessoas do *Aman*,[1] uns dois meses atrás. "Se não quer permanecer na lista ativa do Exército, está bem", disseram-lhe, "mas e o serviço secreto militar?" Não. Não, obrigado.

E ele diria não a Moshe-Seja-Quem-For do envelope marrom. Iria ao encontro, contudo. De qualquer forma, teria que estar em Tel Aviv na segunda-feira, para pegar Shoshana. Por que não dar uma olhada neles, ouvir o que tinham a dizer? Que mal poderia haver nisso?

Avner tinha seu emprego na *El Al*, a companhia aérea nacional, já havia dois meses. Todo mundo dissera que era impossível entrar, mas ele conseguira encaminhar seu currículo através de uma tia, que conhecia alguém que tinha um amigo íntimo na diretoria. Claro que não havia esperança de fazer parte da equipe de vôo; ele jamais passaria em todas as provas científicas. Além disso, as equipes de vôo vinham da força aérea. Mas trabalhar para a *El Al* era, ainda assim, trabalhar para uma empresa aérea. Mesmo se fosse como comissário de bordo ou em um de seus escritórios. Podia haver uma chance de viajar, de sair de Israel brevemente, uma vez mais, de vislumbrar novamente o maravilhoso mundo além. Ou, quem sabe, encontrar-se com dois velhos companheiros do treinamento básico que tivessem entrado para a força aérea. Talvez estivessem voando na *El Al* agora. Poderiam deixar Avner tentar uma aterrissagem ou, ao menos, uma decolagem, um dia.

Avner, sentado na tampa do vaso sanitário, enrolado em uma toalha, fez uma aterrissagem perfeita com um Boeing 707. Foi um sucesso. As imensas rodas do grande jato deslizaram sobre a pista como um par de penas. Não era de admirar. Ele vinha praticando aterrissagens no banheiro desde os dez anos de idade.

Avner fez o Boeing taxiar para o hangar, escovou os dentes e vestiu a camisa. A mãe estava fora, visitando alguém. Shoshana, em Tel Aviv. O pai — bem, Avner supôs que podia tomar o ônibus de Rehovot para a casa do pai, e talvez pegar emprestado o velho Citroën. Teria dinheiro suficiente para o ônibus. De qualquer forma, dinheiro não era muito útil no sábado, em Israel. O país se fechava mais que um tambor retesado, no que dizia respeito a qualquer diversão. A menos que se quisesse comer sanduíches frios em um restaurante.

Mas seria bom ter o Citroën para segunda-feira, mesmo sendo o carro mais antigo do Oriente Médio. Indo buscar Shoshana de carro, evitaria que os dois tivessem que pegar carona. Não que ela se importasse muito. Shoshana, esguia, pálida, cabelo louro cor de mel, com as feições finas, aristocráticas, de uma escultura egípcia em pedra, parecia apenas realeza. Dentro, uma pura *sabra*. Nada frágil, nada mimada. Avner havia usado a palavra errada quando fora à casa dos pais dela para seu primeiro encontro. Eles tinham se conhecido na noite anterior, na casa de um amigo comum, e ele não conseguia lembrar o nome dela. Sua priminha havia aberto a porta.

— Sim?

— Hum, bem... A princesa está em casa?

Não era exatamente a palavra para descrever Shoshana, exceto por sua aparência. Princesa? A criança nem sequer entendeu sobre o que Avner falava e quase bateu com a porta na cara dele quando, felizmente, Shoshana desceu ao andar térreo. Talvez Avner não tivesse a coragem de bater novamente.

Ela havia esperado que ele a levasse a um cinema, mas ele precisava voltar à sua unidade na mesma noite. Acabava de ser aceito e não iria começar com o pé esquerdo, princesa ou não princesa.

— Tem que voltar esta noite? — perguntara ela. — Todos os outros rapazes vão no domingo.

— Bem, na minha unidade é esta noite.

— Muito bem, vamos dar uma caminhada.

Foi isso. Foram dar uma caminhada. Ela ainda não fizera 18 anos, então, mas sabia o suficiente para não lhe fazer mais perguntas. Em Israel, quando se tratava do Exército, as pessoas não interrogavam. Certamente, Shoshana não o fez. Nenhuma vez.

Foi assim desde esse primeiro encontro, sempre que ele conseguia dois dias de licença. Uma caminhada, um cinema, em média uma vez por mês. Digamos, dez vezes por ano. Em quatro anos, quarenta encontros. Vinte caminhadas, vinte cinemas. Pegando carona às sextas-feiras de volta à casa da mãe em Rehovot, chegando às onze ou à meia-noite, oi mamãe, estou em casa, encostando a Uzi contra a parede e caindo na cama. Depois de pendurar as roupas.

Mas agora, quase três anos depois, havia o futuro a ser considerado. Um caminho era fácil, simples, e teria parecido natural para a maior parte dos seus amigos. Esse caminho estava imediatamente na esquina quente, empoeirada, onde Avner se encontrava de pé, agora, esperando pelo velho ônibus desmantelado. O tio de Shoshana emprestaria dinheiro suficiente para que construíssem uma casa ali, em um terreno vago. O que poderia ser mais simples? A amizade de Avner e Shoshana havia resistido ao teste do tempo — ou o teste de vinte caminhadas e vinte cinemas, de qualquer forma. Em breve ela seria uma professora qualificada. Ele? Ao menos tinha o serviço militar em seu passado. Muitos casamentos felizes tinham sido construídos sobre perspectivas menos promissoras.

Mas eles não carregavam o fardo de Frankfurt. A cidade miraculosa.

Frankfurt era o fardo apenas de Avner, Shoshana era uma *sabra* pura, *sabra* de quatro gerações, embora por criação fosse também européia. Mas isso não significava nada para ela. Ela jamais havia sentido, em seus 21 anos, o aroma exuberante de uma floresta densa, escura, de conto de fadas, após dois dias de chuva. Neve era somente uma palavra para ela, uma coisa que poucas crianças sortudas poderiam encontrar durante poucas horas nas colinas perto de Jerusalém em um dia de inverno particularmente frio. Mas ela jamais vira, nem vislumbrara, uma cidade que tivesse mais de vinte anos de idade. A menos, claro, que fosse mais velha que dois mil anos. Ao contrário de Avner.

O que acontecera com Avner, em 1959, quando tinha 12 anos, se tanto, era tão estimulante e perturbador que era difícil expressar em palavras. Sendo muito mais real, era mais intenso que John Wayne. Não podia ser descartado como pura fantasia. Era inexplicável, uma coisa que seu pai e mãe poderiam prever, possivelmente, quando resolveram levar Avner e seu irmão mais novo, Ber, para uma visita ao avô, em Frankfurt.

Afinal de contas, que importância tinha se Avner vinha de família européia? Era um *sabra*, um filho do Oriente Médio, o primeiro precioso fruto da grande colheita de exilados dos quatros cantos do mundo. Por que não se sentiria em casa na Palestina? Mesmo que os pais conservassem um pouco de nostalgia, algum desconforto com os sabores e aromas do Oriente Médio, algumas lembranças fugazes de uma herança diferente, por que Avner sentiria o mesmo? Na verdade, a maior parte das crianças israelenses natas não sentia. Mas Avner se mostrou diferente.

Começou como um feriado normal. Tudo estava sendo feito para o bem de Avner, embora ele pouco se importasse com isso, para começo de conversa. A América era uma coisa, mas a Alemanha não excitava sua imaginação, de modo algum. Ao contrário. Não era a Alemanha o local onde os nazistas estavam sempre matando os judeus? Por que o avô, que Avner jamais vira, queria que eles fossem para lá?

Mas, para sua surpresa, durante aquele verão de 1959, Avner descobriu todas as coisas que amava na vida — inclusive aquelas que sequer sabia que amava, porque nunca as tinha visto — reunidas em uma cidade, expostas para sua surpresa como se por um mágico! Mais tarde, de volta a Israel, tentaria descrever Frankfurt para alguns de seus amigos, mas sem sucesso. Um sonho, um milagre. Palavras não eram capazes de retratar a cidade.

Era difícil saber por onde começar. Imaginem uma cidade, muito maior que Tel Aviv, onde tudo era limpo e as pessoas não se acotovelavam nas ruas. No entanto, tudo era grande e movimentado, com as luzes de néon mais brilhantes e milhões de carros nas ruas. Avner nunca tinha visto tantos carros. Exatamente como na América. E nada de prédios inacabados, nem pilhas de tijolos quebrados, nem montes de terra, nem valas abertas com tábuas estendidas sobre elas.

Tinham ficado em Frankfurt por uma semana, se tanto, quando o avô deu um pacote a Avner. Dentro havia um rádio transistor. Um *rádio transistor*! Não que Avner ignorasse a existência dessas coisas, até se lembrava de ter visto uma ilustração em uma revista americana, mas ganhar um como se fosse uma maçã era algo inteiramente novo. Em Israel, teria sido uma dádiva para Ben-Gurion!

A parte mais importante, porém, do milagre de Frankfurt era o ar.

Era a palavra que Avner ainda usaria anos depois para descrever a cidade. Não era o clima. Avner amava o clima de Israel — o brilho do sol, os céus azuis; amava a praia em Ashod, embora só houvesse aprendido a nadar no Exército. Certamente, preferia sentir calor ao frio. Assim, não era o clima. Era o ar.

Para Avner, havia algo especial no ar de Frankfurt, algo vivo, puro, relaxante, saudável. Ou talvez houvesse alguma coisa ausente, algo pesado, úmido, opressivo e ameaçador. Não era apenas em Frankfurt, como ele descobriria anos depois; existia no ar de outras cidades européias também, como em Amsterdã, em Paris. Existia no ar de Londres e da América.

— Bem, está contente por termos vindo? — perguntou-lhe o pai após uma semana em Frankfurt. — Está gostando daqui?

— Estou amando.

O pai apenas riu, mas a mãe parecia ter sentimentos confusos a respeito de sua reação.

— Lembre-se — disse ela a Avner uma vez, sem aviso e muito mais rispidamente do que costumava falar — de que estas pessoas bonitas que vê na rua tentaram matar a família de seu pai e a minha.

— Deixe isso de lado — falou o pai.

— Estou apenas tentando lembrar-lhe.

Avner não precisava de lembretes. Dificilmente se passava um dia em Rehovot em que não houvesse uma aula na escola sobre o Holocausto, ou assim parecia. Mas Avner continuou amando Frankfurt — como amaria as outras cidades européias que veio a conhecer.

No dia marcado para o vôo de volta a Israel, o destino interveio, demonstrando a Avner como as maiores coisas podem depender das menores. Se não fosse a balança do banheiro, Avner jamais teria ficado em Frankfurt por mais dez meses. Não teria ido à escola lá. Não teria aprendido a falar alemão como um nativo. Não teria se tornado amigo do menino rico, Andreas. Toda a sua vida tomaria um rumo diferente.

O fato mundano, na época, foi apenas um baque surdo, e depois a visão do avô sentado no chão, sacudindo a cabeça e sibilando como uma serpente, de dor e surpresa. Ele havia caído da balança. Foi apenas um tornozelo fraturado — mas não podiam ir para o aeroporto. Os pais de Avner resolveram ficar. Os meninos podiam freqüentar a escola em Frankfurt, aquele ano. Ficariam e cuidariam do avô até ele se recuperar.

Estranhamente, embora fosse o pai dela, foi a mãe de Avner quem achou mais difícil tomar a decisão. O pai pareceu bastante feliz de permanecer em Frankfurt. Pareceu a Avner — que, claro, estava maravilhado por suas próprias razões — que o pai não se importaria de ficar para sempre em Frankfurt.

— Sabe, podíamos apenas ficar — Avner o ouviu dizer um dia à mãe.

Nessa época eles tinham alugado um apartamento logo na esquina da casa do avô. Avner já estava indo à escola havia mais de um mês.

— Deve estar louco!

— Por quê? — perguntou o pai em tom de surpresa genuína. — Tenho que viajar de qualquer modo, e você e as crianças...

— Não vou sequer discutir isso.

E não o fez, nem então, nem nunca. Para a mãe, a idéia de deixar Israel, mesmo para férias, era um pecado venal. Construir seu lar e criar os filhos fora de Israel — e na Alemanha, entre todos os lugares — era simplesmente inconcebível. Em relação a tudo o mais uma dama alegre com senso de humor — até mesmo um gosto por brincadeiras, que Avner herdou dela —, a mãe levava a sério o patriotismo. Se o tema de qualquer conversa se voltasse para Israel, uma calma gelada desceria sobre seu rosto vivo, uma certeza frígida. Israel era uma revelação, um conhecimento além do certo e do errado, uma certeza além do mal e do bem.

Avner a admirava por isso.

O problema era que Avner também admirava o pai, e este era estranhamente contrário à mãe neste aspecto. Quem podia dizer se ele era patriota? Ele apenas daria de ombros e faria uma brincadeira. Passaram-se muitos anos antes de Avner saber até que ponto o pai desejava lutar por seu país.

Avner não imaginava o que o pai fazia para ganhar a vida. Supunha-se que era um comerciante no ramo de importação-exportação, o que quer que isso significasse, mas não tinha um horário normal. Sempre precisava viajar, às vezes durante meses seguidos, desde quando Avner era capaz de lembrar.

O que era outra coisa a favor de Frankfurt: durante o ano em que ficaram lá, o pai não teve que viajar. Claro, teve que trabalhar: encontrando pessoas em restaurantes e bares, às vezes em esquinas de ruas. De vez em quando, até deixava Avner ir com ele no carro. Dirigiam-se lentamente do subúrbio tranqüilo de Eschersheim para o centro da cidade, depois atravessavam a Kaiserstrasse ou a Goethe Platz até o pai localizar o homem que devia encontrar. Em seguida, estacionava o carro e, enquanto Avner esperava, o pai caminhava para o homem e trocava algumas palavras com ele. Às vezes, o pai entregava um envelope ao homem, que, como Avner não podia deixar de notar, sempre olhava ao redor nervosamente antes de guardá-lo no bolso. Após a terceira vez, Avner passou a esperar o olhar rápido e nervoso. Os homens eram todos diferentes, mas o olhar era sempre o mesmo. Era divertido.

Em uma ocasião, resolveu perguntar ao pai a respeito.

— Papai, quem era aquele homem?

— Esqueça. Negócios. São três horas apenas, quer ir ao cinema?

E sempre iam ver um filme de Hitchcock ou, às vezes, um de faroeste. Sempre um filme americano; também eram os prediletos do pai. Era o céu! Pena que isto não acontecesse com freqüência.

A única coisa curiosa que Avner observou sobre seu pai ser um negociante era que ele não era rico. Os comerciantes eram supostamente ricos, não eram? Em Rehovot isso não era tão evidente, já que ninguém era rico ali — ao menos, ninguém que Avner conhecia. Eles não tinham carro, por exemplo, porém os outros tampouco tinham. Ali, em Frankfurt, tinham um carro, mas os pais da maioria das crianças também tinham. Alguns, como os pais de Andreas, seu melhor amigo, tinham três. E foi somente em Frankfurt que Avner ouviu os pais falarem sobre dinheiro, ou seu pai retrucar, com alguma irritação na voz, depois de Avner apontar para algum brinquedo ou engenhoca em uma vitrine:

— Lamento, amigo, não tenho dinheiro para isso. Talvez você ganhe bastante um dia e possa comprá-lo.

Mas estas eram as únicas pequenas nuvens em um horizonte imaculado. Apesar da desaprovação da mãe, Avner logo resolveu entregar-se completamente a Frankfurt. Era inverno agora, e depois da escola ia para Siedlung Hohenblick para um passeio de trenó, ou tomava o bonde vermelho descendo a Eschensheimer Landstrasse para a loja American PX na esquina de Adickesallee. Essa era a outra coisa especial sobre Frankfurt: a sede da OTAN tornou o local quase como a América, com os funcionários americanos vivendo ali com suas famílias, exatamente do outro lado da Hugelstrasse, no subúrbio chamado Ginnheim. Carros americanos, clubes, programas de rádio, restaurantes e cinemas. Cachorro-quente e batata frita! E muitos dos seus filhos na escola de Avner.

Foi assim que até conseguiu uma namorada americana, Doris, que era loura e popular, e impressionantemente mais velha — quase 14, enquanto Avner tinha 12, se tanto. Seu amigo Andreas dissera que ela jamais sairia com Avner, mas ele esquecera a persistência de Avner, ou sua obstinação — como jamais aceitaria não como resposta, mesmo nessa época. Avner perseverou com uma insistência constante, firme, tranqüila, que funcionava maravilhosamente com algumas garotas. E, claro, Avner era atraente e hábil, agindo como se fosse um pouco mais velho, e também falava inglês melhor do que a maioria dos meninos alemães. Assim, ao final, a loura americana Doris sentou-se atrás dele no trenó, e ele pôde sentir seus seios pressionados suavemente contra suas costas, enquanto desciam a colina escarpada ao pé de Ludwig-Tieckstrasse. Diretamente para o meio dos arbustos. Doris ficou tão arranhada que não saiu mais com ele. Bem, ele *se arriscara* para impressioná-la. Foi uma boa lição. Se você se arrisca e perde, as pessoas nunca ficam impressionadas.

O ônibus de Tel Aviv parou, rangendo e fazendo ruído, erguendo uma grande nuvem de poeira quente. Avner entrou. Céus, onde estava o inverno de Frankfurt agora? O que acontecera com a loura Doris? Ou com Andreas, por falar nisso, seu melhor amigo então, o menino de família rica, o menino alto, cujas maneiras polidas e bela aparência Avner tanto admirara? Não tinham mantido contato. Umas duas cartas, alguns cartões-postais, depois nada. Não que tivesse sido fácil manter uma correspondência do *kibutz*.

Tinham voltado para Israel em 1961. Nessa época, o pai foi um pouco relegado a segundo plano. Voltou com eles, até ficou com a família durante alguns poucos meses em Rehovot, mas depois o negócio de importação-exportação o afastou para longe, de novo. Não por um ou dois meses, como antes, mas para sempre.

Na ocasião, Avner não sabia que seria para sempre. Mesmo o pai e a mãe o ignoravam. Sabiam, contudo, que seria por muito tempo.

— Não posso fazer nada — dissera o pai. — É o negócio. Terei que ficar longe, talvez por uns dois anos.

— Onde? — perguntou Avner.

— Nem pergunte. Em todo lugar. É o negócio.

— Mas — interrompeu a mãe — tenho boas notícias para você. Seu pai e eu mexemos os pauzinhos, falamos com algumas pessoas. Existe um grande *kibutz*, não distante daqui. Eles o aceitarão.

— O quê? — perguntou Avner, não acreditando no que ouvia.

— Eles aceitarão você. Deixarão que vá à escola lá. No próximo mês.

— Se é isso que você quer — disse o pai, olhando para a mãe. — Quero dizer, se você quiser ir.

— Oh, como pode dizer tal coisa? — falou a mãe, antes que Avner tivesse tempo de abrir a boca. — Claro que ele quer ir. É um *kibutz*, a coisa mais maravilhosa do mundo para um menino. Além disso, não posso cuidar de duas crianças sozinha.

— E então? — perguntou o pai.

Avner estava abalado. Não podia acreditar que os pais falassem a sério. Não era tanto o *kibutz*, mas o pensamento de que queriam mandá-lo para longe de casa. Tanto quanto teria gostado de ficar em Frankfurt, não desejaria permanecer lá sozinho. Mas agora, como se não fosse suficientemente mau que tivessem que voltar para a desolação fria de Rehovot, queriam mandá-lo para longe. Mas por quê? Sua mãe o odiava tanto assim?

Bem, ele não daria a ela a satisfação de demonstrar o quanto a detestava naquele momento.

— Claro — falou, olhando para o chão. — Não me importo.
— Bem — disse a mãe, satisfeita. — Está resolvido, então.

Durante toda a vida houve uma conta pendente entre Avner e a mãe. Embora ele houvesse logo compreendido, após seu primeiro choque ao ser mandado para longe de casa, que sua mãe não lhe desejara mal, mas estivera convencida de que o *kibutz* seria uma coisa boa para ele. O sexto sentido de Avner havia registrado a sinceridade da paixão da mãe. Ele sentiu o seu entusiasmo pela idéia do *kibutz*.[2] Mas como ela podia estar tão errada sobre *ele*?

Talvez fosse Avner quem devesse provar o erro da mãe. Se ele enfrentasse aquilo com coragem — não, não apenas com coragem, mas com dedicação, trabalhasse mais dura e longamente que todos os outros meninos, os verdadeiros *kibutzniks*! Essa era a resposta. Eles o reconheceriam, seriam forçados a escrever e contar à sua mãe que menino notável ele era. Então, ela teria que vir e pedir desculpas. Teria que lhe pedir para voltar a Rehovot.

Fora uma boa resolução, mas grande parte dela se evaporou a meio caminho da viagem, no ônibus quente e empoeirado para Gedera. Não que a cidadezinha desinteressante fosse o destino final. O *kibutz* ficava, no mínimo, a mais uma hora de viagem sobre estradas não pavimentadas, serpenteando ao longo de colinas baixas, campos de algodão e laranjais, em direção a um horizonte bruxuleante, salpicado de eucaliptos secos. O calor de 35ºC parecia quase visível no ar. E o gado nos pastos estava tão esquelético! Seriam vacas aqueles animais? Mas vacas eram gordas e amistosas, como havia visto em livros ilustrados na escola. Ou na região rural luxuriante, bem cuidada, da Alemanha.

De certa forma, o que tornou a coisa pior foi que o *kibutz* era bom. Avner foi obrigado a admitir a si mesmo. Não havia nada errado com os apertos de mão amigáveis, o grande salão de jantar, os carrinhos de comida carregados de ovos e verduras frescas, os dormitórios imaculados onde as crianças dormiam juntas, meninos e meninas, três ou quatro em um quarto. Tudo isto era ótimo, e dava mais força às pessoas que gostavam dali, que se sentiam em casa. Mas Avner pôde ver que não pertencia àquele lugar somente pela maneira como os *Kibutzniks* olharam para o seu mocassim alemão, que a mãe lhe havia comprado em Frankfurt. Todos os outros meninos usavam botas. Como sua mãe devia ter sabido.

Há três coisas que um indivíduo pode fazer quando se considera um forasteiro mas é obrigado a ficar em um lugar a que sente não pertencer. Pode fechar-se em si mesmo; pode tentar se integrar com uma vingança; pode exagerar seu isolamento e apresentar-se como um fora-da-lei. Avner fez as três escolhas, muitas vezes, em um único dia.

Fechar-se em si mesmo era mais fácil. Não era um recolhimento completo, visível para os outros, porém mais um entorpecimento interior, um atordoamento em que as fantasias mais ricas podiam criar raízes na fina camada superficial da realidade. Às seis da manhã John Wayne acordaria, como todos os outros, ao som da velha corneta da canhoneira inglesa clangorando do mastro da bandeira. Tomaria um banho rápido de chuveiro, depois colocaria o Colt .38 no cinturão e tomaria um suco de fruta no grande salão de jantar. Durante os dois períodos matinais na escola, antes do café, lançaria olhares bondosos, através da janela, aos trabalhadores nos campos distantes. Estavam seguros. O tenente-coronel Wayne tinha um perfeito plano de contingência no caso de os jordanianos atacarem do leste. Sob seu comando, os tanques emergeriam dos silos subterrâneos atrás do estábulo, mas em vez de um ataque frontal, esperado pelos jordanianos, fariam um avanço pelos flancos para o campo de algodão. Lá, então, os arbustos se separariam ao aperto de um botão para revelar a rede de aço de uma pista temporária, juntamente com os grandes tanques, que, tendo desenvolvido as asas de bombardeiros, ribombariam majestosamente no ar.

O herói e protetor de seu povo, o gatilho mais rápido do Oriente Médio, entraria na fábrica de enlatamento de conservas às duas horas para cortar unhas de galinha. Às quatro apareceria como Avner, o bandido, um menino muito mau que não escondia seus sentimentos em relação à lei e à ordem do opressor. Ele e sua quadrilha — Itzig, Yochanan e Tuvia, o Iemenita — sabotariam o que quer que fosse possível. Veja Moshe, o camponês russo, colocando novas lâmpadas nos soquetes do alto, no pátio. Como ele os alcançará? Esses imigrantes russos são espertos, olhem só para ele. Não importa que a escada seja pequena demais, está prendendo o velho capão à carroça de lixo e colocando a escada *sobre* ela. E se o cavalo... não, aquele velho capão não se moverá nunca.

Sim, se moverá, se você aquecer esse pedaço de arame e cutucar o seu rabo!

Milagrosamente, Avner e sua quadrilha não mataram ninguém. Nem sequer feriram gravemente alguém em quatro anos. Nem mesmo quando Avner demonstrou a apicultura na sala de aula, trazendo uma colméia ativa "por engano". Nem mesmo quando levaram o touro emprestado do *kibutz* para o grande salão de jantar. Nem mesmo quando trancaram Moshe no frigorífico durante meio dia. Mais milagrosamente, sequer foram apanhados.

O castigo sempre vinha, ironicamente, quando Avner, o bandido, cedia à terceira encarnação: Avner o *kibutznick* exemplar, o *chaver*, o bom camarada. Quando colocara seu nome no quadro-negro da sala de jantar como voluntário para trabalho extra no sábado — digamos, ajudar o *kibutz* vizinho com a colheita — somente para ser rejeitado diante de todos os outros meninos. Vamos, sr. Mocassim, o que faria lá, cortaria seu dedo fora com a foice? Temos que levar em conta a nossa reputação. Se está tão ansioso para trabalhar, corte mais unhas de galinha.

Porque, enquanto John Wayne talvez chicoteasse os jordanianos e Avner, o bandido, talvez nunca fosse apanhado, a verdade era que Avner, o *kibutznick*, nunca se tornou nada notável. Apenas não era um agricultor de primeira categoria. Não era exatamente fraco ou lento, mesmo se aqueles garotos — as crianças que tinham crescido ao longo das valas de irrigação no meio de lugar nenhum, as crianças que ele tanto admirava quanto desprezava — eram um pouco mais duros e mais rápidos. E daí? Ele era mais esperto. Falava línguas, alemão e inglês. Havia visto coisas, era íntimo dos americanos, viajara pela metade do mundo. Para aqueles *kibutznicks* que o rejeitavam, ir em uma carroça de burro para Bnei Re'em seria uma grande viagem.

Deviam ter ficado impressionados com Avner — ele jamais tivera qualquer dificuldade, antes, em impressionar outros meninos, mesmo na Alemanha; ou meninas, por falar nisso — mas, de alguma forma, jamais funcionou no *kibutz*. Ele havia trazido seu rádio transistor e, a princípio, todos os meninos se reuniram em volta dele para ouvir. Mas alguém do escritório escrevera imediatamente à mãe de Avner para vir buscar o rádio, porque aquele era um *kibutz* onde uma criança não podia ter algo que as outras não tinham. E ela veio na semana seguinte e levou o rádio. O rádio do vovô!

As crianças que não gostavam muito de Avner o chamavam de Yekke amalucado. Ser um Yekke era outra coisa nova que Avner aprendera no *kibutz*, embora fosse aprendê-la de qualquer forma, mais cedo ou mais tarde. Enquanto crescia em Rehovot, Avner presumia que todos os israelenses eram israelenses, e isso era tudo. Talvez um pequeno grau de diferença entre *sabras* natos como ele próprio, ou os antigos povoadores anteriores à independência, como seus pais, e os imigrantes recentes, que nem sequer falavam hebraico. E sim, havia alguns israelenses, embora dificilmente algum em Rehovot, que eram *religiosos*, que pareciam e agiam mais como judeus da Diáspora, judeus do Holocausto, mesmo não tendo estado em Israel por muitas gerações. Usavam cafetãs negros, chapéus de aba larga e argolas nas orelhas. Mas, quanto a ser um Yekke — pertencer a algum subgrupo em vez de ser simplesmente um israelense —, este pensamento jamais ocorrera a Avner.

No *kibutz*, contudo, Avner aprendeu a distinguir os diferentes tipos de israelenses — em termos de suas próprias escolhas. A maioria das crianças do *kibutz* era galiciana, o que se traduzia para Avner em bandos de judeus do Leste Europeu, vulgares, atrevidos e ignorantes. Ele, por outro lado, era um Yekke. Um *sabra* civilizado, sofisticado, de raízes da Europa Ocidental.

Os dois termos — ao menos como Avner veio a compreendê-los — descreviam qualidades associadas tanto com índole quanto com geografia. A Galícia, a província polonesa mais oriental do antigo Império Austro-Húngaro, era o local de procriação de tudo o que era corrupto, apegado aos clãs, presumido e de classe baixa em relação aos judeus. Sem dúvida, os galicianos eram também inteligentes, habilidosos e determinados; Avner o admitia rapidamente. Com freqüência, possuíam um maravilhoso sentido de humor. Podiam, pessoalmente, ser muito corajosos e totalmente dedicados a Israel. Mas estavam sempre à espreita em uma esquina. Não compreendiam nada sobre as coisas mais belas. Eram trapaceiros e mentirosos; e materialistas, de forma inacreditável. Também se mantinham unidos como cola. Usavam expressões como *le'histader* — tomar conta de si mesmo. Ou "partilhar os *dumplings**". Claro, talvez nem todos viessem da Galícia. Mas se possuíam estes atributos, eram galicianos.

Os Yekkes vieram para Israel principalmente da Alemanha ou de outros países ocidentais, como os pais de Avner, mas de onde quer que tivessem vindo, sua diferença principal era que tinham sido judeus *assi-*

---

* Bolinhos de massa, cozidos ou assados. (*N. da T.*)

milados. Não haviam vivido em guetos, em *shtetls*. Tinham poucos dos instintos de sobrevivência de animais caçados, o tipo de natureza de olhar-atento-na-chance-principal que os judeus da Galícia precisaram desenvolver para permanecer vivos. Os Yekkes eram polidos, ordeiros e limpos. Tinham livros em seus lares, ouviam música clássica. Mais importante ainda — uma vez que alguns galicianos também liam livros ou ouviam boa música —, os Yekkes tinham uma opinião diferente da civilização européia. Esperavam que Israel se tornasse um tipo de Escandinávia para judeus, com muitas orquestras sinfônicas tocando Beethoven e galerias de arte exibindo quadros de Rembrandt.

Os Yekkes também tinham uma idéia diferente das virtudes cívicas. Em épocas de escassez, esperavam que as coisas fossem racionadas, depois alinhadas para eles de modo organizado. Estavam preparados para aceitar ordens, ou dá-las, mas não para arrumar, fixar, manipular. Eram pontuais, metódicos, talvez apenas um pouco pomposos. Na grande cidade Yekke, Nahariya, construíam suas casas em fileiras organizadas, ordenadas. De muitas maneiras, eram mais germânicos do que os alemães.

Avner compreendeu que o sentido de apego às tradições dos galicianos não era dirigido contra ele, pessoalmente. Eles tomariam conta deles mesmos — e em termos práticos "deles mesmos" significava outros judeus europeus orientais, principalmente poloneses e talvez russos. Eram o círculo mágico. Os melhores empregos, as melhores oportunidades iam para eles. A liderança do *kibutz* lhes pertencia — perpetuamente, segundo parecia. Quando se tratava da questão do filho de quem seria enviado para a escola de medicina, por exemplo, não se considerava a instrução, ou capacidade. Aparentemente, seria muito democrático, claro; todo o *kibutz* votava nestas questões em uma reunião geral, mas podia-se apostar o último *shekel* que o cara que conseguiria a chance seria um galiciano.

Quer fosse exata ou não, esta idéia — ou compreensão, como a teria chamado — chegou a Avner no *kibutz*. E apenas se tornou mais forte. Acompanhou-o em sua passagem pelo Exército, e além. Em Israel, os galicianos teriam a mão no leme e os outros judeus — alemães, holandeses ou americanos — viriam a dirigir muito pouco. Os judeus orientais, depois do nada, se os galicianos pudessem contribuir para isso.

O fato de Avner vir a ter esta crença não significava que ele fosse ruminar, ficar amuado, ou se sentir infeliz e acabado por isto. Ao contrário, significava apenas uma coisa. Ele competiria. Venceria os galicianos em sua própria especialidade. Ele se tornaria tão único, tão extraordinário, tão invencível em alguma coisa que, no fim, emergeria no topo. À frente de galicianos, de *kibutzniks* etc. Não importava quão espertos, fortes, determinados, inescrupulosos pudessem ser. Ele venceria.

Talvez seguindo as pegadas de seu pai.

Porque havia um meio de um forasteiro ganhar aceitação em Israel. Mesmo sendo um Yekke amalucado que, no fundo, se sentia mais à vontade em Frankfurt. Este meio era se tornar um herói. Um verdadeiro herói, um Har-Zion,[3] um menino no convés em chamas. Um garotinho holandês com seu dedo no dique.

Foi durante o último ano no *kibutz*, em algum momento de 1964, que Avner descobriu que seu pai era um agente secreto. Na verdade, ninguém lhe contou. Se houvessem contado, a palavra não seria "agente". Sua mãe poderia ter dito, bem, seu pai trabalha para o governo. Provavelmente, as pessoas teriam dito, abaixando um pouco a voz, oh, ele está fazendo alguma coisa, sabe, para a Mossad.

A palavra hebraica traduzida significava apenas "instituto". Podia haver um *mossad* para pesquisa bioquímica ou um *mossad* para segurança de trânsito. Mas a palavra usada sozinha significava uma coisa: a organização relativamente pequena, fortemente vigiada, altamente respeitada e muito secreta, que é considerada como absolutamente vital para a segurança de Israel.

Havia vários meninos no dormitório de Avner que tinham os pais servindo à sociedade israelense no exterior, em um ou outro setor. Dois ou três eram oficiais de alta patente no Exército. Um homem era membro do Knesset, o parlamento de Israel. E havia um menino cujo pai era conhecido por estar "fazendo alguma coisa" para a Mossad.

Um dia, quando Avner estava de pé com este menino, casualmente, do lado de fora do portão principal, o pai do menino se aproximou em um carro. Viera fazer uma visita como Avner havia esperado que seu pai fizesse, mais cedo ou mais tarde. O homem saiu do carro e, como cumprimento, sacudiu o filho pelos ombros e lhe bateu nas costas algumas vezes. Depois, seus olhos caíram sobre Avner.

— Este é Avner — disse o seu filho.

— É um prazer conhecê-lo — disse o visitante, apertando a mão de Avner. — É novo aqui? Como é o nome do seu pai?

Avner lhe disse.

— Então — disse o homem, olhando para Avner com uma centelha de interesse nos olhos — você é o filho dele. Ora! Diga-lhe alô por mim quando o vir.

— Conhece meu pai? — perguntou Avner, um pouco surpreso.

— Se *conheço* seu pai? — disse o homem conduzindo o filho através do portão.

Foi isso, mais nada. A cabeça de Avner girava. Claro, o simples fato de um homem que fazia alguma coisa para a Mossad, como diziam, conhecer seu pai, estava muito longe de provar que o pai de Avner era um agente. Mas havia algo na maneira como o homem olhou para ele, aquele brilho de reconhecimento nos olhos, um olhar que dizia "um de nós". O sexto sentido de Avner não deixou dúvida a respeito, em sua mente. Ligou aquilo com o negócio de "importação-exportação", as viagens constantes, e os homens nas esquinas das ruas de Frankfurt com seus olhares nervosos. Era somente somar dois mais dois.

Para ter certeza, tudo que Avner teve de fazer foi perguntar casualmente à mãe na próxima vez em que a viu sozinha.

— Mamãe, papai é um espião?

— Ficou louco? — disse a mãe, os olhos correndo ao redor.

— Vamos, mamãe, não me venha com isso. Pensa que tenho cinco anos? Há pessoas no *kibutz* que conhecem papai. Quer que eu comece a fazer perguntas por lá?

Essa teria sido a pior falta de educação, como Avner bem sabia.

— Ouça, isto aqui não é cinema — disse a mãe. — Não temos espiões por aqui. Seu pai está no negócio de importação-exportação, e às vezes trabalha para o governo. Compreende?

— Claro, mamãe.

— Muito bem — disse a mãe, formalmente.

Então, era verdade. Avner ficou tão excitado que pôde ouvir, realmente, o coração batendo mais depressa. Não se tratava apenas de que ele era capaz, agora, de perdoar o pai por deixar a mãe mandá-lo para longe de casa. Isto era importante, mas não era tudo. A questão era que Avner, deste momento em diante, se sentiu superior ou igual ao maior *kibutznik*. Um *Yekke* amalucado que cortava unhas de galinha, igual ao mais importante líder galiciano!

Mas Avner jamais pôde falar sobre isso com ninguém.

É possível que talvez houvesse conversado com o pai, se este o tivesse vindo visitar. Durante os quatro anos no *kibutz*, antes do Exército,

Avner o viu apenas duas vezes, ambas quando estava de volta a Rehovot para um curto feriado e o pai se encontrava lá também. Somente um ou dois dias, porque depois teria que voar, novamente, para fora de Israel a negócios. Nessas ocasiões, Avner sequer ficou sozinho com ele, porque a mãe sempre bisbilhotava por perto, e o irmão pequeno, um felizardo de seis anos com arrojo total, vivia atormentando.

Mas se o pai tivesse ido ao *kibutz* onde os dois poderiam ficar sozinhos, Avner talvez lhe falasse. Foi uma pena que o pai nunca tivesse ido.

Agora, em 1969, ele podia ver o pai a qualquer momento. Ou o que restava dele, um homem alquebrado e doente. Agora que Avner tinha 22 anos, um capitão da reserva, com quatro anos de serviço nas costas em uma unidade excelente. Agora que não importava mais, ele podia ver o pai.

Mas ainda importava.

Acalorado depois da viagem de ônibus desde Rehovot, ansioso para tomar outro banho de chuveiro, Avner escancarou o portão. O pai estava bem ali, deitado na espreguiçadeira do jardim, adormecido. Havia duas moscas na borda do copo de suco de laranja ao seu lado. Estava inacreditavelmente quente. O pai havia engordado e respirava pesadamente em seu sono.

— Oi, papai.

— Hem? — O pai abriu os olhos, primeiro um, depois o outro. Era um hábito antigo. Avner jamais havia visto outra pessoa fazê-lo.

— Como se sente?

— Hum.

— Precisa do Citroën no fim de semana? Pode me emprestar?

— Não preciso, pode levar. — O pai tossiu, pigarreou e sentou-se mais ereto na cadeira. — Que horas são?

Avner lançou um olhar ao relógio.

— Três, aproximadamente — disse.

— Wilma está aqui? — perguntou o pai.

— Não sei, acabei de chegar. Não a vi.

Wilma era a nova esposa, aquela com quem o pai se casara no exterior depois de se divorciar de mamãe. De certa forma, devia ter sido parte do negócio, supunha Avner, o negócio de "importação-exportação". Jamais falavam a respeito disso. A história oficial era que o pai se casara com ela e depois ela havia trabalhado com ele, mas podia facilmente ser exatamente o contrário. De qualquer maneira, eles o prenderam e enviaram-no para a cadeia.

Quando foi solto, por fim, talvez um ano e meio atrás, pouco depois da Guerra dos Seis Dias, havia levado Wilma consigo, de volta a Israel. Avner gostava bastante dela e a admirava. Uma grande dama, e nem sequer era judia.

— Como vai sua mãe? — perguntou o pai.

— Bem.

Avner pegou o envelope marrom e entregou-o ao pai. Avner decidiria de qualquer forma, apesar do que o pai pudesse dizer.

O pai pôs os óculos para ler a carta. Eram apenas quatro linhas, por isto ele a leu no mínimo duas vezes, já que não disse nada durante um minuto. Mesmo sua respiração pesada cessou. O único som no jardim era o das moscas zumbindo ao redor do suco de laranja.

Depois o pai dobrou a carta e devolveu-a ao filho.

— Nem sequer responda — disse a Avner.

Ao ouvir o pai falar naquele tom, Avner ficou zangado.

— Por quê? — interrogou. — Não posso simplesmente ignorar a carta.

— Não seja estúpido. Está me forçando a lhes telefonar? Só terão você passando por cima do meu cadáver.

Avner quase sorriu, embora a contragosto. O pai havia usado as palavras exatas que Avner juraria que ele usaria. Bem, então era isso.

— Fale com eles — disse ao pai — e jamais tornarei a falar com você. Deixe-me cuidar do assunto.

— Você dirá não.

— Claro que direi não — falou Avner. — Apenas quis lhe mostrar a carta, só isso.

— Isto não é uma brincadeira — disse o pai. — Talvez pense que é, mas não é. Olhe para mim.

Avner olhou para o pai.

— Vamos, papai — disse, colocando o braço em volta do ombro do homem mais velho. — Não se preocupe. Talvez o tenham feito com você, mas deixe-me lhe dizer uma coisa. *Jamais* o farão comigo.

Avner se lembraria sempre dessa conversa, até o último detalhe. O calor, a espreguiçadeira, a expressão do rosto do pai, as moscas mergulhando no suco de laranja. E se lembraria do passeio no velho Citroën depois, quando fora buscar Shoshana, e das carícias, as mãos dadas, a ida ao cinema, sem dizer nada a ela. E do dia seguinte, segunda-feira, quando fora ao bar perto da esquina de Frishman e Dizengoff. Às dez da manhã. Em ponto.

Moshe Yohanan era um homem baixo de cerca de cinqüenta anos, vestindo uma camisa branca. Lia um jornal e acenou para Avner alegremente, indicando-lhe uma cadeira no instante em que o viu. Apertaram-se as mãos com firmeza, e Avner pediu duas taças de sorvete de baunilha e limão, misturados.

O sr. Yohanan foi diretamente ao assunto.

— Ouça — falou —, o que posso lhe dizer? Nem sequer sei se é o homem certo... teremos que descobrir. Mas, se for, seu país precisa de você.

Capítulo 2

ANDREAS

SE O AMIGO de sua tia houvesse conseguido um emprego de qualquer tipo na *El Al*, Avner jamais teria tocado a campainha do apartamento 5 no segundo andar de um prédio indescritível na rua Borochov. Teria dito a Moshe Yohanan: "Esqueça, vou para casa. O que quer que seja, parece demais com o Exército."

A jovem que abriu a porta parecia estar no Exército também, embora usasse roupas civis. Mas havia alguma coisa inconfundível na maneira elegante, comum, séria em que entregou a Avner um maço de papéis, pedindo-lhe para preenchê-los na mesa de madeira. Exceto por duas cadeiras de madeira, não havia qualquer outro móvel no recinto.

Avner olhou fixamente para os longos questionários impressos depois que ela desapareceu atrás de uma das portas sem marca. Pergunta 36: *Tem algum parente vivo na União Soviética?* Certamente, não era tarde demais para se levantar e ir embora. Não porque responder a uma longa lista de perguntas, algumas muito pessoais, ofendesse seus instintos libertários — esse pensamento jamais teria sequer penetrado na mente de Avner —, mas por causa do aborrecimento. E, especialmente, por causa do incômodo que pressagiava. Mais formulários, escalas de obrigações, instruções, horários. Ordens. Todas as licenças canceladas até segunda ordem. Apresentar-se de volta às seis. Ele não tivera bastante disso nos últimos quatro anos?

Avner jamais detestara o Exército por qualquer das razões usuais. Por exemplo, não se incomodava de marchar por quase toda a extensão de Israel, à noite, carregando 22 quilos de equipamento. Se metade dos outros esperançosos, que desejavam as mesmas insígnias de comando, desmaiavam, e tinham que ser levados pelas ambulâncias, tanto melhor. Porque Avner não desmaiava, embora não fosse o maior ou o mais forte. Permanecia de pé, e também chegava em primeiro na série de mergulho, apesar de só ter aprendido a nadar no Exército. No fim, foi ele quem se tornou membro da unidade de assalto. Um dos 15, talvez, entre os cem que tinham tentado. Ele usava a segunda mais alta insígnia das forças de Israel. Depois dos pilotos de bombardeiros.

Tampouco desgostava de se enfiar silenciosamente na água carregando uma carga de minas magnéticas, sob condições reais de campanha durante a Guerra dos Seis Dias. Claro que teve medo. Somente um louco não teria, e os comandos não aceitavam loucos.

O que Avner detestava eram chuveiros improvisados que jamais o deixavam limpo, de modo algum. Comida intragável — nos sábados, comida *fria* intragável, por cortesia dos rabinos militares. Ele não gostava da burocracia. Regulamentos em relação a tudo do mundo, que nada tinham a ver com segurança ou eficácia de combate. Licenças canceladas sem motivo — ao menos, nenhum que Avner visse. Encargos baseados não no que era melhor para a unidade, mas como favores, recompensas ou castigos.

E ele odiava voltar para casa de carona, tentando fazer toda a viagem em 12 horas. Perder tempo valioso de pé, à beira da estrada, esperando que um cidadão lhe desse carona. Bem, talvez isto fosse o destino do soldado, talvez até do herói em toda parte do mundo. Avner não discutia isso. Somente não queria fazer parte da coisa, ao menos não indefinidamente. Morrer pela pátria, a qualquer momento. Pegar carona, de jeito nenhum.

Avner hesitou antes de preencher o formulário por uma razão adicional. Apesar do que havia dito ao pai no jardim — *talvez o tenham feito com você, mas jamais o farão comigo* —, eram apenas palavras, carregando mais bravata do que convicção. Avner não tinha certeza do que "eles" talvez lhe fizessem. Na verdade, não estava seguro do que tinham feito a seu pai.

Falar pouco era, talvez, o hábito de uma vida inteira, mas o pai jamais explicara realmente alguma coisa a Avner depois de ter voltado para Israel com a nova esposa. Ter uma nova esposa não era, realmente, bigamia, como ele comentou jocosamente com Avner, porque a pessoa que era casada com sua mãe não era a mesma que se casara com Wilma no exterior. Uma das duas pessoas não tinha existência legal. Sim, ele estivera na prisão por espionar para Israel. Ao menos, esta era a acusação. E a verdade? Bem, o que *você* acha?

O relacionamento entre o pai e a mãe de Avner, aparentemente, permaneceu cordial. Seu pai vinha quase todas as semanas à velha casa em Rehovot e passava longas horas conversando com a mãe na cozinha.

Quando Avner comentou com ela, uma vez, "Você o vê mais vezes agora do que quando viviam juntos", ela apenas deu de ombros.

— Acha que a coisa mais importante é como você *se sente*? — replicou ela. — Deixe-me lhe dizer, não é.

Avner achou que isto significava, para sua mãe, que submeter-se sem rancor a um casamento destruído era apenas outro dever patriótico. Por que ela não deveria ser capaz de sacrificar seu *status* como mulher casada, quando outras pessoas tinham sacrificado suas vidas por Israel? Ela jamais diria uma palavra má sobre o pai, ou mesmo sobre Wilma, embora evitasse falar sobre ela. Em suas raras referências, Wilma se tornava apenas outra coisa "que seu pai teve que suportar", como ser preso e mandado para a cadeia. Era uma atitude que Avner compreendia, mas não podia deixar de sentir um pouco de desdém por ela. De certa forma, ele teria preferido que ela esbravejasse e gritasse.

A atitude do pai era diferente. Ele não fazia segredo sobre estar amargurado, embora somente insinuasse o motivo. "Quando está acabado, está acabado", dizia. "Nada é bom o bastante quando precisam de você. Você é uma pessoa importante. Quando acaba, eles cospem em você."

Depois, acrescentava: "Se você tem sorte suficiente e ainda está vivo para cuspirem em você."

E Avner perguntava, às vezes:

— O que quer dizer com *eles*? Quem?

Mas o pai não respondia, somente repetia após alguns instantes de silêncio:

— Tratam você como uma laranja. Espremem até ficar seco, depois jogam fora.

Embora o pai não acrescentasse detalhes, era bastante claro, de certa forma. O velho — e ele nem sequer era velho, tinha cinqüenta e poucos anos — se tornara um homem derrotado após sua volta para Israel. Vencido por algo mais que seu interrogatório, sua prisão.

— De um ponto de vista, dois, três anos na cadeia são algo muito ruim — explicou a Avner uma vez —, mas de um outro ponto de vista, não são nada. Eu poderia tirar de letra.

Tampouco se tratava apenas de má saúde, embora sempre consultasse médicos, ou preocupações de dinheiro, embora estivesse falido. Não tinha emprego, somente uma pequena pensão de algum tipo. Havia tentado uns dois negócios depois de seu regresso, mas ambos fracassaram.

O verdadeiro problema jazia mais fundo.

— Eles deixam que você pegue os rubis — comentou ele com Avner, um dia. — Deixam que os segure na mão, brinque um pouco com eles. Todos estes rubis serão seus, dizem, se fizer isto ou aquilo. Depois, mais uma coisa, e mais outra. Então, quando chega o momento de você bater à porta, pegar os rubis, eles dizem, desculpe, que rubis? Como disse que era o seu nome?

— O que quer dizer? — Avner se lembrava de ter perguntado, mas seu pai sacudiu a cabeça, apenas.

O pai dizia a verdade, Avner não duvidava disso. Mas talvez fosse apenas a verdade para ele. Não tinha que ser a verdade para todo mundo. Se tivesse que ser a verdade para todos, o tempo todo, o que restaria para o garotinho holandês? Um menino que não tinha cabeça para comprar e vender, nem para química e matemática? Teria que ficar sempre fora do círculo mágico? Aparar unhas de galinhas a vida inteira? Jamais rever Frankfurt? Pegar carona com Shoshana para a praia em Ashdod uma vez por semana? Esperar que o amigo da tia conseguisse um emprego na *El Al*? Permanecer um bom Yekke amalucado, apesar de seus anos no *kibutz*, de sua folha de serviços no Exército? Não fazer nada por si mesmo ou por seu país, nunca, só porque as coisas não deram certo para o pai? Talvez não fosse culpa "deles", de qualquer modo, ou não inteiramente. Talvez o pai, de alguma forma, houvesse saído perdendo na transação.

Avner preencheu os questionários sobre a mesa de madeira, e devolveu-os à moça. Dentro de alguns minutos ela o fez entrar pela porta sem marca até outra sala, onde um homem de meia-idade estava sentado atrás de uma simples mesa de madeira. Havia um arquivo de metal na sala e mais uma cadeira para visitantes estofada de pele de castor. O homem encarou Avner e apertou sua mão com firmeza antes de lhe indicar a cadeira com um gesto.

— Como vai?

— Muito bem — respondeu Avner, um pouco surpreso.

— E como vai seu pai?

— Bem, obrigado.

— Ótimo, ótimo — disse o homem. — E como vai... — mencionou o nome do comandante da unidade de Avner no Exército.

Os nomes de oficiais em unidades de elite, como a de Avner, não eram de conhecimento público. Avner não estava muito certo do motivo pelo qual o homem fazia questão de mencioná-lo — para estabelecer uma ligação, talvez, ou para tornar a conferir a legitimidade de Avner, ou talvez para provar a sua própria. De qualquer forma, resolveu responder prosaicamente.

— Estava bem, da última vez que o vi.

— Isso foi em, vejamos... fevereiro, não? — perguntou o outro casualmente, puxando para mais perto de si uma fina pasta de arquivo sobre a mesa.

— Em março — retrucou Avner, não traindo em sua voz que estava irritado ou impressionado.

Na verdade, sentia um pouco as duas coisas. Irritado pelo jogo, e impressionado pelo cuidado do homem. Deviam tê-lo verificado três vezes antes da entrevista; no entanto, ainda não queriam correr risco algum.

O homem lhe ofereceu um cigarro. Ele recusou, notando que o outro não pegara um para si mesmo. Em geral, os não-fumantes não oferecem cigarros; assim, aquilo devia ser outra verificação para confirmar se ele era a pessoa que devia ser. Um fumante tomando o seu lugar talvez houvesse aceitado o cigarro, impensadamente. Oh, engenhoso! A tentação era quase irresistível — este era Avner, o bandido —, fingir mudar de idéia e pedir um cigarro, só para ver como o outro reagiria. Mas não o fez.

Ele ouviu, em vez disso, enquanto o homem explicava que o emprego seria muito interessante, como se Avner já houvesse aceitado. Neste ponto ele nem mesmo podia dizer se convidariam Avner a fazer os testes de admissão. Se aprovado, teria que passar por um longo período de treinamento. Talvez fosse reprovado juntamente com cerca de metade dos candidatos. Mas, se tivesse sucesso, o trabalho seria fascinante.

O trabalho seria fascinante e muito importante para o país. Também significaria segurança e uma pensão; significaria seguro, benefícios médicos e até um plano odontológico. Poderia haver muitas viagens excitantes ao exterior. Ele descobriria que a organização era como uma pirâmide, disse o homem, com muitas pessoas na base e poucas, muito poucas, no topo. Dependeria dele, e somente dele, onde chegaria.

— Por exemplo, olhe para mim — disse ele, animando-se com o tema. Comecei embaixo. Tive que passar por muita coisa antes de chegar onde me encontro hoje.

Sim, e onde você está hoje?, pensou Avner. Um tolo de cinqüenta anos, sentado em uma cadeira de madeira em uma salinha abafada, entrevistando recrutas inexperientes. Muito excitante.

Mas, e daí? Aquele apartamento velho na rua Borochov era, claramente, a parte mais baixa. A organização talvez ainda fosse muito excitante no topo. O topo, onde John Wayne era o primeiro, podia ser uma história totalmente diferente.

No entanto, após aquela entrevista, as pessoas glamourosas com o plano odontológico não apareceram. Nem telefonemas, nem cartas. Mas naquele verão de 1969 a mente de Avner estava longe de uma decisão e era melhor para seu estado de espírito deixar as coisas irem rolando.

— Não teve notícias daquele cara na *El Al*? — perguntara-lhe Shoshana depois de um de seus fins de semana juntos.

— Hã-hã — Avner sacudiu a cabeça.

— Ele não tem pressa, não é?

Apesar de a própria Shoshana não ter pressa, a pergunta não era infundada. No outono ela seria uma professora qualificada. Eles não falavam em casamento claramente, mas estava bastante subentendido. Amavam-se. Enquanto Avner passara quatro anos no Exército, Shoshana não havia saído com mais ninguém. Se se casassem, os pais dela os ajudariam a se estabelecer. Afinal, não podiam continuar a se encontrar sempre em um velho carro emprestado.

— Não é apenas a *El Al* — disse-lhe Avner. — Tenho outra coisa no forno.

— Verdade? O quê?

— Oh, trabalho de governo. Muito bom, se conseguir. Estou apenas esperando resposta.

Ele não lhe contou mais nada sobre o emprego e Shoshana não perguntou. Era uma das coisas de que Avner gostava nela, juntamente com seu cabelo louro-mel, as feições finas de princesa, os olhos azul-porcelana. Mas mesmo eles não eram a coisa principal. A coisa principal estava, como sempre, além do poder das palavras.

O telegrama chegou à casa de sua mãe mais de um mês depois. Avner quase havia esquecido a coisa toda. Ele estava, se se pode dizer assim, mais ansioso por notícias da *El Al*. Mesmo um comissário de bordo, um intendente, qualquer tipo de serviço na tripulação, significaria viajar. Aquelas pessoas na rua Borochov, quem podia dizer?

O apartamento ao qual o telegrama o instruía a ir, desta vez, não era na rua Borochov, embora fosse igualmente velho. Havia uma garota séria diferente pedindo-lhe para esperar, antes de conduzi-lo a uma sala interior através de uma porta sem marca. A mesa de madeira parecia a mesma, embora o homem sentado atrás dela também fosse diferente.

— É sobre o cargo que discutimos com você — disse o homem. — Ainda está interessado?

— Estou.

— Ótimo!

O homem pegou um calendário à sua frente, fez um círculo ao redor de uma data, e mostrou a Avner. Depois, escorregou uma folha de papel através da mesa.

— Nessa data, apresente-se neste endereço. Decore-o agora, depois devolva-me. Certo? Não deixe que ninguém o leve lá. Tome um transporte público. Nesse lugar, fará um curso rápido. Haverá alguns testes enquanto o fizer. No fim do curso, haverá um exame. O resto, veremos.

Avner hesitou.

— Alguma pergunta?

— Bem... estou empregado? — perguntou Avner. — Recebo um salário?

— Está aceito para treinamento — disse o homem. — Sim, claro que será pago. Fará parte da equipe temporária de uma empresa de utilidade pública, não estou seguro de qual delas. Eles lhe enviarão um cheque pelo correio toda semana. Mais alguma coisa?

— Não, tudo bem — Avner levantou-se. — Obrigado.

— Boa sorte. — O homem lhe estendeu a mão, sem se erguer de trás da mesa.

A garota séria já abria a porta. Em um minuto, o novo agente da Mossad estava de pé na rua.

Mais tarde, naquele dia, guiando o Citroën com Shoshana, agindo por um impulso inexplicável, Avner lhe perguntou se ela consideraria emigrar de Israel. A pergunta foi inesperada e surpreendeu até ele próprio. Não imaginava por que lhe fizera tal pergunta.

Shoshana olhou para ele sem compreender.

— Mas para onde? — indagou ela.

— Não sei. Alemanha, qualquer lugar. América, talvez.

— Quer dizer, para sempre?

— Claro, para sempre. É isto que significa emigrar.

Shoshana começou a rir, talvez um pouco inquieta.

— Não pode estar falando sério — disse ela. — Começo a lecionar no outono. Meus pais... Este é... este é nosso lar. — Olhou para Avner, depois acrescentou: — Não se preocupe. Conseguirá um bom emprego, mais cedo ou mais tarde.

Avner não disse nada. Não disse a Shoshana que já tinha um emprego, talvez até um bom emprego. Mas, sem conhecer a expressão *déjà vu*, foi dominado por uma impressão de que já vivera aquele momento antes. Era estranho. Não podia explicá-lo a si mesmo, de forma alguma. Naquela noite, no entanto, antes de adormecer, o momento atravessou sua memória. Claro! Era seu pai perguntando à sua mãe se ela gostaria de ficar em Frankfurt e a resposta dela: "Deve estar louco."

Embora seu compromisso com o curso de treinamento fosse somente dali a duas semanas, Avner não pôde resistir a tomar o Citroën emprestado novamente no dia seguinte e partir — sozinho, claro — em direção ao bairro Hakirya, de Tel Aviv. Dali ele tomou a estrada de Haifa para o norte.

Estava intrigado. Conhecia bem a região, mas não se lembrava de nenhum prédio que pudesse ser, concebivelmente, um centro de treinamento da Mossad. Ele guiou o carro subindo e descendo a rua várias vezes, vendo apenas jovens que pareciam estudantes, caminhando, ou sentados em grupos sobre degraus de concreto poroso. A rua terminava em campo aberto, rodeado por uma cerca de elos de corrente, no meio da qual havia uma cúpula em forma de cogumelo enterrada no solo. Parecia um gerador, ou talvez a parte superior de um abrigo antiaéreo. Avner começou a se perguntar se aquilo era, em si mesmo, um teste. Claro que não podia começar a fazer perguntas, no entanto era difícil voltar ao homem atrás da mesa de madeira e lhe dizer que não conseguia encontrar o local. Na verdade, não haveria ninguém, provavelmente, a quem tornar a procurar. Tanto o apartamento da rua Borochov quanto o outro pareciam ter sido alugados somente por um curto espaço de tempo.

Uma idéia lhe ocorreu. Contornando o Citroën novamente, dirigiu-se ao ponto em que a rua se juntava a uma movimentada via pública, depois entrou em um estacionamento vazio e esperou. O trânsito não era intenso demais, mas durante a hora seguinte vários carros entraram e saíram da rua. Avner olhou para eles, mas deixou-os ir. Esperava um sinal do seu sexto sentido. Alguma coisa que lhe permitiria somar dois mais dois.

O carro que ele esperava não chegou antes de outra hora se passar. Não havia nada que o distinguisse de qualquer outro carro, e os dois homens nele podiam ser jovens professores ou colegas de ensino em uma universidade. Mas Avner sabia que não o eram. Não podia dizer como sabia, exceto, como explicaria mais tarde, que um carro oficial é um carro oficial, até mesmo em Israel.

Avner deixou o velho Citroën manter uma distância respeitosa do carro oficial quando o seguiu descendo a rua secundária tortuosa. Dirigia-se para a cerca de elos de corrente no fim do campo aberto, mas, antes de alcançá-lo, virou de repente para a direita, diretamente, como pareceu, para o lado do último prédio. Exceto que, em vez de atingir um muro de concreto, continuou descendo o que, Avner via agora, era um caminho para carros, estreito, entre o prédio e a cerca. No fim da entrada para carros havia um portão elétrico corrediço que se abriu devagar, permitindo ao carro entrar. Além da porta, o caminho descia pronunciadamente. O carro do governo desapareceu abaixo do campo aberto.

Avner não o seguiu, mas duas semanas mais tarde apresentou-se para o treinamento. Havia outras 12 pessoas no grupo, todos homens, a maioria da idade de Avner, embora dois ou três fossem consideravelmente mais velhos. Um parecia ter mais de quarenta. Avner não conhecia nenhum deles, embora achasse que já tinha visto dois ou três dos mais jovens, talvez no Exército, em manobras conjuntas. Não havia ninguém de sua unidade.

Uma semana mais tarde, ele recebeu seu primeiro cheque de pagamento pelo correio. Foi enviado pelas usinas elétricas de Tel Aviv para o seu endereço familiar, a casa de sua mãe em Rehovot, e era de 120 libras israelenses. Uma soma modesta. Seria preciso pensar duas vezes antes de constituir uma família com ela. Mas, por enquanto, não fazia diferença. O dinheiro, como tal, jamais estivera no pensamento de Avner; naqueles dias menos que mais tarde. Tudo que lhe interessava era um modo de vida que significasse excitação, viagens, fazer o que lhe dava prazer, e talvez produzir uma boa impressão ao mesmo tempo.

A maioria dos instrutores era jovem, talvez quatro ou cinco anos mais velhos que Avner. Uma exceção era o instrutor de armas de fogo, um homem chamado Dave. Tinha o rosto de um indivíduo de sessenta anos, embora o corpo fosse tão esguio e rijo quanto o de um atleta de 25 anos. Avner vira poucos homens em tão boa forma.

Dave era americano, um ex-fuzileiro naval que jamais aprendera a falar o hebraico adequadamente. Avner, assim como alguns outros, ficaria contente em falar com ele em inglês, mas Dave insistia no hebraico.

— Você aprende sobre as malditas armas, eu aprendo a maldita língua — disse a Avner em uma corajosa fala arrastada, como Popeye, quando se encontraram pela primeira vez. Por alguma razão, essa fala dava uma autoridade estranha à sua voz: — Ambos aprendemos bem, certo?

— Certo, por mim — respondeu Avner.

— Do Exército, hein? — perguntou o homem mais velho. — Eles ensinam a disparar, no Exército?

— De qualquer maneira, eles nos deram algumas armas — respondeu Avner, cauteloso.

— Faça-me grande favor — disse Dave, sério. — Faça grande favor *a você mesmo*. Esqueça que já viu uma arma antes. Verá arma aqui, pela primeira vez.

De certa maneira, era verdade. Embora houvesse aprendido muito sobre o uso de armas portáteis no Exército — afinal, estivera em uma unidade de assalto —, Avner jamais vira antes uma abordagem para o tiroteio como a do velho Popeye. Para começar, ele era um fanático em relação ao condicionamento físico. Não força, mas coordenação.

— Acha que levantadores de peso atiram bem? — perguntava Dave. — Os disparos deles são merda. Se quer atirar pedras no inimigo, vá levantar peso. Se quer acertar nele, pule corda. Como as menininhas.

E no mínimo durante uma hora, todos os dias, o grupo inteiro faria exatamente isso, no ginásio subterrâneo. Uma dúzia de futuros agentes do serviço secreto pulando corda como meninas de 12 anos. Dave parecia possuir uma crença quase mística na ligação entre pular corda e a capacidade de usar uma arma portátil eficazmente, expressada na máxima enérgica: "Não são capazes de pular corda, não são capazes de disparar." Avner jamais duvidou de sua palavra. Certamente, Dave podia martelar um prego sobre uma parede a oito metros de distância, disparando com qualquer uma das mãos.

Mas esse não era o ponto, tampouco. Como o próprio Dave dizia:

— Querem aprender tiro ao alvo, vão para o clube olímpico. Eu ensino tiro de combate.

Tiro de combate, na opinião de Dave, significava aprender algo sobre a arma do oponente.

— Pensa que o inimigo vai esperar por você, se achar o alvo bom? — perguntava a Avner. — Ele vai atirar em você primeiro, talvez melhor que você. Se aprender a atirar e tiver sorte, viverá bastante. Mas aprenda a se curvar e viverá mais ainda.

Claro que isto não significava curvar-se para fugir de uma bala — isso seria impossível —, mas significava hora após hora na sala de aula, aprendendo a reconhecer armas por meio de *slides* e gráficos coloridos. Todo tipo de arma que o inimigo poderia usar. Porque, como Dave explicou, cada uma possuía uma certa característica, e conhecê-las talvez salvasse sua vida.

— Uma bala não é uma maldita mutuca que o segue, cercando-o. Uma bala caminha em linha reta.

Sabendo alguma coisa sobre a arma do outro cara, você teria, muitas vezes, uma fração de segundo para decidir que direção a bala tomaria, mais provavelmente, e abaixar-se para o outro lado.

— Você vê que ele tem um revólver, talvez. Você é esperto, conhece bem *todos* os revólveres, sabe que as balas vão para a direita, um pouco, mesmo se ele for um maldito campeão. Assim, abaixa-se à direita. Se não for tão esperto, abaixa-se para a esquerda e ele o pega. Exatamente lá. Bem no alvo.

Nesse ponto Dave colocava um achatado dedo indicador entre os olhos de Avner.

A outra coisa importante era conhecer sua própria arma, claro. No dia em que o ex-fuzileiro lhes permitiu, afinal, segurar uma arma, Avner ficou surpreso em ver que as armas que Dave distribuiu eram pequenas Berettas .22, semi-automáticas. Bem, talvez fossem usadas apenas para treinar a pontaria.

— Não. Em seu trabalho, *esta* é a sua arma. Para sempre.

Como Dave explicou, no trabalho especial de um agente, o alcance e força de penetração de uma arma de fogo importavam menos que sua precisão, silêncio e possibilidade de ser escondida. Aparentemente, esta filosofia e a introdução, especificamente, da Beretta[1] .22 tinham sido a contribuição original de Dave para o armamento do agente da Mossad. Antes desta época, os agentes israelenses usavam armas da polícia e do Exército, de calibres muito mais grossos, como 32, 38 ou até mesmo 45.

— Eles me dizem: o que é esta .22? Precisa de maior! — recontava Dave. — Eu lhes digo: confiem em mim. Não precisam de maior.

Dave chegara até a insistir para reduzir a carga: a quantidade de munição explosiva nos cartuchos. Como resultado, o projétil da pequena Beretta .22 tinha uma velocidade inferior e menor alcance do que o usual. Por outro lado, elas faziam apenas um pequeno ruído — algo como *puff* — quando disparadas. Não precisavam de silenciadores. Podiam ser disparadas também dentro de uma aeronave pressurizada com menos perigo de penetrarem na camada de alumínio e provocarem uma reação conhecida como descompressão explosiva, que podia, literalmente, explodir um avião nos céus, o que tornava o uso de outras armas dentro de um jato moderno proibitivamente perigoso.

— Preocupa-se com a arma pequena? — perguntava Dave. — Quer arma grande? Seu inimigo é talvez um elefante? Seu inimigo pode ser um *tanque*? Se seu inimigo for tanque, nenhuma arma é bastante grande, só a bazuca. Mas se seu inimigo for homem, arma pequena é suficiente.

Tampouco Dave tinha paciência com a opinião de que o alcance da .22 era nenhum, o que parecia preocupar vários dos homens que tinham sido treinados no Exército. Mas o trabalho do agente secreto era diferente. Para o seu trabalho, treinamento do Exército era pior do que nenhum treinamento, no que dizia respeito a Dave. O Exército treinava homens para serem atiradores exímios, sentarem-se em uma árvore e alvejarem o inimigo a 1,5km de distância. O Exército treinava soldados para que disparassem várias balas todas as vezes que puxavam o gatilho.

— Diabos, você é um grande agente em Londres — dizia Dave com sarcasmo —, talvez queira uma pistola automática, Heckler and Koch, boa arma, dispara uma bala por segundo. Alguém olha torto para você, você mata todo mundo no metrô.

O Exército — ou, falando nisso, a polícia — ensinou as pessoas a enfiarem um cartucho na culatra, acionarem a trava de segurança, depois avançarem, a arma na mão. Dave diria, esqueça a trava de segurança, ela não existe. Não pode evitar que uma arma dispare acidentalmente — digamos, se a deixa cair — mas talvez impeça que você puxe o gatilho, um dia, quando precisa fazê-lo. Em vez disso, não tenha balas na culatra. Não tenha uma arma na mão, a menos que pretenda disparar. Aprenda a sacar sua arma e puxar para trás o percussor, no alto do cano, que aloja a bala ao mesmo tempo, usando as duas mãos. Pratique isso milhões de vezes. Treine até poder fazê-lo até mesmo dormindo, em um movimento ágil, fluido. E quando estiver em sua mão, dispare. Nunca saque sua arma sem disparála. É para isto que serve sua arma.

— Você não é um maldito tira — era o ponto de vista de Dave. — É um agente. Agente *secreto*. Você saca uma arma, você está perdido, arruína seu maldito disfarce. Nunca saque a arma como aviso. Por favor, cara, seja um bom menino. Não. Você saca a arma, você dispara. E se dispara, mata.

Era essa a lição principal repetida incansavelmente. Saque sua arma somente para atirar, e atire apenas para matar. Se um ladrão quiser sua carteira, entregue-a a ele. Dê a ele seu sapato, sua camisa. Deixe que bata em você, que o insulte. Mas se por alguma razão não puder lhe dar o que ele quer — mate-o. Nunca saque sua arma como uma ameaça. Não dispare contra a perna de ninguém. Não é um policial: é um agente. É pago para evitar ser descoberto. Antes de qualquer coisa, este é o seu trabalho.

E se puxar o gatilho, puxe-o sempre duas vezes. Dave não era menos que fanático sobre isso. Era tão importante como pular corda. Era a pedra fundamental do tiro de combate com qualquer arma, especialmente uma Beretta .22. Como o ex-fuzileiro explicou, você não pode manter a mão na mesma posição se faz uma pausa após disparar uma arma. Não importa quanto você seja treinado. Ninguém pode deixar de mover um pouco a mão, mesmo subconscientemente. Se acertou no alvo da primeira vez, errará o segundo tiro, se fizer uma pausa.

Mas se puxar o gatilho duas vezes, imediatamente, não importa, haverá duas balas no alvo, se sua pontaria for correta em primeiro lugar. Se não foi, não importa se erra com duas balas ou apenas uma. Se errar, pode ajustar sua pontaria e disparar mais duas balas. Se tiver tempo. Mas duas. Sempre duas. Toda vez que puxar o gatilho, puxe-o duas vezes.

— Lembre-se disso — dizia Dave. — Lembre-se em seu sono. Sempre *puff-puff*. Nunca apenas *puff*. Não adianta. E *puff*, *puff*, mesmo dormindo.

Certa vez, anos depois de terminar o treinamento básico, Avner se encontrou com Dave por acaso na rua Jabotinski, em Tel Aviv.

— É você, hein? — disse o velho americano, satisfeito. — Como vai indo? Lembra do *puff*, *puff*? Vejo que não esqueceu!

Avner nunca esqueceu.

Ele não era um atirador nato, mas treinaria e treinaria, à maneira de um bom e consciencioso Yekke, até conseguir acertar. Nunca esteve no topo do grupo — porque esse precisava de uma visão, um senso de ritmo que Avner, simplesmente, não possuía — mas estava determinado a ir até onde a pura força de vontade podia levá-lo. E o fez. Aprendeu a não sacar a arma cedo demais na prática de combate.

— Pensa que dispara um míssil intercontinental, talvez? — seria o comentário de Dave a respeito, mas também aprendeu a vencer o medo de estar longe demais e errar. — Claro, se tocá-lo com o cano da arma, não errará, mas o inimigo chuta você com tanta força que cairá sentado — respondia Dave a esse erro, exceto que não teve chance de dizê-lo a Avner.

Ao menos, não duas vezes.

Foi a mesma coisa com os outros cursos. Fotografia. Comunicação. Explosivos — em que Avner necessitou de menos treinamento do que alguns outros, porque já havia estudado aquilo antes, em sua unidade. Os comandos tinham que conhecer os fundamentos de demolição, era parte de seu trabalho. Não que Avner possuísse a perícia para fazer uma bomba ou desativá-la — com exceção, talvez, de uma muito simples. Tudo que um homem comum no setor precisava saber era como colocar, armar e ativar um mecanismo de explosão. Nesse nível, era coisa simples. Tudo era pré-fabricado — o detonador, o transmissor, a carga *plástica*. Um punhado dela explodiria a porta de um cofre, mas não era necessário ter cuidado. Podia-se deixá-la cair, martelá-la, até usá-la para apagar o cigarro, era muito sólido. Tudo que se precisava de aprender era como moldá-la — qualquer forma desejada, e podia até ser pintada de qualquer cor —, depois colocar o detonador e ligar os fios. Vermelho com vermelho, azul com azul. Simples.

Os documentos eram muito mais interessantes. Esse foi o curso em que Avner se destacou, talvez porque tivesse a ver com o seu sexto sentido. Não a fabricação de documentos falsos — porque isto era coisa de peritos sobre a qual os agentes secretos não deviam saber muito, supostamente —, mas seu uso e detecção. Esta era uma ciência sutil, sempre exigindo que uma pessoa somasse dois mais dois. O instrutor era um judeu argentino chamado Ortega.[2] Como ele dizia, era psicologia, mais que qualquer outra coisa. Você precisava entender um pouco de documentos, e muito de pessoas.

Antes de aprender como adquirir e usar documentos falsos, sugeriu Ortega, os agentes secretos deviam aprender como detectar falsificações. Embora seu verdadeiro trabalho na Mossad jamais fosse contra-espionagem dentro do país — outra organização chamada *Shin Bet*[3] se encarregava disso — o trabalho do agente poderia incluir, muito bem, serviço de contra-espionagem fora de Israel. Ainda mais importante, saber os erros cometidos pelos outros no uso de documentos os ensinaria a evitar cometer erros similares.

Por exemplo, Ortega entregaria um passaporte a cada um deles e lhes diria para fazer uma pequena alteração em qualquer folha, como apagar levemente uma anotação com uma navalha e substituir outra.

— Cada um de vocês faça isso em uma página diferente — instruía ele —, e quando me entregarem os passaportes não me digam em que página estiveram trabalhando.

Eles obedeceram, e descobriram que Ortega era capaz de dizer, imediatamente, que página tinham tentado modificar simplesmente deixando os passaportes se abrirem em suas palmas voltadas para cima. Invariavelmente, os passaportes se abriam nas páginas que os futuros falsificadores tinham alterado com dedicação durante a última hora passada. Era bastante lógico que a encadernação sempre se dobraria naquele ponto.

— Mas enquanto deixo o passaporte aberto — disse Ortega — não olho para ele. Olho para *você*.

Porque qualquer passaporte, mesmo um não-falsificado, provavelmente se abriria em alguma página. Isso, em si, não significava nada — sem um tremor no olho do portador. E isso era o máximo que se podia esperar, um tremor, já que um agente inimigo, com certeza, não se desesperaria imediatamente e começaria a chorar. Mas um tremor também podia não significar nada, ou significar alguma coisa totalmente desligada de suas preocupações. Talvez o tipo tentasse contrabandear cigarros. E era aí que o seu sexto sentido entrava em ação. Não se podia ser um bom agente secreto sem um sexto sentido, quer você tentasse detectar documentos falsificados ou passar com eles.

Até onde dizia respeito a Avner, isto era a beleza do trabalho do agente secreto. Exigia exatamente os atributos que ele possuía em abundância. Verdade, aptidões para matemática e ciência às vezes eram necessárias. Parte do equipamento era inacreditavelmente sofisticada, especialmente em comunicações. Havia mecanismos de criptografia. Transmissores capazes de lançar uma mensagem de uma hora de duração em uma simples rajada. Avner teve bastante dificuldade para aprender os rudimentos da codificação e decodificação. Antigas almofadas de carimbo permaneceriam sempre um mistério para ele. E os computadores. Sua habilidade mnemônica era mínima e sua coordenação física apenas satisfatória. Mesmo sua forma de dirigir um carro era mais destemida do que exímia, tanto quanto a sua capacidade de falar inglês e alemão. Ele podia captar todo o quadro rapidamente, em qualquer assunto, mas não tinha paciência para trabalhar com detalhes.

Mas — e este era o ponto — na Mossad havia lugar para pessoas que não tinham o talento de especialistas. Eles tinham inúmeros gênios de informações e magos da química que passariam a vida sentados em um laboratório, em algum lugar, fabricando tinta invisível. Também precisavam de pessoas com percepção global. Homens e mulheres como Avner, que talvez não fossem particularmente bons em alguma coisa, mas que sabiam tirar conclusões.

Avner se destacava em fazer deduções. Às vezes, era como se uma voz interior lhe cochichasse: deixe *aquilo* de lado, mas observe *isto*. Quer tivesse a ver com documentos ou pessoas, ele era capaz de captar os menores sinais, quase subconscientemente. Por exemplo, o passaporte belga em uma de suas aulas práticas. Ele não foi capaz de dizer, imediatamente, o que havia de errado com ele — os vistos pareciam autênticos, as cores não manchavam seus dedos ao esfregá-las, não havia finura reveladora no papel quando ele o erguia contra a luz — mas havia um sinal de alarme soando em sua cabeça. Ele tinha que decidir em menos de trinta segundos, como se em um verdadeiro aeroporto, se detinha o passageiro ou o deixava embarcar. Ele tornou a olhar e, claro — o retrato do passaporte! Os pequenos clipes de metal que o prendiam estavam adequadamente enferrujados, como devia acontecer em um documento de dois anos de idade, carregado em um bolso suado, mas os pequenos sinais de ferrugem na página oposta não correspondiam. Nunca condiziam no caso de um retrato substituído: era impossível recolocá-los exatamente no mesmo local.

Avner também era bom na arte de "perscrutar", como se chamava estar atento em busca de algo incomum. Não havia curso isolado disto, porque estar fisicamente alerta era considerado uma exigência permanente para qualquer agente. Perscrutar significava apenas usar seu globo ocular como um sinal de radar, para varrer todo o meio ambiente a intervalos freqüentes. Nunca deixe toda a sua atenção permanecer fixa em qualquer coisa por mais de alguns segundos. A fim de tornar isto um hábito completo, de 24 horas, os instrutores colocavam armadilhas inesperadas para os alunos em locais e momentos mais improváveis, incluindo caminhadas de folga pelas ruas de Tel Aviv. Estavam sendo ensinados a como usar todas as superfícies refletoras — vitrines de lojas, portas de carros — como espelhos para estarem constantemente cientes do que acontecia ao seu redor, mas sem denunciar o fato de que tinham percebido alguma coisa.

Perscrutar se tornou um hábito permanente para a maioria dos agentes e, como resultado, Avner observou outra coisa breve: que também podia denunciar o perscrutado. Por exemplo, os agentes raramente sorriam. Na verdade, a maioria tinha rostos incomumente vazios de expressão. Era muito difícil perscrutar com os olhos o tempo todo sem imobilizar o resto das feições. Foi outro bocado de conhecimento que Avner armazenou em seu subconsciente para uso futuro.

Ser observador, não apenas de coisas que podiam afetá-lo imediatamente, mas de qualquer informação que talvez aparecesse em seu caminho, era essencial para o treinamento de um agente secreto. Isto foi enfatizado, talvez mais que qualquer outra coisa, durante os seis meses que Avner passou sob a cúpula em forma de cogumelo. Suas mais freqüentes viagens a serviço tinha a ver com observação. Tome o ônibus para Haifa, sente em um saguão de hotel até quatro horas da tarde, depois volte e nos diga o que viu. Não omita nada. Não censure, não resolva o que foi importante e o que não foi. Apenas relate tudo que lembra — e lembre-se de tudo.

Claro, isto exigia memória e paciência — não os pontos mais fortes de Avner —, mas também lhe ensinou muito sobre a natureza humana. Muitas vezes, sem que o primeiro indivíduo soubesse, haveria outro indivíduo em treinamento no saguão do hotel em Haifa, alguém que fazia parte de um grupo diferente. Se seus relatórios fossem muito diferentes, o instrutor talvez lhes dissesse:

— Ouçam, rapazes, por que não vão para a sala vizinha e resolvem isto para mim?

Em regra, a resposta era simples. Um dos alunos ficara entediado ou com fome durante o período de observação e saíra em busca de café e sanduíche. Os agentes eram humanos, também — ficavam sem cigarros, tinham necessidade de ir ao banheiro. No entanto, este fator era negligenciado com freqüência na estimativa de outro agente. Alguns tinham imaginação fértil e tendiam a exagerar ou até inventar. Estes exercícios não eram apenas para treinar e testar seus poderes de observação, mas para descobrir certas coisas sobre eles como seres humanos. Inventariam ou "enfeitariam" histórias? Podiam distinguir entre observação e fantasia? E, se apanhados em uma discrepância, a admitiriam ou tentariam sustentá-la descaradamente?

Isto era vital para outra área de treinamento, um setor em que Avner estava em sua melhor forma. Este era o *planejamento*, formar uma operação simulada; selecionar o pessoal, fazer a lista dos materiais necessários. Quem escolhesse para qual função no grupo — dependendo de suas forças, perícia, personalidade — poderia ser uma chave para o sucesso.

Como os instrutores logo notaram, Avner prestara atenção na natureza e no caráter de seus companheiros de treinamento e distribuía os papéis na operação de acordo com isso. Mas ia consideravelmente além do óbvio. Se, por exemplo, a missão imaginária fosse entrar sorrateiramente em uma embaixada árabe em Roma e destruir a sala de comunicações, Avner se certificaria de solicitar um relatório minuto-a-minuto do agente romano residente, sobre a rotina da embaixada em todo o período de 24 horas durante uma semana inteira. Três dias antes da operação, ele mandaria seu agente mais apático, porém mais confiável, fazer um mapa do padrão de trânsito em todas as ruas circundantes. Se a embaixada fictícia ocupasse supostamente uma suíte em um escritório em andar alto, Avner designaria a si próprio a tarefa de disfarçar-se de negociante alemão ocidental interessado em alugar uma suíte no mesmo prédio, tendo assim acesso a todas as plantas dos andares. Tentaria usar o menor número possível de pessoas para cada fase da operação. Nunca se reservaria a tarefa de instruir todos os agentes pessoalmente, mas designaria o homem mais inteligente e meticuloso de cada área para informar os outros.

No final, ele assinaria seu plano com uma assinatura nítida, legível. Orgulhava-se do plano, e também sentia que era importante ter orgulho do próprio plano. Uma vez, examinando planos alternados, o instrutor ergueu um rabisco fraco, ilegível, e falou, com sarcasmo:

— Vejam. Aqui está a assinatura de um herói.

No que dizia respeito a Avner, o instrutor tinha razão. Quanto menos legível a assinatura de um indivíduo, menos confiança tinha ele em seu plano. Avner resolveu pedir sempre para ver a assinatura de qualquer plano que o enviasse para uma missão real. Se pudesse ler o nome sem dificuldade, teria maior chance de regressar com vida.

Isto era psicológico. Em cada área de seu treinamento, o que mais impressionou Avner sempre foi o que percebia como psicologia por trás da informação. Talvez jamais retivesse a informação por muito tempo, mas se lembraria da psicologia. Com detalhes técnicos, sempre podia perguntar a outra pessoa ou examiná-los. Mas a psicologia era importante. Permitiria que construísse nova informação para ele próprio.

Por exemplo, Avner jamais esqueceria uma coisa que o instrutor disse sobre documentos — apenas um comentário casual, mas Avner sempre se lembraria dele.

Dependendo de sua qualidade, havia muitas espécies de documentos falsos. Percorriam todo o caminho de uma identidade permanente, que um agente residente talvez usasse durante anos, até um documento de uma hora — digamos, um passaporte roubado de um turista no banheiro de um aeroporto — que poderia fazer o agente atravessar uma fronteira, em uma emergência. Mas, disse Ortega, ainda mais importante que a qualidade do documento é a sua confiança na fonte. Documentos nunca funcionam sozinhos; funcionam em união com *você*. Se não confia em seus documentos, ou na pessoa que os deu a você, pode desvalorizar uma identidade permanente convertendo-a em um passaporte de uma hora. Por outro lado, talvez percorra um longo caminho com uma carteira de motorista roubada, se acreditar nela.

Havia alguma psicologia em cada setor dos deveres de um agente secreto. Para estabelecer uma vigilância em Paris ou Amsterdã, um jovem casal atrairia menos atenção do que, por exemplo, um homem solitário com uma capa de chuva, lendo o jornal em um bar com varanda. Mas na Sicília ou na Córsega, designar um homem solitário poderia ser uma escolha melhor. Embora os casais idosos sejam os melhores operadores de esconderijos na maioria do mundo, perto da Sorbonne, um jovem casal de estudantes seria menos suspeito. E quando ordenaram a Avner, pela primeira vez, para seguir o instrutor de direção em outro carro, esperou truques de direção de todo tipo imaginável, mas não esperava que o homem que seguia através de Tel Aviv guiasse como uma velha, fazendo sinal a cada desvio. Até que, afinal, o instrutor quase parou perto de um sinal amarelo, apenas para disparar pelo cruzamento movimentado no momento em que o sinal ficou *vermelho*. Não havia meio de Avner segui-lo sem causar um acidente. Era simples, mas esplêndido.

Muitos dos outros alunos esperavam aprender regras seguras, procedimentos precisos. Havia regras seguras, mas seguir sempre o regulamento podia ser o erro mais perigoso para um agente. Não era um trabalho rotineiro — motivo pelo qual Avner achava que lhe convinha tanto. O segredo era aprender as regras sem estar preso a elas. Era um trabalho em que a pessoa que podia improvisar e sempre fazer o inesperado venceria. Ao contrário do Exército, que basicamente pertencia aos burocratas, *este* era afinal um tipo de trabalho criado para pessoas independentes. Ou assim acreditava Avner.

Após os seis primeiros meses, o treinamento continuou em campanha. Para alguns. Esta fase não era precedida por quaisquer exames formais. Em vez disso, cada tarefa do treinamento diário fora um teste em que os instrutores avaliaram o desempenho dos futuros agentes. Avner não fazia idéia de quem havia "passado" ou "fracassado" em seu grupo porque esta informação jamais foi comunicada aos outros. Não ver mais um companheiro podia significar, apenas, que ele havia recebido uma tarefa diferente ou fora enviado para algum setor especial; embora também pudesse significar que fora deficiente e deixara o curso. Havia sempre algum mexerico entre os alunos sobre isto, mas nenhuma resposta ou pergunta oficial.

Antes de passar para a fase de campanha de seu treinamento, Avner recebeu ordens para assistir a uma série de instruções que tinham a ver com procedimentos de trabalho e relatórios, contendo informação técnica interessante mas nenhuma surpresa. No entanto, uma instrução era especial. Avner não sabia se a deixava de lado como desimportante — de certa forma era quase cômica — ou se a considerava um presságio sinistro do futuro. Para seu sexto sentido, dava a impressão de um daqueles problemas sombrios a que seu pai aludira. Avner resolveu rir a respeito no fim, embora com alguma inquietação.

O homem que deu estas instruções tinha uma franja de cabelo branco como Ben-Gurion, embora sem qualquer coisa carismática em suas feições. Tinha um rosto sagaz como o de um gnomo. O corpo também era de anão, provavelmente com menos de 1,50m de altura, já que seus pés mal alcançavam o chão ao se sentar na cadeira giratória de madeira atrás de uma mesa inacreditavelmente em desordem. Havia manchas de fumo em seus dedos. Os olhos brilhantes espreitaram Avner ironicamente de sob as sobrancelhas indisciplinadas, uma das quais arqueada no alto da testa como um ponto de interrogação permanente. A cor original da camisa fortemente manchada era branca, talvez.

Não era apenas um galiciano, concluiu Avner. Era o avô de todos os galicianos.

— Então, vai partir para ver o mundo — começou o galiciano. — Isso é muito bom. Agora, sente-se e ouça-me. Há algumas coisas que preciso lhe dizer. Primeiro, não se ofenda com o que vou dizer. Não é nada pessoal. Jamais o vi em minha vida. O que lhe direi agora direi a todos os outros. Quer saber que livros são esses na minha mesa? São livros de contabilidade. Quer saber o que faço com eles? Sento aqui e os examino porque quero saber quanto dinheiro você gasta e por quê.

"Eu lhe falo assim porque alguns de vocês pensam que isto é uma viagem de luxo patrocinada pelo Estado de Israel para seu benefício pessoal. Bem, estou aqui para lembrar que não é. Lembro você apenas *uma* vez; lembro todos uma vez. Não lhe direi de novo. O que quero são *recibos.*

"Quero recibo de cada centavo que gastar a serviço. Se tiver que tomar um táxi, ótimo, traga-me um recibo. Se precisar alugar um barco, ótimo, traga-me um recibo. Se tiver que pagar para respirar, traga-me um recibo. Se não trouxer, será descontado de seu salário.

"E se tomar um táxi, é melhor que seja por causa do trabalho. Pois lhe perguntarei por que o tomou. Quando puder tomar o metrô, tome-o. Tome o ônibus, como todo mundo. *Caminhe*. Você gasta dinheiro, mas se eu achar que não gastou por causa do trabalho, desconto de seu pagamento. Não me compreenda mal: se precisa de táxi para o trabalho, tome-o. Seu trabalho é especial; *você* não é. Para mim não é um herói, não importa o que faça. Se me trouxer Hitler aqui, algemado, eu perguntarei: onde estão os recibos? E o telefonema interurbano particular, para sua namorada, será descontado.

"Digo isto porque alguns de vocês pensam que trabalham para o barão Rothschild. Nada é bom demais para vocês. O que posso lhe dizer? Não trabalha para o barão Rothschild. Trabalha para Israel. Quando se trata de dinheiro, trabalha para mim."

O galiciano parou e levantou a cabeça, perscrutando o rosto de Avner.

— Por favor, não me deixe em suspense — disse ele. — Se não fui claro, diga-me.

Avner ficou de pé.

— Foi claro — respondeu.

O que pensou foi: o que espera? Pessoas sempre julgam os outros por si. Este velho *ganef*[4] galiciano provavelmente roubaria tudo que não estivesse preso por um prego. Com certeza, supõe que todos fariam isso, também.

Exceto que, em relação a Avner, ele estava enganado. Não apenas em relação a Avner, mas sobre quase todos os outros também. O tipo de pessoa que se interessava por roubar — esqueça *roubar*, use ganhar dinheiro — não se juntava a uma organização onde se trabalhava 24 horas por dia por 650 libras israelenses por mês. Era tolice.

A única série formal de exames a que tiveram que submeter-se antes de serem enviados para o campo de batalha foram testes psicológicos. Os superiores estavam evidentemente curiosos para saber o que os fazia palpitar. Apesar da brincadeira constante — deve estar louco para fazer isto etc. —, era claro que a maioria dos alunos se considerava perfeitamente normal. Avner, com certeza, se achava normal. Os outros — bem, talvez alguns fossem um pouco excêntricos. Mas o objetivo dos testes parecia diferente. Avner sempre tinha a sensação de que era necessário valer-se de estratagemas para que alguns testes resultassem certos para ele.

Não os exames de *estresse*. Esses eram diretos. Na opinião de Avner, também faziam muito sentido. Era interessante descobrir se era capaz de resolver um problema de matemática — em que não era bom na maioria das vezes — após 24 horas sem comida ou sono. E a resposta, de que não apenas era capaz, como solucionaria o problema um pouco mais depressa e com maior precisão, era intrigante e gratificante.

Mas outros tipos de testes tinham de ser feitos sem preparação. Avner precisava sentir o que desejavam dele, e depois tentar e dar-lhes o que queriam, quer coincidisse com o que ele sentia realmente ou não. O principal, parecia-lhe, era que a Mossad ficasse realmente infeliz por um agente possuir certas qualidades. As próprias qualidades sem as quais, provavelmente, não poderia e não quereria ser um agente. Por mais louco que parecesse.

Seu sexto sentido lhe disse, por exemplo, que a Mossad não desejaria o papel de John Wayne. Ou mesmo do pequeno menino holandês. Para ser mais exato, eles desejariam apenas a parte que fazia John Wayne tomar uma cidade dos bandidos, sozinho, mas não a parte que o fazia procurar uma chance para fazê-lo, antes de mais nada. Eles odiavam heróis. Se "odiar" era uma palavra muito forte, com certeza não gostavam, nem confiavam neles. Avner podia sentir que não queriam que as pessoas *gostassem* de seu trabalho além de um determinado ponto. Nem sequer pareciam querer que elas tivessem sentimentos muito fortes sobre o inimigo. Por exemplo, um aluno, um judeu de Alexandria, era bastante fanático sobre o assunto dos árabes — não surpreendentemente, já que um bando deles havia matado cada membro de sua família em 1949. Mas Avner podia ver, pelos olhares dos instrutores, que o judeu de Alexandria não teria um futuro muito promissor na agência.

O agente ideal, do ponto de vista da Mossad, seria tão preciso, confiável e silencioso quanto uma máquina bem construída. A um nível, ele não teria mais entusiasmo por seu trabalho do que uma ficha de computador ou uma bússola. Seu desempenho não dependeria de como "se sentia" sobre sua tarefa, embora não devesse ser meramente idiota ou insensível. Então, não seria capaz da engenhosidade ou da lealdade exigidas para o trabalho. Devia ser um patriota apaixonado — mas sem vislumbre de fanatismo. Devia ser uma pessoa inteligente — mas sem uma idéia na cabeça. Devia ser tanto um temerário quanto um contador diplomado. Em resumo, devia combinar qualidades raramente, se alguma vez, encontradas no mesmo ser humano.

Em relação a Avner, era um sonho irreal. Ele não era assim. Os outros alunos que conhecia não eram assim, até onde ele era capaz de saber. Eram — bem, francamente, todos eram *diferentes*, exatamente como pessoas comuns nas ruas de Tel Aviv. Com certeza, eram patriotas, mas quem não era em Israel, especialmente em 1969? Ainda assim, se aquela era a pessoa que os psicólogos da Mossad queriam que fosse, ele seria essa pessoa. Perceberia as respostas certas. Nenhum teste psicológico ficaria entre ele e a vida desafiante de um agente.

Além disso, Avner sabia que jamais lamentariam tê-lo escolhido, quer gostassem ou não de John Wayne. Ele seria o melhor agente que teriam! Salvaria Israel milhares de vezes e ninguém sequer saberia sobre isso. Quando, após muitos anos de serviço exemplar, a primeira-ministra lhe escrevesse uma carta particular de agradecimentos, talvez ele a mostrasse à mãe.

— O que você fez? — perguntaria ela.

E ele responderia apenas:

— Oh, realmente, não posso lhe dizer. Mas não foi nada.

Claro, no fim não havia meio de Avner saber se tinha enganado os psicólogos da Mossad ou não. Talvez não fossem capazes de ver o garotinho holandês nele, ou talvez fossem, mas isso lhes convinha. De qualquer maneira, deixaram-no ficar com suas asas. Bastante literalmente. Sua primeira tarefa de treinamento de campanha foi sob a cobertura da *El Al*, a companhia aérea em que talvez houvesse trabalhado se o amigo da tia tivesse conseguido um emprego a tempo. Tornou-se um xerife do ar, um dos guardas responsáveis pela segurança a bordo da aeronave.

Outros poderiam considerar isto como começar de baixo. Na época, para Avner, foi um sonho que se converteu em realidade. Mesmo não sendo piloto, ainda significava voar. Teria sido maravilhoso mesmo se o jato houvesse simplesmente decolado e girado em volta do aeroporto. Mas o jato fazia muito mais que isso. Voava para lugares no mundo inteiro. Dentro de poucos meses, Avner havia viajado, à custa do governo, para muitas das principais cidades da Europa.

Embora estivesse sendo treinado como um agente do serviço secreto, suas tarefas não envolviam nenhuma reunião secreta a princípio. Certamente, nenhum serviço secreto do tipo que as pessoas associam com espionagem. Até onde ele podia ver, havia relativamente pouca espionagem verdadeira no serviço secreto, ponto final. Sem dúvida havia poucos agentes especiais infiltrados em posições-chave do governo, ou fotografando segredos militares. Alguns espiões magistrais como o legendário Eli Cohen.[5] A maioria dos agentes, porém, parecia estar fazendo exatamente o que Avner treinava para fazer.

O que se esperava que Avner fizesse — além de agir como guarda-costas para passageiros e tripulação a bordo do vôo da *El Al* — era vigilância clandestina de locais públicos. Naturalmente, ele tinha que fornecer relatórios detalhados sobre suas observações. Em Paris, por exemplo, passava o dia inteiro no aeroporto de Orly. Examinava o aeroporto, anotando as entradas e saídas. Descrevia com detalhe meticuloso o tipo de veículos de serviço que podiam ter acesso às pistas. Anotava a localização de câmeras de vigilância e se pareciam reais ou falsas. Fingindo fazer filmes simples de algumas aeromoças, filmava a mudança de turno em vários pontos de controle de passaportes e alfândega.

Em Roma, Londres ou Atenas, passava uma manhã ou tarde do lado de fora de uma embaixada designada, árabe ou russa. Esperava-se que ele fosse discreto, embora estivesse a seu cargo como fazer isso. Em cidades turísticas fazia sentido, muitas vezes, apenas sentar-se em um bar — o sexto sentido de Avner sempre o prevenira contra disfarces elaborados —, embora, em Londres, passear com o cão no parque, do lado oposto da rua de uma das embaixadas, fosse uma sugestão natural. Uma vez, em Roma, alugou um caminhão, expôs uma tabuleta de desvio e tratou de se ocupar em uma entrada da rede de esgotos, em uma rua secundária, do lado de fora da embaixada líbia.

Às vezes pediam-lhe apenas para relatar sobre o trânsito dentro e fora da embaixada, e para anotar a placa dos carros que chegavam ou estacionavam por perto. Com mais freqüência, contudo, era instruído para decorar um rosto de um retrato e relatar se havia visto, ou não, o indivíduo entrar ou sair da embaixada em questão. Avner não devia segui-lo, somente passar perto o bastante para fazer uma identificação positiva.

Mas havia vezes em que o trabalho para o qual estava sendo treinado não era diferente de um trabalho de escritório. Enviar mensagens, pagar informantes ou — como fez mais tarde — alugar esconderijos com uma garota em Londres. Precisavam certificar-se de que as casas ficavam localizadas perto de, no mínimo, duas principais vias de comunicação, e estavam guarnecidas de provisões. Fingiam ser casados quando as alugavam, em vários bairros de classe média. A garota vivia em Londres permanentemente, em um endereço diferente, onde guardava as chaves das casas que alugavam, como prescrito pelo treinamento.

Avner cumpria todas as suas tarefas seriamente e com entusiasmo. Na verdade, achava-as interessantes. Quando ouviu falar — como acontecia de vez em quando — de outro aluno que fazia cursos avançados em comunicações, fotografia ou línguas, sendo preparado, evidentemente, para uma penetração de alto nível, residência a longo prazo ou agrupamento secreto mais complexo, sequer passou por sua mente sentir inveja. Quem iria querer fazer cursos avançados de falsificação de documentos ou fabricação de bombas quando podia chegar a uma cidade diferente toda semana? Embora se esforçasse o máximo em qualquer curso avançado que o mandassem fazer, estava feliz em ser deixado em paz, sentado em um bar de Roma ou entregando envelopes em Paris. Avner calculava que, com o seu salário, levaria um ano poupando para pagar somente uma das viagens em que o mandavam toda semana.

Agora, ele não era menos que maníaco em relação a recibos. De qualquer maneira, o seria — afinal, era um Yekke, um tipo de pessoa meticulosa —, mas seu encontro com o avô dos galicianos no interior da Mossad o fez conferir três vezes cada centavo do dinheiro do governo que gastava. Não porque o velho galiciano o assustasse, mas porque não queria dar ao velho a satisfação de pegá-lo em erro ou questionar uma despesa. Avner preferia gastar seu próprio dinheiro em negócios da agência, e às vezes o fazia. Então, houve uma ocasião em Paris, quando deixou cair acidentalmente uma nota da caixa por um suco de abacaxi, e voltou para pegá-la entre os pés dos turistas sentados no bar apinhado, do lado oposto a uma das embaixadas árabes.

"Como um total idiota", pensou. "É ótimo o inimigo não saber como os galicianos dirigem a Mossad. Se soubesse, poderia pegar agentes de Israel apenas procurando alguém que lute por um recibo de cinco francos!"

De certa forma, era novamente o *kibutz*. Ele era um Yekke entre os galicianos, embora isso não o incomodasse muito. Na verdade, ser um Yekke era, provavelmente, um trunfo na Mossad. No *kibutz*, os galicianos não precisavam realmente dele: podiam fazer tudo melhor sozinhos. Mas ali, especialmente entre os agentes de campanha trabalhando na Europa, não fazia mal algum ter o estranho Yekke a bordo. Apesar de espertos e corajosos, os galicianos não se fundiam ao ambiente. Com suas atitudes e maneiras peculiares, a assimilação não era seu ponto forte. Então, havia a questão da língua. Embora Israel, como um todo, fosse uma sociedade de múltiplas línguas, os jovens *sabras* de avós ou pais do Leste Europeu raramente falavam línguas estrangeiras realmente bem. Era mais provável os Yekkes falarem alemão ou francês bem o suficiente para passar por nativos, e seriam menos inclinados a usar tênis de corrida com seus trajes de passeio.[6]

Avner sempre se sentiria em casa na Europa — muito mais à vontade do que já se sentira em Israel. Fazer compras, atravessar uma rua, pedir uma refeição, chamar um táxi à moda européia lhe agradava. A forma como as pessoas se vestiam ou diziam alô, a maneira como as mulheres retribuíam o seu olhar coincidiam com a idéia dele de como os seres humanos deviam parecer e comportar-se. Embora não aprendesse nada sobre a arte, arquitetura ou história de Paris ou Roma, sabia tudo sobre hotéis limpos, baratos, compras funcionais e os trajetos mais rápidos para o aeroporto. Aprendeu sobre bares de turistas e casas noturnas. Era um especialista em horários de trens, serviços postais e *souvenirs* baratos. E, acima de tudo, apreciava estar em uma animada e sofisticada cidade européia. Gostava do *ar*.

Além disso — e ao contrário da maioria dos israelenses natos —, Avner tinha um contato pessoal na Europa. Seu amigo de infância mais íntimo, dos dias de escola em Frankfurt. Andreas.

Francamente, em sua primeira viagem a Frankfurt, sequer pensou em Andreas. Não era surpreendente: tantas coisas tinham acontecido nos 11 anos intermediários — o *kibutz*, a Guerra dos Seis Dias, a Mossad — que, com exceção da lembrança do avô, Avner pensara em Frankfurt somente em termos de pontos de referência. Mas no vôo de volta a Tel Aviv, Avner lembrou-se de Andreas e, em sua viagem seguinte, procurou o seu número de telefone.

Andreas não constava da lista telefônica, mas os pais sim. Não pareciam saber — ou desejar dizer a Avner — onde ele podia ser encontrado, mas indicaram-lhe uma outra amiga, uma jovem mulher. Ela foi fria ao telefone e negou conhecer Andreas.

Avner, ou seu sexto sentido, respondeu com: "Bem, talvez eu tenha cometido um erro. Mas estou hospedado na Holiday Inn, quarto 411. Ficarei mais um dia em Frankfurt."

Andreas lhe telefonou perto de meia-noite. Era inacreditável: podiam conversar como se apenas alguns dias se tivessem passado desde que se falaram pela última vez. Concordaram em se encontrar no dia seguinte, em um café ao ar livre na Goethe Platz. Avner chegou dez minutos adiantado. Era uma precaução de rotina, embora fosse encontrar, apenas, um amigo de infância. Chegue lá cedo, não tenha surpresas. Mas ele teve uma grande surpresa.

De onde estava sentado, Avner pôde reconhecer Andreas assim que ele dobrou a esquina, talvez a uns trinta metros de distância. Não como o seu amigo de infância, contudo. Reconheceu-o como um dos indivíduos das fotos que lhe deram para memorizar. Um pequeno terrorista alemão. Um ex-aluno, agora um membro do grupo Baader-Meinhof. Uma pessoa insignificante, não um manda-chuva.

Avner observou Andreas parar, hesitar e começar a olhar para os rostos dos homens sentados na varanda do café. Deixou que ele observasse por mais alguns segundos, querendo pôr ordem em seus pensamentos.

O olhar de Andreas veio descansar nele e, então, aproximou-se mais.

— Avner? — perguntou em voz baixa.

Avner havia resolvido. Levantou-se, um largo sorriso no rosto, e deu tapinhas nas costas do amigo como nos velhos tempos. Era boa sorte, e somente um tolo não veria isso.

Andreas o conhecia somente pelo seu nome de infância, que Avner havia mudado no Exército, como todos em sua unidade.[7] De qualquer maneira, ele não revelaria sua ocupação a Andreas, nem mesmo lhe contaria que trabalhava como um xerife do ar para a *El Al*. A coisa mais simples era não dizer nada. Deixar Andreas falar. Quem poderia dizer que tipos de contato poderia estabelecer através dele, um dia?

Foi um pensamento profético. Avner não podia saber quão profético. Em menos de dois anos, mudaria sua vida inteira.

Mas naquela tarde, no café ao ar livre na Goethe Platz, simplesmente beberam cerveja e recordaram. A conversa foi sobre os velhos tempos, nada mais. Andreas praticamente não deu informação sobre si mesmo — havia saído da universidade, disse, e pensava em se tornar escritor —, e Avner foi igualmente vago sobre seu trabalho. Fazia muitas viagens pela Europa, explicou, para uma firma de artefatos de couro. Sua conversa não tocou em política. Antes de se despedir, Andreas lhe deu um número de telefone. Avner sempre poderia entrar em contato com ele ali, ou deixar um recado.

Dali em diante, Avner sempre procurava Andreas todas as vezes que estava em Frankfurt. Em algumas ocasiões se encontravam para tomar uma cerveja, em outras apenas conversavam ao telefone. O assunto principal era sempre os velhos tempos, como se fossem homens de meia-idade, não rapazes de 23 anos. Avner sentia que Andreas tentava, cautelosamente, reatar sua antiga camaradagem. Sem pressioná-lo, deixou que o fizesse. Uma vez, quando contou a Andreas que ia voar para Zurique, Andreas lhe pediu para pôr uma carta no correio para ele, da Suíça.

— É para uma garota — explicou a Avner. — Eu disse a ela que sairia da cidade.

Avner pegou a carta e a pôs no correio, sem perguntar sobre o conteúdo ou investigar o endereço. Era um favor: uma carta de crédito com Andreas que poderia cobrar um dia. Havia decidido imediatamente após o seu primeiro encontro — embora não sem alguma hesitação — que não relataria sobre seu contato à Mossad. Não era uma questão de lealdade conflitante. Era uma coisa que seu pai dissera.

Seu pai havia descoberto sobre seu novo trabalho quando Avner mal começara o treinamento. Ele não perguntou ao pai como soubera — os antigos contatos do pai na Mossad talvez lhe tivessem contado, ou poderia ter tirado conclusões, simplesmente.

— Como vai nas usinas hidráulicas? — perguntou um dia a Avner. Depois ajuntou, sem esperar uma resposta: — Você é estúpido, mas a vida é sua.

— Esse é o seu melhor conselho? — indagou Avner.

O pai sacudiu a cabeça:

— Você não seguiria meu melhor conselho; portanto, não adianta eu dá-lo a você novamente. Mas eu lhe darei meu segundo melhor conselho. Uma vez dentro, não seja tolo. Siga o regulamento. Seja o menino idealista. Mas não lhes mostre todas as cartas. Guarde sempre um trunfo escondido.

Assim, Avner resolveu não dizer nada sobre Andreas. Era bastante seguro. Se alguém os tivesse visto juntos — e reconhecido Andreas —, ele era apenas um amigo de infância que Avner deixara de associar com uma foto suja da Mossad, de um terrorista do grupo Baader-Meinhof. Negligente, talvez, porém nada mais. Um pequeno risco por um trunfo em potencial no bolso.

Os dois anos seguintes da vida de Avner passaram depressa e tranqüilamente. Continuou gostando do seu trabalho, e seus superiores pareciam satisfeitos com o seu desempenho. Permaneceu um agente de escalão inferior, não envolvido em qualquer verdadeira reunião secreta, mas suas tarefas foram melhorando gradualmente. De vez em quando recebia instruções para voar com um passaporte regulamentar para uma capital européia — Atenas ou Londres —, onde o chefe da base local da Mossad lhe fornecia outro passaporte e identidade, digamos, de um negociante alemão ocidental. Então, ele usava este passaporte para voar para outra cidade como Zurique ou Frankfurt. Lá ele encontraria um agente israelense trabalhando em um país árabe — em geral um judeu oriental —, e a tarefa de Avner seria instruí-lo ou interrogá-lo. Como regra, os agentes que trabalhavam em países árabes sob identidades árabes falsas não eram trazidos de volta a Israel para instruções de rotina. Isto para minimizar o risco de o agente ser visto por agentes árabes, quer em Israel ou na Europa, quando a bordo de um avião com destino a Israel. Os serviços secretos da maioria das potências operavam desta maneira. Trocavam três quartos de toda a sua informação secreta nas grandes capitais turísticas do mundo.

Avner desenvolveu uma certa teoria cínica a respeito disso. Para encontros rápidos, sorrateiros, Birmingham teria sido um local tão bom quanto Londres, Nancy tão bom quanto Paris. Mas... os espiões também eram humanos. Quem desejaria passar uma semana em Nancy se podia passá-la em Paris? Avner, com certeza, não era contrário à prática. Era um dos privilégios ligados ao trabalho.

Muitas das tarefas de Avner durante aquele período envolveram operações defensivas contra o terrorismo, quer direta ou indiretamente. O ciclo comum de terror internacional, e especialmente antiisraelense, que começou pouco antes de Avner entrar para a Mossad, no verão de 1969, se tornava, rapidamente, um modo de vida regular em muitos países. No outono de 1972, tinham ocorrido mais de vinte incidentes importantes envolvendo várias organizações terroristas palestinas, somente.[8]

Antes do outono de 1972, os terroristas palestinos concentravam seus principais ataques sobre instalações e transporte aéreo pertencentes tanto a Israel quanto a várias nações ocidentais. Em 21 de fevereiro de 1970, 47 pessoas foram mortas quando o "Comando Geral" — uma facção da Frente Popular para a Libertação da Palestina — colocou uma bomba em um jato suíço que decolava de Zurique. No mesmo dia, uma explosão danificou um avião austríaco que levava correspondência para Tel Aviv. Estes ataques aconteceram apenas alguns dias depois de outro grupo terrorista palestino ter atirado granadas de mão contra um avião da *El Al* no aeroporto de Munique, matando um passageiro e ferindo mais 11, inclusive a conhecida atriz israelense Hannah Marron, que teve que amputar a perna. Então, entre 6 e 9 de setembro do mesmo ano, cinco aviões foram seqüestrados em uma operação espetacular pela Frente Popular para a Libertação da Palestina. Somente um avião — um Boeing 707 da *El Al*, com destino a Amsterdã — escapou, quando seguranças de bordo mataram um seqüestrador e prenderam sua companheira, a terrorista Leila Khaled. Os terroristas levaram outro avião para o Cairo e o destruíram, enquanto mais três foram mantidos na velha pista militar de Dawson's Field, na Jordânia, juntamente com trezentos reféns, que foram libertados, por fim, em troca de terroristas palestinos presos anteriormente na Suíça, Inglaterra e Alemanha Ocidental.

Embora esta operação houvesse tido sucesso, logo os palestinos teriam razão para lamentá-la. Dentro de semanas, o rei Hussein, da Jordânia, retirou todos os grupos terroristas de seu país, massacrando alguns deles no processo. Isto, por sua vez, levou à formação do Setembro Negro, possivelmente a mais fanática das organizações terroristas palestinas.

Mas o terrorismo não foi inventado pelos palestinos, nem no fim da década de 1960, tampouco. A arma do terrorismo político pode ser negligenciada por algumas décadas, somente para ser redescoberta por uma nova geração, e muitas nações e movimentos outrora respeitáveis têm feito uso dela em um momento ou outro de sua história. A única nova descoberta feita por grupos palestinos no fim da década de 1960 foi que Israel — um osso duro de roer através de guerra convencional ou ataques diretos de guerrilheiros contra seu território — possuía um ponto fraco no Ocidente. Apesar de suas negativas, um indivíduo que partilhou esta descoberta foi um ex-aluno de engenharia da Universidade de Stuttgart, na Alemanha Ocidental, chamado Aba a-Raham (Yasser) Arafat. Embora não apoiasse abertamente os atos de terrorismo fora de Israel e dos territórios ocupados por israelenses, em breve Arafat começou a fazer uso desses atos, primeiro através da própria Al-Fatah, e depois, principalmente, através do uso clandestino do Setembro Negro, apesar de sempre negar publicamente qualquer ligação.

O ano de 1971 viu os primeiros ataques da Al-Fatah de Arafat, dirigidos contra alguns depósitos de combustível em Roterdã, em uma operação de teste de sabotagem, então — como vingança pelo massacre do rei Hussein a seus compatriotas —, contra a empresa aérea jordaniana e a escritórios do governo no Cairo, em Paris e em Roma. Encorajado pelo sucesso da Fatah, o Setembro Negro montou sua primeira operação, mais tarde, neste ano. Em novembro, seus pistoleiros assassinaram o primeiro-ministro da Jordânia nos degraus do Sheraton Hotel, no Cairo. Menos de três semanas depois, em Londres, feriram a tiros o embaixador jordaniano, Zaid Rifai.

Os terroristas do Setembro Negro tiveram muito menos sucesso em seu primeiro ataque a Israel. Em maio de 1972, tentaram levar um jato belga seqüestrado para Tel Aviv e trocá-lo pela libertação de 317 guerrilheiros palestinos presos nas cadeias isralenses. Em vez disso, o número de palestinos presos subiu para 319 quando os pára-quedistas de Israel invadiram o avião e capturaram dois seqüestradores do Setembro Negro.

As operações bem-sucedidas contra Israel naquele ano continuaram a ser executadas pela Frente Popular para a Libertação da Palestina, o mais antigo e maior grupo palestino de terror internacional, fundado pelo dr. George Habash[9] e comandado na época, em suas operações terroristas, pelo dr. Wadi Haddad.[10] Foi o dr. Haddad quem estabeleceu, primeiro, elos internacionais no terror. Em 31 de maio de 1971, enviou três assassinos camicases do Exército Vermelho Japonês para o aeroporto Lod, em Tel Aviv, onde assassinaram sistematicamente pessoas com granadas de mão e rifles de assalto no terminal movimentado. O número de mortos nesta operação foi de 26, com outras 76 pessoas feridas — ironicamente, a maioria peregrinos cristãos de Porto Rico.

Algumas das tarefas de Avner envolviam, bem literalmente, demorar-se nos aeroportos europeus, tentando identificar possíveis terroristas antes de poderem entrar em um avião com destino a Israel. Não era puro trabalho de adivinhação, embora pudesse estar próximo disso. Informantes, às vezes, contavam à organização Mossad sobre uma operação terrorista iminente, mas eram vagos sobre detalhes como o local de embarque, a empresa aérea visada, ou o número e identidade dos terroristas. Embora os terroristas em geral fossem jovens árabes, na teoria podiam ter qualquer idade ou nacionalidade. Podiam ser homens ou mulheres, ou viajar como um grupo misto. Também podiam ser cúmplices involuntários.

Nem todas as ações terroristas envolviam sabotar ou seqüestrar o próprio avião. Alguns terroristas viajavam em várias missões dentro de Israel; outros iam recrutar árabes-palestinos que viviam em territórios ocupados para operações de espionagem ou sabotagem.

A Mossad desenvolvia um certo perfil de um provável suspeito, e enquanto poucos terroristas se ajustavam em cada detalhe, possuíam algumas características comuns. A Mossad, pelo interrogatório de terroristas capturados, por exemplo, podia concluir sobre a maneira como um jovem guerrilheiro palestino passaria, em geral, as 48 horas anteriores à sua missão. Uma tendência comum era aproveitar a vida, hospedar-se nos melhores hotéis e, muito freqüentemente, ter dinheiro suficiente apenas para uma passagem de ida para Israel. A maioria não pensava em fazer uma reserva de hotel no país que supostamente visitava, e não podia citar amigos ou parentes com quem planejasse ficar. Também era uma prática comum fazer um trajeto bastante tortuoso para Israel. Por isto, uma passagem para Tel Aviv via Paris-Roma-Atenas, comprada por um jovem que dizia ser estudante, mas vivia no hotel mais caro de Genebra e não tinha planos para permanecer em local algum em Israel, era olhada com certa suspeita.

Os terroristas também podiam comportar-se de outras maneiras previsíveis, como muitas vezes as pessoas fazem sob estresse. Em geral viajavam com pouca bagagem, mas tendiam a segurar sua mochila ou pequena valise ou colocá-la no colo, em vez de pô-la sobre um assento vazio ou no chão de um saguão de aeroporto. Talvez fumassem muito e fossem com freqüência ao banheiro. Era improvável absorverem-se em um livro ou revista, embora fosse comum para eles folhear as páginas de um deles. Pareciam achar difícil se concentrar. Se em uma operação de seqüestro, viajavam em grupos de três ou quatro. Enquanto esperavam a partida jamais se sentavam juntos, mas era provável que mantivessem contato visual mútuo a intervalos muito freqüentes. (Um agente da Mossad que reconheceu um terrorista por uma fotografia no aeroporto Schiphol, em Amsterdã, não teve dificuldade em identificar dois outros, acompanhando simplesmente os olhares nervosos do primeiro.) Os terroristas também pareciam demonstrar grande preferência por assentos no vão da janela, mesmo que os assentos mais próximos ao corredor fizessem mais sentido de um ponto de vista operacional.

Tudo isto era bastante incerto, embora os psicólogos da Mossad o dignificassem com a expressão "perfil projetado". Na verdade, não havia nada particularmente científico a respeito. Parte era bom-senso, mas teria sido muito difícil confiar naquilo sem aquela sensação especial, a capacidade peculiar que algumas pessoas tinham de tirar conclusões. O próprio Avner, entre uma dúzia dessas tarefas, deu o alarme duas vezes. Em uma ocasião, todos os sinais estavam presentes — mas o jovem casal em questão não tinha nada mais mortífero a esconder do que uma grande quantidade de *keef*. Na outra ocasião foi bem-sucedido: seu suspeito provou ser um importante recrutador de terroristas na Margem Ocidental. Embora ele tivesse uma passagem de ida e volta, não fumasse, nunca fosse ao banheiro, e não mantivesse contato visual com ninguém no salão de embarque. Avner não sabia o que o fizera telefonar a Tel Aviv e sugerir que detivessem o homem na chegada para interrogatório. Verdade, era um árabe — mas também o eram muitos outros passageiros.

No entanto, não seria exato dizer que Avner se tornou um especialista em trabalho antiterrorista. Durante este período, ele foi enviado de uma tarefa de nível inferior para outra à medida que a necessidade surgia, e isto lhe convinha. Em primeiro lugar, ele não considerava esses encargos como de nível inferior. Em segundo, o trabalho era geralmente no exterior, o que significava viajar. No fim de 1971, ele fizera até mesmo uma viagem a Nova York. A viagem final; um sonho convertido em realidade.

Avner não voava mais como segurança, mas ainda lhe designavam tarefas de segurança de vez em quando. Certa vez tomou parte em uma operação em que um desertor alemão oriental — nunca lhe disseram quem — tinha que ser tirado às escondidas de Berlim Ocidental. Era uma missão complexa, mas no fim o trabalho de Avner não passou de guiar um caminhão da *El Al* de uma brecha da cerca no perímetro do aeroporto até um Boeing 707 que estava à espera. Ele nem sequer vislumbrou o fugitivo. Em outra ocasião agiu como guarda-costas de Golda Meir em uma viagem tranqüila a Paris.

Não havia mais razão para Avner e Shoshana não se casarem. Eles o fizeram em 1971, enquanto Avner ainda fazia seu treinamento de campanha. Como solteira que havia acabado a universidade, Shoshana corria o risco de ser chamada para o serviço militar e, se este não foi o principal motivo para o casamento, influenciou a escolha do momento. Avner, como muitos homens, se sentira bastante bem em um relacionamento sem laços formais.

Avner jamais fora infiel a Shoshana enquanto viajava, embora não porque não tivesse olhos para outras mulheres atraentes ou porque fosse contra o regulamento da Mossad ter casos amorosos. Ele estava, na maioria do tempo, simplesmente ocupado e preocupado demais. Depois, havia uma pequena resistência intangível, talvez relacionada ao pai. *Não façamos o que papai fez; vamos ter uma vida familiar normal.* No entanto, a razão principal por que Avner resistia à tentação talvez fosse sua impressão de que não tinha nada com que impressionar as mulheres. Elas precisavam se impressionar, não? E ficariam impressionadas se apenas *soubessem* o que Avner fazia, realmente, para ganhar a vida. Mas esta era a última coisa sobre a qual poderia conversar com elas. Alguns caras talvez fossem capazes de impressionar as mulheres falando sobre outros assuntos, mas Avner nunca conseguiu. Tudo que fazia ao encontrar uma garota maravilhosa naquela época era ficar lá de pé, como um idiota. Era decepcionante — ter um trunfo na mão e não ser capaz de usá-lo.

Como defesa, Avner desenvolveu uma espécie de atitude de desdém em relação às mulheres. Sempre que os outros rapazes em uma tripulação de vôo ficavam doidos por causa de uma loura estonteante, Avner — embora seus olhos saltassem — limitava-se a dar de ombros.

— Oh, ela serve — dizia —, sob circunstâncias de serviço.

Shoshana era diferente. Era bonita também — não arrebatadora, talvez, mas bonita de uma maneira mais tranqüila. E era uma *sabra*. Não necessitava ficar impressionada. Compreendia Avner sem palavras. E embora nunca fizesse perguntas, sem dúvida imaginava alguma coisa sobre o significado das viagens constantes dele. Mas sempre que lhe perguntavam, ela se contentava em responder:

— Oh, Avner está fazendo algo para o governo.

Em Israel isto era suficiente.

O casamento foi um acontecimento feliz. Mais tarde, as fotografias mostrariam Avner com um largo sorriso no rosto, muito bronzeado, em um *blazer* branco. Shoshana parecia misteriosamente séria em seu vestido branco e longo. Havia vizinhos, amigos, até mesmo três ou quatro companheiros da antiga unidade de Avner no Exército. Havia bolos elaborados na mesa comprida, e muitas garrafas de saboroso vinho israelense cor de mel. A mãe estava presente, claro, e também o pai, companhia sempre agradável. Compareceu com Wilma, sua nova esposa. Todos se mostraram muito cordiais. Mamãe, papai, Wilma... até apareceram juntos em fotos — juntamente com os pais de Shoshana —, embora mamãe e Wilma sempre olhassem em direções opostas.

PARTE II

Mudando a história judaica

Capítulo 3

GOLDA MEIR

AVNER ESTIVERA em Paris durante o massacre de Munique — colado à televisão como a maioria dos israelenses, onde quer que estivessem. Voou de volta a Israel exatamente quando as vítimas eram enterradas. Embora fosse uma ocasião solene para o Estado, Golda Meir, a primeira-ministra, não compareceu à cerimônia. Tendo sua irmã falecido recentemente, a razão oficial para sua ausência foi a dor particular, embora algumas pessoas em Israel suspeitassem de que ela queria evitar que lhe cuspissem, ou atirassem pedras, no funeral dos atletas. Apesar de haver pouco motivo para culpá-la pela tragédia, o sofrimento e ultraje de seus compatriotas eram imprevisíveis.

Avner mal passou 24 horas em Israel; foi mandado, imediatamente, em uma pequena missão de mensageiro para Nova York. Normalmente, ele teria ansiado pela viagem, mas desta vez foi envolvido pelo estado de luto nacional.[1] Pela primeira vez, sentiu-se inquieto em Nova York, cercado pela indiferença apressada dos americanos. Na sexta-feira, duas semanas depois do ataque terrorista contra os atletas olímpicos, Avner ficou contente ao se dirigir para casa.

Como sempre, estava carregado de *souvenirs* baratos — camisetas para Shoshana, chaveiros e saleiros para mamãe e parentes por afinidade. Até Charlie, seu filhote de cão pastor, ganhou uma caixa de ossos leitosos de Nova York. Shoshana e Avner eram loucos por ele. Charlie fora um presente de casamento dos colegas da antiga unidade de Avner, que se lembraram de ele falar sobre seu animal de estimação da infância, também um pastor alemão chamado Bobby.

Era tarde quando o avião aterrissou. Avner esperava levar Shoshana para jantar, mas não se conseguia nenhum alimento quente na sexta-feira depois do pôr-do-sol em Israel, assim não ficou muito feliz em ver seu chefe de seção esperando por ele no aeroporto.

— Fez boa viagem? — perguntou o chefe.
— Sim, ótima — disse Avner.

Em geral não era saudado por seus superiores no aeroporto, a menos que acontecesse de um se encontrar ali cuidando de outro assunto.

— Aconteceu alguma coisa? Estou tentando chegar em casa antes de escurecer.

— Claro, isso é ótimo — disse o chefe. — Vim apenas lhe dizer para não fazer planos para amanhã. Alguém irá buscá-lo em casa por volta das nove.

— O que está havendo?

— Não sei, realmente — replicou o outro homem. — Esteja pronto às nove, apenas.

Avner não ficou feliz.

— Oh, diabos! — exclamou. — Estou exausto. É um vôo de 12 horas. Eu queria dormir um pouco.

— Então vá dormir agora — disse o chefe. — Quem o está detendo? Isso foi tudo.

Avner quase havia esquecido a conversa e já colocava sua sunga de natação em uma maleta na manhã seguinte — sábado era dia de praia em Tel Aviv — quando se lembrou, de repente.

— Esqueça — disse a Shoshana —, não posso ir. Droga, está quase na hora. Alguém virá me buscar em dois minutos.

Como sempre, Shoshana não fez perguntas. Nem sequer mostrou que estava desapontada. Apenas ficou por perto com a xícara, enquanto Avner tentava tomar o café e amarrar os cordões dos sapatos ao mesmo tempo.

A campainha do térreo soou às 9h01. Avner desceu dois lances de escada, ruidosamente, do seu apartamento no segundo andar, ainda abotoando a camisa. À entrada, parou de súbito, reconhecendo o homem no umbral da porta; eram conhecidos de vista. O homem era um agente de segurança, como Avner, exceto que em uma tarefa permanente. Era motorista do *memune*, o chefe, o general Zvi Zamir, o cabeça da Mossad.

O primeiro pensamento de Avner foi que devia haver algum tipo de engano.

— Tocou minha campainha? — perguntou, ainda lutando com o último botão da camisa.

O motorista balançou a cabeça, concordando, e manteve a porta aberta para Avner. Depois seguiu-o em direção à rua e abriu a porta do carro estacionado ao meio-fio. O homem acomodado no assento traseiro era Zamir.

Avner hesitou.

— Entre, entre — disse o general, acenando, impaciente.

Avner sentou-se no banco traseiro, ao lado do chefe da Mossad. Seus pensamentos estavam em um turbilhão. Ele havia visto Zamir duas vezes antes: uma quando lhe foi rapidamente apresentado em uma sessão de treinamento juntamente com vários outros agentes, e a segunda quando voaram juntos para Roma, casualmente. Zamir era um passageiro e Avner um segurança de vôo. Nessa ocasião chegaram a trocar algumas palavras.

E agora Zamir estava sentado ao lado dele em um carro! Exatamente assim.

Ao mesmo tempo, aquele era Israel, um país pequeno, igualitário, informal. Apesar de grandemente surpreso, Avner não estava tão espantado quanto um agente do FBI, de posto inferior, teria ficado ao encontrar-se sentado ao lado de J. Edgar Hoover. A distância social e profissional entre duas pessoas não era, simplesmente, tão grande em Israel como em outros países. Todos eram judeus, remando juntos no mesmo barco, fazendo o que tinha de ser feito.

O carro percorreu a rua Hamasgar. Depois, passando pelo Derekh Kibbutz Galuyot, dobrou à direita em direção à rodovia.

— Vamos a Jerusalém — disse Zamir.

Avner concordou com um gesto de cabeça. Não havia razão para fazer perguntas. Ele descobriria muito em breve do que se tratava. Atravessou-lhe a mente que talvez ele tivesse feito algo errado, mas teria que ser uma coisa extremamente grave para Zamir estar se ocupando dele pessoalmente. Avner não conseguiu pensar em nada desse tipo, portanto relaxou.

A rodovia para Jerusalém estava quase deserta naquela manhã de sábado. O sol de final de setembro ainda queimava quando deixaram Tel Aviv, mas dentro de meia hora, quando o carro começou a subir o extenso aclive em direção às colinas que cercavam Jerusalém, o ar se tornou perceptivelmente mais fresco. Avner sempre gostara da estrada tortuosa através das florestas esparsas das colinas de Jerusalém, as rochas cor de ferrugem, o ar mais seco e mais benigno: seu odor lhe lembrava dias claros de verão na Europa. A estrada era salpicada de destroços de "sanduíches" — caminhões protegidos por armamento simples. Eram os restos de comboios que mantiveram as linhas de suprimento abertas entre Jerusalém e o resto do país durante a Guerra de Independência, veículos freqüentemente assaltados de emboscada por guerrilheiros, enquanto atravessavam longas faixas de território árabe hostil. Muitas regiões do país estavam cheias de lembranças como aquela. A maioria dos israelenses estava acostumada com elas, e não lhes lançava um segundo olhar, mas elas sempre tinham um efeito forte sobre Avner.

Zamir parecia amistoso, mas preocupado. Não falou muito durante o percurso, exceto para perguntar a Avner por seu pai. Avner estava habituado com isso. O pai se tornara famoso depois de sua prisão e julgamento, quase tão famoso quanto Eli Cohen. Havia artigos escritos sobre suas façanhas em nome de Israel; havia até um livro. Claro, os escritores sabiam pouco sobre sua vida particular, para não mencionar seus sentimentos privados. O nome pelo qual era publicamente conhecido não era o nome que usava quando viviam em Rehovot; e Avner, de qualquer forma, havia mudado de nome no Exército.

— Está indo bem — respondeu a Zamir. — Sua saúde está regular. O general balançou a cabeça, concordando.

— Diga-lhe que perguntei — falou a Avner. — Diga-lhe que irei visitá-lo um dia desses.

— Ele gostaria muito — disse Avner, polidamente.

Não imaginava se o pai ficaria contente ou não. Suspeitava até que Zvi Zamir talvez estivesse entre os misteriosos "eles" sobre quem seu pai falava tão sombriamente.

Fizeram o resto do trajeto em silêncio. A distância entre Tel Aviv e Jerusalém, através da faixa estreita de Israel, podia ser coberta em cerca de uma hora a uma velocidade acelerada. Eles a percorreram em menos de uma hora naquele sábado. Ainda não eram dez horas, lembrou Avner, quando pararam diante de um prédio nos arredores da cidade.

Avner achou que sabia onde estavam — embora mal pudesse acreditar. Primeiro o general Zamir, e agora aquilo. Lançou um olhar interrogativo ao *memune*, mas ele já saía do carro, gesticulando para que Avner o seguisse. Um policial estava de pé fora do portão, escancarando-o quando se aproximaram.

Ele acompanhou o general, aturdido. O apartamento e a sala de estar eram muito bonitos, de uma certa forma antiquada, embora não luxuosa. Avner não teve nenhuma dúvida sobre o local onde estavam, contudo recusava-se a ceder ao conhecimento até ver os retratos na parede. Dela própria. Cortando algumas fitas. Inclinando-se para Nehru. De pé ao lado de Ben-Gurion.

Golda Meir entrou na sala de estar. Ao abrir a porta, Avner pôde ver que ela vinha da cozinha. Um pouco curvada, usando um roupão, caminhando depressa com seus fortes sapatos pretos. Estendeu a mão a Avner.

— Como vai? — disse a primeira-ministra de Israel. — E como vai seu pai?

Avner não imaginava o que resmungou em resposta.

— Ótimo, ótimo — disse Golda Meir. — Fico contente. Conhece todos?

Só então Avner notou que, além do guarda-costas e do general Zamir, havia outro homem na sala. Estava uniformizado, usando a insígnia de Israel — uma haste esguia de trigo atravessada sobre uma régua graduada de engenheiro — no ombro. Avner o conhecia dos seus dias de Exército como o general-de-brigada Ariel Sharon.[2] Um dos seus primeiros heróis. Apertaram-se as mãos.

— Quer um pouco de chá? — perguntou Golda Meir. — Café? Talvez uma fruta?

O general Sharon e o *memune* puxaram cadeiras para si mesmos. Depois de um segundo de hesitação, Avner seguiu o exemplo. Não conseguia imaginar o que estava fazendo na sala de estar de Golda Meir. Mesmo seu sexto sentido o abandonou temporariamente. Surpreso, observou-a voltar à cozinha, depois reaparecer com uma bandeja e começar a colocar xícaras e pires sobre a mesa. O guarda-costas havia desaparecido. O general Zamir e o general Sharon conversavam um com o outro em voz baixa, sem oferecer ajuda. Avner levantou-se, depois tornou a sentar-se quando a sra. Meir sacudiu a cabeça para ele. Ele fitou, fascinado, seu cabelo grisalho rebelde, os dedos fortes, um pouco atarracados, o relógio quadrado antiquado — um relógio de homem — em seu pulso. Embora ele a tivesse visto uma vez antes, como um agente de segurança no vôo da sra. Meir a Paris, jamais a observara realmente. Ela lembrou-lhe sua avó — mas, então, imaginou Avner, Golda Meir lembrava a todo mundo suas avós. Especialmente quando começou a cortar uma maçã e estendê-la a eles, fatia por fatia, começando com o general Zamir, como se fossem crianças.

Depois a primeira-ministra falou.

Avner não concluiu, a princípio, a quem ela se dirigia. Por um segundo, pensou que ela falava para ele, mas ela não o encarava. Contudo, pôde ver que ela tampouco fixava Ariel Sharon ou o general Zamir. Parecia ter os olhos erguidos para um ponto da parede acima deles, como se falasse com alguém no exterior, com um público invisível em algum lugar além da sala. Talvez falasse a toda a cidade de Jerusalém, ao país inteiro, embora nunca levantasse a voz. Talvez estivesse apenas falando consigo mesma.

A perplexidade de Avner cresceu enquanto ouvia Golda Meir. Não por causa do que ela dizia. Ela falava simples, comovente, firmemente, e Avner concordava com cada palavra que dizia. Falou sobre história. Falou sobre como, novamente, os judeus estavam caindo em emboscadas e sendo massacrados em todo o mundo, apenas porque queriam um lar. Falou sobre passageiros inocentes de empresas aéreas e sobre as tripulações assassinadas em Atenas, Zurique, Lod. Exatamente como trinta anos atrás, disse, os judeus tinham sido amarrados, os olhos vendados, e massacrados em solo alemão, enquanto o resto do mundo se ocupava jogando voleibol. Bandas de música, tochas olímpicas, enquanto os judeus carregavam caixões para casa. Os judeus estavam sozinhos, como sempre estiveram. Os outros, no máximo, faziam ruídos submissos. Ninguém os defenderia. Os judeus é que tinham de se defender.

O Estado de Israel existia para defender os judeus, disse Golda Meir, para salvar os judeus de seus inimigos, para lhes proporcionar um abrigo no mundo onde pudessem viver em paz. Mas, mesmo enquanto lutava, Israel sempre tentara estabelecer um limite no passado. Ela não desceria ao nível dos inimigos. Tentaria observar uma limitação, mesmo na defesa de seus filhos. Tentaria salvá-los, enquanto mantinha as mãos limpas, salvá-los enquanto obedecia a cada ordem de conduta civilizada. Sem crueldade desnecessária. Sem arriscar uma única vida de um espectador. Israel era um país que não tinha a pena de morte sequer para terroristas, sabotadores ou espiões.[3] De sua parte, disse Golda Meir, sempre se opusera a qualquer um que tirasse Israel do seu caminho. Ela havia vetado qualquer plano que violasse até mesmo um único preceito moral.

Pela primeira vez a primeira-ministra olhou diretamente para Avner.

— Quero que saibam — disse ela — que tomei uma decisão. A responsabilidade é inteiramente minha.

Levantou-se da mesa.

— É a minha decisão — repetiu. — Podem conversar sobre ela entre vocês.

Golda Meir saiu da sala.

Avner estava pasmo. Até onde lhe dizia respeito, tudo que a sra. Meir dissera sobre Israel e a história era absolutamente verdadeiro. Mas por que achara necessário dizê-lo a ele? Ou a Ariel Sharon, ou ao general Zvi Zamir? Por que o chefe da organização Mossad traria Avner a Jerusalém no sábado, para que pudesse ouvir da boca da primeira-ministra todas as coisas que ele, ou a maioria do povo de Israel, sempre considerara certas? Quanto a uma decisão, que decisão? O que havia para discutirem naquilo que ela dissera?

O silêncio foi quebrado pelo general Sharon.

— Como pode concluir, provavelmente — disse com secura, olhando para Avner —, o que está ocorrendo aqui é muito importante. Não preciso dizer isso. Sabe que não estaria sentado aqui se não fosse importante.

Avner concordou com um gesto de cabeça, como se esperava claramente que fizesse.

— A pergunta é — continuou Sharon —, você se incumbirá de uma missão? Não preciso lhe dizer que é uma missão importante. Mas lhe direi que é uma missão perigosa. Desintegrará sua vida totalmente. Terá que deixar o país. Não voltará... quem sabe... talvez por muitos anos.

Avner não falou.

Sharon olhou para Zamir, depois continuou:

— Naturalmente, não poderá falar sobre ela com ninguém. Podemos tomar providências para encontrar-se com sua esposa, ocasionalmente, em outro país. Mas não poderá lhe dizer o que está fazendo.

Avner estava calado. Durante alguns segundos, os outros dois também silenciaram. Então, o general Sharon falou de novo:

— Eu desejaria apenas — disse em voz baixa — que eles estivessem me pedindo para realizá-la.

Avner saiu de seu aturdimento. A maior parte de sua mente continuava vazia, mas alguns pensamentos começaram a tomar uma forma coerente. Uma missão — claro, tinha que ser uma missão. Ele devia ter adivinhado. Que outra razão eles teriam para trazer um agente de posto inferior até o apartamento de Golda Meir? E importante — claro, tinha que ser importante. Mas por que ele? E do que se tratava, possivelmente?

Ele tinha que dizer algo, assim fez sua primeira pergunta, a primeira que lhe ocorreu:

— Eu a realizaria sozinho?

O *memune* falou pela primeira vez.

— Não — respondeu. — Mas isso não é relevante agora. Qual é sua resposta? É um voluntário?

— Terei que... — começou Avner — ... terei que pensar a respeito. E se eu der a resposta em uma semana?

Não fazia idéia do motivo por que hesitava. Talvez fosse seu sexto sentido. Certamente, não era o perigo. Avner ainda não se importava com isso, nem mesmo aos 25 anos, nem mesmo após quatro anos no Exército, na Guerra dos Seis Dias, nas tarefas no exterior. Assim, por que hesitava? Na verdade, Shoshana — Shoshana estava grávida, o que Avner soubera alguns meses atrás. Ela era tão magra que, em seu quinto mês, dificilmente se notava a gravidez. Mas não era Shoshana. Lá estava ele, no apartamento de Golda Meir, sendo requisitado pelo chefe da Mossad para uma missão — e ele hesitava!

O general Zamir sacudiu a cabeça.

— Tem um dia — falou. — Reflita. Uma pessoa que não é capaz de se decidir em um dia jamais poderá se decidir.

O general Sharon estendeu a mão.

— Provavelmente não me verá de novo — disse a Avner —, assim... desejo-lhe boa sorte. — Olhou nos olhos de Avner. — Boa sorte, o que quer que resolva.

Se ao menos ele pudesse lhes fazer perguntas! Mas sabia que não podia. Seria uma missão como a de Eli Cohen? Como a de seu pai? Significaria tornar-se uma "toupeira", assumir outra identidade? Seria...?

Golda Meir voltou à sala. A mente de Avner ficou em branco de novo.

— Bem, como vão indo? — perguntou ela. — Tudo resolvido?

— Resolvido — disse Zamir, lacônico, ajuntando: — Saberemos amanhã, mas... está resolvido.

Apesar de sua confusão, Avner notou um olhar trocado entre o *memune* e a primeira-ministra, um leve balanço de cabeça de Golda, como se dissesse: "Eu falei que não era tão fácil." E o olhar do general retrucando: "Não se preocupe, este ou outro, nós o faremos!" Mas podia ser sua imaginação.

Golda Meir — e isto não era imaginação de Avner — avançou mais e colocou o braço em volta dele, dirigindo-o lentamente para fora da sala, falando enquanto se moviam pelo corredor.

— Cumprimente seu pai em meu nome — falou Golda —, e sua esposa... como é mesmo o nome dela? Shoshana... Realmente, lhe desejo boa sorte. — E enquanto apertavam-se as mãos à porta, acrescentou: — Lembre-se deste dia. O que estamos fazendo muda a história dos judeus. Lembre-se, porque você é parte disso.

Avner não tentou replicar. Estava pasmo, aterrorizado, impressionado, mas também ansiava saber do que ela falava. Esperava que o sorriso fixo em seu rosto não fosse tolo demais. Observou Golda Meir apertar as mãos do *memune* e do general Sharon, desaparecendo depois atrás da porta.

A voz fria do general Zamir interrompeu o encanto.

— Naturalmente, você compreende — disse ele — que não deve falar sobre esta reunião com seu pai. Ou com sua esposa, ou qualquer pessoa. Não importa qual seja sua decisão. O que aconteceu aqui dentro diz respeito somente à primeira-ministra e a nós três. — Fez uma pausa. — Muito bem, espere por mim no carro — falou. — Tenho mais duas coisas a discutir.

Avner esperou no carro. Ainda não podia acreditar totalmente no que acontecia. Nos tempos modernos, os agentes não esperam receber um pedido diretamente de um chefe de Estado, em Israel ou em qualquer outro país. Nas sociedades mais antigas, os governantes talvez se dirigissem aos seus súditos diretamente, se o assunto fosse bastante importante, mas esses contatos são quase inconcebíveis nas atuais comunidades complexas e impessoalmente organizadas.

Era provável que — embora isto fosse necessariamente especulação, e Avner não tivesse meios de saber, na época — Golda Meir optasse, ou tivesse sido aconselhada a optar, por aquele tipo incomum de aproximação para enfatizar a extensão da qualidade incomum do pedido. Talvez ela própria houvesse sentido — e com certeza, teve sucesso em fazer Avner sentir — que lhe iam pedir para fazer uma coisa que nenhum soldado de Israel fora convocado para fazer antes.

Talvez uma razão para isto fosse a ambivalência que os israelenses sempre sentiram em relação a qualquer ação secreta de violência. Verdade, Israel se envolvera em atos isolados de contraterrorismo, logro e não-estabilização muito antes dos massacres de Lod e Munique. Por exemplo, em 1956, depois de o Egito influenciar as primeiras incursões de *fedayeen* em Israel, bombas tinham matado o tenente-coronel Hafez e o coronel Mustapha, dois oficiais do serviço secreto egípcio encarregados do terror *fedayeen*. Mas essas operações sempre pareceram muito mais controversas para Israel do que para outras potências. Grandes Potências — não apenas a União Soviética, mas até os Estados Unidos e a Grã-Bretanha — sempre tiveram uma certa aceitação do uso da força no interesse nacional: uma tradição que Israel nunca partilhou totalmente.

O agente que tem "licença para matar" não encontraria aceitação imediata no folclore israelense (ou judaico).

A segunda razão para a presença de Golda Meir — embora Avner tampouco soubesse disso na época — talvez fosse a política interna da Mossad. No outono de 1972, o general Zamir estava em situação um pouco desfavorável por ser incapaz de evitar esses ataques terroristas como o de Lod e Munique. O especialista militar do serviço secreto, general Aharon Yariv, estava sendo designado como "Assistente Especial para Assuntos Terroristas", tirando, declaradamente, parte do controle do *memune* sobre sua organização. Yariv, dizia-se, era um protegido pessoal de Golda Meir.[4] A presença dela na reunião talvez tivesse sido recomendação dele — ou o general Zamir insistira nela, quer para envolver a primeira-ministra, quer para demonstrar-lhe os esforços que estava fazendo, como chefe da Mossad, para combater o terrorismo, uma ameaça muito grave e que, no outono de 1972, enfraquecia o moral da nação.

Da janela, Avner ainda pôde ver Sharon e Zamir de pé fora do portão, conversando em voz baixa, mas com gestos animados. Ele respirou fundo e tentou relaxar. Contar até cem parecia a melhor coisa a fazer. Devagar. Pensando em nada.

Ele estava em 87 quando o general Zamir entrou no carro. O general Sharon desaparecera.

— Ficarei hoje em Jerusalém — disse o *memune*. — O motorista me deixará e depois o levará de volta a Tel Aviv. Amanhã... — lançou um olhar ao relógio — ... amanhã, esteja no meu escritório ao meio-dia.

Avner consultou seu relógio. Meio-dia. O general Zamir lhe dava exatamente 24 horas.

Realmente, não precisava mais de tempo. Sabia o que iria dizer. Ainda assim, quando pararam no meio-fio em Tel Aviv, não pôde deixar de se perguntar se os transeuntes o veriam abrir a porta do grande Dodge guiado por um motorista. E se vissem, reconheceriam que ele saía do carro oficial do general Zvi Zamir? Podia ser um pensamento desprezível para alguém a ponto de representar um papel na mudança da história judaica, mas ali estava. Naquele momento, acontecia ser o único pensamento na mente de Avner.

Capítulo 4

EFRAIM

CERCA DE DEZ DIAS depois, na tarde de 25 de setembro de 1972, Avner estava sentado na cama de um modesto quarto de hotel em Genebra. O Hotel du Midi, respeitável e discreto, tinha uma fachada rosa e branca dando para a praça Chevelu no centro do elegante bairro comercial. Através da janela, Avner podia vislumbrar os prédios escuros da zona de comércio na margem oposta do Ródano, cuja garganta estreita se ampliava no magnífico lago Genebra a algumas centenas de metros além, a leste.

A cidade suíça era como uma estufa: as pessoas que permaneciam nela tomavam cuidado para não atirar pedras. O regulamento fora dos limites era raramente violado. Por acordo mútuo, tácito, Genebra se tornara um local ordeiro em que as forças da desordem internacional podiam tramar, reagrupar-se e recuperar-se.

Avner, movendo os olhos para o interior do quarto, descansou-os sobre quatro homens que lhe devolviam o olhar de forma relaxada, confiante. Esperavam que ele falasse.

Uma semana atrás, Avner ignorava que aqueles homens existiam. Agora, eram seus parceiros — sua equipe. Ele era o líder. Ele era — embora mal pudesse acreditar nisso, ainda — o encarregado de sua missão.

Até a missão terminar, os quatro estranhos deviam estar mais perto dele do que qualquer outro ser humano já estivera. Mais próximos do que sua mãe ou seu pai. Mais íntimos do que Shoshana ou que seus mais velhos amigos; mais íntimos até mesmo do que seu *chaverim* em sua unidade do Exército. Ele teria que lhes confiar sua vida. Eles teriam que lhe confiar a vida deles.

No espaço de dez dias, eventos significativos se tinham amontoado na vida de Avner em quantidade superior a todos os seus anos anteriores juntos. Sua vida mudara de um momento para o outro, embora de forma não inteiramente inesperada. Afinal, ele havia se candidatado a alguma coisa como aquela por cada uma de suas opções desde os dias da unidade de assalto no Exército. Ainda assim, desde o instante em que Golda Meir lhe desejara boa sorte, Avner se sentira totalmente descontrolado. Não que estivesse amedrontado. Simplesmente notou, com uma indiferença quase doentia, que afinal conseguira. Havia caído ao mar. Estava na água e a corrente o levava para o alto-mar. Gostando ou não, não havia nada que pudesse fazer. Nadar contra a corrente era claramente inútil.

Quando ele se apresentara ao general Zamir em Tel Aviv exatamente ao meio-dia do dia seguinte à reunião no apartamento de Golda Meir, o *memune* pareceu frio e quase desinteressado.

— Sim? — perguntou a Avner, erguendo os olhos da mesa.

— Apresento-me como voluntário — respondeu Avner.

O general sacudiu a cabeça afirmativamente, de uma maneira distante, banal, como se houvesse ouvido a única resposta possível. Avner não ficou surpreso — as pessoas, em Israel, não pulavam para cima e para baixo sempre que alguém era voluntário para uma tarefa incomum ou perigosa —; ficou, apesar disso, vazio.

— Espere lá fora um minuto — disse o general. — Quero que conheça uma pessoa.

O homem a quem Avner foi apresentado cerca de meia hora mais tarde era alto e um pouco professoral. Era de meia-idade, com cabelo grisalho prematuro e ombros curvados. Havia uma expressão triste em sua boca, embora os olhos escuros fossem vivos. Ele era agradável. Mais que isso, desde o instante em que se apertaram as mãos, ele teve um jeito de falar com Avner como se se conhecessem há anos. Não inspirou exatamente quaisquer sentimentos de afinidade em Avner — ele era, claramente, outro galiciano —, mas Avner gostou dele.

— Chame-me de Efraim — disse ele a Avner. — Serei seu chefe de instruções. Ouça, todos nós estamos tateando o caminho através disto. Você deve ter muitas perguntas, e talvez eu ainda não tenha todas as respostas. Terá que ser paciente. Hum... você comeu? Por que não começamos com um almoço?

Almoçaram e depois deram uma longa caminhada pela praia. Efraim falou.

Mais tarde, ocorreu a Avner que, embora Efraim lhe tivesse dito, nos primeiros cinco minutos, qual era a sua missão, não a compreendeu realmente durante cerca de mais dois dias. Ele a compreendeu em um sentido, mas em um sentido mais profundo e fundamental, não.

Quando Efraim disse "Resolvemos formar uma equipe para destruir os terroristas na Europa", Avner concordou plenamente, sacudindo a cabeça. Já era hora. Ficou até um pouco aliviado porque a missão para a qual havia sido voluntário não seria uma tarefa solitária de espionagem, como a de seu pai, envolvendo interminável trabalho preparatório em línguas e criptografia. Um grupo — isso era ótimo. Muito parecido com sua unidade do Exército. Europa — bem, isso também era perfeito. Quanto à palavra "destruir" — rehashmid em hebraico —, era uma palavra natural para usar. Era uma palavra normal no Exército, uma palavra usada em instruções um milhão de vezes. Podia significar um assalto repentino, um reconhecimento de força militar, a explosão de uma instalação de radar, depósito de suprimentos, centro de comunicação. Era uma palavra dos comandos. Podia significar um ataque de surpresa, a captura de alguns prisioneiros. Não era uma palavra para chocar ou surpreender um ex-soldado de uma unidade especial.

— De qualquer maneira, antes de falarmos disto — disse-lhe Efraim —, falemos do procedimento.

O procedimento envolvia a explicação de Avner a Shoshana de que se ausentaria por alguns dias, depois apresentar-se a um endereço no centro de Tel Aviv. Lá, em um apartamento térreo — os andares superiores eram ocupados por uma confecção —, ele ficou sozinho com Efraim durante 48 horas. De vez em quando Efraim saía durante uma ou duas horas, e durante esse tempo outro homem ficava com Avner — "para lhe fazer companhia", como dizia Efraim. No entanto, o homem não era grande companhia porque jamais dizia uma palavra: estava ali, claramente, para não deixar Avner sair ou usar o telefone enquanto estava sendo instruído.

A primeira importante missão de Avner para a Mossad exigia seu pedido de demissão da Mossad. O primeiro "contrato" que Efraim lhe pediu para assinar não delineava quaisquer tarefas para as partes contratantes realizarem, mas simplesmente apresentava uma lista de todas as coisas que as duas partes se comprometiam a não fazer. A Mossad não empregaria a pessoa da segunda parte interessada, não lhe concederia benefícios, ou pensão ou ajuda legal. Não reconheceria, de modo algum, que essa pessoa trabalhava para a organização. Não lhe proporcionaria assistência consular ou assistência médica. Quanto a Avner, eximiria para sempre a primeira parte interessada de quaisquer reivindicações. Ele não procuraria seu auxílio ou a faria responsável por qualquer ação dele ou por suas conseqüências. Ele não revelaria que estava empregado pela organização — ou que havia tomado o compromisso de não revelá-lo.

— Entende o que isto diz? — perguntava Efraim sempre que empurrava uma nova folha de papel debaixo do seu nariz. — Leia. Não quero que assine nada que não leu.

Avner concordava com um gesto de cabeça e assinava, embora uma ou duas vezes passasse por sua mente que ele, ao contrário do conselho do pai, não estava guardando nenhum trunfo escondido. Mas o que devia fazer, exigir um advogado? Depois de Golda Meir o ter abraçado e dito que ele era parte da história judaica?

Além disso, o que quer que se dissesse sobre os galicianos, eles não deixariam um companheiro em apuros. Nesse sentido, Avner tinha confiança total em seus compatriotas — mesmo naqueles em que não teria confiado, de outro modo, até onde fosse capaz de se livrar deles. Não importava quão ocupados pudessem estar confraternizando, se um companheiro se encontrava em perigo, eles moveriam céus e terra para resgatá-lo. Eles enganariam, mentiriam, adulariam, ameaçariam e finalmente matariam ou morreriam em vez de abandonar um companheiro nas mãos do inimigo. Com ou sem contrato. Vejam Eli Cohen, o que Israel fez para salvar sua vida, quando outros países simplesmente o teriam repudiado, como a maioria dos países fazia quando o disfarce do agente era descoberto. Enquanto Israel até arriscara as vidas de alguns comandos apenas para trazer o corpo de Cohen de volta à Síria.[1] Essa era uma coisa que Avner sentia que não devia ser motivo de preocupação.

Ele o disse a Efraim, que sorriu de lado.

— Não, mas vamos nos preocupar com seu corpo vivo, por enquanto — disse a Avner. — Assine isto. Está apenas dizendo adeus ao seu plano odontológico.

— Adeus — disse Avner, e assinou.

Quando o trabalho de escrita ficou completo, Efraim entregou-lhe um cheque de pouco menos de duas mil libras israelenses. Representava um reembolso da contribuição de Avner ao plano de pensão do governo durante os três anos de seu emprego.

— Parabéns — disse Efraim. — É um homem livre. Falo sério — ajuntou —, porque se, em qualquer momento, mudar de idéia enquanto estamos discutindo isto aqui, e me disser que não se sente inclinado a fazê-lo, ótimo. Até sair daqui, é livre para mudar de idéia.

— E depois que sair? — perguntou Avner.

Efraim olhou para ele e riu.

— Fico contente por você ter senso de humor — falou.

A idéia por trás da missão, como Efraim começou a explicar, era acabar com o terrorismo em sua origem. Ao contrário de exércitos, que eram extensões de seus países como um todo, os movimentos terroristas, apesar de parecerem penetrantes, podiam se reduzir a algumas fontes identificáveis. O ponto principal em relação a eles era que envolviam relativamente poucas pessoas, que eram totalmente dependentes de um punhado de organizadores e líderes. Eles eram secretos. Tinham que operar de bases móveis atrás das linhas inimigas. Segredo e invisibilidade talvez fossem a sua força, mas eram também sua fraqueza. Ao contrário de forças militares regulares, não tinham vida ou poder próprio. Tinham que ser artificialmente abastecidos, através de poucos canais clandestinos, com tudo que precisavam para sobreviver: dinheiro, armas, documentos, esconderijos, treinamento, recrutas. Com apenas uma linha vital de comunicação rompida, uma rede inteira deles murcharia.

— O terrorismo é um monstro — disse Efraim —, mas felizmente tem somente cerca de 12 cabeças. Talvez possamos decepá-las, uma a uma.

— Ele não pode desenvolver novas? — perguntou Avner.

Efraim sorriu e olhou para suas unhas.

— Estou certo de que pode — falou —, mas veja a coisa desta maneira. Leva tempo. Um terrorista é um fanático. Um terrorista importante é um fanático inteligente e hábil. A maioria das pessoas não é fanática; e a maioria dos fanáticos não é inteligente ou hábil. Se você elimina um grande terrorista, talvez leve um ou dois anos para outro aparecer. Enquanto isso, a antiga rede desmoronou; o novo cara pode demorar um ano mais para reconstruí-la. Talvez possamos identificá-lo e eliminá-lo também, antes que possa causar muito dano.

"Enquanto isso, você salvou centenas de vidas inocentes. Não vale a pena? Além disso, o melhor terrorista é apenas como um fósforo. Precisa de um barril de pólvora para provocar uma grande explosão. Bem, neste momento o mundo é como um barril de pólvora. Não preciso lhe dizer. Dentro de um ou dois anos, quem sabe?"

Efraim parou de falar. Ergueu os olhos de suas unhas e estendeu a mão para Avner ver.

— Olhe — disse ele —, olhe minhas unhas. Talvez esteja na hora de cortá-las. Você vai me dizer, por que ter trabalho, elas tornarão a crescer?

— Tem razão — concordou Avner.

— De qualquer forma — disse Efraim —, isso é filosofia e não estamos aqui para isso. Estamos aqui para uma operação. Não estou dizendo que não me faça perguntas. Se tem uma pergunta, faça. Mas, por enquanto, deixe-me falar da operação por alguns minutos.

Eles falaram sobre a operação. A Mossad havia examinado muito o assunto, disse Efraim, e resolveu que a melhor maneira de agir era com um grupo pequeno, auto-suficiente. Que pudesse sobreviver, por conta própria, na Europa, durante meses ou até anos. Uma equipe que não dependeria de Israel para qualquer apoio. Uma equipe formada por especialistas em vários setores — armas, explosivos, logística, documentos — e que, portanto, não teria de confiar em quaisquer das fontes usuais da Mossad. Isto não era apenas para mantê-los ao alcance do braço — embora, como admitiu Efraim livremente, este fosse um fator —, mas também por sua própria segurança. Em geral, os agentes eram descobertos em momentos em que tinham de "fazer contato" com a sede que fornecia instruções, armas, documentos. Mas uma equipe capaz de produzir seus próprios documentos, encontrar suas armas, construir sua própria rede de informantes; uma equipe cujos membros jamais teriam que se aproximar de uma embaixada, de um agente residente, de uma fonte de contato para outro trabalho da Mossad ou até mesmo para a entrega de uma carta devolvida; uma equipe que jamais enviaria um aviso ou mensagem através de qualquer canal de comunicação — tal equipe seria quase invulnerável. Seria como um grupo de terroristas, porém com força infinitamente maior. Talvez até se infiltrasse nas redes terroristas por suas necessidades e provisões. Teoricamente, o faria. Por que não? Matar dois coelhos com uma só cajadada. Havia muitos grupos terroristas, um sabendo muito pouco sobre o outro, mas todos precisando de casas seguras, passaportes e explosivos. Tornar-se igual a um deles seria um disfarce ideal.

— Não precisamos de comunicação — disse Efraim. — O que sei quando os *mechablim*, os terroristas, explodem um avião? Leio a respeito no dia seguinte no *Le Monde* ou no *Corriere della Sera*. Talvez até no *New York Times*, se existem americanos a bordo. Assim, agora, quando abro o *Le Monde*, vejo que um *mechabel* explodiu. O que mais necessito saber?

Quanto mais Efraim falava, mais interessado e entusiasmado Avner ficava. Aquilo era importante. Era a coisa, realmente. Ele podia organizar *aquilo*. Com tal missão, podia lhes mostrar seu valor. Mas teve cuidado em não revelar seu entusiasmo a Efraim. Um rosto impassível.

Lembre-se dos testes psicológicos. Não querem um cara otimista, atuando como um grande herói. Era melhor parecer pensativo, até melancólico.

Era a mesma coisa. Porque, neste ponto, Avner ainda não compreendia de que missão se tratava. Compreendia — mas não compreendia. A compreensão aconteceu somente quando, após uma breve interrupção para o almoço, Efraim lhe disse para começar a fazer perguntas.

— Esta equipe — disse Avner —, eu a formo?

— Não. Já selecionamos os homens.

— Quando posso conhecê-los?

Efraim sorriu.

— *Shvoye* — disse em árabe. — Paciência, tudo a seu tempo. Eles... não estão no país ainda.

Por alguma razão, o sexto sentido de Avner lhe disse que Efraim não falava a verdade agora, mas isto não parecia importar.

— Muito bem, em que eles são peritos? Um é especialista em explosivos?

— Certo — disse Efraim.

— Outro em documentos?

— Sim.

— Então, um ou dois para o trabalho propriamente dito — continuou Avner, notando que Efraim franzia as sobrancelhas, intrigado. — Bem, quero dizer, o golpe certeiro. Apertar o botão.

— O que quer dizer com apertar o botão?

Foi a vez de Avner se espantar.

— Falo de um especialista em... sabe, puxar o gatilho. Um tipo treinado para dar... o tiro certeiro.

Efraim olhou para Avner parecendo totalmente espantado.

— Um *especialista* em puxar um gatilho? — perguntou devagar. — Quer dizer... não sabe puxar um gatilho? Quatro anos no Exército... e nunca aprendeu a puxar um gatilho?

Avner ficou calado.

— *Treinado* para dar o tiro certeiro — continuou Efraim. — Quem é treinado para isso? Conhece um lugar em Israel onde treinem pessoas para isso? É novidade para mim. Como se treina alguém para dar um tiro certeiro, de qualquer forma? Pratiquem nos cães primeiro, depois você lhes diz, estão vendo aquele velho atravessando a rua Dizengoff, então, vão em frente e matem-no?

Avner não falou.

— Treinamos pessoas para usarem uma arma — disse Efraim após uma pausa. — Treinamos soldados para fazerem trabalho de comandos, colocar uma bomba, usar uma faca, qualquer coisa. Do modo como você foi treinado. Mas não treinamos ninguém para dar um *tiro certeiro*. Não temos especialistas para isso.

Avner pigarreou.

— Entendo — disse, depois parou. — Só perguntei porque... — recomeçou a dizer, depois calou-se de novo.

Efraim se recostou em sua cadeira, olhando para ele. Fingindo ou não, parecia tão intrigado quanto Avner.

Afinal, Avner encontrou sua voz. Não importava se estava sendo ingênuo; não importava se devia ter esperado aquilo. O fato era que não esperara. Por isto eles o tinham escolhido? Iria saber de tudo, de uma vez por todas.

— Quero deixar uma coisa clara — disse ele, a voz endurecida. — Por que eu?

— Por que você, o quê? — perguntou Efraim, um pouco impaciente.

— Por que me escolheram?

— Ora, o que há de errado com você?

— Não há nada de errado comigo — disse Avner. — Conheço a Europa, sou um bom organizador, eu... eu acho que posso terminar o que começo. Mas por que eu? Nunca fiz esse tipo de coisa antes.

— Quem fez? — Efraim se inclinou para a frente, a voz mais suave. — Não me compreenda mal; se não quer fazê-lo, diga. Ninguém o está obrigando... Mas quem deveríamos escolher? Tudo que temos são caras como você. Jovem, treinado, boa saúde, boa folha corrida, falando línguas... Se quer saber, não é um grande segredo, talvez ninguém o tenha escolhido. Talvez tenha sido um computador. Colocamos perguntas nele e deu-nos alguns nomes.

"Então, o que espera que perguntemos ao computador? Dê-nos todos os assaltantes de banco do país, todos os maníacos, os *ganefs*, os assassinos psicopatas? Pediremos a criminosos para salvar Israel, porque todos os nossos meninos bem comportados são escrupulosos demais?"

O computador. Podia ser verdade. Fazia sentido. Quando se pensava a respeito, fazia muito sentido. No entanto...

— Ouça — disse Efraim —, sei que não é fácil. Não pense, nem por um minuto, que não sei... Falemos a respeito por alguns segundos, agora, para não precisarmos tornar a falar.

"Conhecia Yossef Gutfreund, o juiz de luta romana que mataram em Munique? Um grandalhão... acontece que eu o conhecia. Duas filhas, uma lojinha em Jerusalém. Salvou cerca de 12 soldados egípcios, no Sinai, que morriam de sede... Não importa. Prenderam-no como uma galinha. Da cabeça aos pés, as cordas quase atravessando-o antes de dispararem quatro vezes contra ele. Certo.

"Agora, você vê o homem que os mandou fazerem isto a Yossef. O homem que lhes deu armas, instruções. Você o vê, não sei, talvez tomando café em Amsterdã. Ele matou Yossef. Há uma garota em Tel Aviv, uma garota bonita, coxeia de muletas, quase explodiram sua perna em Lod... e este cara deu-lhes ordens para fazerem isso. Ele está sentado lá, tomando café, pensando quem explodirá em seguida.

"Você está lá de pé e você tem uma arma. Talvez me diga que não se importa, não pode puxar o gatilho. Compreendo. Não o culpo. Falo sério: não culpo, realmente. Apertamos as mãos, adeus. Não desprezarei você por isso. É muito difícil matar um homem.

"Mas não me fale de treinamento. Não me fale de *especialista*. Se não pode fazê-lo, não pode. Não poderia treiná-lo em cem anos. Eu não desejaria fazer isso. Não tentaria convencer você a fazê-lo. Por quê? Porque seria inútil.

"Mas, se pode fazê-lo, acredite em mim. Você *pode*. Tem todo o treinamento do mundo. Tem todo o treinamento de que precisará."

— Não sei — disse Avner. — Talvez possa fazê-lo. — Ficou em silêncio pelo que lhe pareceu um longo tempo, depois tornou a falar: — Tem razão. Posso fazê-lo.

— Sei que pode — disse Efraim. — Quer saber de uma coisa? Eu não estava preocupado com isso. Você não estaria aqui se não fosse capaz.

Avner pensou que era bom que Efraim não estivesse preocupado, porque ele estava. Muito preocupado. Jamais estivera mais preocupado em sua vida, em relação a qualquer coisa. Seu coração batia tão alto durante toda a conversa que era um milagre Efraim não ouvi-lo. Mas não parecia ouvir. Mudou de assunto, para logística. A filosofia estava estabelecida.

No dia seguinte, 20 de setembro, Avner fez sua primeira viagem a Genebra. Alugou um quarto no Hotel du Midi, depois guiou seu carro alugado através da ponte do monte Branco e ao longo do cais Général Guisan. Encontrou um estacionamento-garagem perto da rue du Commerce, na zona comercial da cidade, depois caminhou para o prédio um pouco antiquado da União de Bancos Suíços. Abriu duas contas e alugou um cofre de segurança. Em uma conta ele depositou uma soma nominal, mas na outra depositou uma carta de crédito para um quarto de milhão de dólares. Então, imediatamente sacou cinqüenta mil dólares em dinheiro e colocou no seu cofre de segurança.

A primeira conta era onde seu salário e ajuda de custo para despesas pessoais seriam depositados regularmente. A quantia atingiria perto de três mil dólares por mês — talvez não uma quantia principesca, porém mais do dobro de seu salário anterior. Melhor ainda, não se esperava que tocasse no dinheiro. Ele podia verificá-lo sempre que estivesse em Genebra — vê-lo crescer, como dizia Efraim —, porque suas refeições, contas de hotel, despesas da vida diária sairiam de custos operacionais. Esta era uma das boas coisas de estar em uma missão onde se esperava que ele trabalhasse sete dias por semana, 24 horas por dia.

— Isso significa toda despesa — disse-lhe Efraim — razoável, é claro. Não pagamos por prostitutas ou anéis de brilhantes. Mas se precisar de uma camisa, um par de sapatos, uma capa de chuva... compre. Certifique-se apenas de guardar os recibos.

Os custos operacionais eram ilimitados. Tinham que ser, já que ninguém podia possivelmente prever quanto um informante, uma viagem, um documento, um veículo, ou quantidade de gelignite custariam. Nunca se esperava uma contabilidade exata para despesas operacionais — o que era lógico, uma vez que ninguém podia pedir recibo a um informante ou a um negociante de armas no mercado negro. Isso não era, de modo algum, surpreendente. Avner sempre achara muito curioso que o mesmo agente a quem confiavam, sem fazer perguntas, milhares de dólares operacionais devia apresentar um recibo de dois dólares por um pedido de espaguete com molho de carne.

A conta operacional seria sempre mantida no nível de um quarto de milhão de dólares. Os fundos seriam transferidos para ela de vários outros bancos a intervalos regulares quando começasse a se esvaziar. Avner não teria que se preocupar com isto. Agentes de confiança se encarregariam disso, sem sequer saber por que motivo a conta era mantida.

O cofre de segurança servia a vários propósitos. Primeiro, a equipe guardaria nele uma parte dos fundos operacionais em dinheiro. Os pagamentos teriam que ser, muitas vezes, feitos em dinheiro e de um momento para o outro, e seria mais simples tirá-lo do cofre do que da conta, todas as vezes. Em alguns casos, o dinheiro também era melhor do que ordens de pagamento e transferências, quando precisavam movimentar somas para depósitos em bancos de outras cidades. Tornava a fonte de recursos muito mais difícil de localizar.

Afinal, o cofre era para comunicação. Efraim ficaria com uma de suas duas chaves. Podia deixar uma mensagem para a equipe no cofre, ou eles podiam deixar mensagens para ele, embora fosse improvável que isto ocorresse muitas vezes durante a missão. De qualquer maneira, deveria ser o único meio de contato com a sede.

Depois de terminar no banco, Avner deixou o carro no estacionamento e caminhou de volta ao hotel através da ponte da Machine. Não era um procedimento terminante e ele não achava que estava sendo seguido, mas bancos eram locais óbvios para a observação casual de um suspeito. Em tarefas anteriores ele mesmo havia freqüentado bancos, já que eram bons lugares para descobrir outros agentes. Avner sempre fizera questão de alternar a direção do carro com uma caminhada, se tivesse tempo, ou de entrar e sair de prédios por portas diferentes. Era uma questão de ser imprevisível, fazendo o inesperado sempre que fosse possível, até isto se tornar um hábito. Por exemplo, alguém que esperava para segui-lo em um carro teria dificuldades agora. A ponte da Machine é de pedestres. Quem quer que estivesse interessado no destino de Avner não poderia guiar por ela, nem poderia abandonar o carro em uma rua movimentada para segui-lo a pé.

Efraim lhe fornecia informações pouco a pouco, dizendo apenas *shvoye*, paciência, sempre que não estava pronto para responder a uma pergunta. Quem serão os outros do grupo? *Shvoye*, você os conhecerá quando voltar de Genebra. E se nossa união for errada, se não pudermos trabalhar juntos? Calma, a maneira como os escolhemos... trabalharão bem juntos. E se não pudermos produzir documentos, e não conseguirmos comprar armas? Jamais comprei armas antes. Não se preocupe com isso. Os caras que estarão com você saberão. Esse é o aprendizado deles. Ótimo, então para que precisam de mim?

— Precisam de você — dissera Efraim. — Precisam de você para chefiar o grupo.

No dia seguinte à sua volta para Tel Aviv, ele conheceria o resto da equipe. E o outro fator desconhecido? Obviamente, não seriam enviados atrás dos soldados rasos, dos tipos insignificantes, dos jovens *fedayeen* dos campos de refugiados, dos estudantes de esquerda, das garotas desequilibradas que eram, de algum modo, pressionadas ou induzidas a matar e arriscar as próprias vidas. Mas quem eram, exatamente, os alvos? E quantos eram? Um, talvez dois eram manifestos. Ele próprio havia trazido os nomes para o próprio Efraim, mas seu chefe de instruções havia apenas dado de ombros e feito um aceno para ele.

— *Shvoye* — havia replicado. — Tudo na hora certa. Nós lhe damos duas coisas, dinheiro e uma lista. O dinheiro já tem. Vá depositá-lo, depois volte. Antes de tornar a partir terá a lista. Não se preocupe.

Não se preocupe. Fácil dizer. E se pegarmos o cara errado?

— Nem diga uma coisa dessas — fora a resposta de Efraim a isso.

Na manhã seguinte, Avner pagou a conta no Hotel du Midi depois de reservar um quarto para ele mesmo para o dia 25. Depois, dirigiu-se ao Hotel Ambassador e reservou mais dois quartos para a mesma data. Pegou o carro no estacionamento-garagem, do outro lado do rio, onde o havia deixado no dia anterior, voltou pela ponte do monte Branco até certificar-se de que não o seguiam, depois devolveu o carro a uma agência de aluguel de veículos na cidade e tomou um táxi para o aeroporto. Cerca de quatro horas depois, o avião aterrissou em Tel Aviv.

O apartamento para onde se dirigiu de carro com Efraim, por volta das cinco da tarde, ficava nos arredores da cidade. A garota jovem, séria, que abriu a porta, lembrou a Avner a moça da rua Borochov, onde ele havia ido pela primeira vez, três anos atrás, para a entrevista inicial. Ela os conduziu a outra sala, depois fechou a porta atrás deles.

Os quatro homens no recinto ergueram os olhos quando eles entraram. Um deixou de lado o livro que lia. O segundo descruzou as pernas e inclinou-se para a frente, sem se levantar. O terceiro parou de bater o fornilho do cachimbo contra um cinzeiro de metal. O quarto, que estivera de pé, deu um passo à frente.

Houve uma fração de segundo de silêncio. Os quatro homens e Avner se entreolhavam.

— Bem — disse Efraim. Calou-se e pigarreou. — Rapazes, quero que conheçam Avner... Avner, este é Carl... este é Robert... Hans... e, claro, Steve...

Apertaram-se as mãos. Com firmeza, à moda do Exército. Avner não imaginava o que os quatro homens estavam pensando. De sua parte, estava totalmente surpreso. Chocado. Aqueles homens eram *velhos*. O que tinha aparência mais jovem — Steve — parecia ser dez anos mais velho que Avner. Carl, o mais velho, devia ter mais de quarenta.

Não se tratava de que poderiam ser velhos demais para o trabalho — Avner não tinha opinião sobre isso —, mas de que ele seria seu líder. No entanto, todos deviam ser muito mais experientes do que ele. Todos deviam ter lutado na campanha do Sinai. Carl parecia bastante velho para ter tomado parte na Guerra de Independência. Devia ele chefiar um grupo de homens, alguns dos quais poderiam ter sido seu pai?

Eles permitiriam que ele os chefiasse?

— Muito bem, não temos todo o tempo do mundo — disse Efraim. — Vamos sentar e examinar alguns detalhes. Esta será nossa única reunião. Da próxima vez que se virem estarão na missão, em Genebra.

Avner estava tenso demais para sentar. Observou Carl encher novamente seu cachimbo, desejando, pela primeira vez na vida, ser um fumante. Hans, Robert, Steve — todos pareciam completamente relaxados. Carl dava tapinhas nos bolsos, preocupado apenas em encontrar um fósforo. Avner respirou fundo.

Muito bem. Firme.

— O programa é o seguinte — disse Efraim. — Mais dois dias de cursos agradáveis para todos, exceto Carl e Avner. Isso irá até o dia 24. Esse será um dia de folga; espero que todos resolvam seus assuntos pessoais. No dia 25 vocês pegam seus passaportes regulamentares e vão para Genebra. Escolham suas rotas e horários individualmente, mas cheguem lá antes da noite. Avner reservou quartos de hotel para vocês; ele lhes dará os detalhes. Depois de se registrarem no hotel e terem os passaportes devolvidos, guardem-nos em um cofre. Enquanto estiverem na missão, jamais tornem a usá-los.

"Enquanto estiverem fazendo seus cursos — continuou Efraim —, Avner e Carl examinarão a lista de alvos que preparamos. Quando se encontrarem em Genebra, eles saberão tanto sobre os alvos quanto nós sabemos, e lhes falarão a respeito lá.

"Muito bem. Nós lhes daremos a lista dos *mechablim* em ordem de importância para nós, como vêem, mas a seqüência em que vão pegá-los é por conta de vocês. Apenas encontrem-nos e peguem-nos. Primeiro a chegar, primeiro a ser atendido.

"Agora, parece-me que isto é tudo. Depois do dia 25 estarão sozinhos. Se tiverem sucesso, lerei a respeito no jornal. Do contrário... mas terão sucesso. Tenho toda confiança em vocês."

Efraim estivera de pé, mas agora puxou um banquinho para os pés e abaixou-se até sentar-se nele de uma maneira desajeitada, relaxada. Tirou um lenço de papel do bolso como se fosse assoar o nariz, mas apenas olhou para o lenço pensativamente, amassou-o e guardou-o de novo. Os outros estavam calados, exceto Carl, que parecia ter alguma dificuldade em manter o cachimbo aceso. Andara fazendo ruídos como um búfalo, depois ergueu os olhos e sorriu, pedindo desculpas.

Avner ainda não tinha impressões sobre os outros, mas sobre Carl, sim. Podia apostar que se daria bem com Carl. Mesmo sendo ele velho bastante para ser seu pai.

Efraim falava novamente.

— Há dois princípios — disse ele — que talvez não tenhamos abordado ainda, ou não o suficiente. Ambos são importantes. Deixe-me revisá-los. Primeiro, conhecem o lema dos terroristas: punir um, assustar cem. Bem, como assustar os terroristas? Se vocês matarem um enquanto estiver exposto, no exterior, indo de A para B, talvez não seja suficiente. Talvez os outros digam, "Oh, pegaram Ahmed enquanto ele se expunha, mas eu serei mais cuidadoso". Vocês matarão um, mas os outros continuarão como sempre, não ficarão amedrontados.

"Mas, se pegarem um *mechabel* quando estiver cercado por seu próprio pessoal, quando se sentir realmente seguro, quando menos esperar... é uma história diferente. Se vocês agirem engenhosa, inesperadamente, eu... eu não posso dar um exemplo, porém, se agirem em um local ou hora improváveis, ou de forma inesperada, então... então os outros ficarão amedrontados. 'Oh, os malditos judeus são espertos', dirão. 'Os judeus têm mãos compridas. Se conseguiram pegar Ahmed *lá*, de tal e tal maneira, podem me pegar...'"

Avner notou que Carl olhava para Robert enquanto Efraim dizia aquilo. Robert não devolvia o olhar, mas tinha os olhos fechados, o queixo descansando na mão, como se refletisse profundamente. A mente de Avner, depressa, subconscientemente, tirava conclusões. Ainda não sabia nada sobre sua equipe — mas Robert devia ser o especialista em armas incomuns, explosivos, provavelmente. Ele e Carl deviam ter trabalhado juntos antes. Ótimo.

— O segundo princípio — continuou Efraim — é algo que Avner abordou antes. E se pegarem o cara errado? Ou se pegarem o cara certo, mas acertarem também um curioso? Quero me fazer entender. A resposta é: não farão isso. É simples assim. Não farão. Agora, sempre existe um risco, mas vocês estão lá para reduzi-lo. Risco zero: isso é parte do seu trabalho. Não são terroristas, não atiram granadas de mão em ônibus, ou exibem metralhadoras em uma sala de espera de teatro. Não são sequer iguais à força aérea ativa, bombardeando um alvo... e pena se dois civis estão no caminho. A operação de vocês é a mais limpa que existe: uma pessoa, um criminoso homicida e ninguém mais. Se não tiverem 100% de certeza de que é ele... deixem-no ir. Isto é tudo. Vocês o identificam, como se fosse o seu próprio irmão. Deixam que ele mesmo se identifique. Se não estiverem absolutamente certos, não façam nada. Deixem-no ir.

Efraim se ergueu.

— Quero que se lembrem disto, porque esta é uma das poucas coisas que podem fazer errado em sua missão. Haverá 11 nomes na lista. Se pegarem apenas três ficaremos desapontados, mas não terão feito nada errado. Lembrem-se disto. Tudo é uma questão de prioridades. Nesta operação, esta é sua primeira prioridade. Se ele estiver com a namorada, vocês o deixam ir. Se o motorista de táxi estiver de pé atrás dele, vocês o deixam ir. Não importa se o seguiram durante meses e hoje é sua primeira chance. Vocês o pegarão no dia seguinte. Se não pegarem, paciência. Pegarão o seguinte. Relaxem. Não trabalham por empreitada, recebem um salário. Esta missão foi autorizada sob certas condições. Não queremos outro caso Kanafani.

Ghassan Kanafani era um escritor e porta-voz palestino da Frente Popular para a Libertação da Palestina. Cinco semanas depois do ataque camicase ao aeroporto Lod, o carro de Kanafani explodiu em Beirute. De acordo com alguns boatos que Avner ouvira na época, pessoas de sua antiga unidade talvez tivessem tomado parte na explosão, juntamente com a Mossad. Havia alguma dúvida sobre se Kanafani tinha algum envolvimento verdadeiro com o massacre de Lod, além de ser um defensor da organização terrorista e de seus propósitos. Não havia dúvida de que sua sobrinha, uma jovem chamada Lamees, que morreu na explosão juntamente com Kanafani, não tinha envolvimento.[2] Foi a primeira vez que Avner ouviu uma menção sobre o caso desde então. As pessoas não gostavam de falar a respeito.

Era evidente que o próprio Efraim tampouco gostava.

— Não quero ouvir quaisquer discussões filosóficas sobre como coisas como Kanafani podiam ou não ser evitadas — disse ele, embora ninguém mais estivesse a ponto de dizer alguma coisa. — Neste aspecto, não estou interessado na opinião de ninguém sobre o que é certo ou errado. Estou lhes dando, simplesmente, os regulamentos para esta missão.

Carl soprou uma grande baforada e olhou para Avner. Os outros acompanharam seu olhar. Avner se sentiu inquieto, mas os homens tinham razão. A pergunta devia ser feita por causa do que Efraim havia dito. E desde que Avner era o chefe, cabia a ele fazê-la.

— E autodefesa? — perguntou. — E se um espectador sacar uma arma? Ou tentar nos prender?

Efraim fez uma careta.

— Se, se — disse, olhando para eles. — Se planejarem bem, isso não deverá acontecer. Se acontecer, bem... o que posso dizer? Se um curioso sacar uma arma, não é mais um curioso, não é?

Sentou-se novamente no banquinho e tirou o lenço amassado do bolso.

— Ouçam — falou com muita suavidade —, neste... neste tipo de missão, quem pode planejar tudo? Quem não desejaria que não precisássemos fazer isto? Estou apenas estabelecendo prioridades, estou dizendo o que queremos. O resto? — Abriu as mãos. — Não tenho dúvida de que farão o melhor possível. Isso é tudo que pedimos.

Era a nota certa. Embora Avner sentisse que sabia, exatamente, o que Efraim fazia — usando uma rotina branda e rígida, executando com eles um ritual de bom tira/mau tira por conta própria —, ele o admirava por isto. Ele era bom. Era um líder com quem se aprender. Vejam como os homens relaxaram, aliviando a tensão, ansiando para realizar tudo que Efraim esperava deles.

Avner sentiu que era um truque, era melhor aprender, ele mesmo.

— Muito bem — disse Efraim. — Agora, a maneira como formamos a equipe... já discutimos isso antes. Todo mundo faz tudo, de acordo com a necessidade. Flexibilidade total. Ninguém se especializa em uma coisa, apenas. Ainda assim, um homem sabe mais, obviamente, sobre certas coisas do que outros; logo, por que não mencionamos rapidamente nossas várias aptidões a Avner? Estou certo de que ele se interessa.

— Deixe-me começar — falou Avner prontamente, porque era sua tradicional maneira israelense. O líder devia estabelecer suas credenciais primeiro. — Minha formação é o Exército, uma unidade de assalto. Nasci em Israel, mas fui à escola na Alemanha, por algum tempo. Sou casado, não tenho filhos ainda.

Efraim concordou com um gesto de cabeça, aprovando.

— Hans? — disse.

O homem que parecia o segundo mais velho do grupo pigarreou. Era o único que usava gravata. Era magro, com cabelo escuro escasso e comprido, dedos ossudos. Se havia um objeto com que se parecia, era um lápis. Avner não ficou totalmente surpreso ao ouvir sobre sua especialidade.

Hans deveria se encarregar de documentos. Nascido na Alemanha, ele viera para Israel em menino, antes da guerra. Após seu treinamento no Exército, fora negociante antes de entrar para a Mossad. Sua tarefa anterior havia sido na França, onde sua esposa, uma israelense, também fez seu lar com ele. Não tinham filhos.

— Precisarei de algum dinheiro para implementos — disse Hans —, e de preferência um lugar para mim. Então, poderei cuidar dos documentos. Claro, retocar a coisa é mais fácil, mas provavelmente posso fazê-los partindo do zero. Precisarei de alguns detalhes de todos para as identidades, mas acho que podemos resolver isso mais tarde. Teremos muito tempo.

Isto era importante. Nomes e um ou dois outros detalhes eram bastante fáceis de lembrar, mas em geral os agentes selecionavam um conjunto básico de dados para suas várias identidades. Não se tratava apenas de recordar a idade, endereço ou ocupação de uma pessoa fictícia; também tinham que vir de um histórico com o qual o portador estava familiarizado. Por exemplo, seria uma tolice criar documentos para alguém mostrando que ele era de Bilbau, se nunca havia estado lá e não falava espanhol, nem basco. Dependendo de suas memórias, aptidões para línguas e sofisticação geral, a maioria dos agentes experientes podia convencer usando entre três e seis identidades permanentes — embora não fosse ignorado que algumas pessoas usavam 15. Para uma rápida travessia de fronteira de emergência, claro, quase qualquer passaporte de "24 horas" serviria, se o sexo estivesse correto e o retrato possuísse, no mínimo, uma semelhança superficial com a pessoa que o tinha.

— Falo alemão e inglês — disse Avner a Hans. — Você?

— Alemão e francês.

— Certo. — Efraim apontou para o outro homem. — Robert?

Robert também era alto e magro, embora não tão magro quanto Hans. Talvez estivesse perto dos quarenta anos. Tinha olhos cinzentos tranquilos bem separados, e cabelo como arame, castanho-claro. Avner ficou surpreso ao saber que ele falava hebraico com claro sotaque inglês. Quanto à habilidade particular de Robert, ele adivinhara corretamente. Robert era especialista em explosivos. Vinha de uma família de fabricantes de brinquedos da Inglaterra, e consertar mecanismos incomuns, engenhosos, havia sido seu *hobby* muito antes de entrar para a Mossad. Robert era casado com uma judia francesa e tinham vários filhos.

— Se quiser uma explosão, acho que posso ajeitar a coisa para você — disse Robert. — Sei onde conseguir tudo de que preciso, mas dependendo do que for, talvez tenhamos que pôr em prática a lingüística. E, claro, é necessário dinheiro.

— Línguas? — perguntou Avner.

— Infelizmente, só inglês — Robert sorriu. — E hebraico, se você me pressionar.

Avner sorriu, junto com todos os outros. O hebraico de Robert era, em verdade, bastante fluente.

— Quando veio para Israel? — indagou Avner.

— Somente há quatro anos — replicou Robert. — Depois de vocês, rapazes, terem ficado com toda a diversão.

Avner não estava muito seguro de que descreveria desta forma a Guerra dos Seis Dias, mas sorriu e sacudiu a cabeça, concordando. Efraim se voltou para o homem mais jovem.

— Steve?

— Carros, companheiro — disse Steve. — E como levá-los de um lugar a outro em uma terrível rapidez. — Steve também tinha um leve sotaque estrangeiro, mas Avner não conseguia identificá-lo.

Parecia um piloto, não muito alto, mas era atraente e musculoso. E arrogante. Não podia ter menos que 35 anos, dez anos mais velho que Avner, mas ao seu lado Avner se sentia o mais velho. Era uma sensação que não o incomodava.

— Inglês é um bom palpite? — perguntou-lhe.

— É — disse Steve. — E alemão. Também um pouco de africâner, embora imagine que não haverá muita necessidade disso. Sou originário da África do Sul.

— Acho que só resta eu — disse Carl depois de um olhar a Efraim. Levantou-se e bateu o fornilho vazio do cachimbo contra a palma da mão. — Infelizmente, não possuo quaisquer talentos especiais. Mas tenho bastante experiência. Imaginarei um meio de me tornar útil. Proponho ser o faz-tudo.

— Limpeza? — perguntou Avner, respeitosamente.

Esta era, possivelmente, a mais perigosa — com certeza a mais exposta — parte de qualquer operação. O homem que "limpava" seria o último a deixar o local da ação. Ele prepararia o caminho para os outros escaparem, mas não fugiria até ter examinado o cenário, descoberto o rumo da investigação imediata e reunido toda evidência potencialmente prejudicial. Exigia um homem cujo sangue fosse alguns graus mais frio que o ar líquido. Também exigia pensamento rápido e muita experiência.

Não surpreendentemente, Carl era o agente mais velho do grupo, um veterano da Mossad desde os primeiros dias do serviço de segurança israelense. Como Hans, nascera na Alemanha e viera para Israel em criança. Tinha uma esposa judia checa e uma filha adotiva vivendo em Roma, para onde Carl fora designado antes de sua convocação para a missão.

— Falo alemão e italiano — disse Carl. — O alemão é nato. Farei o máximo para recolher os pedaços.

— Faremos o máximo — disse Avner — para que tenha alguns pedaços para recolher. Feliz por tê-lo conosco.

Aquilo ia funcionar, era exatamente como o Exército. Eram caras formidáveis, muito melhores do que ele poderia esperar ser, um dia — mas enquanto conversava com eles, a razão por que fora escolhido para comandar o grupo ocorreu-lhe em um instante.

Para uma missão européia, a Mossad, muito sensatamente, selecionou europeus. Todos Yekkes, por Deus; nenhum galiciano no grupo. Cidadãos israelenses, claro, mas — Avner parecia ser o único *sabra* entre eles. Ser israelense nato estava longe de ser a única coisa que importava em Israel, mas era uma grande vantagem. Era uma espécie de símbolo, em todo meio social. Ser capaz de vangloriar-se de filhos natos, como qualquer outro país, ainda tinha um significado especial para os judeus, depois de serem estranhos em toda parte durante milênios. Os *sabras* eram muito valiosos.

— Somente uma palavra sobre a cadeia de comando — disse Efraim, como se sentisse a corrente dos pensamentos de Avner. — Neste tipo de operação, todo mundo depende de todo mundo. Vocês todos discutirão tudo juntos, não é preciso dizer. O líder é simplesmente o primeiro entre iguais. Esse, como sabem, é Avner. O segundo entre iguais é Carl. — Efraim resolveu, afinal, usar o lenço e assoou o nariz. — Muito bem. Perguntas?

Ninguém tinha nenhuma, mas enquanto saíam do quarto, Carl lançou um olhar a Avner, depois voltou-se para Efraim. Eram os últimos no interior, os outros já tinham saído.

— Uma questão de curiosidade — disse Carl. — Você dará a mim e a Avner uma lista de 11 nomes amanhã. É um número elevado. Somos o único grupo previsto para cuidar deles?

Houve uma pequena pausa.

— Não posso responder a essa pergunta — disse Efraim. — Não sei a resposta.[3]

No dia seguinte, Avner e Carl receberam uma lista juntamente com alguns dados biográficos e do serviço secreto. Passaram o dia inteiro decorando a lista, já que não levariam o material escrito com eles para Genebra, embora levassem fotos disponíveis para mostrar aos outros e depois destruí-las.

— Espero que sua memória seja melhor que a minha — disse Avner a Carl em certo momento, e este apenas deu de ombros e sorriu.

As identidades dos 11 alvos não eram surpreendentes. Não eram generais — como Arafat, Habash ou Jibril —, mas os principais tenentes do terror contra Israel. O primeiro da lista era Ali Hassan Salameh, um atraente palestino com pouco mais de trinta anos, considerado, em geral, como o principal arquiteto do massacre de Munique. O segundo era Abu Daoud, o perito em explosivos do Setembro Negro. O terceiro era Mahmoud Hamshari, um diplomata, intelectual, orador pela causa palestina, que na época não era conhecido também, geralmente, como um líder terrorista. O mesmo se dava em relação a Wael Zwaiter, um poeta, o quarto na lista. Em quinto, o professor de Direito, dr. Basil al-Kubaisi, comprador de armas para a Frente Popular do dr. Habash. Sexto, Kamal Nasser, outro intelectual, chefe das relações públicas para a Al-Fatah e, em 1972, o porta-voz oficial para a OLP (Organização para a Libertação da Palestina). Ao contrário de Hamshari, Zwaiter e al-Kubaisi, Nasser não fazia segredo de sua ligação com o terrorismo. Tampouco o fazia Kemal Adwan, o número sete da lista, encarregado de operações de sabotagem para a Al-Fatah em terras ocupadas por Israel. O número oito, Mahmoud Yussuf Najjer, conhecido como "Abu Yussuf", era um dos oficiais de mais alta patente do movimento palestino, responsável pela ligação entre a Al-Fatah e o Setembro Negro. O número nove era o argelino Mohammed Boudia, ator, diretor de teatro e homem de sociedade, bem conhecido em Paris, embora para a maioria das pessoas fosse apenas um artista e conquistador, e não um vulto importante do terror internacional. O número dez, Hussein Abad al-Chir, era um dos principais contatos da OLP com o KGB. O último homem da lista, o dr. Wadi Haddad, era o mentor universalmente conhecido do terrorismo, perdendo em importância somente para seu amigo, o dr. George Habash.

Com exceção de dois ou três nomes, era uma lista com a qual qualquer agente da Mossad — e muitos israelenses comuns — estava bem familiarizado.

Avner passou o dia seguinte com Shoshana.

Era difícil. Enquanto permaneciam deitados na cama à tarde — a gravidez tinha dado a Shoshana um corpo mais cheio e seios mais firmes, embora pouco mais se mostrasse nela ainda — Avner se encontrou desejando que ela chorasse. Mas Shoshana era Shoshana, e ela não seria condescendente. Corria os dedos pelo peito de Avner, encarando-o com seus olhos azul-porcelana.

— Talvez sejam apenas poucos meses — disse-lhe Avner. — Talvez um ano. Simplesmente, não posso lhe dizer quando voltarei.

— Não perguntei — retrucou Shoshana.

— Escreverei o mais que puder — continuou Avner. — Não precisará se preocupar com dinheiro.

— Não estou preocupada.

Quanto menos ela objetava, mais defensivo Avner se sentia em relação a ela, e estava furioso consigo mesmo por isto.

— Eu lhe disse que isto poderia acontecer — disse ele. — Já discutimos o assunto antes.

— Eu sei.

— Bem, então, se sabe — disse Avner, enfurecendo-se contra ela, bastante ilogicamente —, por que me azucrina? Não posso fazer nada.

Shoshana riu e segurou a cabeça dele entre as mãos. Seu cabelo cor de mel caiu e ela o soprou para afastá-lo do rosto.

— O problema com você — disse ela — é que você não compreende, realmente. — Ela o beijou. — Tente vir para casa para o nascimento de seu filho, sim?

— Prometo — disse Avner com entusiasmo. — Dou-lhe minha palavra.

Na verdade, ele não imaginava se poderia estar em casa ou não. Na manhã seguinte, depois de tomar banho de chuveiro e arrumar sua maleta, entrou no quarto na ponta dos pés. Shoshana ainda dormia, ou fingia dormir. Avner se inclinou e beijou-a. Eles sempre tinham feito questão de que ela não fosse com ele ao aeroporto para se despedir.

Agora, no fim da tarde de 25 de setembro, Avner olhava através da janela da fachada rosa e branca do Hotel du Midi. Podia ver as primeiras luzes aparecendo ao longo do cais Général Guisan, do outro lado do Ródano. As luzes dançavam e cintilavam enquanto se refletiam nas pequenas ondas. Genebra nunca se parecera tanto com uma estufa.

Mudando a direção do olhar, Avner fitou Carl, depois Hans, Robert e Steve, todos olhando para ele também de forma relaxada, confiante, expectante. Vendo-os sentados ali, Avner teve a impressão repentina de que nunca havia conhecido qualquer pessoa a não ser aqueles quatro; jamais se sentiu tão íntimo de alguém quanto daqueles homens que via apenas pela segunda vez na vida. Podia sentir a vibração de sua presença sobre a pele, podia adivinhar cada um dos seus pensamentos e emoções. Esperavam que ele falasse.

Avner lhes falou. Falou com facilidade, casualmente, com um olhar ocasional a Carl que fumava seu cachimbo, confirmando o que Avner dizia com um gesto de cabeça ou corrigindo-o com uma palavra ou gesto. Hans rabiscava em uma folha de papel, Robert estava recostado na cadeira com os olhos fechados e as mãos nos bolsos. Steve emitia um assobio curto e agudo de vez em quando, como um garoto de 12 anos.

Ficou em silêncio, contudo, quando Avner começou a recitar os nomes dos 11 alvos. Hans parou de rabiscar por um minuto, até Robert abriu os olhos. O silêncio continuou depois de Avner se calar.

— Sim — disse Hans, afinal, e recomeçou a rabiscar —, não parecemos saber muito a respeito deles. A informação prévia que temos é um pouco deficiente.

— Sabemos o que precisamos saber — disse Avner. — Não estou certo de querer saber se algum deles gosta de jogar xadrez.

— Entendo — concordou Hans, sacudindo a cabeça —, com base no que Efraim disse sobre espectadores inocentes, teremos que deixar de lado os explosivos na maioria das vezes.

Robert ergueu a cabeça.

— Está enganado — falou. — Não é necessário deixar de lado coisa alguma. Apenas é preciso refletir melhor, só isso.

— Amanhã — disse Avner. — Esta noite nos acomodamos.

Funcionava. Eram a sua equipe. Os seus *chaverim*, seus camaradas. Avner havia reservado quartos para Carl, Hans e Robert no Hotel Ambassador, mas Steve ficaria no Midi. Depois da reunião, eles dois foram dar uma caminhada. O trânsito fluía; a multidão de depois do jantar ao redor da Place Chevelu parecia alegre e elegante. Quase instintivamente, Avner e Steve dirigiram seus passos em direção ao rio.

Na metade da ponte da Machine, Steve parou e se inclinou contra o parapeito em forma de losangos da sossegada ponte de pedestres. A iluminação da cidade, como reflexos de uma grande roda-gigante, girava hipnoticamente nas ondas.

— Tenho a impressão, companheiro — disse Steve depois de respirar fundo e soltar o ar como se se livrasse de um enorme peso —, tenho a impressão de que nós todos não sairemos vivos disto. — Avner não disse nada. — Contudo, não se preocupe — disse Steve. Fez uma pausa e deu um sorriso repentino, infantil: — Também sinto que você e eu sairemos.

PARTE III

A missão

Capítulo 5

WAEL ZWAITER

O LEONARDO DA VINCI é um hotel de preço moderado, estilo pousada de férias, na Via dei Gracchi no lado da Cidade do Vaticano, em Roma. Como tal, era inteiramente ao gosto de Avner.

Os quartos do último andar tinham uma vista da Catedral de São Pedro e um bom vislumbre do Castel Sant'Angelo. Ainda mais importante do ponto de vista de Avner, o hotel era limpo, moderno e tinha chuveiros três-estrelas nos banheiros. Havia também um restaurante quase vizinho chamado Taberna de Gracchi, com uma enorme cabeça de porco na janela, que Avner sempre achara irresistivelmente cômica. A comida era excelente.

Avner e Carl hospedaram-se no Leonardo da Vinci em um domingo, 15 de outubro — quase três semanas depois do dia em que o grupo havia deixado Israel com destino a Genebra. Nessa época, tinham passado vários dias na vizinhança da Cidade Eterna. Steve e Carl hospedaram-se na pousada à saída de Fiumicino desde 10 de outubro, enquanto Hans, Robert e Avner fizeram seu quartel-general em um hotel em Ostia, uma estação de veraneio popular no Mediterrâneo, a poucos quilômetros de Roma. No mesmo domingo — exatamente antes de pagarem a conta do hotel em Ostia para ir a Roma — Robert encontrou um dos seus contatos em um estacionamento de frente para a praia. O homem lhe entregou uma sacola de compras que continha cinco Berettas calibre 22 com dois pentes de munição para cada uma.

No dia seguinte, segunda-feira, 16 de outubro, por volta de 8h30, um carro guiado por um jovem italiano pegou Avner e Robert a dois quarteirões do seu hotel, exatamente onde a Via dei Gracchi termina em um bonito e pequeno parque chamado Piazza della Libertà. O carro, em marcha moderada — segundo os padrões romanos —, atravessou o Tibre sobre a Ponte Margherita, rodeou a Piazza del Popolo, escolheu seu caminho ao longo da extremidade dos magníficentes jardins da Villa Borghese, depois acelerou descendo o Corso d'Italia até alcançar a Via

Nomentana. Dois desvios para a esquerda — o segundo, ilegal — levaram o carro ao Corso Trieste, onde ele começou a seguir o trajeto levemente tortuoso do sossegado bulevar residencial para o norte, em direção à Piazza Annibaliano.

Embora a menos de dez minutos de carro do alvoroçado centro turístico da Via Veneto, a Piazza Annibaliano está completamente fora do percurso corriqueiro, uma das muitas praças ignoradas de Roma que, ao contrário das famosas, não pode vangloriar-se de templos antigos, fontes da Renascença ou palácios históricos. Na verdade, a Piazza Annibaliano não tem nada a não ser um pequeno parque em seu centro, com meia dúzia de árvores não cuidadas brotando do solo rodeado pelo asfalto, cercada naquela tarde por tantos Fiats, Renaults, Volkswagens e lambretas quantos cabiam, apertadamente, ao estilo romano, em seu padrão de estacionamento inexistente.

Seis ruas convergiam casualmente para a praça. As duas que davam para o norte, quase paralelas, eram a Via Massaciuccoli e a Viale Eritrea, que muda o nome para Viale Libia mais adiante. Estas duas ruas formam uma cunha, cuja ponta sul dá para a Piazza Annibaliano. O corpo da cunha consiste de um conjunto de apartamentos de sete andares, esparramado, melancólico, alugados para romanos com renda razoável. Tem entradas de ambos os lados, assim como na ponta da cunha. A entrada que dá para a Piazza Annibaliano é a C. Pequenos comerciantes ganham a vida com dificuldade no andar térreo do prédio: uma barbearia à esquerda da entrada C e um restaurante vizinho, chamado Bar Trieste, à direita.

Avner tocou o ombro do motorista quando o carro alcançou a esquina da Via Bressanone. O italiano parou, deixou Avner e Robert saírem, depois contornou à Piazza Annibaliano e acelerou, afastando-se na direção de onde viera. Seu trabalho estava acabado. Passava um pouco das nove da noite.

Avner e Robert atravessaram a praça, observando que Hans já estava sentado no assento de passageiros de um carro estacionado entre a entrada C e o Bar Trieste. Hans também os viu, mas não mostrou reconhecê-los. Em vez disso, disse alguma coisa à garota italiana que estava ao volante. Avner e Robert observaram enquanto ela saía do carro, caminhava devagar até a esquina da Viale Eritrea, virava e voltava ao carro.

Embora a garota italiana ignorasse, o sinal significava que o homem que Avner e sua equipe preferiam pensar como o "alvo" e que vivia em um dos apartamentos sobre a entrada C havia estado em casa e saído novamente. Se ele continuasse em seu apartamento, a garota teria permanecido no carro. Se Hans houvesse percebido um problema que indicava que a missão devia ser interrompida neste ponto, ao ver Avner e Robert, ele teria dito à garota para dar partida no carro e se afastar. Nesse caso eles teriam caminhado para o outro lado da praça, talvez a uns 25 metros de distância, onde Steve esperava em um Fiat 125 verde, alugado, com placa de Milão. Steve também tinha uma mulher italiana em seu carro, embora estivesse sentada no assento de passageiros. Se Hans tivesse dado o sinal de "abortar", Avner e Robert entrariam no carro de Steve e se afastariam.

Mas, nesta fase, a missão parecia estar em andamento. Avner e Robert continuaram a caminhar ao redor da praça, conversando em voz baixa, mantendo Steve e Hans em sua linha de visão. Sabiam que, naquele momento, Carl teria pago sua conta e a de Avner no Leonardo da Vinci — os outros tinham deixado seus hotéis antes — e também teria depositado uma nova série de passaportes, carteiras de motoristas e algum dinheiro para cada um deles em vários locais combinados anteriormente em Roma, para o caso de se separarem e terem que sair da cidade por conta própria. Naquele momento, Carl estava, provavelmente, tomando um Campari com soda, tranqüilamente, em um dos muitos bares de operários na vizinhança, sentado perto de uma janela, vigiando as ruas principais que convergiam para a praça. A parte principal de seu trabalho não começaria senão mais tarde.

Naquela hora da noite — 21h30, mais ou menos — as ruas ainda estavam bastante movimentadas, embora o trânsito fosse apenas uma fração do que havia sido mais cedo. A maioria dos lugares de Roma eram muito congestionados durante o dia. À noite, contudo, nunca havia tanto movimento em bairros residenciais. Além dos inúmeros gatos de Roma, as ruas enchiam-se, principalmente, de jovens romanos de ambos os sexos passeando pelas avenidas em suas vespas. Mas pessoas de todas as idades passeavam pelas esquinas, ou ficavam de pé, conversando umas com as outras, como Robert e Avner faziam, sem atrair o olhar de outros transeuntes. Roma é tudo, menos uma cidade curiosa.

Passaram-se mais trinta minutos quando Avner viu Hans sair do carro estacionado em frente à entrada C. Hans consultou seu relógio, caminhou para o lado do motorista, inclinou-se contra a porta e conversou casualmente com a garota ao volante, durante alguns segundos. Depois, acenou-lhe em despedida e começou a atravessar a praça em direção ao Corso Trieste, sem lançar um olhar a Robert ou Avner. A garota se afastou no carro. Steve ainda continuava sentado com a outra garota no Fiat verde, estacionado a uns 12 metros de distância.

Evidentemente, era hora de assumir posições. O alvo parecia ter hábitos regulares. Se aquela determinada noite fosse típica, ele estaria caminhando de volta para casa dentro dos minutos seguintes, vindo do apartamento de sua namorada, a alguns quarteirões de distância. Antes de entrar na entrada C era provável que parasse no Bar Trieste para dar um ou dois telefonemas rápidos. Embora tivesse um telefone em seu apartamento, a informação da equipe é que havia sido desligado por falta de pagamento das contas.

O fato de Hans ter mandado seu carro embora significava que ele havia localizado não o próprio alvo, mas um jovem casal italiano caminhando em direção à praça, a moça pendurada no braço do rapaz com as duas mãos. Seu trabalho era preceder o alvo por cerca de um minuto quando ele viesse para casa. Embora o jovem casal soubesse que sua presença na praça avisaria que o homem que observavam e seguiam durante os últimos três dias se aproximava, ignoravam a quem avisavam ou por quê.

Hans, tendo visto o casal, assumiria agora sua posição ao lado do segundo veículo de fuga, um furgão dilapidado com um idoso motorista italiano esperando pacientemente ao volante, estacionado a algumas centenas de metros da praça. Com passo lento, Avner e Robert começaram a atravessar a praça em direção à entrada C do prédio de apartamentos, vigiando Steve no Fiat verde. Seria imprudente demorar-se no vestíbulo mais tempo que o necessário. Até, ou a menos que a garota sentada ao lado de Steve saísse do carro, Avner e Robert não entrariam no saguão do prédio.

Se ela saísse do carro somente para se afastar passo a passo, Avner e Robert não entrariam, de forma alguma. Isto seria o sinal final para interromper a missão. Podia significar que o alvo estava acompanhado por outra pessoa, ou que havia mudado de rumo, totalmente. O homem viria da esquina, invisível para Avner e Robert. Tudo que podiam ver era a moça no Fiat de Steve — a parte de trás de sua cabeça loura.

Avner podia sentir os músculos de seu estômago se contraírem.

Lançou um rápido olhar a Robert, mas o rosto do parceiro não traía tensão alguma. Se havia algo, era uma leve expressão de tédio nos músculos frouxos ao redor da boca, nas pálpebras parcialmente abaixadas sobre os olhos cinzentos.

Era hora da moça loura se mover, de um jeito ou de outro.

Ela se moveu. Saía do carro. E não se afastou passo a passo, mas correu, com a corrida desajeitada dos sapatos de salto alto, para o casal que acabava de dobrar a esquina. Ela gritou *"Ciao!"* para eles, pendurando-se com as duas mãos no outro braço do rapaz. Rindo, conversando, unidos, os três passaram pelo Bar Trieste.

Presumivelmente, um minuto antes do alvo.

Rápida, decisivamente, como se não tencionasse fazer mais nada em toda a vida, Avner entrou no vestíbulo da entrada C. Não disse palavra, nem fez gesto para Robert segui-lo. Não tinha dúvida de que Robert estaria bem atrás dele, mas teria entrado no vestíbulo do mesmo jeito. A tradição do Exército de Israel não era ordenar que os outros entrassem em ação. Os líderes simplesmente se encaminhavam para onde esperavam que os outros os seguissem. E era raro um deles avançar somente para se encontrar sozinho no terreno de matança.

Dentro do vestíbulo o ar era frio e um pouco úmido. O saguão era muito escuro, na tradição européia de prédios de apartamentos baratos. As luzes nos vestíbulos, poços de escada ou corredores, quando acesas, desligariam automaticamente após dois minutos. Não havia propósito em desperdiçar eletricidade.

Avner e Robert tinham olhado o vestíbulo no dia anterior, somente para ter uma idéia da planta. As escadas. A grade de ferro do elevador antiquado, cuja porta só funcionava inserindo-se uma moeda. Uma espécie de vidro refletor, como um espelho, em uma parede — que agora perturbou Avner, embora devesse se lembrar de que o espelho estava ali. Tendo um vislumbre de si mesmo quando seus olhos se acostumaram com a escuridão, seu coração quase parou. Por um segundo, pensou que havia alguém esperando no saguão. Merda! Sobressaltando-se com a própria sombra. Era ótimo que Robert parecesse não ter notado.

Olhando para trás em direção à entrada, viram pessoas caminhando; silhuetas emolduradas durante um segundo no umbral estreito. Uma mulher. Um casal mais idoso. Um cão, parando, olhando para trás, sacudindo o rabo, afastando-se de novo.

Então, sem dúvida, o homem que esperavam para matar.

Embora ele houvesse passado pela entrada em menos de um segundo — apenas outro vulto, carregando uma sacola de mercearia —, tanto Avner quanto Robert souberam que tinha que ser ele, a caminho, como esperavam, do Bar Trieste, ao lado. Exatamente naquele momento o som da buzina de um carro chegou aos seus ouvidos — Steve lhes dando o sinal do Fiat verde —, mas não era necessário. Eles sabiam.

Agora, o homem estava dando seus telefonemas. Quatro, cinco, talvez seis minutos. Dez, se houvesse outra pessoa usando o telefone. Ou apenas dois. Era impossível prever o tempo exato, mas isso não era importante. Eventualmente, ele atravessaria a entrada C, a caminho de casa, sozinho.

Claro, talvez outras pessoas passassem pela entrada C exatamente no mesmo momento. Ou descessem as escadas, a caminho da rua. Neste caso, eles não fariam nada. Insucesso, aquele dia. Talvez fracasso total, se a situação desse ao alvo a chance de dar uma boa olhada em seus rostos.

O que aconteceria se as pessoas entrassem depois que tivessem começado o que, no vocabulário do grupo, era chamado de "ação"? A melhor idéia que ocorreu a Avner foi de negligenciar essa possibilidade. Risco zero só podia significar risco quase zero, não zero absoluto. Mesmo Efraim havia reconhecido que, nessas operações, era impossível planejar absolutamente tudo. Risco zero verdadeiro era ficar em casa e ver televisão, e mesmo assim o telhado podia cair.

O alvo atravessava a porta.

Exceto que — Avner mal podia acreditar em seus olhos — um homem e uma mulher seguiam em seus calcanhares. Um casal de curiosos inocentes. Robert também os viu. Estavam a ponto de atravessar o umbral da porta, apenas poucos passos atrás do homem com a sacola de compras. Ele se esforçava para encontrar alguma coisa em seu bolso enquanto caminhava, talvez a moeda para abrir a porta do elevador.

Neste ponto Robert fez um movimento repentino, possivelmente por causa do casal que seguia o homem. Mais tarde, não tinha certeza de por que se movera; talvez considerasse a missão fracassada e começasse a se dirigir para a saída do prédio. De qualquer maneira, ele se moveu — e o casal atrás do alvo talvez percebesse o movimento, vislumbrasse um vulto indistinto que não conheciam no vestíbulo escuro. Ou talvez, simplesmente, mudassem de idéia sobre entrar no prédio. Eles pararam.

Então, pareceu que o homem puxava a mão da mulher e ambos se afastaram.

À frente deles, o homem com a sacola não notou nada. Continuou caminhando para o vestíbulo em direção ao elevador. Com passos firmes, familiarizados, sem se preocupar com a escuridão. Sua mão livre ainda remexia no bolso do casaco. Um homem magro, pequeno, que não pressentia o perigo. Avner pôde ver o gargalo de uma garrafa de vinho, ao menos era o que parecia, saindo da sacola.

Robert estendeu a mão e acendeu a luz.

O homem, apanhado no brilho repentino, que não era de forma alguma forte, ergueu os olhos mas não diminuiu o passo ou parou. Sua expressão não era assustada. Não estava sequer surpreso, somente um pouco intrigado, talvez. Parecia pronto a passar por Avner e Robert. Sua atitude parecia implicar que o que quer que os dois estranhos estivessem fazendo no saguão escuro não era de sua conta.

Robert lhe falou em inglês enquanto ele se encontrava ainda a dois passos deles.

— É Wael Zwaiter?

A pergunta era mera formalidade operacional. No minuto em que as luzes se acenderam, os dois agentes reconheceram o magro poeta palestino que tinha sido, durante quatro anos, o representante da OLP em Roma. Tinham estudado fotografias dele em detalhe. Conheciam sua biografia oficial de cor: idade, quase quarenta; nascido na cidade de Tchem, na margem oeste do rio Jordão. Um intelectual, popular nos círculos literários esquerdistas, muito pobre, mudando de um emprego modesto, de um apartamento modesto para outro. Atualmente empregado como tradutor na Embaixada da Líbia em Roma. Estilo pobre. Até sua companheira era uma mulher mais velha, um pouco troncuda, embora muito bem vestida, que parecia gostar de passar as férias na União Soviética. Claro, nenhum crime nisso. Nem era um crime ter um irmão mais novo expulso da Alemanha depois do massacre de Munique. Não era uma ofensa capital expressar, como Zwaiter fizera, sentimentos patrióticos em artigos e literatura, ou mesmo promover as obras de outros escritores patriotas árabes, como o poeta sírio Nizar Qabbani, que celebraria *Al-Fatah* com linhas como "Somente as balas, não a paciência, abrem a fechadura da libertação...". Estes eram sentimentos-padrão, expressos até por muitos intelectuais ocidentais da nova esquerda. Ou da antiga esquerda. Ou, quanto a isso, a antiga direita. Nenhum crime.

Na verdade, Zwaiter era primo de Yasser Arafat, embora até a Mossad o ignorasse na época. Mas isso, tampouco, era crime.

A razão pela qual o nome de Zwaiter aparecia como número quatro na lista de Efraim era diferente. A Mossad tinha motivos para acreditar que Wael Zwaiter era um dos principais organizadores e coordenadores do terrorismo na Europa. Era o homem responsável, na opinião da Mossad, pelo seqüestro palestino do avião da *El Al* de Roma para a Argélia em 1968 — aquele que havia desencadeado a década terrorista.

Zwaiter era o autor — ou assim a Mossad sustentava — não apenas de uma tradução moderna de *As mil e uma noites*, como também da tentativa de agosto de 1972 de explodir outro jato da El Al por meio de um gravador-bomba carregado a bordo por uma inglesa, como um presente.[1] O comandante do avião havia conseguido voltar e aterrissar seguramente em Roma, e dois terroristas palestinos tinham sido presos. O comandante do avião seguinte poderia não ter tanta sorte.

— É Wael Zwaiter?

A voz de Robert era casual, até gentil. Por uma fração de segundo Zwaiter poderia ainda não ter suspeitas. Robert e Avner não tinham armas nas mãos.

"Saque a arma somente para atirar", dissera Efraim, e não podia haver disparo antes de a questão de identidade ter sido firmemente estabelecida. "Identifique-o como se fosse seu irmão. Deixe que ele se identifique."

Zwaiter começou a se identificar. Os olhos, a cabeça se puseram a descrever o arco de um movimento afirmativo em resposta à pergunta de Robert. Mas alguma coisa — uma premonição, um aviso — o deteve. Não chegou a terminar a inclinação de cabeça. Depois, Avner se perguntaria muitas vezes o que o tinha feito compreender, naquela fração de segundo, que havia o perigo mortal.

— Não!

Avner e Robert se moveram juntos. Meio passo para trás com o pé direito, os joelhos curvando-se em um agachamento de combate. A mão direita mantida perto do corpo, afastando o casaco para trás, os dedos curvados para empunhar a pistola. A palma esquerda para baixo, movendo-se em um semicírculo pequeno sobre a direita, erguendo-se com a Beretta. O percussor puxado para trás e saltando para a frente. Engatilhando, erguendo a primeira bala do pente para a culatra.

Menos de um segundo. Exatamente como Avner havia treinado um milhão de vezes para o velho Popeye.

Um segundo para o inimigo disparar primeiro. Se, por exemplo, ele tivesse uma arma na mão escondida atrás da sacola de compras. Com uma bala já na câmara. O negócio de um segundo da Mossad para risco zero, para nunca ter uma arma na mão, para jamais ter uma bala erguida do pente para a posição de disparo. Até pretender usar a arma. Então, não mais aviso, não mais espera.

"Você saca a arma e dispara", dissera o ex-fuzileiro. "E se dispara, mata."

Wael Zwaiter não estava preparado. Se a informação prévia que tinham sobre ele era correta, nem sequer estaria carregando uma arma. Nada de guarda-costas, nada de armas. Por segurança, Zwaiter confiava apenas em ótimo disfarce. Um poeta pobre. Um intelectual inofensivo. Uma pessoa deslocada de guerra, um tradutor imigrante sem lar, talvez com alguma simpatia pela causa do seu país. Um homem que nem sequer podia pagar a conta telefônica. Que levava o jantar para casa em uma sacola de papel.

E se ele fosse apenas aquilo?

Um homem desarmado gritando "Não!", apertando uma sacola de compras e uma garrafa de vinho. Um homem se parecendo com todo mundo em um momento como aquele. Imobilizado de medo, somente com os olhos arregalando-se mais e mais. E se alguém de Israel houvesse cometido um erro?

Não seria correto dizer que esses pensamentos atravessaram, realmente, a mente de Avner durante o segundo seguinte. E ele não imaginava o que se passava na cabeça de Robert. Jamais conversaram a respeito depois. Mas uma coisa era certa. Por mais um segundo, nada aconteceu.

O primeiro segundo — certificando-se antes de sacar a arma — era o regulamento. Mas depois que os dois tinham as Berettas nas mãos, houve mais um segundo que nada tinha a ver com o treinamento. Uma pausa não ensaiada. Um adiamento silencioso momentâneo para honrar um mandamento que estava a ponto de ser infringido. "Como treina as pessoas", perguntara Efraim, "para matar?"

Mais tarde, Avner pensou que tinham estado esperando, simplesmente, que o outro puxasse o gatilho primeiro.

Zwaiter se moveu. Começou a dar meia-volta.

Avner e Robert dispararam ao mesmo tempo. Duas vezes. Mirando o corpo, como sempre, o alvo maior. Joelhos dobrados, a mão esquerda estendida para haver equilíbrio, como esgrimistas, embora as Berettas mal dessem coice. Duas vezes, duas vezes, depois duas vezes de novo, sua mira seguindo o corpo de Zwaiter enquanto ele tombava. Avner não podia dizer se a garrafa na sacola de compras havia quebrado ou não, mas lembrava-se de roscas espalhando-se pelo chão.

O ritmo deles não era perfeitamente sincronizado. Robert disparava mais depressa, o que fez com que Avner disparasse os dois últimos tiros sozinho. Houve uma curta pausa. Depois, Robert tornou a atirar. Duas vezes.

Zwaiter já jazia imóvel no chão.

Se nenhum deles errara — à distância de 1,20m ou 1,50m não era provável que falhassem —, devia haver 14 balas no corpo. O carregador de cartuchos era projetado para carregar oito balas, mas Avner e Robert sempre espremiam nele dois cartuchos extras. Era bastante seguro, especialmente se a pessoa não esperava conservar o ressalto abaixado, interminavelmente. Avner disparara seis vezes, assim devia ter quatro balas restantes. O depósito de cartuchos de Robert ainda devia conter duas.

Avner viu Robert inclinar-se por algum motivo inexplicável. A princípio, pensou que o parceiro quisesse examinar o corpo de Zwaiter, mas, na verdade, ele começava a recolher as cápsulas deflagradas. Não havia motivo para fazer isso, como Robert deveria saber. Embora estivesse quase entorpecido com a tensão, vendo o que parecia ser a confusão de Robert, Avner ficou comparativamente calmo.

— Deixe isso — disse bruscamente, enquanto enfiava o revólver no cinto, começando a se mover em direção à saída em passo rápido. Olhando para trás, viu Robert endireitando o corpo e seguindo-o.

Robert parecia aturdido. Tentava guardar a arma, mas no fim apenas a conservou sob a jaqueta.

Saíram pela entrada C para a praça. Atrás deles, as luzes ainda estavam acesas no vestíbulo. Deviam ter-se passado menos de três minutos desde que Zwaiter entrara no prédio — talvez menos de dois.

Caminharam em direção ao Fiat verde, acelerando o passo ao fazê-lo. Avner, os olhos fixos no carro estacionado somente a uns 25 metros de distância, não reparou se cruzaram ou não com outras pessoas na calçada. A frente do Fiat estava voltada para o lado oposto, para o círculo de trânsito, mas Avner tinha certeza de que Steve estava vigiando sua aproximação pelo espelho retrovisor. Quanto mais se acercavam do veículo, mais depressa caminhavam, e nos últimos passos Avner sentiu que corria. Sem querer fazê-lo. Escancarou a porta traseira e deixou Robert afundar no assento de trás, antes dele.

Steve virou a cabeça.

— O que aconteceu? — perguntou ansioso, exatamente quando Avner fechava a porta, batendo-a. — Por que não fizeram a coisa?

Era surpreendente. Dentro do vestíbulo o ruído das duas Berettas havia soado tão alto que Avner estava convencido de que as pessoas ouviriam do outro lado do mundo. Estava preocupado com isso; não compreendia por que o som normalmente abafado de uma .22 devesse soar como um completo caos. Agora parecia que Steve, estacionado apenas a alguns metros de distância, e sem dúvida esforçando-se para ouvir, não ouvira coisa alguma.

— Está feito — replicou Avner. — Vamos.

O Fiat saltou à frente. Entrou rapidamente no fluxo de trânsito ao redor da Piazza Annibaliano, forçando outro carro a frear e guinar tão fortemente, que quase girou sobre seus eixos. Estava incrivelmente perto. Avner já podia ouvir o rangido de metal e ficou surpreso quando não aconteceu. As próximas centenas de metros foram apenas uma nódoa ao longo do Corso Trieste.[2]

Em contraste, Hans parecia totalmente calmo, esperando que parassem atrás do furgão a poucos quarteirões de distância. Fez sinal ao motorista italiano para avançar e cedeu algum espaço a Steve, depois abriu a porta lateral do furgão para eles, mas manteve os olhos no tráfego que vinha da Piazza Annibaliano, quando Steve estacionou o Fiat. Não havia nada que indicasse que estavam sendo caçados.

— Pegou tudo? — perguntou Avner a Robert, entrando no furgão.

Robert sacudiu a cabeça afirmativamente, mas parecia um pouco inseguro. Ele havia guardado a Beretta, mas continuava a bater nos bolsos, como se procurasse alguma coisa. Avner resolveu esquecer. O que quer que Robert houvesse perdido, Carl — que naquele momento devia estar se aproximando do local do crime — poderia recuperar mais tarde. Isso era parte de seu trabalho.[3]

Ninguém falou depois disso. O idoso motorista italiano do furgão guiou a uma velocidade moderada, desconhecendo, como o resto dos italianos, quem ele conduzia ou por quê. Alguns instrumentos de jardinagem chocalhavam na traseira do furgão, e havia uma pequena estátua da Madona em seu painel de instrumentos. Quando Avner, Steve e Robert saltaram para o veículo, ele nem sequer olhou para eles.

Cerca de vinte minutos depois, o veículo entrou no que parecia ser um pátio de pedreiro, em algum lugar na parte sul de Roma. Avner pôde se sentir novamente tenso quando o furgão parou. Tanto ele quanto Robert tinham pentes de balas novos em suas Berettas, colocados enquanto ainda se encontravam no Fiat verde. Hans e Steve também estavam armados. Mesmo assim, todos entravam agora na fase mais vulnerável da missão, completamente nas mãos dos outros, pessoas sobre quem nada sabiam exceto que não eram de sua raça.

O furgão se afastou, deixando-os de pé no solo arenoso, macio, diante de barracões baixos, cheios de pedras tumulares parcialmente terminadas. A curta distância, em terreno aberto, estavam estacionados dois pequenos Fiats, perpendicularmente um ao outro. O motorista do segundo Fiat fumava. Avner pôde ver o brilho do cigarro no escuro.

Instintivamente, espalharam-se em leque ao se acercarem dos dois carros. Quando Avner caminhava devagar, a uns três metros de Hans, a idéia que atravessou sua mente foi a de que o conceito de "risco zero" era, realmente, uma piada infame. Com certeza, ao se aplicar a eles, naquele momento.

Por outro lado, tinham feito o primeiro trabalho.

Os motores dos pequenos Fiats foram ligados. Steve e Robert já entravam no primeiro. O chofer do segundo apagava o cigarro e abria a porta para Avner e Hans. O que quer que ainda pudesse acontecer não seria naquele local, nem naquele momento.

Fora dos limites da cidade, os dois carros rumaram para o sul, na direção de Nápoles. Avner podia ver que não tomavam a estrada principal — a Autostrada del Sole —, mas uma rodovia secundária menor que corria mais perto da costa mediterrânea. Ele vislumbrou uma tabuleta. Estavam na Route 148, indo em direção à cidadezinha de Latina.

Nem Hans nem Avner falaram durante algum tempo. Avner estava ocupado observando as luzes no retrovisor, certificando-se de que o outro Fiat se encontrava bem atrás deles. Afinal, Hans rompeu o silêncio.

— Bem, aquele foi um — disse, em hebraico. — Por curiosidade, quer saber o custo?

Ocorreu a Avner que Hans nunca se parecera tanto com um lápis.

— Mais ou menos alguns centavos — disse Hans. — Custou 350 mil dólares.

Capítulo 6

LE GROUP (O GRUPO)

A TRANQÜILA CASA de fazenda nos arredores de Latina era um local perfeito para se acomodar e refletir por alguns dias. O céu de fim de outubro estava quase sem nuvens. Caminhando entre os mirrados damasqueiros no pátio dos fundos, Avner sentia o odor do mar. Se tivesse saído para uma pequena caminhada poderia mesmo vê-lo, porém era mais seguro não deixar a casa. Latina não era Roma. Em um lugarejo, os estranhos talvez atraíssem atenção indesejável.

A cifra que Hans mencionara no carro não o surpreendeu. Matar pessoas se tornava um negócio caro. Avner tentou lembrar onde o dinheiro fora gasto. Era um exercício para concentrar-se nos eventos das três últimas semanas.

Era fácil recordar o que acontecera com os primeiros cinqüenta mil dólares. Foram para Andreas. De uma só vez. Em troca de nada tangível, naquele ponto.

Durante os primeiros dias em Genebra, Avner e seus companheiros não tiveram um vislumbre de idéia sobre como iniciariam a missão. Era muito bom para Efraim dizer que eles seriam completamente independentes. Todos concordaram que deviam agir por conta própria, destinando-se tarefas, não sendo enviados em caçadas absurdas sonhadas pelas pessoas de Tel Aviv. Não deviam ser sobrecarregados pela burocracia, por instruções contraditórias. Em teoria, isto era ótimo.

Na prática, tinham sentado tristemente em um bar de Genebra durante horas intermináveis nos dois primeiros dias, passando manteiga em seus pãezinhos suíços em forma de rolos, com crostas duras, observando a chuva batendo sobre os telhados triangulares. A pior coisa, para Avner, era que os outros esperavam que ele, como seu líder, falasse. E ele ainda não estava certo sobre por onde começar.

No fim, começou com a lista de alvos. O que, na verdade, sabiam sobre os 11 chefes terroristas que se somavam às cabeças do monstro de

Efraim? A lista havia sido feita em ordem de importância descendente para a Mossad, de forma que tanto Avner quanto Carl ficaram surpresos de encontrar o dr. Wadi Haddad colocado no local de menor importância. Ele era o alvo mais conhecido. Claro que não se esperava que a equipe fosse atrás dos alvos na ordem da lista. Não fazia sentido perder meses caçando um terrorista, enquanto perdiam três ou quatro outros que se encontravam debaixo dos seus narizes.

A lista também podia ser dividida de maneira diferente. Os números um, dois, seis, sete, oito, dez e onze eram o que Avner e seus companheiros descreviam, no linguajar quase militar de sua preferência, como alvos "difíceis". Salameh, Abu Daoud, Nasser, Adwan, Najjer, al-Chir e o dr. Haddad eram organizadores e líderes revolucionários armados, autoconfessos, abertos, sobre quem se sabia tudo — exceto seu paradeiro atual. Andavam armados e eram protegidos fisicamente por guarda-costas, mesmo quando viajavam incógnitos. Podia-se esperar que tomassem toda precaução para evitar serem detectados e caírem em uma emboscada, armada não apenas por seus inimigos israelenses, mas até pelos companheiros revolucionários que pertenciam a uma facção rival da "luta armada". Ficavam completamente alertas, permaneciam em fortalezas, mudavam seus planos de viagem o tempo todo. Alguns talvez nunca dormissem sob o mesmo teto duas vezes.

Os números três, quatro, cinco e nove eram alvos "fáceis". Como Wael Zwaiter em Roma, Hamshari, al-Kubaisi e mesmo Boudia talvez estivessem protegidos apenas ou principalmente por seu disfarce. Não escondiam a simpatia pela causa palestina — ou esperavam ser conhecidos como terroristas. Vivendo abertamente em cidades da Europa Ocidental, via-se que se envolviam somente com o lado educacional, cultural ou diplomático de suas convicções políticas. Se tinham uma existência clandestina, ocupava apenas metade de suas vidas. Enquanto mesmo a polícia civil francesa, alemã ou italiana procuraria terroristas conhecidos, contrabandistas de armas ou explosivos — nem que somente para expulsá-los do país —, escrever artigos ou manter centros de informação em apoio de qualquer causa não era crime em uma democracia ocidental. Na verdade, tal terrorista podia descansar em segurança, sabendo que os próprios israelenses não considerariam o simples apoio político da OLP como uma atividade que expusesse qualquer pessoa a represálias físicas. Desde que pensassem que isto era tudo que ele fazia.

— Você não mata uma pessoa — como dissera Efraim a Avner — porque ela acha que os palestinos devem ter um lar. Diabos, *eu* acho que os palestinos devem ter um lar. Você mata a pessoa porque ela explode atletas olímpicos ou crianças na escola.

Por essa razão, os alvos "fáceis" exigiam menos precauções de segurança. Na verdade, o endereço atual em Paris de um dos alvos estava incluído com o resto de seus dados biográficos. Isto não significava que a equipe podia assassiná-los sem qualquer preparação. Na verdade, era o planejamento e, especialmente, a fuga que eram difíceis, não importa quão "fácil" a vítima pretendida fosse. Os problemas logísticos eram enormes.

Ainda assim, os alvos fáceis eram melhores. Ao menos, mais fáceis de encontrar. E tendo descoberto um, o grupo não teria que abrir caminho lutando para entrar em uma fortaleza para pegá-lo.

Os "fáceis" também tinham menos probabilidade de serem identificados erradamente. Ao contrário dos alvos difíceis, os terroristas operando sob uma boa capa permanente não tinham razão para se incomodar com disfarces ou identidades falsas. Deixavam-se fotografar e tinham até placas com nomes em suas portas. Se interrogados, provavelmente se apresentariam. Nenhum erro possível podia ser cometido em relação a eles. A menos que tivesse sido cometido antes, no quartel-general da Mossad, e eles fossem exatamente quem pareciam ser.[1]

Havia mais uma razão para escolher um alvo fácil primeiro. Tempo. O massacre de Munique ocorrera no início de setembro. Os alvos difíceis talvez não saíssem do esconderijo por vários meses, quando o mundo teria esquecido a matança dos atletas olímpicos. Se a equipe perdesse um terrorista, talvez não encontrasse outro durante alguns meses. Então, a opinião pública ou mesmo os próprios *mechablim* talvez fracassassem em fazer a ligação emocional; um assassinato talvez parecesse até não-provocado. Avner não conhecia o comentário de Lord Byron sobre a vingança ser um prato que era melhor frio. Mas, se conhecesse, não teria concordado.

— Para o diabo com isto — dissera-lhes Avner no meio do segundo dia chuvoso. — Esqueçamos Genebra. É tranqüila demais, nem sequer temos contatos aqui. Frankfurt será nosso quartel-general. Primeiro nos separamos. Abrimos contas em bancos, colhemos notícias, cada um no lugar que melhor conhece. Steve, você vai para Amsterdã. Carl, obviamente, para Roma. Hans para Paris, Robert para Bruxelas. Encontrarei todos vocês em Frankfurt dentro de cinco dias. Vamos pegar o primeiro *mechabel* em duas semanas.

Parecia impulsivo, mas fazia sentido. Precisariam, naturalmente, de contas bancárias, contatos, cofres, casas seguras nas principais cidades européias. Qualquer um dos alvos poderia estar ali um dia, lá no dia seguinte, e precisavam de rotas de fuga e preparar esconderijos, eles próprios, em caso de terem sorte. Era ideal que tivessem novos passaportes, novas identidades esperando por eles em cidades européias diferentes; com certeza, dinheiro suficiente para sobreviverem durante duas semanas. Jamais usariam a mesma identidade, ao deixar um país, depois de um golpe certeiro, que usaram na hora de entrada; nunca passariam com armas pelas fronteiras internacionais. Ao menos não deveriam precisar fazer isso, se tivessem sido bem preparados. Nem sequer teriam que levar duas séries de identidades diferentes ao mesmo tempo.

Roma costumava ser a terra natal para Carl; Paris para Hans; Amsterdã para Steve. Seus antigos informantes — e exatamente como no trabalho da polícia civil, quatro quintos de toda informação vêm de delatores ambiciosos ou descontentes — talvez ouvissem um boato sobre um ou outro alvo. Quanto ao destino de Robert, Bruxelas era ainda um dos maiores centros mundiais para armas e explosivos ilícitos. Avner ignorava quase tudo sobre as técnicas — isso era especialidade de Robert —, mas era do conhecimento comum que, com contatos certos e o dinheiro certo, podia-se comprar um bom arsenal de um negociante belga *e* tê-lo entregue em qualquer parte da Europa Ocidental. Talvez até mesmo em locais mais distantes.[2]

Depois de os companheiros saírem, Avner fez seu telefonema de cinqüenta mil dólares para Andreas, de uma cabine telefônica pública fora do bar de Genebra.

Foi um telefonema feito por seu sexto sentido. Também era algo que Efraim havia dito, algo que havia se gravado na mente de Avner sobre infiltrar-se na própria rede dos terroristas. Matar dois pássaros com uma só cajadada. Afinal, Avner e sua equipe eram agora uma célula pequena, segura, exatamente como muitas outras no movimento secreto do terrorismo internacional. Não tinham ligação oficial com qualquer governo. Não estavam limitados pelos regulamentos processuais de todo serviço secreto. Estavam por conta própria. Trabalhavam para um país — mas não trabalhavam.

Sob este aspecto, não eram diferentes dos bandos aparentemente espontâneos de anarquistas armados que tinham surgido, do Uruguai à

Alemanha Ocidental, no despertar dos grandes movimentos de drogas-culturais-contra-a-Guerra-do-Vietnã-feministas-do-meio-ambiente-da-Nova-Esquerda dos turbulentos anos 1960. Esses terroristas também trabalhavam para um país: a União Soviética.[3] Mas, em 1972, poucas pessoas faziam esta associação.

Havia numerosas razões por que os políticos e comentaristas mais liberais das democracias ocidentais recusavam-se a investigar a possibilidade da conexão soviética até o fim da década de 1970. Primeiro, a década de 1960 gerou uma imensa e, em muitos casos, merecida simpatia por muitas das causas e idéias defendidas pelos terroristas. Embora a maioria esmagadora do público ocidental não simpatizasse com as "táticas" ou métodos terroristas — isto é, assassinato, assalto, seqüestros e raptos —, muitas pessoas viam facilmente os fanáticos violentos como indivíduos um pouco instáveis e imaturos, espontaneamente levados por um elogiável *Zeitgeist* a extremos infelizes.

Segundo, a União Soviética sempre tendia a condenar, ou no mínimo deixava de aplaudir, a maioria das formas de terrorismo em seus pronunciamentos oficiais. Falando na assembléia das Nações Unidas, o ministro das Relações Exteriores soviético, Gromyko, achou "impossível justificar atos de terrorismo por certos elementos palestinos, levando aos acontecimentos trágicos de Munique".[4] Especialistas em sovietologia puderam apontar, com alguma justificação, para o abismo tradicional existente entre os anarquistas e comunistas ortodoxos, os últimos considerando os primeiros como "pequenos-burgueses românticos" que iriam "objetivamente" apenas retardar "a vitória do proletariado". Na verdade, alguns grupos terroristas viriam a público, eles mesmos, expressando sua oposição ao "imperialismo soviético" assim como ao "colonialismo ocidental" — embora em relação aos seus sentimentos anti-soviéticos sempre fossem muito cuidadosos para não apoiar suas palavras com ação.[5]

Terceiro, os grupos terroristas proliferando na Europa, nas Américas, no Terceiro Mundo e no Oriente Médio apresentavam uma mistura tão caótica e incoerente de filosofias confusamente contraditórias que era difícil pensar neles como manifestações de qualquer desígnio ou política. Alguns eram fanáticos religiosos; outros ultranacionalistas; e ainda alguns marxistas ou quase marxistas de todos os tipos; alguns apenas "antiautoritários" ou "antiimperialistas" — embora jamais objetassem ativamente ao considerável autoritarismo ou imperialismo do bloco comunista. Mesmo os grupos que se intitulavam "comunistas" defendiam idéias que, dentro da União Soviética, seriam imediatamente rotuladas como "afastamento da esquerda" e os colocariam em um hospital psiquiátrico ou pior. Além disso, levavam muito a sério suas diferenças ideológicas e passavam quase tanto tempo no ostracismo, matando e explodindo uns aos outros, quanto passavam aterrorizando o povo e governos do Ocidente.

O bloco soviético e, nos primeiros dias, as forças comunistas chinesas que lançaram, treinaram, armaram e parcialmente financiaram terroristas não se interessavam pelos detalhes diários de suas atividades. Ninguém investigou suas credenciais comunistas ortodoxas. Estavam dispensados de se conformar com a linha do partido. A função dos terroristas, aos olhos dos órgãos soviéticos de segurança de Estado, era desintegrar e desestabilizar as democracias ocidentais, e era indiferente para o Kremlin por que meios e com base em que idéias conseguiam isso. A única coisa que importava era sua militância terminal — e o grau em que eram capazes de provocar os governos democráticos a lhes responderem de uma forma igualmente imoderada. Eles estavam lá para convidar, para na verdade criar, a repressão contra a qual lutavam ostensivamente; e quer seus atos de violência se baseassem em ideais de religião, liberação nacional ou social, ou justiça racial, isto era bastante irrelevante para o KGB.[6] Também era irrelevante se suas causas eram apenas bizarras ou continham, realmente, uma medida de justiça ou uma semente de verdade.

Os próprios terroristas — com certeza nos escalões mais baixos, mas às vezes mesmo nos altos — muitas vezes não estavam cientes da extensão em que estavam sendo usados como instrumentos da política soviética. Ou, ironicamente, talvez fossem acalentados por uma ilusão de que *eles* usavam a União Soviética para seus próprios fins. O gênio desta aproximação jazia no fato de que os soviéticos podiam causar dano fundamental às democracias liberais — na verdade, em países como a Turquia ou a Espanha pós-Franco, impedir ou retardar o crescimento do governo democrático completamente — enquanto lavavam as mãos oficiais de qualquer envolvimento. As mesmas mãos com que estendiam o ramo de oliveira da *détente*.

E aqui, talvez, estava a razão final por trás da recusa do Ocidente de reconhecer o papel da União Soviética no terrorismo internacional durante a década de 1970, mesmo depois de muitos dos fatos se tornarem de conhecimento público.[7] Em uma era de armas nucleares, pareceu mais sábio para muitos estadistas não discutir por questões insignificantes. O terrorismo não era um problema tão grande, realmente; o diplomata peculiar, líder do comércio, jornalista ou passageiro comum não eram um preço tão alto a pagar para evitar pôr em perigo o abrandamento das relações Ocidente-Oriente, ou os acordos de Helsinque. Especialmente, desde que a União Soviética parecia gentil e diplomática o bastante para conseguir muito do seu apoio do terrorismo através de representantes: muitos dos instrutores eram cubanos ou palestinos; muitos dos campos de treinamento ficavam na Checoslováquia ou no Iêmen do Sul; muitas das armas eram fabricadas e embarcadas em navios na Alemanha Oriental; muitas das instruções eram dadas na capital búlgara, Sófia, em vez de Moscou. A razão não era simplesmente, como muitas pessoas de outro modo bem informadas acreditavam, para manter a União Soviética ao alcance do braço, do negócio molhado de sangue nas ruas. O Kremlin não tencionava particularmente enganar o povo, deixando de lado os líderes do governo ou serviços secretos do Ocidente — o terror não é terror a menos que sua fonte seja cristalina —, mas apenas permitir que fechassem os olhos se preferissem. Foi um teste excelente de sua vontade. A maneira perfeita de ajuntar insulta ao dano, de desmoralizar e humilhar os líderes ocidentais, de fazer um embaixador lamber a mão que disparou contra a outra, até as grandes democracias terem perdido toda a confiança em seus valores e força.

Os soviéticos não inventaram, claro, os males e tensões do mundo.[8] Apenas identificaram-nos e exploraram-nos. Não deixariam nenhuma ferida oculta. Não permitiriam que nenhum ferimento sarasse, se pudessem fazê-lo infeccionar. Se havia um conflito, eles o convertiam em guerra; se surgia uma causa — legítima ou não — esperariam que um fanático aparecesse e tomasse uma posição extrema nela, depois lhe forneceriam armas. Se nenhum aparecesse, talvez criassem alguém. O KGB calculou, com bastante precisão, que se abastecesse e treinasse um número suficiente de extremistas violentos, poderia deixá-los soltos sem quaisquer instruções detalhadas ou supervisão. Era certo que se seguisse a devastação.

Em 1972, contudo, isto ainda não era do domínio público. As pessoas com acesso aos dados do serviço secreto suspeitavam fortemente disso e reuniam evidências, às vezes desacreditando-se por falarem cedo demais.[9] Outros, como Avner, com pouca informação secreta, mas alguma experiência e muito senso comum, suspeitavam-no, de qualquer forma. Sem estar familiarizado com a expressão *cui bono*, Avner formulou-a a si mesmo muito depressa. Quem se beneficia? Com toda aquela adorável água ao redor, alguém devia estar fazendo uma pequena pescaria.

E nesse caso, o próprio Avner talvez também pescasse. Na mesma água.

Em Frankfurt, o telefone foi atendido por Yvonne, a namorada de Andreas. Ela era a mulher suspeita com quem Avner havia falado quando visitara Andreas pela primeira vez, anos atrás. Yvonne deixara de ser suspeita há muito tempo. Ela até preparara um jantar para Avner, certa vez. Era uma morena atraente — Avner estava com um pouco de inveja de Andreas por causa dela, na verdade —, com grandes olhos verdes. Alguns centímetros mais alta que qualquer um deles.

Avner resolveu tocar de ouvido.

— Ouça, Yvonne — falou —, estou telefonando da Suíça. Andreas está? Estou... em um pequeno apuro.

Houve uma pausa curta do outro lado da linha.

— Um minuto — disse Yvonne. — Não desligue. Vou chamá-lo para você.

Andreas estava ao telefone cerca de um minuto depois, parecendo um pouco ofegante:

— Desculpe — disse —, eu estava saindo. O que houve?

— Talvez eu esteja encrencado — replicou Avner. Depois esperou. Seu sexto sentido lhe disse que quanto menos falasse, melhor.

— Quer vir aqui?

— Essa é a questão — disse Avner. — Ir até aí significa ir para outro país.

Respirou fundo, como se fosse falar mais, esperando que o amigo o interrompesse.

O que ele fez.

— Muito bem, não precisa falar a respeito no telefone — disse Andreas. — Tem dinheiro?

— Tenho — respondeu Avner. Estava dando certo. — Dinheiro é o que tenho. Muito dinheiro.

— Está em Zurique? — perguntou Andreas. — Não importa, vá para Zurique, onde quer que esteja. Telefone para um homem chamado Lenzlinger.[10] — Soletrou o nome e deu o número a Avner. — Diga-lhe que eu lhe falei para telefonar. Ele o ajudará — Andreas fez nova pausa, depois perguntou: — Quando diz que tem um monte de dinheiro, quer dizer que tem um *monte* de dinheiro?

— Um montão — disse Avner. — Não se preocupe com isso. E obrigado. Manterei contato. — Desligou antes que Andreas fizesse mais perguntas.

Na mesma tarde Avner tomou o trem para Zurique, depois de telefonar para o número que Andreas lhe dera. Um motorista uniformizado estava à sua espera e, vinte minutos mais tarde, Avner atravessava os portões de uma bonita *villa* em um subúrbio tranqüilo, caro. A casa era cercada por um baixo muro de pedra, com portões de ferro trabalhado no meio, e dois enormes salgueiros-chorões atirando seus galhos pendentes sobre ele.

Lenzlinger tinha uma jaguatirica. Avner soube o que era somente porque perguntou a Lenzlinger, no instante em que se recuperou do choque ao ver o que achou ser um filhote de leopardo, erguendo a cabeça do tapete no escritório.

— Ela é inofensiva — respondeu Lenzlinger, sorrindo.

Era um homem pequeno, com mãos e olhos pequenos. Uma parede do escritório sombrio, revestida de madeira, estava cheia do chão ao teto com armas e máscaras africanas. Talvez a jaguatirica fosse inofensiva, mas Avner adivinhou que Lenzlinger não o era. Queria mil dólares por cada Beretta .22 com três carregadores de cartuchos, e de dois a três mil dólares por passaporte, dependendo do país de saída, para entrega em dois dias. Em 1972 era muito dinheiro, mesmo em termos de mercado negro. Avner pagou sem um murmúrio.

Ele não precisava das sete armas e dos cinco passaportes que comprara, mas não fariam mal algum descansando em um cofre em Genebra. O importante era que fizera o primeiro contato. Comprara documentos e armas horas depois de dar seu primeiro telefonema, e com um pouco mais de trabalho do que ir ao supermercado comprar ovos. De uma das próprias fontes dos terroristas.

Realizara a compra deixando metade do dinheiro em espécie, e combinando a entrega em uma *patisserie* perto da Place Kléberg, em Genebra, 48 horas depois, porque queria que Lenzlinger contasse a Andreas sobre a compra. A verdadeira entrada naquele mundo não era apenas através de contatos, amizades ou histórias inteligentes. Na verdade, ter realizado negócio era o primeiro passo necessário ao qual se seguiriam todos os outros.

Avner resolveu não inventar qualquer explicação antes do tempo quando, três dias depois, telefonou para Andreas do aeroporto de

Frankfurt. Sempre era capaz de pensar mais rapidamente de pé. Agora, Lenzlinger já tinha contado a Andreas que seu amigo havia precisado de certas coisas e tinha facilmente pago quase vinte mil dólares à vista. Isto, sem dúvida, levaria Andreas a inventar uma história em sua mente sobre o que Avner talvez fizesse; se fosse uma história útil para seus propósitos, Avner conviveria com ela.

— Lenzlinger me disse — falou Andreas mais tarde, dedilhando sua xícara de café — que você quer formar um pequeno exército.

Avner riu. Yvonne havia feito outro jantar — estilo *gourmet*, em cima da hora, como disse — e executava a tarefa de tirar a mesa. Escultural, de olhos verdes, ela parecia de algum modo deslocada no apartamento modesto, de um quarto, com suas poucas peças de mobiliário escandinavo. Havia duas maletas perto da porta e Avner tentara mover uma com o pé ao entrar; estava obviamente cheia, preparada e pronta para uma fuga rápida. O local contrastava não apenas com Yvonne, que pareceria mais à vontade em uma *villa* como a de Lenzlinger, mas também com a casa de infância de Andreas, que Avner recordava bem.

— Não, não um exército — disse a Andreas, que também riu, mas continuou observando Avner. Depois lançou um olhar a Yvonne para mostrar que desejava ficar a sós com o amigo.

— E, aparentemente, deu uma gorjeta excelente ao mensageiro — continuou Andreas.

Avner sacudiu a cabeça, concordando. As notícias andavam depressa, certamente. Ele havia dado cinco notas de cem dólares ao rapaz que lhe entregara a maleta de Lenzlinger em Genebra. Não estava certo da taxa atual, mas mensageiros corriam muitos riscos.

— Se você tem uma máquina de impressão — disse Andreas —, não me incomodaria se me emprestasse por algumas horas.

— Se eu tivesse uma — respondeu Avner —, eu a emprestaria a você por um dia inteiro.

Ambos riram.

— Diga-me, velho amigo — perguntou Andreas —, está fugindo da polícia?

— Mais ou menos — retrucou Avner.

— Assaltou um banco? — perguntou Andreas, sem sorrir desta vez. A resposta de Avner também foi séria.

— Não.

— Você deu um desfalque? — Andreas tinha, claramente, uma idéia própria, e Avner daria muito para saber exatamente qual era.

— Bem, alguns caras e eu — respondeu ele —, todos nós... tivemos que deixar os locais de trabalho e... não sei se chegará aos jornais ou não. É... muito grande.

— Não me diga — falou Andreas, os olhos iluminando-se. — Patife. Lichtenstein!

Avner soltou um suspiro profundo, bastante abertamente. Então, era isso que Andreas pensava! Na época, os jornais estavam repletos de histórias sobre alguns negócios duvidosos, envolvendo uma importante instituição financeira no pequeno principado de Lichtenstein. Havia bancos ameaçados de colapso em toda a França, e dizia-se que alguns israelenses estavam envolvidos. Era um grande escândalo.

Avner reconheceu sua culpa imediatamente. E agora, era óbvio. Avner nem sequer precisou invocar seu sexto sentido para saber. Andreas precisava de dinheiro.

— Ouça, velho amigo — disse Andreas, enrolando um fino cigarro de maconha para si mesmo —, nós nos encontramos algumas vezes nos últimos anos, mas... não conversamos, realmente. Você fez uma coisa, e eu... bem, Yvonne e eu fizemos a nossa coisa também. Você adivinhou algo. Ou não, não sei... mas me telefonou. Deve ter tido uma razão, não é?

— Precisava de ajuda — disse Avner. — Não pense que sou ingrato.

— Isso não importa, fiquei contente em ajudar — Andreas acendeu o cigarro e inalou profundamente. — Mas talvez também possa me ajudar... Tem uma coisa de que preciso. Corrija-me se estiver errado, porque, se não tiver essa coisa, continuaremos amigos e tentarei ainda ajudá-lo... mas acho que está rico e preciso de algum dinheiro.

Avner fingiu refletir.

— De quanto está falando? — indagou.

— Quer dizer, imediatamente? — Andreas tragou de novo. — Preciso de cinqüenta a cem mil dólares.

— Posso lhe dar cem mil — replicou Avner prontamente, fixando diretamente os olhos do amigo.

Que ele lamentasse não ter pedido mais. Que acreditasse que poderia, no futuro. Se continuasse útil.

— Posso lhe dar cinqüenta imediatamente.

Divertiu-se quando Andreas deu tapinhas em suas costas, e até lhe ofereceu, distraído, uma tragada do seu cigarro, embora soubesse que Avner não fumava, nem bebia, exceto um ou dois copos de cerveja. Andreas estava excitado, e isto não era surpreendente. O pessoal do Baader-Meinhof, como a maioria dos grupos terroristas, sempre precisava de fundos. Se os preços de Lenzlinger eram uma indicação, as despesas deviam ser enormes. Mesmo seu estilo de vida custava muito dinheiro. A segurança era cara. Viajar também. Manter casas seguras, pagar informantes, comprar equipamento de comunicação, comprar ou alugar veículos — tudo provavelmente levava a gastos imensos.[11]

Estas eram coisas que Avner sabia, de modo geral, de perfis operacionais sobre grupos terroristas. Era parte de seu treinamento como agente. Mas, quando se tratava de seu amigo Andreas, seu sexto sentido lhe disse mais alguma coisa.

Ali estava um rapaz rico, aventureiro, mimado, contudo bastante sensível, que fora arrastado para um mundo ao qual não pertencia, realmente. Andreas era atraente e tinha boa aparência, mas ao mesmo tempo era um pouco ansioso, facilmente excitável. Tinha o hábito de limpar freqüentemente os óculos antigos em um lenço batista branco. Avner lembrava-se daqueles lenços; a mãe de Andreas devia ter comprado dúzias deles quando Andreas ainda estava na escola secundária. A Facção do Exército Vermelho do Baader-Meinhof não aceitaria, automaticamente, um rapaz como aquele. Seu preço de admissão era dinheiro, sem dúvida, ou algumas das coisas que o dinheiro compraria.

Por algum tempo, talvez Andreas houvesse satisfeito as exigências do seu papel com sua própria pensão, atacando alguns bens guardados para ele, ou extorquindo ou tomando emprestado dinheiro de seus pais ou parentes. Mas, com o tempo, suas fontes secariam, deixando Andreas aterrorizado por poder ser rejeitado pelo grupo.

Ou pior.

Se Avner estava certo, Andreas jamais questionaria muito suas razões para lhe proporcionar fundos e lhe pedir alguns favores, contatos ou informação em troca. Mesmo se suspeitasse que Avner talvez não fosse apenas um fugitivo, um contrabandista, um autor de desfalque; mesmo se passasse por sua cabeça que Avner, um israelense, talvez estivesse na mesma linha de trabalho que ele próprio, embora de lado diferente, provavelmente ficaria cego diante de suas próprias suspeitas. Se Avner estava certo, ele seria a balsa de salvamento que permitiria a Andreas dominar um pouco mais as cachoeiras da revolução. Ele não faria nada para virar a balsa.

— Alguns amigos meus chegarão nos próximos dias — disse Avner a Andreas. — Precisarei de três apartamentos... alguma coisa como o seu. Acha que Yvonne poderia encontrar alguns para eu ver? Não quero que ela os alugue ainda, somente me dê os endereços. Sabe... locais muito, muito tranqüilos.

— Claro.

— Digamos, amanhã — falou Avner, levantando-se. — Depois de nos encontrarmos para almoçar e eu lhe der o dinheiro.

Na tarde seguinte, Yvonne tinha sete casas seguras para Avner escolher. Ele precisava apenas de três: uma para Steve e Robert dividirem, outra para Carl e ele próprio e uma terceira para Hans, sozinho. Havia várias razões para dividir os cinco da equipe desta maneira — algumas operacionais, outras privadas.

Avner sabia, somente ao olhar para Steve, e especialmente Robert, que jamais poderia dividir um apartamento com qualquer um dos dois sem enlouquecer em um dia. A vida com Steve seria cinzeiros transbordantes e meias na geladeira, enquanto Robert tinha um hábito mais desconcertante. Colecionava brinquedos automáticos e brincava com eles durante horas seguidas. Ele não chamaria isso de "brincar", contudo, porque para Robert brinquedos e novidades eram coisa séria. Sua família era dona de uma fábrica de brinquedos em Birmingham, e Robert havia projetado e construído os seus produtos mais refinados e engenhosos até sua ida para Israel. Brinquedos continuavam sendo seu principal *hobby*, e ele sempre os colecionava e pesquisava.

Por outro lado, Carl tinha os hábitos tranqüilos, limpos e organizados de Avner. Embora fumasse cachimbo incessantemente, nunca havia cinza alguma à sua volta, e mesmo a fumaça parecia não pairar no ar. Carl estava sempre abrindo janelas e arrumando almofadas em um padrão simétrico. Felizmente, fazia sentido para Carl e Avner dividirem um apartamento, desde que traçariam os planos e a logística para a missão.

Hans tinha que morar sozinho por segurança. Seu apartamento seria o único a conter alguma coisa incriminadora. Ele também havia declarado sua preferência por um local sossegado para si próprio quando trabalhava em seus documentos.

Os parceiros de Avner não chegariam a Frankfurt antes de dois dias mais. Enquanto isso, ele foi ver as casas com Yvonne. Obviamente, ela conhecia o seu trabalho porque todas eram altamente adequadas, em bairros residenciais respeitáveis, perto de artérias principais. No dia seguinte, Avner voltou sozinho para alugar três apartamentos — embora dissesse a Yvonne que alugara apenas um, para ele e um amigo, porque o resto dos seus amigos tinham mudado de idéia sobre ir para Frankfurt.

Não havia motivo para dar o endereço de todas as casas seguras. A que escolheu para ele e Carl era um prédio de apartamentos de tamanho médio, na Hügelstrasse, exatamente ao dobrar a esquina do local onde havia vivido com seus pais em criança. É necessário pequeno *insight* psicológico para ver por que Avner a escolheu como local seguro.

Os lugares que escolheu para Hans, Robert e Steve eram perto de uma rua chamada Roderbergweg, a cerca de vinte minutos da Hügelstrasse de carro, em um bairro semelhante. Os dois apartamentos ficavam perto de um imenso, teutonicamente organizado e bem cuidado parque da cidade. Steve tinha uma preferência pela adequação física e iria correr oito quilômetros diariamente, enquanto Hans — que só correria, como dizia, se alguém o perseguisse com uma faca de açougueiro — gostava de caminhadas solitárias. Nesta fase, Avner não fazia idéia de quanto tempo passariam em seus "quartéis-generais" durante a missão. Talvez muito pouco. Mas era fácil escolher locais que fossem apropriados para seus hábitos e gostos pessoais.

Na última noite antes dos companheiros chegarem a Frankfurt, Avner deixou que Andreas o levasse a uma reunião. Andreas já parecia ansioso para fazer jus ao dinheiro que Avner lhe dera, juntamente com sua boa vontade.

O pequeno apartamento enfumaçado parecia servir como uma espécie de sede para uma célula dos simpatizantes do Baader-Meinhof, e pela forma como ele e Andreas foram recebidos, Avner soube que seu amigo era a pessoa mais importante ali. Isto tornou o resto deles e a própria noite muito desinteressantes, do ponto de vista de Avner. Embora os cinco homens e as duas mulheres no apartamento fossem aproximadamente contemporâneos seus, Avner se sentiu, comparativamente, com sessenta anos. Mal conseguiu manter os olhos abertos durante a interminável conversa política. Assim, aqueles eram alguns dos terríveis terroristas da Europa Ocidental — ao menos em sua fase incipiente. Pareciam e falavam como estudantes ainda não formados, discutindo livros e idéias que acudiam apenas vagamente à cabeça de Avner, mas que soavam para ele como uma mistura entre o comunismo comum e a tolice pura. E quem eram seus gurus? Frantz Fanon e Herbert Marcuse, sim, ele havia ouvido algo sobre esses dois, mas quem eram Paul Goodman e Regis Debray? E poderia qualquer um dos jovens loquazes disparar realmente uma arma ou colocar uma bomba? Mas, então, Avner se lembrou com angústia de como é fácil colocar uma carga de explosivo. Vermelho com vermelho, azul com azul.

Em todo caso, naquela noite não houve discussão relativa a uma operação terrorista, presente ou passada, ou à questão palestina, mesmo em teoria. Avner apenas sacudia a cabeça afirmativamente e sorria quando os outros tentavam puxá-lo para a conversa, e tentou guardar seus rostos na memória.

— Pensei que algumas outras pessoas fossem aparecer — disse Andreas a caminho de casa, como que desculpando-se. — Sabe, estes caras que estão à margem falam muito — ajuntou —, mas você não presta atenção a toda aquela tolice. Eles são bons para levar uma maleta daqui para lá, alugar um carro, emprestar uma cabana. Pessoalmente, nem sequer me considero um marxista. Mas isso não é importante. Haverá muito tempo para eliminar todos os tagarelas após a vitória.

Avner concordou com um gesto de cabeça. Não era necessário expressar uma opinião sobre quem eliminaria quem, após a vitória de quem.

Tampouco Carl, Robert, Steve ou Hans poderiam relatar qualquer coisa encorajadora quando todos se encontraram no dia seguinte. Tinham feito seu trabalho preparatório, como Avner — havia cofres, dinheiro, documentos e casas seguras esperando por eles em Paris, Amsterdã e Roma, e um telefonema de Robert conseguiria qualquer equipamento de que precisassem para uma operação, entregue a eles em 48 horas. Em qualquer lugar da Europa.

— Exceto pelo material bélico — como Robert disse a Avner —, não vê razão para isso, vê?

— Não vejo razão — replicou Avner — para uma atiradeira neste momento. Nenhum de vocês tem novidades?

Balançaram as cabeças. Não apenas seus informantes costumeiros não tinham nada a dizer sobre os paradeiros atuais de quaisquer dos alvos "difíceis", como nem sequer podiam dizer com certeza se os organizadores — os alvos "fáceis" — com os nomes na lista telefônica se encontravam residindo realmente na cidade. Os companheiros de Avner não conseguiram uma palavra sobre os horários ou hábitos de qualquer um da lista.

— Do jeito que a coisa está agora, camarada — disse Steve —, todos estamos vestidos a rigor sem qualquer lugar onde ir.

O que resumia parcialmente sua situação na tarde de 2 de outubro de 1972.

No dia seguinte, Avner levou Andreas para uma caminhada.

— Eu lhe disse que lhe daria cem mil — falou —, e posso lhe dar a segunda metade em poucos dias. Mas preciso de uma coisa, também.

— Qualquer coisa — replicou Andreas. — Quer outro cara como Lenzlinger aqui na Alemanha? Eu posso...

Avner sacudiu a cabeça. Era um instante de grande perigo — e o teste sobre se havia ou não "lido" Andreas corretamente.

— Não — respondeu quase gentilmente. — Quero alguém que esteja em grande contato com os palestinos. Alguém que os conhece, que sabe coisas sobre eles. Compreende?

Andreas caminhou silenciosamente ao lado de Avner por algum tempo.

— Não sei se preciso tanto de mais cinqüenta — falou.

— Não é apenas isso — disse Avner. — Quando você me puser em contato com essa pessoa, quem quer que seja, eu não pago a ela. Eu lhe dou o dinheiro para ela também. Você paga a ela, o que quer que ela queira.

Andreas riu suavemente. Avner viu que ele soube que lhe estava sendo oferecido o papel de intermediário, com uma chance de extrair a melhor parte de qualquer pagamento que outros informantes exigissem, e realçar seu papel no movimento secreto. Seria o homem com a fonte de recursos — a coisa que fazia o mundo do terror girar, como acontecia com o resto do mundo.

— Você considera a coisa corretamente — continuou Avner um pouco mais depressa agora. — Estará apenas recuperando um pouco do seu próprio dinheiro. Os palestinos não lhe cobram por treinamento, por armas? Você paga um preço exorbitante. Está lutando pela mesma revolução, mas eles ainda o fazem pagar. Agora, um pouco do dinheiro volta para a sua causa. Não é como se guardasse o dinheiro para você mesmo. Yvonne não precisa de nenhum casaco de peles.

A referência a Yvonne foi uma boa lembrança. Certamente, ela não estava com Andreas por motivos materiais. Nenhum homem seria capaz de impressioná-la com jóias ou peles. Mas ela teria que se impressionar com *alguma coisa* em um homem — todas as mulheres tinham que se impressionar, até onde dizia respeito a Avner —, e Yvonne estava impressionada, provavelmente, com a idéia da guerrilha urbana revolucionária, romântica. Compreendia ela, contudo, quanto dinheiro um homem como Andreas precisava apresentar por tal posição? E onde ele talvez terminasse, depois de o dinheiro acabar?

Andreas sabia. Parou de rir.

— Você não é um franco-atirador, velho amigo — disse ele. — Não negocia com couro de Lichtenstein.

— Sou um franco-atirador — replicou Avner. — Negocio com informação, às vezes. Informação é dinheiro. Você está sendo pago por isso. Talvez eu consiga um valor mais alto de revenda, isso é tudo.

Parecia perfeitamente plausível.

— E ouça — continuou Avner —, lembre-se de que somos velhos amigos, como costuma dizer. Eu jamais faria nada que o prejudicasse. Mas já tenho alguma informação.

Isso também era plausível. E uma ameaça.

— Acredite em mim, mesmo se eu quisesse fazê-lo — disse Andreas —, não há ninguém em Frankfurt... Não conheço ninguém. — Começou a limpar os óculos. — Você precisa de um homem como Tony. Mas ele está em Roma.

— Disse Roma? — indagou Avner.

Estava no papo. Estivera no papo no minuto em que Andreas começou a limpar os óculos.

— Organize a coisa para mim.

Na manhã de 3 de outubro, os dois tomaram um avião da Lufthansa para Roma. Alugaram um carro depois de aterrissarem, mas Andreas dirigiu somente para o vilarejo de Fiumicino, a alguns quilômetros do aeroporto. Sentaram-se em uma pequena *trattoria* bem próxima à Via Molo di Levante. Da janela, Avner podia ver um bando de gaivotas ruidosas girando e mergulhando em busca de restos no mar.

Tinham terminado seu primeiro copo de cerveja quando um rapaz baixo se aproximou da mesa. Usava um terno claro amassado, com gravata, uma capa de chuva jogada sobre o ombro. O cabelo e olhos eram escuros, mas a pele era muito clara, quase lívida. Por palpite, um gerente de escritório em uma fábrica de calçados, com quase trinta anos, porém parecendo mais velho.

— Olá, Tony — disse Andreas em inglês.

Tony sorriu, sacudiu a cabeça afirmativamente, puxou uma cadeira e sentou-se. Lançou um rápido olhar a Avner, um olhar indiferente, sem hostilidade ou amizade. Mas mesmo antes de ele falar, Avner sentiu que Tony estava um degrau acima na escada. Quer provasse ser útil ou não, Tony estava em uma liga diferente.

— Já pediram? — perguntou em inglês fluente, com forte sotaque italiano. — Estou faminto.

Examinou o cardápio e fez seu pedido ao garçom, considerando cuidadosamente o vinho. Avner pôde ver que ele tinha uma pequena barriga. Os olhos eram inteligentes, zombeteiros. Tony não representava nem encarnava qualquer papel.

— Avner é o amigo de quem lhe falei ao telefone — disse Andreas, quando o garçom acabava de servir o almoço. — Um de nós, claro, e... tem perguntas.

— Sim — disse Tony. Começou a comer, sem pressa, obviamente deleitando-se com a refeição. — Há muito movimento na comunidade árabe neste momento. Muita gente sendo recrutada e assim por diante. Principalmente da parte de uma pessoa.

Avner pôde praticamente sentir seu cabelo se arrepiar. Tony olhou para ele por um segundo, inclinando a cabeça levemente, como se perguntasse: "Não era sobre isso que você queria saber?"

Era. Não fazia sentido ser outra coisa senão igualmente direto na resposta.

— Qual é o nome da pessoa? — perguntou Avner.

Tony limpou a boca, batendo de leve apenas nos cantos, depois pousou o guardanapo.

— Agora está falando claro — disse ele.

Houve uma pequena pausa. Andreas olhou para Avner, depois se virou para Tony.

— Ouça, eu garanto o dinheiro — disse ele. — Não precisa se preocupar com isso. Mas tem que levar em conta que Avner precisa saber se o que você tem é de interesse para ele ou não. Justo?

Tony continuou olhando para Avner enquanto Andreas falava. Depois concordou com um gesto de cabeça.

— Zwaiter — disse a Avner, sem uma pausa. — O nome da pessoa é Zwaiter — falou muito depressa.

Seria difícil entender o nome para alguém que já não o conhecesse.

— Wael Zwaiter — disse Avner imediatamente, e depressa, de forma que Andreas não pôde compreender, como se fosse uma senha.

De certa forma, era. Um alvo fácil, bem ali em Roma. O número quatro na lista de Efraim. Tony era o homem, claramente.

Tony deve ter pensado isso também, porque tomou um gole do vinho e disse a Avner:

— Bem... há mais alguma coisa que quer que eu faça?

Avner refletiu por alguns segundos.

— Dentro dos próximos cinco dias — falou —, você poderá descobrir seu horário, sua rotina? Onde vive, onde vai e quando; quem encontra? Isto é tudo que nos interessa.

Pedir essa informação não revelava nada naquele ponto. Era possível haver inúmeras razões para pedi-la. Andreas havia apresentado Avner como "um de nós", isto é, Baader-Meinhof. Grupos diferentes estavam vigiando, muitas vezes, as atividades uns dos outros. Os terroristas talvez desejassem certificar-se de que outra organização não sofria infiltração antes de uma missão conjunta; ou suspeitar que um organizador-chave como Zwaiter, que talvez os tivesse abordado, fosse um agente duplo. No movimento secreto, a vigilância era rotina.

— Sim — replicou Tony. — Cinco dias. Tudo bem. Está falando sobre cinqüenta mil dólares.

Avner levantou-se.

— Andreas encontrará você aqui dentro de cinco dias — falou —, com o dinheiro.

Andreas estava cheio de entusiasmo durante o vôo de volta a Frankfurt.

— Que tal achou Tony? — perguntou várias vezes. — Eu o conheço há muito tempo. Uma pessoa muito radical. Oriundo de Milão. Mas nunca fala de política. Já passou dessa fase há anos.

Avner concordou que Tony já passara daquela fase há muito tempo.

Encontrando-se com seus companheiros na mesma noite, Avner propôs um plano operacional passo a passo. Eles mudariam Zwaiter para o alvo número um da lista no tocante à hora. No dia 8 de outubro todos iriam para Roma, com exceção de Steve, que voaria para Berlim Ocidental a fim de verificar uma pista relativa ao alvo principal, Ali Hassan Salameh. (Esta pista viera de um dos antigos informantes árabes de Carl; um dos vários contatos regulares usados pela Mossad.) Se a indicação resultasse válida, abandonariam Zwaiter por enquanto. Do contrário, Steve se reuniria a eles em Roma.

O próximo encontro de Avner com Tony seria o segundo passo e ele levaria Andreas junto. Mas não havia motivo para Andreas conhecer os outros. Se a informação de Tony levasse ao passo três da operação, Avner afastaria Andreas, dizendo-lhe, simplesmente, que agora tinha tudo que era necessário para o momento, e estaria em contato com ele de novo, mais tarde.

O passo três seria a equipe de vigilância de Tony levá-los para um ataque simulado no mínimo duas vezes, sem saber que era isso que faziam. Isto significava que o pessoal de Tony conduziria a equipe de Avner (sem Carl) até a cena do crime e de volta, passando por uma série de sinais combinados de antemão, como se a vigilância fosse o único propósito do exercício. (Na vigilância de uma pessoa experiente, suspeita, era uma prática normal, às vezes, utilizar uma dúzia de indivíduos diferentes, entregando o sujeito de um observador a outro, como em uma corrida de revezamento.) Os observadores de Tony de antes do golpe seriam afastados de cena antes que a ação começasse, e sua equipe de fuga pós-ataque seria escalonada, com o homem mais próximo a alguns quarteirões da cena. Nenhum estranho estaria presente no golpe real, ou saberia a respeito antes de ver ou ouvir notícias sobre ele. Nesse momento, todos eles se sentiriam implicados, e não ficariam ansiosos para falar sobre o assunto com ninguém. Mesmo se falassem não poderiam contar muita coisa.

A única fase para a qual a equipe de Avner teria que tomar suas próprias providências era o primeiro carro de fuga, conduzido do lugar onde acontecesse o ataque até o local onde o segundo carro esperava. Depois, Carl "limparia" a cena do crime sozinho e encontraria os outros mais tarde.

Se chegassem ao passo quatro, isto é, o crime.

Da forma como aconteceu, o plano funcionou tão bem que mal tiveram de fazer qualquer alteração. O relatório de Tony foi meticuloso, e Avner instruiu Andreas para lhe entregar 50 ou 55 mil dólares em notas americanas de cem dólares. Depois ele deixou Andreas voar de volta a Frankfurt, e providenciou uma reunião posterior com Tony por conta própria.

Sem fazer qualquer pergunta, o italiano concordou em continuar a vigilância de Zwaiter, desta vez com a participação da equipe de Avner. Também concordou em ter uma casa segura preparada para eles perto de Roma. Tony quis cem mil adicionais por este trabalho, o que parecia razoável. Desta forma, a equipe fez um ensaio com Zwaiter antes mesmo de Steve se juntar a eles.

A indicação de Steve sobre Salameh provou ser inconsistente — um *canard*, como disse Hans, com Avner pegando entusiasticamente a expressão do jornal francês para boato falso —, assim a equipe ensaiou o assassinato de Zwaiter de novo, desta vez com Steve. Tony forneceu diferentes motoristas para cada ensaio geral, embora os observadores permanecessem os mesmos. O próprio Zwaiter resultou um alvo cooperativo; sua rotina, que nunca parecia variar em detalhe algum, foi a maior ajuda que uma vítima podia dar aos seus atacantes.

A equipe tomou suas próprias providências para acomodações em Roma durante o período anterior ao golpe. Carl insistiu nisto, por segurança; Tony não saberia onde encontrá-los, e seu pessoal simplesmente pegaria Avner e seus parceiros em um lugar combinado previamente, na rua, deixando-os em um local diferente após cada ensaio. (Mais tarde, Avner veio a acreditar que Tony poderia tê-los encontrado em Roma em horas, apesar de todas estas precauções: ele parecia ter a cidade inteira sob vigilância.)

A única pessoa que nem Tony nem qualquer dos seus homens conheceria, por enquanto, era Carl. Ele pairaria nos bastidores o tempo todo a fim de vigiar quem quer que pudesse estar seguindo a equipe de vigilância de Tony, vigiar os vigias, preparar rotas alternativas de fuga, casas seguras e documentos. Ele devia ser a rede de segurança da equipe. Se alguma coisa ameaçasse sair errada, ele teria uma chance de descobrir e avisar os outros.

Depois do crime, Carl seria o primeiro a estar na cena, antes da polícia chegar. Ele recolheria qualquer coisa que pudesse incriminá-los, ou colocaria pistas falsas. Talvez levasse o carro original de fuga para um estacionamento diferente. Tentaria descobrir o que as autoridades pensavam, na cena do crime, ou que rumo a perseguição ou investigação inicial tomaria.

E tudo isto tornaria Carl o mais ocupado, assim como o mais exposto dos homens da equipe.

Em 13 de outubro, tudo que restava sem solução era o primeiro carro da fuga, aquele que seria dirigido por um deles somente por uma curta distância, dirigido provavelmente por Steve; o carro que seria abandonado perto da cena. Obviamente, esse carro não podia estar em nome de nenhum dos homens de Tony. Poderia ser um veículo roubado, porém isso parecia um risco desnecessário, e alugar um carro levaria ao sacrifício de um série de documentos, assim como à descrição de um membro da equipe de Avner ou Tony no escritório da agência de aluguel.

— Precisamos de mais um carro — disse Avner a Tony. — Um carro que talvez seja abandonado.

Tony ouviu o pedido sem se perturbar, como acontecera com todos os pedidos anteriores. Continuou propositadamente tomando o sorvete no pequeno café de calçada onde se encontravam, perto da Piazza Navona.

— Pode-se arranjar — replicou, mencionando o nome de uma grande agência de aluguel de carros americanos, e o endereço de uma de suas filiais. — Eles lhe alugarão um carro com placa de outra cidade, e não precisa se preocupar com documentos. Se a polícia questionar alguma vez o agente de aluguel de carros, descreverá um texano alto com um cartão de crédito do Diner's Club que alugou o carro em Milão. Isso lhe custará dez mil dólares.

Então, veio a surpresa.

— Mas não deverá a mim — continuou Tony. — Eu lhe darei um telefone em Paris. Quando estiver lá da próxima vez, telefone para esse número e pergunte por Louis. Diga-lhe que eu disse a você que você lhe deve alguma coisa, depois apenas lhe pague. Não há pressa, mas faça-o dentro de um mês, mais ou menos.

Isto era interessante. Tony tinha um chefe? Ou um parceiro mais velho que recolhia dele um pagamento de franquia por operar em Roma? Ou ele simplesmente devia a "Louis" dez mil dólares e achava mais simples enviar o dinheiro por Avner do que ter que voar, ele próprio, a Paris?

Ou, como Carl refletiu ao saber, poderia ser um jogo? Mas Avner afastou esta possibilidade. Seu sexto sentido não lhe dava aviso algum.

Negociantes de armas, informantes e outros sempre existiram na espionagem internacional, contrabando, crime e terror. Às vezes formam organizações livres — mais uma rede de contatos do que uma hierarquia rígida — dentro das quais passam clientes umas para as outras por quaisquer serviços que elas próprias sejam incapazes de fornecer. Algumas têm motivações políticas, outras são completamente apolíticas, mas de qualquer maneira seu primeiro interesse é o dinheiro. Servir apenas um lado — considerando, especialmente, as alianças que mudam depressa dentro do submundo do crime e do terrorismo — é em geral contra seus próprios interesses. Embora, às vezes, um negociante ou outro fixe um limite para certo tipo de atividade ou mercadoria — alguns jamais tocam em drogas ou explosivos, outros talvez se especializem apenas em espionagem industrial; alguns não trabalharão, intencionalmente, para um país específico —, como regra venderão informação e serviços a todos os bons clientes. No entanto, ao menos a curto prazo, não venderão um cliente a outro, não mais do que detetives particulares ou outros negociantes legalizados fazem.

— O que quer que Tony pense ou suspeite — disse Avner a Carl —, sabe que nós lhe pagamos com dinheiro limpo.

Havia apenas mais uma pergunta a ser resolvida, que no jargão operacional se chamava "Quem, o quê?". Dizia respeito a somente quatro deles, já que as obrigações de Carl seriam sempre as mesmas. Steve era claramente o melhor motorista, por isto fazia sentido sentar-se atrás do volante do primeiro carro da fuga. Sendo um líder na tradição do Exército israelense, teria sido inconcebível Avner não se designar como um dos pistoleiros, especialmente em sua primeira ação. Na verdade, o resto do grupo esperava isto como certo. Mas o outro pistoleiro devia ser Robert ou Hans?

— Não estou querendo me impor — disse Robert quando começaram a discutir as tarefas, soando bastante inglês, mesmo em hebraico —, mas estou familiarizado com as armas e eu...

Hans sorriu. Ninguém duvidava da superioridade de Robert em explosivos, mas todos eles conheciam bem pequenas armas.

— Seja meu convidado — disse o homem mais velho, pegando uma revista e colocando seus óculos para leitura. — Pode tomar o meu lugar quando quiser. Apenas bata em meu ombro quando terminar.

Era uma prova de coragem ao contrário, muito semelhante à da antiga unidade de Avner no Exército: protestar que a última coisa que você queria ver era a linha de fogo, mas certificando-se, pela sua inflexão, de que ninguém acreditaria em você. Embora neste caso, quem poderia dizer? Talvez Hans estivesse realmente feliz por não ter de fazer o trabalho. Talvez todos teriam estado.

No entanto, dois dias depois, o trabalho foi feito. Zwaiter morreu.

E agora Avner caminhava entre os mirrados damasqueiros no pátio dos fundos de uma casa de fazenda nos arredores de Latina, sentindo o odor do mar, embebendo-se do sol do fim de outubro, e sentindo-se bem — não feliz, mas, com certeza, não infeliz. Sentindo — sentindo muito pouco, de uma forma ou de outra. Não fazia sentido mentir a respeito. Tinham provado que eram capazes de fazê-lo, começando do nada, em cerca de três semanas até o dia. Cinco Yekkes sozinhos. Por outro lado, enquanto Avner não podia dizer o que se passava na mente de Robert ou de qualquer outro de seus companheiros, *ele* certamente não gostara de atirar num homem em uma entrada, que carregava pãezinhos numa sacola de papel. Tampouco tornaria a fazê-lo, se não precisasse. Mas — não era tão ruim quanto havia pensado que seria. Não era sequer tão ruim quanto havia sido pensar naquilo antes. Ele não perdera o apetite; não perdera o sono. Nada de pesadelos, e de manhã tomou café completo. Mas, gostar? Nenhuma pessoa normal gostaria.

O assunto não era um tema de conversa entre os membros da equipe, de qualquer maneira. Não antes ou depois do primeiro crime, nem em momento algum mais tarde, na missão. Verdade, à medida que o tempo passava, eles falariam mais e mais "filosofia", porém nunca diretamente sobre esses sentimentos. E tinham que falar sobre crimes o tempo todo, conversavam sobre pouca coisa mais, porém não nesses termos. O sentimento tácito talvez fosse que ter de fazer estas coisas já era bastante difícil, e falar tornaria tudo ainda mais difícil.

Talvez uma indicação de uma consciência culpada sobre o que faziam fosse que, em suas vidas diárias, desviavam-se do seu caminho para serem incomumente polidos e úteis para qualquer pessoa que cruzasse seus caminhos. Qualquer mensageiro, garçom, chofer de táxi, caixa de banco poderia testemunhar que sua linguagem não era senão "por favor" e "obrigado". Uma senhora idosa não atravessaria a rua sem Steve parar seu carro, descer e ajudá-la. Um estranho não deixaria cair algo sem que Hans se abaixasse e o pegasse. Como escoteiros. Avner e Carl comprariam *souvenirs* e enviariam cartões-postais para casa sempre que tivessem uma chance, exatamente como qualquer outro marido amoroso em uma viagem de negócios. Em Roma, apenas alguns dias antes do crime, Avner viu Robert dar um brinquedo automático novo a um garoto de rua que havia parado perto de sua mesa para olhar, embasbacado. Claro que Robert tinha bom coração, pensou Avner, mas talvez exagerasse um pouco.

Carl chegou em Latina no começo da tarde de 17 de outubro no carro de Tony. Como combinado, Carl havia entrado em contato com Tony pela primeira vez, depois do golpe. O próprio Tony havia conduzido Carl para a casa segura e o acordo era que, se tudo parecesse em ordem, Carl faria o último pagamento. Isto pareceu satisfazer Tony.

Ao sair de seu carro em Latina, Tony devia ter sabido não apenas o que acontecera com o homem que seu pessoal andara vigiando, mas também que Avner e seus amigos tiveram alguma coisa a ver com aquilo. No entanto, Tony não fez comentário. O assunto não foi discutido, de modo algum. O italiano apresentou sua conta e recebeu seu dinheiro à vista. Antes de ir embora, lembrou a Avner sobre a entrega de dez mil dólares pelo carro alugado a Louis, em Paris, o mais cedo que pudesse.

Foi assim que Avner veio a conhecer Louis, o filho mais velho de Papa, o número dois ou três em *Le Group* — embora Avner não fosse saber nada sobre Papa ou seus filhos durante algum tempo ainda. Foi um processo muito gradual.

O próprio encontro não aconteceu antes de um mês. A equipe permaneceu em Latina por mais alguns dias, Carl reunindo todas as suas armas, documentos e até roupas para fazê-los desaparecer, e entregando-lhes, em troca, documentos e roupas novos. Relatou que a polícia italiana havia chegado ao local do crime em minutos, provavelmente no instante em que a equipe se transferia do Fiat verde para o furgão, a alguns quarteirões de distância. Carl disse que havia examinado o carro da fuga antes da polícia descobri-lo, mas não conseguiu nada incriminador que precisasse ser recolhido. (Robert achou que podia ter deixado cair alguma coisa enquanto trocava os cartuchos de sua arma.) Carl havia ouvido algumas testemunhas falando com os policiais na cena do crime — investigações italianas, ao menos em suas fases iniciais, não eram difíceis de ser ouvidas casualmente — mas lhe pareceram incapazes de contribuir com alguma coisa que pusesse o grupo em perigo.

Quando chegou a hora de deixarem Latina, Carl devia ir a Roma, onde recolheria todas as armas, dinheiro e documentos que tinham deixado em vários esconderijos. No entanto, ele começaria a fazer isto somente ao saber que o resto da equipe estava em segurança, em Frankfurt.

Robert e Steve voaram para Zurique, de onde se dirigiriam a Frankfurt de trem. Avner e Hans partiram no dia seguinte, voando de Roma diretamente para Frankfurt. A fiscalização de passaportes mal lançou um olhar aos seus documentos. A primeira represália — incluindo a parte mais difícil, a fuga — estava completa.

Nas duas semanas seguintes não conseguiram ouvir boato algum em relação ao paradeiro de qualquer dos terroristas conhecidos em sua lista. Alguns podiam estar na Europa, mas também era possível que não saíssem de seus esconderijos no Oriente Médio — onde a equipe de Avner não devia operar — durante meses ou anos. Outros talvez se encontrassem no Leste Europeu ou em Cuba, também fora de sua área de ação.

Restavam, então, os alvos fáceis — os números três, cinco e nove na lista de Efraim. Na verdade, restava apenas o número três, Mahmoud Hamshari, porque o atual paradeiro dos números cinco e nove, o professor de Direito, al-Kubaisi, e o diretor de teatro, Boudia, também era desconhecido.

No entanto, Mahmoud Hamshari estava em Paris.

Depois de alguma discussão, todos concordaram que a medida mais astuta seria Avner viajar a Paris. Embora Hans conhecesse melhor a capital francesa e a língua — o francês de Avner era praticamente inexistente —, teria melhor ocupação trabalhando nos documentos no pequeno "laboratório" que montara em sua casa segura de Frankfurt. Avner conhecia razoavelmente bem a cidade, e quem quer que fosse Louis, estava na hora de lhe pagar. Teria sido uma péssima política não cumprir qualquer trato que tivessem feito através de Tony. Em um negócio onde as dívidas não podiam ser cobradas por lei, tendiam a ser cobradas fora da lei, de uma forma não comprometedora. Em todo caso, talvez Louis resultasse tão útil em Paris quanto Tony havia sido em Roma.

Avner resolveu viajar com Andreas e Yvonne. Embora não pensasse que o encontro com Louis se convertesse em uma cilada, concordou com Carl — o Cauteloso Carl, como já o tinham apelidado — que seria mais seguro deixar Andreas entrar em contato com Louis primeiro. Andreas tinha, aparentemente, tratado com Louis uma ou duas vezes, em ligação com o negócio do Baader-Meinhof, e ele o descreveu a Avner como "um pouco parecido com Tony". Isto é, um jovem muito radical que já havia "ultrapassado a fase" de falar de política. Por seu lado, Andreas não se incomodava de prestar outro favor ao velho amigo — ele já viajara para Roma de novo com o dinheiro devido a Tony —, porque a comissão para a célula de Frankfurt da Facção do Exército Vermelho resultava generosa. Na verdade, como Hans resmungou:

— Estamos mantendo metade dos terroristas na Europa com leite e mel. Em breve eles deixarão os russos e virão trabalhar para nós.

Naturalmente, Avner entendia o raciocínio de Hans. Era irônico: Israel ajudava financeiramente o bando do Baader-Meinhof que, muitas vezes, havia auxiliado os *fedayeen* a aterrorizarem Israel. Um círculo vicioso, sem sentido. Mas o que mais podiam fazer? Seu trabalho era pegar os *mechablim*.

— Penetrem na própria rede dos terroristas — dissera Efraim.

Ele devia saber que a única maneira de fazer isso era dando dinheiro aos terroristas.

Os outros concordavam com Avner.

— Não devemos argumentar por quê, companheiro — disse Steve.
— Deixamos isso para os manda-chuvas. Além disso — ajuntou —, este

tipo de coisa é uma faca de dois gumes. Veja esse cara, Andreas. Ele agora já deve saber que está nos ajudando a eliminar seus amigos.

Avner não tinha tanta certeza disso. Andreas havia deixado Roma bem antes do golpe, e nem sequer entendera o nome do homem que Avner pedira a Tony para vigiar. A morte de Zwaiter não foi manchete nos jornais italianos, e, na Alemanha, mal havia sido noticiada. Andreas talvez não tivesse sabido a respeito, ou, mesmo que tivesse, não fizera a ligação. Os vários grupos palestinos assassinavam-se mutuamente, muitas vezes.

Andreas, mesmo se fizesse a ligação, ainda poderia aceitar a explicação de Avner de que ele era um tipo de mercenário, reunindo informações sobre terroristas para revender, e teria presumido que Avner estava vendendo essa informação para grupos terroristas rivais. Não era necessário ter-lhe ocorrido que seu amigo de infância estava cometendo assassinatos — e Tony provavelmente não lhe contaria. Tony não era tolo.

Mas Hans tinha razão. Todo o negócio parecia insano, às vezes. Provavelmente, era mais sagaz não pensar muito a respeito. Eles eram apenas agentes. Talvez, se tivessem o tipo de informação que o *memune* e mesmo Efraim tinham, secretamente, tudo se tornaria claro. Talvez em um nível mais elevado tudo fizesse um sentido perfeito.

Em Paris, Avner deixou Andreas telefonar para o número que Tony lhe dera para encontrar Louis, evidentemente o telefone de um bistrô na Rive Gauche. Andreas deixou uma mensagem para Louis em seu nome, sugerindo alguns horários alternados quando ele poderia lhe telefonar para o seu hotel.

Louis telefonou na tarde seguinte, pouco depois das seis. Avner estava com Andreas em sua suíte quando o telefonema aconteceu e ele pegou a extensão.

— *Comment ça va*, Louis? — perguntou Andreas, mudando imediatamente para o inglês em benefício de Avner. — Um amigo meu está em Paris com um recado de Tony para você.

— Sim, eu esperava algo de Tony — replicou Louis. Sua voz era delicada, mas muito masculina, quase como a de um locutor de televisão, um inglês com leve sotaque. — Diga-lhe para me encontrar aqui, às nove desta noite. Se puder.

Andreas lançou um olhar a Avner.

— Estou certo de que às nove está ótimo — disse —, mas acho que ele preferiria encontrá-lo em frente ao Royal Monceau Hotel. Você sabe, na avenue Hoche.

— Claro que sei — respondeu Louis, soando um pouco sarcástico.

O Royal Monceau era um dos hotéis mais conhecidos de Paris, e bastante caro.

— Ele está hospedado lá?

Avner sacudiu a cabeça negativamente para Andreas.

— Não, acho que não — respondeu Andreas —, mas é lá que ele gostaria de se encontrar com você.

— Ótimo — disse Louis, brevemente. — Diga-lhe que estarei lá às nove. Pararei diante do hotel em um... oh, um Citroën preto. Fifi estará comigo.

— Fifi é o seu cão — explicou Andreas depois que Louis desligou. — Muitas vezes leva o animal com ele para encontros. Bem, ao menos você não terá dificuldade em reconhecê-lo.

Avner compreendeu esses hábitos facilmente; ele não teria se importado de trazer Charlie com ele tampouco, talvez para a missão inteira. Na verdade, hospedava-se no Royal Monceau, mas, por enquanto, Louis não precisava saber disso. Mesmo Andreas não sabia: Avner lhe disse que se hospedaria em uma casa particular com amigos. Quanto menos as pessoas soubessem neste ponto, mais seguro era, embora a palavra "seguro" fosse, realmente, uma piada. Risco zero! Eles navegavam em águas desconhecidas. Mas não fazia sentido facilitar para a gente de rifles Kalashnikov.

O homem que abriu a porta de passageiro de um Citroën preto exatamente às nove tinha trinta e poucos anos. Estava bem vestido, de uma maneira casual. Atraente também; um pouco rechonchudo como Tony, porém com feições muito mais enérgicas.

— Cale-se, Fifi — disse ao cão alsaciano no banco traseiro. — Este cavalheiro não vai tirar nada de nós. Ao contrário, não é? — ajuntou, voltando-se para Avner, que ainda estava de pé na calçada.

— Espero que seu cão entenda inglês — replicou Avner, tirando um espesso envelope do bolso.

Louis riu e estendeu a mão para o envelope. Olhou o seu interior, mas não fez tentativa para contar o maço de notas de cem dólares antes de guardá-lo em sua valise.

— Obrigado — disse. — Planejava apenas me dar isto ou gostaria também de tomar um drinque?

— Se houver também algo para comer — disse Avner. — Você tem um compromisso.

— De acordo — falou o francês. — Algum lugar favorito em Paris?

Parecia correto. Se Louis pensasse em uma emboscada, ele mesmo sugeriria o lugar — e, obviamente, sabia que Avner sabia disso.

— Há um pequeno restaurante ao se descer a rua — disse a Louis.
— Para mim, parece ótimo.

Louis olhou na direção que Avner apontava, depois concordou com um gesto de cabeça:

— Eu me reunirei a você lá em vinte minutos — disse ele, depois bateu a porta e se afastou.

Avner desejaria que não tivesse ido embora — mas podia compreender que Louis não queria se sentar a uma mesa de restaurante segurando apertadamente uma valise com dez mil dólares.

A pequena *brasserie* chamada Le Tabac Hoche ficava a dois quarteirões da place Charles de Gaulle. De suas mesas na calçada, via-se o Arco do Triunfo, que era adequado ao *approach* de cartão-postal ilustrado de Avner para as grandes cidades. No entanto, naquela tarde de novembro, ele escolheu uma mesa no interior do restaurante.

Louis chegou em exatamente vinte minutos, sem a valise e sem o cão alsaciano. Certamente não era magro, mas era alto, muito mais alto do que parecera enquanto sentado atrás do volante do seu carro. O rosto parecia-se com o de Yves Montand — um semblante sofisticado, um pouco cansado do mundo, mas muito simpático. Avner gostou dele imediatamente. Por alguma razão, sentiu que Louis talvez fosse o seu tipo de homem — mais do que Tony e muito mais que Andreas.

Louis também pareceu simpatizar com Avner. Sua primeira conversa, embora sobre nada tangível, durou horas. Depois de terminarem o jantar, caminharam para o Arco do Triunfo, depois desceram os Champs Élysées até a place de la Concorde e de volta, novamente. Louis foi quem mais falou.

Foi somente muito mais tarde, lembrando-se dessa conversa, que Avner compreendeu sobre o que o francês talvez estivesse falando. Na época ele ficou fascinado, mas compreendeu muito pouco. Louis parecia bem-educado, e de vez em quando fazia referências a eventos, escritores ou idéias sobre os quais Avner jamais ouvira falar. O ponto essencial do que dizia parecia ser que o mundo era um local bastante horrível. Cheio de guerras, sofrimento e miséria. Muitas pessoas pareciam acreditar que o mundo estava em mau estado por esta ou aquela razão; e que se a humanidade apenas se tornasse religiosa, ou comunista, ou democrática, ele melhoraria. Alguns pensavam que se tratava apenas da Argélia se tornar livre, ou das mulheres se tornarem iguais aos homens, ou dos canadenses pararem com a matança de filhotes de baleia. Mas tudo isto era uma tolice completa.

O mundo, segundo Louis, não poderia ser consertado até que cada instituição existente nele tivesse sido extinta — uma *tabula rasa*, como dizia ele — e as pessoas pudessem recomeçar a construir do nada. Portanto, disse ele, para o grupo de pessoas que compreendia isto, não importava se outras pessoas lutavam por esta ou aquela causa; se explodiam um local para o futuro socialista ou para a glória da igreja. Contanto que explodissem, explicou Louis, estariam ajudando a humanidade. O pequeno grupo que compreendia isto — um grupo muito reduzido, *Le Group*, mais como uma família — ajudaria essas pessoas, quer concordasse com sua causa ou não. Para ser mais exato, disse Louis, *Le Group* concordava com qualquer causa. Se você parasse para pensar, não havia, realmente, uma causa injusta no mundo.

Não se tratava, claro, de que *Le Group* ficasse alegre por locais ou pessoas serem destruídos — somente loucos se regozijariam com isso —, mas eles compreendiam que, quanto mais depressa e inteiramente as pessoas explodissem tudo, mais cedo poderiam parar de explodir coisas, totalmente. Era simples assim.

Avner não foi perturbado, nem remotamente, por qualquer coisa que Louis disse. Se ele houvesse falado pomposamente ou com grande ardor, Avner teria considerado ainda mais tolice do que aquilo com que os estudantes não-formados, do Baader-Meinhof de Andreas, tinham se encolerizado em Frankfurt. Mas Louis tinha uma maneira displicente, auto-reprovadora, divertida de dizer cada coisa, uma espécie de forma anedótica de pegar ou largar. Como um comediante ereto, muito tranqüilo, faria Avner rir muitas vezes. Mesmo quando falava sério, não era ardente.

— Veja as assim chamadas grandes potências — diria ele. — Veja a CIA, pisando no próprio rabo, ou os bandidos do KGB em suas calças frouxas. São bárbaros. Depois olhe para Paris, olhe ao redor: mil anos de história. Por que deveríamos nos colocar em *suas* mãos? Se me perdoa por dizê-lo, somos mais espertos do que eles jamais serão. Até temos um gosto levemente melhor por mulheres.

Levaria outro ano antes de Avner compreender totalmente o que Louis dizia durante sua primeira caminhada por Paris — ou por que o dizia. O sexto sentido de Avner emitia uma luz verde, mas a verdadeira compreensão viria apenas depois de mais dois assassinatos e vários milhares de dólares. Viria apenas depois de ele ter conhecido o próprio

Papa — o pai de Louis —, o ex-maqui com seu cabelo grisalho e rosto corado, que se parecia um pouco com o pai de Avner, exceto pelo terno preto antiquado e pela grossa corrente de ouro pendendo do bolsinho do colete. Papa, o patriota francês, que em sua época explodira uma porção de trens e caminhões dos boches na França ocupada — até, como explicou com uma grande piscadela, adquirir um gosto pela coisa. Papa, que como um francês astuto e racional — um simples camponês, como se chamava —, compreendeu, depois da guerra, que havia muito dinheiro a ser ganho das paixões incuráveis do mundo. Papa, que havia enviado Louis e seus irmãos mais novos para a Sorbonne, não para serem iludidos por todos os livros que teriam que ler na famosa universidade — livros, *merde!* —, mas para ficarem de olhos abertos em busca de outros jovens homens e mulheres ousados e apaixonados, que talvez fossem úteis de um jeito ou de outro para *Le Group*.

Avner talvez jamais tenha entendido tudo sobre Papa e sua família — três filhos, incluindo Louis, um tio idoso e dois ou três primos —, que dirigiam uma brilhante organização de apoio terrorista na Europa. Por exemplo, ele nunca entendeu, realmente, a política de Papa. Ela não parecia ter muito a ver, na verdade, com as idéias vagamente anarquistas expostas por Louis, durante sua primeira caminhada juntos ao longo dos Champs Élysées. Verdade; Papa parecia não ter senão desprezo por todos os governos, inclusive o francês, e dizia que jamais trabalharia ou permitiria que alguém de *Le Group* trabalhasse para eles. Ele dava de ombros e fazia uma careta, até cuspia no chão, quando a conversa se voltava para os serviços secretos americano, soviético ou inglês. Eh, *merde!* A Mossad, *merde!* Os *sales arabes, merde!*

Mas sua aversão especial parecia reservada para os anglo-saxões do mundo, que ele acreditava envolvidos em alguma gigantesca conspiração contra o povo da Europa continental. Os russos, embora não gostasse deles, não pareciam incomodar Papa muito. Ele nem sequer odiava os alemães, tanto quanto os anglo-saxões. Na verdade, ele parecia culpar os ingleses pelos alemães, russos, pelas duas Guerras Mundiais, pela agitação na África, pelo Oriente Médio. Era difícil dizer se Papa culpava mais os ingleses pela construção de um império, por roubar um dos franceses, ou por desmantelá-lo com tanta pressa depois da guerra. Como um patriota continental europeu, talvez como um católico, possivelmente até como um camponês, um homem comum, considerando-se o herdeiro da gloriosa Revolução Francesa, Papa parecia fazer uma guerra muito mais antiga que qualquer conflito atual no mundo. Uma guerra cujas origens se perdiam nas névoas da história européia, assim como em sua própria mente; uma guerra contra a desprezível rainha da Inglaterra e a maldosa aristocracia britânica, que havia colocado arsênico na sopa de Napoleão na ilha de Santa Helena.

Mas se Papa tinha dificuldade em ver a floresta — ao menos no que dizia respeito a Avner —, não tinha nenhuma em ver as árvores. Ao contrário, ele e seus filhos pareciam estar na base do primeiro nome, com toda árvore na densa floresta da atividade clandestina na década de 1970. Certamente na França, provavelmente na Europa, e possivelmente em todo o mundo. Seria um exagero dizer que *Le Group* possuía informação sobre o paradeiro de cada agente, terrorista, aliciador, organizador ou espião envolvido na rede vasta e inacreditavelmente complexa de revolucionários anarquistas do mundo, mas não era exagero que eles tinham informação sobre uma porção considerável deles, que venderiam a quem quer que desejasse e fosse capaz de pagar o preço. Embora nunca — ao menos, nunca com conhecimento — a nenhum governo, como Louis e Papa tiveram orgulho de salientar a Avner depois que vieram a confiar nele o suficiente. Negociar com governos era contra seus princípios, em primeiro lugar. Em segundo, consideravam-nos perigosos demais. Os governos e serviços secretos eram excessivamente traiçoeiros e inescrupulosos, além de ineficazes e crivados de politicagem oficial. Nem sequer saberiam o significado de um certo *code d'honneur*, uma honra entre ladrões.

Além de informação, Papa também vendia serviços. Uma das primeiras coisas que ele aprendera em seus anos na Resistência francesa durante a Segunda Guerra Mundial foi que guerrilheiros precisavam de casas seguras, transporte seguro, suprimentos de alimentos, roupas e armas, fornecimento de documentos, e pessoas para se desfazerem de tudo depois que o trabalho fora feito. Inclusive, às vezes, dos cadáveres. Esses trabalhos — assim como o trabalho de vigilância — eram em geral melhor e mais facilmente realizados por mulheres e homens comuns, nativos do país onde a operação estava sendo armada — pessoas que talvez se tivessem especializado neste trabalho, de qualquer modo, no curso de suas ocupações legais. Era apenas uma questão de dinheiro.

— O que sabe de fechaduras? — Papa perguntou a Avner, quando se conheceram melhor. — Mas, eu... eu lhe mando um serralheiro. Por que você cavaria uma sepultura? Eu lhe enviarei um coveiro. Por um pequeno pagamento, *n'est-ce pas*?

A grande descoberta do gênio camponês de Papa foi que por um pequeno pagamento algumas pessoas fariam qualquer coisa, muitas pessoas fariam muitas coisas, e quase todo mundo faria alguma coisa. Por exemplo, quase todo mundo faria mais aquilo de que tirava seu sustento, de qualquer forma. Um motorista dirigiria, um armeiro faria ou consertaria uma arma. Por um "pequeno" pagamento, tudo que teriam que fazer além disso era não falar às autoridades, o que — fora dos não-confiáveis países anglo-saxões — a maioria das pessoas odiaria fazer, em qualquer circunstância. Significava manter inúmeras pessoas diferentes em uma folha de pagamento em vários países diferentes, mas os honorários de *Le Group* eram bastante altos para cobrir a despesa.

Outra grande descoberta de Papa foi que os agentes, como todos os outros estrangeiros, em geral entravam ou saíam de um país através de navios, trens, aviões com horários fixados, ou às vezes por meio de carros particulares. Muito poucos agentes se dariam o trabalho de abrir caminho através de mato ou montanha de um país, entre pontos de fronteira desguarnecidos em tempo de paz, ou de decolar de aeroportos isolados em aviões particulares. Uma vez dentro do país, prefeririam certas cidades, e dentro dessas cidades, certos hotéis, bancos, agências de aluguel de carro e restaurantes. Portanto, ter alguém em uma folha de pagamento modesta nesses locais, nas principais encruzilhadas, cujo único trabalho era avisar sobre a chegada de um estrangeiro conhecido — ou desconhecido, mas suspeito — traria, provavelmente, um bom número de terroristas e agentes para o osciloscópio de radar de Papa. Não todos, de forma alguma, mas um número razoável. Suficiente para continuar os negócios.

Os detalhes de tudo isto, contudo, seriam descobertos futuramente. Nenhuma menção a Papa havia sido feita quando Avner se despediu de Louis sob o Arco do Triunfo, por volta de uma hora da manhã, prometendo manter contato.

— Meu carro está lá — disse Louis, apontando na direção da avenue Victor Hugo —, a menos que precise que eu o acompanhe de volta ao hotel.

Avner sorriu.

— Não ficarei no hotel onde nos conhecemos — disse. — Vou pegar um táxi.

Louis também sorriu.

— Que tolice minha — falou. — Claro, não está no Royal Monceau, quarto 317. Eu esqueci.

Avner ergueu as sobrancelhas e fez um gesto afirmativo de cabeça. Tinha que ser justo. Louis era muito bom. Também seguro, por enquanto. Ele não revelaria o número do quarto de Avner se pretendesse lhe causar dano.

— Foi um prazer conhecê-lo — continuou Louis. — Tony me disse que foi um prazer negociar com você. Lembre-se, se precisar de alguma coisa, avise-me... o que quer que seja. Não posso prometer que sempre terei o que precisar, mas é possível. Lembre-se disso.

— Lembrarei — respondeu Avner. Apertaram-se as mãos. Depois, quando Louis começou a caminhar, afastando-se, Avner falou: — Oh, Louis, mais uma coisa.

Louis se virou.

— Por acaso conhece — perguntou Avner — um homem chamado Hamshari?

Louis avançou um passo para Avner.

— Conheço Mahmoud Hamshari — disse. — Vive em Paris, mas não acredito que esteja na cidade agora.

— Eu lhe telefonarei dentro de alguns dias — disse Avner. — Você me avisará se Hamshari voltar?

Louis concordou com um gesto de cabeça.

— Contudo, deixe-me lhe dar um número melhor de telefone — disse a Avner. — Talvez eu não esteja lá, mas se telefonar às seis e quinze, hora de Paris, não precisará deixar seu nome. Eu saberei que é você. Apenas deixe-me um telefone para onde eu possa ligar depois.

Avner decorou o número, esperando não esquecê-lo até poder dá-lo a Hans. Decorar números não era um dos seus pontos fortes, embora fosse melhor com números do que com nomes. Era um dos seus pesadelos registrar-se um dia em um hotel com nova identidade — e não se lembrar depois quem devia ser. De acordo com a lenda do grupo, aconteceu uma vez com um jovem aluno da organização Mossad. Avner sempre invejou pessoas como Hans e Carl, capazes de se lembrar de qualquer coisa.

Mas Avner estava entusiasmado com o encontro com Louis. Tão animado, na verdade, que um espírito travesso se apossou dele enquanto caminhava pelo corredor deserto do Royal Monceau. Queria fazer alguma coisa, algum tipo de brincadeira, por pura extravagância. Avner sempre gostara de travessuras: era algo que devia ter herdado da mãe. Mas, afinal, controlou-se e não fez nada. Teria sido a maior loucura pôr em risco toda a missão por causa de uma travessura.

Uma coisa curiosa sobre a equipe era que todos no fundo eram gozadores, dados a brincadeiras a que tinham, muitas vezes, de resistir com esforços conscientes. Steve, por exemplo, possuía uma moeda com "cara" dos dois lados, que — sabendo que Robert escolheria invariavelmente "coroa" — usava sempre quando tiravam a sorte para tarefas como fazer compras ou cozinhar. Robert, apesar das suas inclinações mecânicas, levou meses para descobrir o truque e, então, somente porque os outros começavam a rir. Mas Avner era o pior e quando, em um momento de descuido, disse aos outros que em criança costumava ser chamado de *shovav* ou diabrete, foi logo apelidado de "Mãe Diabrete" por Steve — combinando seu gosto por brincadeiras com sua tendência de se preocupar com a limpeza ou os hábitos alimentares dos outros do grupo.

Na manhã seguinte, Avner pagou a conta e, depois de telefonar para Andreas e Yvonne, que tinham planos próprios em Paris, voou de volta a Frankfurt. Na mesma noite contou aos companheiros sobre seu encontro com Louis.

— Bem? — perguntou Hans, olhando para Carl.

Carl acendeu o cachimbo.

— Parece tão bom quanto Tony, de qualquer modo — falou.

Robert e Steve concordaram com um gesto de cabeça.

Era uma das coisas sobre a equipe de que Avner gostava. Por mais diferentes que pudessem ser dele, ou um do outro, partilhavam uma característica importante: nada de onda. Nada de intermináveis "mas" e "se", ou de conversas sem fim. Planejamento cuidadoso, sim; mas não lamúrias inúteis sobre os prós e contras que as férteis mentes humanas eram capazes de invocar, especialmente se alimentadas pelo tipo de cautela que chegava, realmente, à covardia. Nenhum deles era assim. Eram capazes de ver as vantagens imediatamente, e se pareciam corretas — era hora de agir! Talvez não fosse a atitude que as pessoas na Diáspora, os velhos judeus do Holocausto, chamassem "judaica", mas era a atitude sem a qual Israel jamais teria vindo a existir. Ao menos, não até onde dizia respeito a Avner.

Assim, seria Mahmoud Hamshari. O número três dos alvos na lista de Efraim.

Capítulo 7

MAHMOUD HAMSHARI

SE O *STATUS* DA OLP havia chegado ao de um país, Mahmoud Hamshari — dr. Hamshari, como era chamado algumas vezes por causa de um Ph.D. em economia da Universidade de Argel — teria tido o *status* de um embaixador. De qualquer forma, ele era o representante oficial da OLP em Paris. Tinha uma mesa nos escritórios da Liga Árabe. Publicou uma circular chamada *Faht-Information* e mantinha ligação com vários delegados árabes para a Unesco na capital francesa. Conhecidos casuais o descreveriam como um homem culto, de boas maneiras, que tendia a vestir-se e comportar-se como qualquer outro diplomata. De certa forma, Mahmoud Hamshari era mais francês do que um francês, levando uma vida conservadora — na verdade burguesa — em um bairro modesto, burguês, mantendo os horários de classe média em um apartamento de classe média, vivendo com Marie-Claude, sua esposa francesa, e uma filha pequena chamada Amina.

Um alvo fácil.

O que os conhecidos casuais de Mahmoud Hamshari não sabiam — ao menos de acordo com a Mossad — era que ele também era um dos principais organizadores do terrorismo na Europa. Por trás de sua fachada de diplomata, um relações-públicas legal pela causa palestina, dizia-se que coordenara elementos de atos de terrorismo tão famosos quanto o atentado à vida de Ben-Gurion em Copenhague e a explosão no espaço do jato suíço.

Assim como o massacre dos atletas olímpicos em Munique.

De acordo com a informação da equipe, o dr. Hamshari não estava a ponto de se aposentar destas atividades. Ao contrário. Juntamente com dois outros alvos fáceis da lista de Avner, encontrava-se no processo de organizar toda uma rede de terror envolvendo muitos franceses natos e outros anarquistas não-árabes, muitas vezes chamados de *Fatah-France*.[1] Dizia-se que Hamshari era um dos líderes do Setembro Negro, a organização terrorista com a qual a Al-Fatah de Yasser Arafat negava qualquer contato, na época. A posição oficial da Al-Fatah no começo da década de 1970 era oposição às guerrilhas fora do território ocupado por Israel. No entanto, não-oficialmente, o Setembro Negro se tornou "o braço armado" da Al-Fatah, espalhando a brutalidade indiscriminada dos extremistas por todo o Oriente Médio e a Europa. Tal divisão seguia a tradição venerável de movimentos revolucionários do tipo anarquista-militar, com raízes voltando até os ishutinitas russos do século XIX, cujo movimento consistia de um círculo exterior de teóricos respeitáveis, ativistas e apologistas designados como "A Organização" e um círculo interno de assassinos chamado simplesmente "Inferno".[2]

— Que tal a mão de alguém surgindo do chuveiro e atirando nele? — indagou Avner, que jamais ouvira falar de Ishutin e seus seguidores, mas era muito preocupado com banhos de chuveiro.

Os outros deram de ombros, mas não riram. Avner não brincava. Todos concordaram que, ao contrário de Zwaiter, Hamshari devia ser morto de alguma forma espetacular. Rapidez não era tão essencial quanto fora da primeira vez. Talvez Hamshari demorasse semanas para voltar a Paris, e então eles deviam ter um plano que ninguém pudesse reconhecer como um crime acidental. Sua morte deveria ser não apenas um ato de vingança, mas servir como um aviso para outros terroristas que "os judeus tinham mãos compridas" — como havia dito Efraim — e nenhum disfarce, nenhuma fachada de respeitabilidade asseguraria sua segurança pessoal.

Ao mesmo tempo, era imperativo que nenhum dano acontecesse à esposa ou filhinha de Hamshari, ou a qualquer outra pessoa em sua casa, carro ou escritório. Mesmo se a outra vítima resultasse ser um simpatizante ou companheiro terrorista, não livraria a equipe da responsabilidade de ter agido erradamente. Sem mencionar se ferissem um espectador verdadeiramente inocente. Não devia haver vítima alguma além das 11 na lista de Efraim.

Particularmente, Avner se perguntava, muitas vezes, se era possível garantir isto. Com certeza, era possível tentar, mas significaria, com toda probabilidade, nada de explosivos novamente.

— Não sei por que vocês, rapazes, sempre dizem isto — comentou Robert com alguma irritação. — Os explosivos podem ser altamente controlados. Podem ser exatamente tão limitados e focalizados como uma bala. Não precisam espalhar-se além do alvo imediato, se você os projetar com alguma inteligência.

— Muito bem — respondeu Avner. — Não se preocupe. Estamos ouvindo.

— Ainda não imaginei nada — disse Robert. — Apenas, não quero que me excluam desde o começo.

— Oh, jamais faríamos isso, amigo — contra-atacou Steve. — Que tal uma bomba em seu banheiro? Presumivelmente, ele estará sozinho ao defecar.

— Por favor, não seja desagradável — Hans fez uma careta, claramente ofendido.

Tudo isto não os acercou mais de um plano quando, perto de 20 de novembro, Louis contou a Avner que Hamshari estava de volta a Paris, de acordo com sua informação. Mas, continuou ele, *Le Group* tinha algumas outras informações que talvez interessassem a Avner. Dentro dos próximos dias Louis supunha que haveria uma reunião em Genebra de três pessoas envolvidas no movimento palestino. Avner teria interesse em saber seus nomes?

— Sim, teria — respondeu Avner.

Louis tossiu discretamente.

— Presumo — disse — que estamos tendo esta conversa em base comercial?

— Claro — retrucou Avner, esperando que Louis dissesse uma quantia, o que ele não fez.

Aparentemente, estava satisfeito com o entendimento e apresentaria a conta mais tarde, de maneira muito parecida com a de um advogado, médico ou outro profissional.

— Ouviu falar de um homem chamado Fakhri al-Umari?

— Hum — disse Avner, sem se comprometer. Na verdade, não ouvira.[3]

— Ele se encontrará, creio, com Ali Hassam Salameh e Abu Daoud — disse Louis.

O coração de Avner deu um salto. Alvos difíceis. *Os* números um e dois de sua lista. Os homens por trás de Munique, especialmente Salameh. As cabeças finais do monstro de Efraim.

— Em Genebra, hem? — perguntou a Louis, esforçando-se para controlar a voz.

— É a minha conclusão — disse Louis.

— Estamos interessados em Genebra — disse Avner, tentando pensar depressa. — Também estamos interessados em Paris. Pode continuar no comando das duas situações, em uma base comercial, é claro, e lhe telefono amanhã, na mesma hora?

— Certo — disse Louis.

No dia seguinte, Avner voou para Genebra com Carl e Steve. Hans e Robert se reuniram a eles dois dias depois. Resolveram ficar longe do centro da cidade, alugando quartos em um hotel na estrada des Romeles, não muito distante do Palácio das Nações. Genebra jamais havia sido uma cidade muito confortável para operar, especialmente para a Mossad. Casas seguras eram difíceis de alugar, e hotéis eram altamente indesejáveis para bases de agentes. O serviço secreto suíço, para falar brandamente, não cooperava. Davam boas-vindas a estrangeiros, mas somente enquanto conferenciavam, faziam compras e depositavam dinheiro em bancos — tendo o melhor comportamento possível e partindo o mais depressa que podiam. A Suíça não objetava a negociantes violentos dentro de suas fronteiras, somente a negócio violento.

No entanto, Ali Hassam Salameh e Abu Daoud[4] valiam o risco. Se a equipe conseguisse pegar somente os dois, e ninguém mais, a missão seria um sucesso. Os cinco haviam concordado desde o início que no instante que tivessem uma pista confiável sobre o paradeiro de Salameh, abandonariam todo o resto e iriam atrás dele. Salameh era aquele que a Mossad considerava o principal responsável pelas mortes dos 11 atletas israelenses.

Mas a reunião de Genebra entre Salameh e Abu Daoud resultou em outro *canard**.[5] Na verdade, Louis usou uma expressão inglesa quando falou com Avner ao telefone dois dias depois:

— Lamento se o mandei para uma *wild-goose chase***.

Por outro lado, Hamshari continuava em Paris. Em 25 de novembro, quando Avner fez contato novamente com Louis, de Genebra, ele pôde narrar a rotina de Hamshari quase da mesma forma como Tony havia relatado a de Wael Zwaiter. Exatamente como em Roma, não houve discussão sobre a razão para a vigilância. Embora Louis talvez houvesse desconfiado das intenções de Avner desde início, falar sobre isso teria sido uma grande falta de etiqueta, talvez resultasse até no afastamento de Louis da operação. Era estranhamente hipócrita — mas era

---

* Boato falso. (*N. da T.*)
** Busca inútil. (*N. da T.*)

assim. Avner tinha certeza de que, se perguntasse a Louis se podia lhe trazer uma arma, depois ter uma sepultura pronta uma hora mais tarde, ele concordaria; mas se lhe tivesse pedido para ajudá-lo a matar alguém, Louis teria dito não. Louis estava ali para fornecer informações e serviços, apenas. O uso que seria feito deles não era mais da conta de *Le Group*.

Hans se referia a isso como o fator Pôncio Pilatos.

Ao discutir este ou qualquer outro assassinato entre eles, Avner e seus companheiros sempre o faziam em termos puramente técnicos. E desta vez foi Robert quem inventou o plano que parecia melhor projetado para satisfazer as exigências de brilho e segurança. Nasceu de uma discussão sobre o principal método de Hamshari de aliciar e organizar terroristas em seus projetos.

— Não está ele ao telefone o tempo todo? — perguntou Robert. — Sua casa deve ser como uma mesa telefônica, ligando para a Europa toda e o Oriente Médio. Então! Que ele morra ao telefone.

No dia seguinte, Carl, Steve e Avner deixaram Genebra em direção a Paris. Hans pegou o trem de volta ao seu laboratório de Frankfurt para preparar documentos adicionais. Robert voou para Bruxelas.

Por alguma razão, entre a última parte do século XIX e a Segunda Guerra Mundial, uma próspera indústria de armamentos desenvolveu-se no pequeno e relativamente pacífico país da Bélgica. Isto era especialmente verdade em relação à região a nordeste de Liège, o planalto de Hevre, onde, durante esse período, armas portáteis, armas automáticas e explosivos eram fabricados não apenas em fábricas, mas muitas vezes em pequenas oficinas perto de vilarejos e fazendas particulares. A arte de armas artesanais e máquinas infernais era freqüentemente passada de pai para filho, tornando os belgas — juntamente, talvez, com os artesãos da Espanha, onde ocorrera um desenvolvimento similar — os mestres internacionalmente reconhecidos em instrumentos secretos de matança. Bastante curiosamente, foi o advento do nazismo e fascismo, tanto na Bélgica quanto na Espanha, que pôs fim a esta indústria artesanal, porque os exércitos vitoriosos de Hitler e Franco insistiram, naturalmente, em colocar toda a fabricação de armamentos sob o seu controle. No fim da Segunda Guerra Mundial, as indústrias belgas de pequenas armas tinham sido quase exterminadas, enquanto na Espanha o Generalíssimo Franco permitiu que somente três fábricas fizessem pistolas, uma delas também tendo licença para fabricar revólveres.[6]

Como o representante da OLP em Paris, Mahmoud Hamshari tinha contatos freqüentes com a imprensa. Ele não achou estranho, durante a primeira semana de dezembro de 1972, receber um telefonema em seu apartamento no nº 175 da rue d'Alésia, de um jornalista italiano pedindo uma entrevista. O que o teria surpreendido, talvez, ao encontrar o jornalista em um pequeno café da vizinhança no dia seguinte foi que, mesmo para um italiano, ele parecia curiosamente desinformado sobre os negócios palestinos. O jornalista, sempre ocupado com seu cachimbo, sugeriu, afinal, a Hamshari que talvez estivesse mais bem preparado para entrevistá-lo depois de ler o material de imprensa que o diplomata trouxera para o encontro. Concordaram que o italiano lhe telefonaria de novo dentro de dois ou três dias.

Carl sentiu que seu desempenho como jornalista italiano tinha sido, senão perfeito, ao menos bastante bom para não despertar as suspeitas do alvo. Também lhe deu uma chance de familiarizar-se com a voz de Hamshari. Enquanto isso, Avner e Steve exploraram meticulosamente o bairro alvoroçado, apinhado, cosmopolita, mas respeitável no 14º *arrondissement* de Paris, onde Hamshari vivia. Em um pequeno Renault fornecido por Louis, treinaram os caminhos de abordagem e fuga durante dois dias, começando na Igreja de St. Pierre de Montrouge na place Victor Basch, aproximadamente no meio da rue d'Alésia, e a cerca de quatro quarteirões do nº 175. Testaram o padrão de trânsito matinal desde os Jardins do Luxemburgo até o Hospital St. Joseph, e da Gare Montparnasse ao Hospital Cochin, resolvendo que o melhor trajeto de fuga depois do crime seria ao longo da rue Vercingétorix até o bulevar Lefebvre, passando o Palais des Sports, atravessando a ponte do Garigliano, depois pelo bulevar Exelmans até sua casa segura na Rive Droite. A forma como a operação estava planejada não exigia que eles abandonassem carro algum.

A equipe de vigilância de Louis tinha, enquanto isso, relatado sobre a rotina de Hamshari, que era bastante previsível. Embora passasse muito tempo na companhia de outros árabes, alguns dos quais talvez estivessem ligados com a "luta armada", ele não tinha, ao contrário de relatórios anteriores, guarda-costas.[7] Era a parte matinal de seus dias, em particular, que tendia a seguir o mesmo padrão. Sua esposa e filhinha saíam do apartamento pouco depois de oito horas, a sra. Hamshari deixando Amina em um jardim-de-infância, depois, em geral, dedicando-se às suas próprias atividades durante o resto do dia. Como regra, ela voltava ao nº 175 da rue d'Alésia somente depois de ir buscar Amina novamente, no fim da tarde.

O próprio Hamshari ficava sozinho no apartamento até antes das nove, quando recebia um telefonema de uma mulher chamada Nanette, que talvez fosse sua amante, e que tinha um apartamento no mais elegante *arrondissement* da Rive Droite, o 17º, perto da avenue Niel — não distante de uma das casas de segurança da equipe, em Paris. Nanette daria seu telefonema matinal a Hamshari de uma agência dos Correios na esquina da rue d'Alésia e rue des Plantes, somente a poucos quarteirões do nº 175. Presumivelmente, ela verificava se Hamshari estava pronto ou se sua mulher e filha tinham deixado o apartamento. Recebendo uma resposta afirmativa, ela voltaria ao seu Renault e iria buscar Hamshari, que, neste momento, já estaria esperando por ela na rua. Encontrar um local de estacionamento perto da rue d'Alésia, que tinha um posto de bombeiros assim como várias barracas de mercado cobertas, nunca era fácil.

Avner e Carl concordaram que a melhor hora para o ataque seria o período entre oito e nove da manhã, depois que a filha e esposa de Hamshari deixassem o apartamento, e antes da chegada de Nanette. Ele não apenas estaria sozinho, então, mas, esperando o telefonema de Nanette, deveria, claro, atender o telefone, em vez de deixá-lo apenas tocar. A data exata para o crime seria marcada dependendo de quando o mecanismo explosivo de Robert pudesse ser projetado, fabricado, contrabandeado para a França e colocado no lugar, dentro do telefone de Hamshari.

A fabricação de bombas, cuja segurança e rigor não eram fatores de importância, era relativamente simples. O principal explosivo seria uma substância comparativamente estável, muitas vezes comercialmente disponível, como dinamite ou *plastique*, que poderia se ajustar com um pequeno detonador — uma quantidade muito pequena de explosivo instável, muitas vezes, da família do ácido sulfúrico ou nítrico — que poderia ser posto em funcionamento por qualquer coisa desde percussão até uma pequena quantidade de corrente elétrica fraca. Podia ser ativado mecanicamente, por exemplo, por um despertador ou mesmo por qualquer sinal de um rádio transmissor ou um simples botão de controle remoto de TV.

O problema com um disparador automático — por exemplo, o botão de ignição ou o câmbio de marchas de um carro — era que ele responderia ao ser operado por qualquer pessoa, e não podia ser desativado se o alvo estivesse, inesperadamente, acompanhado por outras pessoas. Este era um problema ainda maior com mecanismos de tempo, que obviamente explodiriam a bomba quer o alvo ou outra pessoa qualquer estivessem, por acaso, na vizinhança. Embora isto pudesse ser uma questão de indiferença total para os terroristas, que, muitas vezes, não tinham, de qualquer maneira, alvos específicos, eliminava o uso de disparadores automáticos para a equipe de Avner.

Gatilhos acionados por um agente humano, que podia visualmente determinar que o alvo, e somente o alvo, seria afetado pela explosão, eram a única solução — mas na maioria das situações urbanas era perigoso, quase de forma impossível, correr fios do local da bomba até qualquer lugar onde o assassino devia ficar à espera. Sinais de rádio podiam vencer o problema, mas criariam um diferente: qualquer pessoa que operasse um rádio na mesma freqüência, na vizinhança, talvez provocasse a explosão a qualquer hora.

Com a proliferação de potentes *walkie-talkies*, rádios comunitários e outros dispositivos de controle remoto, o perigo de detonação acidental se tornou tão agudo que expecialistas em explosivos, cuidadosos como Robert, sequer trabalhariam na instalação de um *receiver*, a menos que a bomba fosse desativada por um botão isolado, por medo de que pudesse explodir em suas mãos. A única solução, na verdade, era uma chave isolada. Uma que armasse a bomba, muitas vezes com a vítima pretendida operando-a involuntariamente. Depois, e somente depois, a bomba poderia ser explodida por um observador usando um sinal de rádio.

Como Robert explicou o plano: a bomba seria instalada na base do telefone de Hamshari. Seria perfeitamente inofensiva até o receptor ser erguido do gancho, mas depois de Hamshari erguer o receptor, a bomba estaria armada. Nesse ponto, um sinal de rádio poderia ser enviado para provocar a explosão.

Avner achou que o mecanismo, como descrito, era quase à prova de acidente. Quase. Desde que teria que ser instalado, claramente, ao menos meio dia antes do crime, e se a sra. Hamshari resolvesse ter uma longa conversa telefônica naquela noite, com uma de suas amigas? Um radioamador em algum lugar da vizinhança podia resolver começar a transmitir na mesma freqüência que o *receiver* da bomba, na mesma hora. O que aconteceria, então?

Robert deu de ombros. Era claro o que aconteceria. Não havia essa coisa de risco zero. Seu mecanismo reduziria o risco para perto de zero, o mais possível; mas, se mesmo isso fosse arriscado demais para Avner, teriam que pensar em uma maneira completamente diferente. Não havia espaço suficiente na base de um telefone para *dois receivers*, cada um em uma freqüência diferente, um para armar a bomba e o outro para explodi-la.

— Muito bem — disse Avner, depois de pequena hesitação. — Certifique-se de não provocar uma explosão tão grande que mate todo mundo do maldito prédio.

— Tenho um problema diferente — disse Robert. — Terei que certificar-me que haverá força suficiente para o *mechabel* de pé, ao lado. Não há muito espaço em um telefone.

A bomba foi contrabandeada para a França da Bélgica no dia 6 de dezembro, uma quarta-feira. Quando Avner a segurou pareceu-lhe muito pequena e leve. Dificilmente capaz de ferir um homem, exceto que Avner lembrava-se de ter visto o dano que dois gramas de *plastique* causaram dentro de uma carta-bomba — um dispositivo predileto dos terroristas. Fazia menos de três meses, poucos dias depois do massacre de Munique, que uma carta-bomba do Setembro Negro matara um diplomata israelense em Londres.[8]

— Esperemos que funcione — disse Avner ao entregar a caixa de volta a Robert.

Naquele mesmo dia a equipe se dividiu em duas novas casas seguras proporcionadas por Louis, que também providenciara a casa anterior onde tinham vivido.

Na quinta-feira, 7 de dezembro, houve um obstáculo inesperado. O plano era esperar, de manhã, até a sra. Hamshari ter saído com Amina, e Nanette ter dado carona a Hamshari em seu Renault. Então, pouco depois das nove, Robert e Hans, vestidos como funcionários da seção de consertos da telefônica, com uniformes fornecidos por Louis, deviam entrar no apartamento e instalar a bomba. Robert calculava que o trabalho levaria de vinte a trinta minutos, ou menos. Avner, Steve e Carl deviam esperar fora do prédio — Carl, como o jornalista italiano, bastante afastado — para prevenir Robert e Hans se um membro da família Hamshari voltasse. Caso acontecesse, Louis arranjara um casal francês cuja única tarefa seria envolver a sra. Hamshari em conversa, até Avner ou Steve conseguirem tirar os outros dois do apartamento.

No entanto, Nanette não apareceu naquela quinta-feira e até a sra. Hamshari voltou ao apartamento cedo. O próprio Hamshari nem saiu.

Avner, Carl, Hans e Robert breve saíram do local. Não fazia sentido esperar em frente ao nº 175 da rue d'Alésia durante horas, quando sabiam que a rotina fora mudada por alguma razão. Poderia ter sido até perigoso. Apenas Steve e o casal de Louis permaneceram na vizinhança. Mas somente depois das seis da noite foi que Steve telefonou para dizer que Hamshari estava saindo de casa a pé e que ele ia segui-lo.

Os companheiros voltaram de carro, imediatamente, ao 14º *arrondissement*. Tendo Hamshari saído, havia uma boa chance de que a sra. Hamshari também saísse para buscar a menina no jardim-de-infância — a menos que Hamshari tivesse ido fazer isso ele mesmo. Robert e Hans, ainda de uniforme, guiaram seu furgão para a vaga de estacionamento mais próxima, do lado oposto ao nº 175. Avner parou na agência dos Correios na esquina da rue d'Alésia e rue des Plantes — onde Nanette parava sempre — e esperou. Carl se manteve escondido.

Steve telefonou quase no instante em que Avner havia assumido o seu posto. Aparentemente, Hamshari havia ido a "um tipo de prédio da Liga Árabe" (Steve, cujo francês não era melhor que o de Avner, não podia dizer qual), no bulevar Haussmann. Se a própria sra. Hamshari saísse breve, a equipe teria no mínimo 45 minutos antes de qualquer um deles voltar.

Quando Avner havia percorrido os três quarteirões da agência dos Correios até o furgão de Robert, em frente ao nº 175, do lado oposto da rua, viu a esposa de Hamshari saindo pela porta principal ornada, e brilhantemente iluminada, do prédio de apartamentos. Era quase certo que ia buscar Amina no jardim-de-infância. Ali estava a chance. Talvez fosse um pouco tarde para consertar telefones, mas os Postes Télegraphes et Téléphones sempre podiam atender a um chamado de emergência. Além disso, Avner confiava na indiferença fenomenal dos urbanistas em qualquer cidade grande. Os porteiros deixavam de ser vigilantes, mesmo em Paris, e os vizinhos dificilmente fariam qualquer pergunta. De qualquer forma, a equipe não tinha escolha. A bomba não entraria no telefone sozinha.

Robert e Hans desapareceram sob a arcada da entrada, carregando suas caixas de ferramentas.

Durante uns 15 minutos Avner permaneceu sozinho ao lado do furgão na rue d'Alésia. Gostaria de ter alguma goma de mascar. Uma vez pensou vislumbrar Carl atravessando a rua a um quarteirão de distância, mais ou menos, mas no escuro não podia ter certeza. Avner se perguntou se sequer veria Hamshari ou sua esposa a tempo de prevenir Robert e Hans, se voltassem antes de os companheiros terem terminado.

Depois, quase antes de poderem ter tido tempo de pegar a chave, Robert e Hans vieram caminhando de volta pela rua.

— Estão brincando — disse Avner. — Tudo pronto?

— Bem, não sei — replicou Robert. — Acho que saberemos amanhã de manhã.

Em 8 de dezembro, uma sexta-feira, assumiram suas posições do lado da rua oposto ao prédio de apartamentos de Hamshari pouco antes de oito horas da manhã. Robert, Avner e Carl no furgão, estacionado a uns duzentos metros. Steve e Hans em um carro, estacionado um pouco mais perto da entrada principal. Os últimos agiam como guardas, e também era seu trabalho certificarem-se de que a sra. Hamshari ou a filha não voltassem ao apartamento no momento errado. Louis não tinha homens na cena aquela manhã.

Eram quase 8h30 quando a esposa e filhinha de Hamshari surgiram do prédio. Dirigiam-se para o ponto de ônibus, não muito distante. Como Nanette poderia telefonar a qualquer minuto, era importante agir depressa.

Carl saiu do furgão e caminhou para um telefone público em um bistrô próximo, a uns cinqüenta metros de distância, virando-se para verificar que havia uma clara linha de visão entre ele e Avner através da janela. Depois, ergueu o receptor e começou a discar.

Avner lançou um olhar a Robert, sentado ao seu lado no furgão. A cabeça de Robert também estava voltada para Carl. Ele segurava uma caixinha na mão, um dedo descansando levemente sobre uma chave articulada.

Carl ainda estava de pé perto do telefone, o receptor ao ouvido. Seus lábios pareciam mover-se, mas àquela distância era impossível ouvi-lo ou até ter certeza de que ele falava. Não ajudava nada ele estar, mesmo agora, segurando o cabo do cachimbo entre os dentes. Mas Avner não observava a boca de Carl, vigiava sua mão direita. Devagar, deliberadamente, com um movimento apenas um pouco forçado, Carl erguia a mão direita, trazendo-a para o cocuruto da cabeça. Seus dedos se agitaram um pouco. Era o sinal.

Avner sentiu Robert tenso ao seu lado. Ele devia ter visto o sinal de Carl também — mas só agiria sob o comando de Avner.

— Agora! — exclamou Avner, os olhos erguendo-se instintivamente para o alto, ao longo da fachada do nº 175.

Ele não ouviu o clique da chave articulada ao seu lado. Não ouviu qualquer explosão, mas pôde ver um repentino bruxuleio de ar ao longo da parede de frente, como se um pequeno tremor houvesse atravessado todo o prédio. E ele podia ver um padrão em cruz de rachaduras aparecendo em uma das grandes vidraças que a força percussora havia estilhaçado.

Alguns pedestres pararam e olharam para cima.

Alguém abria as janelas de batente em uma varanda do segundo andar, saindo e olhando primeiro para a rua, embaixo, depois esticando o pescoço, tentando olhar para as janelas acima.

Carl caminhava com determinação para o furgão, novamente.

Eles tinham conseguido.

Conseguido de novo.

À noite, não estavam tão certos, sentados em uma das casas seguras, observando as notícias na TV, olhando para as últimas edições dos jornais. Hamshari ainda vivia. Ferido gravemente, sem dúvida, mas era impossível para eles saber, pelas notícias, se ele sobreviveria ou não. Fora levado para o Hospital Cochin na rue du Faubourg Saint-Jacques — o outro hospital, St. Joseph, ficava um pouco mais perto, mas a ambulância estava virada para o outro lado — e agora talvez já até houvesse dito à polícia sobre o jornalista italiano que lhe telefonara exatamente antes da explosão.

Hamshari havia soado um pouco estranho ao telefone, disse Carl aos outros, um pouco rouco, como se acabasse de acordar. Carl não teve certeza sobre a voz; assim, depois de explicar que era o jornalista italiano telefonando por causa da entrevista, perguntou se ele era, realmente, o dr. Hamshari. Carl só havia coçado a cabeça quando ouviu a resposta — sim, sou eu — vindo do outro lado da linha.

Robert parecia especialmente preocupado, até na defensiva. Poderia ter feito o explosivo mais potente, explicou, mas todos insistiram tanto que ninguém mais devia ser ferido que ele tentara ficar duplamente certo de que a explosão se limitaria à dependência onde ocorreu. De acordo com as primeiras notícias da manhã, as autoridades estavam desconcertadas sobre a fonte da explosão e mencionaram "sabotagem" apenas como uma possibilidade remota. Avner não estava preocupado demais; mesmo se Hamshari sobrevivesse, eles o tinham tirado de ação durante muito tempo, talvez para sempre, e não parecia importar o que ele contasse à polícia sobre o "jornalista italiano". Eventualmente, talvez fizessem a ligação entre o jornalista e a bomba — no fim descobririam provavelmente que foi uma bomba-telefone, mesmo se a explosão tivesse sido muito mais forte — mas então, Carl já teria ido embora havia muito tempo e a equipe não usaria o mesmo método de novo, em todo caso.

Passaram mais duas noites em suas casas seguras de Paris. Devolveram o furgão e o carro, assim como algumas armas portáteis, a Louis. Pagaram o saldo de sua conta — cerca de duzentos mil dólares, dos quais, naquele momento, tinham dado a Louis cerca de 150 mil nas semanas precedentes. Então, cada um embarcando em um vôo diferente, e com passaportes diferentes dos que usaram para entrar na França, voltaram a Frankfurt em 10 de dezembro. Era domingo. A polícia parecia aglomerar-se em todos os aeroportos de Paris, mas ninguém os interpelou. Naquele momento, até onde sabiam, Hamshari continuava vivo.[9]

Avner não voou para Frankfurt. Voou para Nova York.

Sua razão ostensiva para a viagem era um boato — ouvido não por Louis, desta vez, mas por um dos velhos informantes parisienses de Hans — de que Ali Hassam Salameh ou outro terrorista da OLP de alta categoria talvez fossem para lá em breve, a fim de coordenar um ataque com os Panteras Negras sobre uma aeronave da *El Al* no aeroporto Kennedy. Era um boato que valia a pena verificar, embora Avner não acreditasse nele, realmente. Salameh, um terrorista bastante aristocrata à sua própria maneira, provavelmente teria pouco em comum com os Panteras Negras.

De qualquer forma, Avner também tinha uma razão pessoal para ir a Nova York. Queria encontrar um apartamento para Shoshana.

Em sua mente, enumerou as razões. Primeira, ele sentia falta dela — na verdade, mais do que havia imaginado. Durante a missão, que talvez durasse anos, provavelmente ele não teria um meio de visitá-la em Israel. Não deveria voltar a Israel, de modo algum, durante esse tempo, exceto em alguma terrível emergência — depois da qual seria duvidoso que tivesse permissão para deixar o país, de novo, para continuar a missão. Os outros — exceto Steve, que não era casado — já tinham suas famílias fora de Israel, e já as tinham visitado uma ou duas vezes.

Segunda, ele tinha uma vaga sensação, uma espécie de aviso do seu sexto sentido, de que talvez sequer voltasse a viver em Israel depois da missão. Talvez existisse uma razão — operacional ou não — que poderia impedir sua volta. Bem, nesse caso, por que não Nova York? Afinal, Avner sempre quisera viver na América (queria *ser* um americano, sua mãe teria dito), e as poucas vezes que visitara Nova York não tinham mudado sua idéia, certamente. Quanto a Shoshana, se ele a mudasse para Nova York — como um arranjo temporário, durante a missão, de forma que pudessem se ver de vez em quando —, talvez ela viesse a gostar da cidade. Talvez não insistisse em voltar a viver em Israel.

Havia também uma terceira razão. Avner *precisava* de Shoshana. Ele tinha 25 anos, e não estivera na cama com uma mulher desde setembro. Certamente, olhava para as mulheres, mas nunca fizera nada a respeito. Talvez quisesse permanecer fiel à esposa; talvez houvesse, simplesmente, pressão excessiva. Os outros, exceto Steve, não faziam nada pelo sexo, até onde Avner sabia. Claro, *eles* visitavam suas mulheres de vez em quando — ou talvez não precisassem disso — e o assunto jamais era abordado em conversa. Mas Avner certamente precisava; precisava muito. Tomou providências para alugar um apartamento de um quarto no Brooklyn, em um prédio em que eram permitidos animais, de modo que Shoshana pudesse trazer Charlie. Ele lhes deu uma entrada para ocupação do apartamento em abril. Nessa época o bebê deveria estar com três meses.

Em 20 de dezembro — Avner jamais esqueceria a data —, quando já estava de volta a Frankfurt, telefonou a Shoshana. Era inacreditável. Ela disse uma coisa ao telefone, alguma coisa que jamais havia esperado ouvir dela. Não de uma *sabra*, não de uma esposa israelense, cujo marido estava em uma missão.

— O bebê é esperado para o dia 25 — disse Shoshana —, e quero que esteja aqui.

Avner sequer soube o que responder, por um segundo. Depois, falou:

— Eu irei.

— Não, não pode — disse Shoshana, obviamente chocada por seu próprio pedido, mais do que pela resposta de Avner. — Não seja estúpido. Eu não quis dizer aquilo. Tenho tudo aqui. Vou para o hospital no dia 25, está tudo sob controle... Eu estava apenas brincando, você não tem com que se preocupar.

— Eu irei — repetiu Avner. E acrescentou: — Não diga nada a ninguém.

Dois dias depois, usando um falso passaporte alemão, sem dizer uma palavra aos companheiros, em total desobediência às instruções operacionais, Avner entrou furtivamente em Tel Aviv. Sabia que o que fazia era imperdoável, e se tivesse sido visto por alguém de seu próprio lado, Deus sabe o que teria acontecido. O melhor que poderia esperar seria uma desonra total. Se o outro lado o houvesse localizado, ele poderia pôr em risco a missão, sua própria vida e as vidas de seus parceiros. Ele jamais tivera tanto medo de atravessar uma fronteira ilegalmente, em parte por causa do que estava em jogo, mas também porque, como a maioria de seus compatriotas, Avner tinha uma idéia um pouco exagerada da segurança israelense. Não era uma idéia sem fundamento — a contra-espionagem israelense sendo de alta qualidade — mas Avner, como muitas pessoas, acreditava que ela era mais que isso. O que não era. Mas, acreditando que fosse quase infalível, como era o caso, Avner tinha que estar bastante desesperado para arriscar passar por ela. O que ele estava.

Avner passou quatro dias em Tel Aviv, sem ver ninguém, com exceção de sua mãe e Shoshana. Sequer ousou visitar o pai — ou ir para o hospital com Shoshana. No entanto, depois que o bebê nasceu, tarde da noite, representando o papel de um tio, ele pediu à enfermeira da noite para dar uma olhada no bebê. O bebê, como lhe afirmou a enfermeira, era uma menina. Era a coisa mais feia que Avner já vira.

Shoshana tornou a surpreendê-lo. Avner esperava alguma discussão, mas agora parecia que ela queria ir para os Estados Unidos.

— Não me importo se ficarei sozinha a maior parte do tempo — disse ela. — Não me importo se verei você somente duas vezes por ano. Não quero que os avós criem nossa filha.

Marcaram um encontro para abril em Nova York.

Capítulo 8

ABAD AL-CHIR

O ORGANIZADOR terrorista Hussein Abad al-Chir passava grande parte de seu tempo em Damasco, fora da área operacional da equipe. Esta era a principal razão por que Avner e Carl o designaram de alvo difícil; de outro modo, al-Chir não parecia, que se soubesse, andar armado ou protegido. Como ocupação, era professor especializado em línguas orientais. Sua ocupação "na luta armada" era como um contato da OLP com a operação do KGB em Chipre. Era o número 10 da lista de Efraim.

Al-Chir atraiu a atenção de Avner em Paris através de uma conversa com Louis. As pessoas na folha de pagamento de *Le Group* em Nicósia tinham sabido de alguns boatos sobre uma possível ação de comando sendo planejada pelos palestinos: terroristas deviam embarcar em um navio grego que chegaria ao porto cipriota de Kirenia, perto de Nicósia, como parte de seu trajeto normal antes de continuar para o porto israelense de Haifa. Em Kirenia, armas automáticas e talvez explosivos seriam levados clandestinamente para bordo, para os terroristas. Uma vez em Haifa, os terroristas se apossariam do navio e causariam o maior dano possível, à maneira do ataque camicase no aeroporto Lod.

— Isto, por falar no assunto — disse Louis —, é por conta da casa.

— Pode me dizer mais alguma coisa — perguntou Avner — em base comercial?

— Posso tentar e descobrir mais — disse Louis. — A única coisa que ouvi além disso foi que as pessoas que farão o ataque viajariam com passaportes afegãos. O cara que coordena em Chipre chama-se, aparentemente, al-Chir.

Isto aconteceu alguns dias antes do golpe contra Hamshari. Avner discutiu o assunto com os outros. Se a informação de Louis era correta, al-Chir teria que aparecer em Nicósia dentro de pouco tempo. Chipre não estava fora da área operacional da equipe.

Antes de partir para Israel, Avner havia dado a Carl o número que tinha para telefonar a Louis. (Até então, Avner fora o único a manter contato direto com Louis, embora os outros tivessem conhecido alguns dos empregados de Louis.) Agora, Avner combinou com Louis que Carl lhe telefonaria todos os dias. Se alguma coisa acontecesse em relação a al-Chir em Chipre, Carl devia telefonar para Avner depois de 27 de dezembro, para um número em Atenas.

Nessa data, tendo dito adeus a Shoshana, ele voou de Tel Aviv para a capital grega.

Avner conhecia bem Atenas, embora suas lembranças deste berço da civilização ocidental fossem tudo, menos agradáveis. Foi em Atenas que, como aluno da Mossad, ele havia descoberto pela primeira vez uma pista do aspecto sombrio, misterioso, do trabalho sobre o qual seu pai falara. Foi em Atenas que do mesmo modo compreendeu que os garotinhos holandeses também eram funcionários civis, trabalhando em uma burocracia, cheia, como qualquer outra burocracia, de fidelidades pessoais, inimizades, intrigas e politicagem.

O próprio incidente foi simples. Bastante comum, na verdade. O homem mais velho da Mossad, que era, na época, o chefe da base em Atenas, embriagou-se uma noite. Embriagou-se em público, em um restaurante, em companhia de sua esposa consideravelmente mais nova, Avner e outro jovem trabalhador da Mossad. É desnecessário dizer que não se sabia que o chefe da base era um agente de Israel; seu disfarce era de um negociante de Atenas, e como tal, não era, necessariamente, um grande furo na segurança ele se embriagar em um restaurante. No entanto, ele era um bêbado briguento, irritante, e no máximo da embriaguez subiu na mesa, abriu o fecho da calça, e se Avner e o outro jovem agente não o tivessem detido, teria urinado sobre outros fregueses. Sua esposa, aparentemente acostumada com as exibições ocasionais de belicosidade do marido, apenas levantou-se e deixou o restaurante, os dois jovens agentes tendo que se ocupar do seu chefe embriagado.

Eles o fizeram sem qualquer contratempo adicional, mas Avner ficou muito chocado com o caso. Ele era um aluno inexperiente, com algumas ilusões; acabara de chegar a Atenas; e tinha como certo que aquele chefe de base seria um homem sério. Além disso, enquanto os judeus podem ter tantos vícios quanto qualquer outro grupo étnico, embriagar-se e provocar desordem é o mais raro deles. Avner não se lembrava de ter visto um outro exemplo — e aquele homem devia ser um chefe de base da Mossad. Era imperdoável.

Ele resolveu escrever um relatório sobre o incidente, depois de discuti-lo com o outro jovem agente. Ele também havia dito que iria mencionar o fato em seu relatório. Afinal, era seu dever: o seu chefe talvez fosse um homem que precisava de ajuda psiquiátrica. Chegou até a passar pela mente de Avner que a coisa toda talvez houvesse sido um teste, algo encenado para ele como aluno, apenas para ver se ele iria silenciar por algum senso de lealdade mal orientado para com o homem mais velho. Bem, eles não o pegariam por isso!

No entanto, para surpresa total de Avner, depois que voltou a Tel Aviv, cerca de um mês depois, disseram-lhe para apresentar-se ao equivalente na Mossad de um departamento pessoal. Lá, sentados em um escritório, três homens estavam à sua espera. Parecendo muito rabugentos. Galicianos típicos, até onde dizia respeito a Avner.

— Você fez afirmações muito graves nesta folha de papel — disse o primeiro, mostrando o relatório de Avner e empurrando o papel na direção do rapaz, do outro lado da mesa. — Aconselhamos a retirá-las.

Avner estava aturdido.

— De que está falando? — perguntou. — Foi isto que aconteceu. Vejam o relatório do outro rapaz que estava comigo.

— Já vimos — disse o galiciano presunçoso. — Não há nada nele sobre este suposto incidente. Talvez tenha sido apenas sua imaginação.

— Mesmo que não tenha sido — disse o segundo homem —, considere a coisa da seguinte forma: o homem sobre quem escreveu fez coisas importantes para Israel quando você ainda usava fraldas. Agora, está apenas a um ano da aposentadoria. Uma coisa assim poderia ter má repercussão. E você... você tampouco é perfeito. Eu poderia lhe mostrar o relatório *dele* sobre *você*.

— Mas — disse o terceiro galiciano — talvez não seja necessário. Talvez seja apenas um conflito de personalidade. Esquecemos o relatório dele, esquecemos o seu relatório. Então, todos ficam felizes.

Aconteceu que soou mal para Avner; lembrou-lhe algumas pessoas que conhecera no *kibutz*. Os galicianos com medo de tomar uma atitude. Levantou-se.

— Têm o meu relatório — falou. — Não me importo com o que têm mais. Com o que esquecem ou lembram. É problema seu. Há mais alguma coisa?

Os galicianos não responderam e Avner saiu do escritório. Estava agitado. Ninguém lhe falou mais nada sobre o incidente, mas ele ficou com um gosto amargo na boca. Quando foi designado novamente para Atenas, cerca de oito meses depois, a Mossad na Grécia tinha um novo chefe de base.

O interessante sobre isso foi que, agora, dois anos depois, chegando a Atenas de sua visita altamente irregular a Tel Aviv, Avner teria maior compreensão em relação ao chefe de base. Hoje talvez não tivesse escrito o relatório.

De qualquer forma, tudo isso era história antiga.

Carl telefonou assim que Avner chegou a Atenas. Telefonou, além disso, não de Frankfurt, mas de Nicósia. Ele e Hans já estavam lá há um dia, mantendo al-Chir sob vigilância.

Quase no momento em que Avner partiu para Israel, Louis contou que al-Chir havia aparecido em Chipre. Na ausência de Avner, Carl resolveu juntar-se aos homens de Louis em Nicósia, com Hans, enviando Robert para a Bélgica, para uma reunião com seu amigo projetista de bombas. (Steve se encontrava na Espanha, verificando outra pista.) Robert queria ir à Bélgica de qualquer forma para uma autópsia, por assim dizer, porque estava muito infeliz em relação ao desempenho de seu telefone explosivo.

Dentro de horas Avner se encontrava com os parceiros em Nicósia. Permaneciam em uma casa segura providenciada por Louis, mantendo al-Chir sob vigilância. Relataram, felizes, que ele se encontrara com o homem tido como o residente do KGB em Chipre. Infelizmente, também decidiram celebrar a chegada de Avner almoçando com ele, deixando o organizador terrorista nas mãos da equipe de vigilância de Louis em Nicósia. Quando terminaram o almoço, al-Chir havia pago a conta do hotel e se dirigido ao aeroporto, rumo a um destino ignorado.

Não havia nada a fazer, a não ser voltar a Frankfurt; não conseguiram nada ficando em Chipre. Al-Chir voltaria, eventualmente, à pequena ilha do Mediterrâneo que a União Soviética havia escolhido como um de seus pontos fixos, de onde girar a Terra. A localização geográfica da ilha a tornava um lugar perfeito de onde soprar as chamas do Oriente Médio — sem mencionar o conflito crônico entre gregos e turcos.[1] Avner, de qualquer modo, estava pouco à vontade em Chipre; era um lugar total e demasiadamente mediterrâneo, combinando os elementos do clima e disposição sem os quais passaria muito bem. Que o pessoal de Louis ficasse de olho em al-Chir em Nicósia.

A pista de Steve na Espanha fracassou, enquanto isso, assim também ele voltou a Frankfurt. Como fez Robert.

— Ouça — disse Robert a Avner assim que o viu —, tem que me deixar tentar de novo se fizermos aquele ataque em Chipre. Meu amigo e eu preparamos um novo sistema.

— Sim, eu sei — disse Steve com irreverência ao seu companheiro de quarto —, uma bomba invisível que lhe causa doença do fígado e encurta sua vida em dez anos... Por que simplesmente não damos um tiro no patife?

— Está com ciúmes — disse Carl a Steve — porque ele não deixará você brincar com seu pato de borracha.

Todos riram, inclusive Steve. Embora Robert estivesse com falta de patos de borracha para a banheira, a casa que os dois dividiam era cheia de brinquedos surpreendentes que ele não deixava Steve tocar. Era uma fonte de pequeno atrito entre eles. Uma vez que Robert chegou em casa inesperadamente e encontrou Steve experimentando um carro de controle remoto, ele ficou muito irritado. Steve vingou-se usando sua moeda de brincadeira para fazer Robert perder na sorte, que decidia qual deles teria a orelha furada para um disfarce *hippie*, a fim de entrar em uma casa segura e fazer contato com um informante árabe. Robert jamais o perdoou por isso.

— Oh, calma — disse Avner. — Obviamente, o modo de fazer a coisa dependerá da localização e rotina do alvo. Até agora ele tem ficado sempre no Olympic Hotel, em Nicósia. Supondo que ele fará isto da próxima vez — Avner virou-se para Robert —, como você agiria?

— Seis pequenas bombas — respondeu Robert prontamente — sob sua cama.

— Por que seis?

— Para ter certeza de que o pegamos — disse Robert — sem pegar outra pessoa qualquer.

Isto trouxe à baila um assunto melindroso. Avner tinha como certa a perícia de Robert e de seu contato belga — e a bomba-telefone havia sido um projeto engenhoso — mas o fato era que não tinha matado o alvo, ao menos não imediatamente. A última vez que Avner falou ao telefone com Louis, o francês recomendou, com muito tato, um homem de explosivos que poderia fornecer por um determinado preço, se Avner achasse que precisava de um. Avner mencionou isto aos outros. Robert não quis ouvir falar sobre o assunto. Ele não tocaria em um dispositivo que ele próprio não tivesse ajudado a fazer.

— Mas se gosta tanto de Louis — disse Robert —, eu lhe digo o que ele poderia fazer. Poderia trazer o negócio até Chipre, para nós. Da Bélgica.

Isto fazia sentido. De certa forma, a parte mais arriscada de qualquer operação era transportar material ilegal, como armas ou explosivos, através de fronteiras internacionais. Muitos terroristas resolviam o problema, ao menos para volumes não muito grandes, usando os mensageiros diplomáticos de países do bloco oriental e árabe, cujas bolsas oficiais estavam isentas do controle alfandegário. Uma vez que a equipe de Avner não podia empregar tais métodos, *Le Group* estava, claramente, mais bem equipado para o contrabando.

Por mais de duas semanas não houve notícia sobre al-Chir ou qualquer outro alvo. Hans utilizou o tempo para trabalhar em um projeto de estimação — estabelecer um negócio de móveis antigos em Frankfurt. Hans adorava antigüidades e sabia muito sobre elas. Também tinha muito boa cabeça para negócios, ao contrário de Avner e Steve. Na verdade, gostava de comprar e vender.

Carl — o Cauteloso Carl — aprovou inteiramente a idéia. Um negócio de antigüidades podia dar a toda a equipe, com seus horários irregulares e viagens constantes, ao menos alguma fachada rudimentar, assim como uma forma de despachar objetos mais volumosos através de várias fronteiras, se houvesse necessidade. Avner gostou da idéia, embora a única cobertura que já tivesse preparado para si fosse jogar nas loterias alemãs e nos *pools* de futebol inglês. Ele havia começado isso na época em que era aluno; era uma excelente forma de proporcionar uma explicação inocente por ter os números de código de comunicação, que jamais conseguia aprender ou lembrar, consigo em vários pedaços de papel.

Avner utilizou o período de espera para voar de Genebra e deixar duas mensagens para Efraim, utilizando pela primeira vez o método de comunicação previamente combinado através do cofre de segurança. Uma falava do possível ataque em Haifa. A segunda era um recado pessoal, pedindo que seu chefe facilitasse a viagem de Shoshana para Nova York em abril. Ficara entendido desde o início que Efraim ajudaria Avner a encontrar sua esposa no exterior durante a missão, e Avner não achou necessário dizer que Shoshana não voltaria a Israel.

Desde que estava, de qualquer forma, no banco de Genebra, Avner fez uma outra coisa. Deu uma olhada em sua conta pessoal, aquela em que seu salário estava sendo depositado mensalmente, enquanto estivesse na missão. Ainda era uma conta modesta, mas crescia satisfatoriamente. Divertia-o pensar que já tinha mais dinheiro em um banco suíço do que conseguira poupar antes.

O telefonema de Louis aconteceu na segunda-feira, 22 de janeiro. Abad al-Chir chegaria a Chipre dentro de um ou dois dias. Era impossível saber quanto tempo ele planejava ficar.

Naquela noite, a equipe aterrissou em Nicósia. Avner e Robert foram para uma casa segura, enquanto Carl, Hans e Steve se registraram no Olympic Hotel. Foi idéia de Carl de que alguns deles ficassem no hotel onde o alvo supostamente estaria. Em primeiro lugar, os ajudaria a identificá-lo positivamente. Em segundo, lhes permitiria estudar a planta do prédio. Afinal, embora fossem pagar as contas assim que al-Chir chegasse, sua presença no hotel, mais tarde, não despertaria suspeita entre o pessoal de segurança ou empregados do hotel. Seriam reconhecidos como os hóspedes que eles tinham visto antes.

Na hora do almoço de terça-feira, o pessoal de Louis entregou um pacote a Robert, da Bélgica.

Mais tarde, no mesmo dia, Abad al-Chir registrou-se no Olympic Hotel.[2]

Steve e Carl informaram — o primeiro um pouco divertido e o segundo com alguma preocupação — que o alvo, aparentemente, ocupava um quarto vizinho a um casal recém-casado de Israel, que viera a Chipre para se casar porque a moça não era judia. Isto era bastante comum porque as autoridades religiosas de Israel não realizavam casamentos mistos.

— Bem — disse Steve, para muita consternação de Hans —, parece que haverá algum estrondo nos dois quartos.

— Presumo que não há maneira do casal sair ferido, não é? — perguntou Avner a Robert.

— Não — respondeu Robert firmemente. Depois, com menos segurança, acrescentou: — Claro, não estou dando uma garantia por escrito. Se é de uma garantia escrita que precisa, vamos desistir.

— Ou preveni-los, talvez? — perguntou Hans, depois sacudiu a cabeça para dar sua própria resposta.

Em uma operação deste tipo ninguém podia ser avisado. A equipe assumiria o risco ou não. O que dependia de Avner resolver.

— Arriscaremos — disse Avner.

— Quer dizer, faremos com que *eles* se arrisquem — disse Hans inesperadamente. — Gostaria de ser vizinho do quarto onde as seis bombas de Robert explodirão?

Era uma declaração surpreendente para um membro da equipe fazer depois de Avner ter falado, mas a preocupação de Hans era genuína e todos a sentiram. Depois de um curto silêncio, Robert disse:

— Oh, por Deus! Eu lhes *estou dando* uma garantia escrita.

Isso resolveu o assunto.

Desta vez, a máquina infernal de Robert era essencialmente uma bomba de pressão, consistindo em seis pequenos pacotes de explosivos ligados a uma estrutura dupla. As duas armações eram mantidas isoladas por quatro molas fortes, com uma rosca de metal descendo no meio de cada uma. As molas, colocadas sob um assento de carro ou colchão, evitariam que os parafusos na armação de cima tocassem quatro pontos de contato no fundo. No entanto, o peso de um ser humano abaixaria as molas suficientemente para acontecer o contato. Em uma simples bomba de pressão, os explosivos seriam detonados nesta fase.

No entanto, no dispositivo de Robert, o peso serviria apenas para armar a bomba. Uma vez armada, ela poderia ser explodida por um agente humano utilizando um sinal de rádio. Se nenhum sinal fosse enviado, o dispositivo permaneceria inativo. Da mesma forma, nenhum sinal difuso poderia explodir a bomba acidental ou prematuramente, até o alvo ter colocado seu peso sobre o objeto sob o qual a bomba se escondia. A parte de segurança significava que a cama equipada só explodiria quando a equipe tivesse certeza de que o próprio al-Chir estava nela.

Na manhã de 24 de janeiro, uma segunda-feira, o número dez dos alvos de Efraim deixou seu quarto de hotel por volta das oito. Foi apanhado por um carro onde estavam o residente do KGB e outra pessoa, que também parecia russa, ou ao menos não tinha aparência árabe ou cipriota. O carro estava sendo seguido por vários veículos diferentes da equipe de vigilância de Louis — seis pessoas ao todo —, que tinham instruções para telefonar a Carl, imediatamente, se os russos parecessem prontos para levar al-Chir de volta ao hotel. Na verdade, o organizador terrorista permaneceu o dia todo em uma casa, conhecida como alugada pelos russos, em Nicósia.

Pouco depois de meio-dia, quando o pessoal da limpeza havia terminado seu trabalho, Robert e Hans introduziram-se no quarto de al-Chir com a ajuda de outro homem de Louis. Colocaram a bomba sobre a mola de metal aninhada na cama de al-Chir, sob o colchão. Também desligaram a chave da luz principal do quarto, deixando apenas a do abajur da mesa-de-cabeceira funcionando. Quando essa luz se apagasse à noite, al-Chir estaria, quase certamente, em sua cama.

Os russos levaram al-Chir de carro, de volta ao hotel, pouco depois das 22 horas. Acompanharam-no até a entrada principal, onde, exatamente antes de ele entrar, um deles lhe entregou um envelope.[3] Um dos homens de Louis subiu no elevador com al-Chir, ignorando que ele estava a ponto de morrer, para certificar-se de que ninguém mais entraria no quarto.

Ninguém entrou. Dentro de vinte minutos as luzes se apagaram na janela de al-Chir. (A janela vizinha do casal recém-casado israelense já estava escura havia algum tempo.) Fora, Avner e Robert estavam sentados em um carro; Hans e Steve em outro. Carl, como sempre, encontrava-se sozinho.

Avner esperou cerca de dois minutos depois das luzes de al-Chir se apagarem antes de dar a ordem a Robert. Só para o caso do árabe apagar a luz antes de se deitar. Na verdade, Avner ainda deu a ordem cedo demais. Quando Robert apertou o botão em sua caixa de controle remoto, nada aconteceu. Talvez al-Chir estivesse sentado à beira da cama, tirando os sapatos, não colocando peso suficiente sobre o colchão para abaixar as molas.

Robert apertou o botão uma segunda vez depois de contar até dez. Apertou-o com os dentes cerrados, com uma força enorme, quase esmagando a frágil caixa de baquelita em sua mão. A força era desnecessária, já que não faria diferença se al-Chir ainda não estivesse deitado em sua cama. Mas ele estava.

A explosão foi tremenda. Levantou uma língua de chama juntamente com uma chuva de vidro e pedra caindo na rua. Claramente, Robert compensava pela bomba mais fraca que não havia matado Hamshari imediatamente. Depois da explosão, Avner tinha pouca dúvida sobre o destino de al-Chir.

Quando se afastaram de carro, luzes se acendiam em cada janela do hotel e nos prédios ao longo da rua. Naquela ilha infeliz, os gregos devem ter pensado que os turcos atacavam, enquanto os turcos teriam suspeitas semelhantes sobre os gregos.

Capítulo 9

BASIL AL-KUBAISI

Em 17 de março de 1973, Carl e Avner estavam sentados no quarto de Avner do Hotel du Midi, em Genebra. Havia uma terceira pessoa sentada em frente a eles, em uma poltrona, apoiando as pernas compridas sobre a cama.

Efraim. Sua visita inesperada era o resultado de política burocrata, ao estilo da agência de serviço secreto.

Depois do assassinato de al-Chir, os cinco parceiros se reuniram em Frankfurt. Tinham deixado Chipre um a um, usando trajetos diferentes, com Avner viajando via Nova York, a fim de concluir suas providências de uma moradia para Shoshana. Carl foi o último a partir.

Ele havia entrado no hotel imediatamente após a explosão, para ter certeza de que o assassinato tivera sucesso sem ferir ninguém mais. Para grande alívio descobriu que, com exceção do alvo, todo mundo no hotel sobrevivera sem um arranhão — inclusive os recém-casados israelenses. Do outro lado da sua parede fina, contudo, o corpo e a cama de al-Chir tinham sido despedaçados.

De volta a Frankfurt, a equipe permaneceu sem pistas durante cerca de três semanas. No entanto, em 25 de fevereiro, Louis deixou um recado para Avner encontrá-lo no aeroporto de Frankfurt, onde ele passaria uma hora em trânsito.

No encontro, Louis deu informação precisa a Avner sobre mais quatro alvos. (Depois de Zwaiter e Hamshari, Avner não viu motivo para manter a invenção de Baader-Meinhof que usara originalmente com Tony, e dissera a Louis, mesmo antes do assassinato de al-Chir, que ele estava à procura de informação sobre os líderes terroristas palestinos. Não especificou os nomes — sua função era reunir informação, não dá-la —, e não disse nada sobre sua ligação com a Mossad. O francês, como sempre, aceitou o pedido de Avner sem fazer perguntas.)

Agora, Louis lhe contou que um líder terrorista chegaria a Paris no começo de março. Quanto aos outros três, ele tinha um endereço atual: um prédio de apartamentos em Beirute.

O de Paris era o número nove dos "alvos fáceis" na lista de Efraim: o dr. Basil al-Kubaisi. Os de Beirute eram alvos difíceis; conhecidos líderes terroristas que jamais poderiam viajar na Europa sob seus próprios nomes. Eram Kamal Nasser, porta-voz oficial para a OLP; Mahmoud Yussuf Najjer, também conhecido como "Abu Yussuf", o homem responsável, dentro da Al-Fatah, pelas atividades do Setembro Negro; e Kemal Adwan, então encarregado de atividades terroristas em terras ocupadas por Israel. Na lista da equipe, eram os números seis, sete e oito.

Esta informação era vital. Avner não tinha meios de saber se a Mossad estaria independentemente ciente do endereço de Beirute ou não. Ele sentia que era seu dever avisar Efraim — pedindo permissão, ao mesmo tempo, para a equipe entrar no Líbano a fim de assassinar os alvos. Sem permissão especial, não deviam operar em qualquer dos "Estados de confrontação", como eram chamados os países na fronteira de Israel.

Um pouco para surpresa de Avner, Carl argumentou muito contra avisar Efraim sobre a pista de Beirute. O Cauteloso Carl, tendo nas costas muitos anos de experiência "de grupo", achava que outras pessoas da Mossad agarrariam imediatamente o trabalho. A equipe era uma entidade independente, argumentou Carl, não obrigada, de forma alguma, a passar informação para Tel Aviv. Eles eram, pelos próprios termos de sua missão, independentes, não "trabalhando" mais para a Mossad. Por seu lado, disse Carl, a Mossad jamais permitiria que eles estendessem sua operação a Beirute, mas simplesmente usaria a informação que a equipe conseguira para montar uma operação do tipo Mossad e colher todas as glórias. Partilhar informação não era a maneira de avançar.

Também era desnecessário. A equipe ia bem. Se eles assassinassem homens suficientes na Europa, os homens do quartel-general em Beirute seriam forçados, eventualmente, a aparecer. O terror não organizava a si próprio; com Zwaiter, Hamshari, al-Chir e talvez um ou dois outros eliminados, mais cedo ou mais tarde, Adwan, Najjer e Nasser seriam forçados a vir para a Europa.

Avner estava assombrado. Embora não tivesse uma discussão verdadeira com Carl, observou para o homem mais velho que Carl estava agindo exatamente como ele suspeitava que Tel Aviv agiria com a informação: faria política, tentaria apropriar-se da glória. Quem se importava com "glória"? Quem se importava com "avançar"? Não eram funcionários públicos que abriam caminho para subir uma escada burocrática; eram soldados em uma luta de vida e morte. Como podiam sonegar informação a Israel?

Carl deu de ombros. Era sempre melhor ter uma carta escondida na manga. Especialmente quando jogavam com o pessoal *le'histader* de Tel Aviv — aqueles que estavam ocupados "dividindo os *dumplings*".

Avner pareceu um pouco envergonhado com isto, talvez porque Carl houvesse repetido uma expressão do pai: ter uma carta escondida na manga. Talvez fosse a verdade simples. Além disso, quem era Avner para instruir Carl sobre patriotismo? E como podia ele, o pequeno holandês, dizer com seriedade que não se importava com glória?[1]

De qualquer forma, Carl veio a estar certo. De qualquer maneira, 99% certo.

Avner voou para Genebra a fim de deixar a mensagem, e cerca de dez dias depois voou de volta para pegar a resposta de Efraim no cofre de segurança. A mensagem de Efraim foi: não façam nada. Mantenham-se firmes. Ele estaria em Genebra para encontrar-se com Avner e Carl em 17 de março.

Agora, sentados no Hotel du Midi, passaram os primeiros minutos trocando amabilidades e congratulações, embora parecesse a Avner que seu chefe não exagerava nos elogios pelo que eles tinham feito até agora. Está tudo muito bem, diria Efraim, mas está levando um pouco de tempo, não é? E certamente está levando mais do que pouco dinheiro. Confessadamente, lá em Israel o moral se eleva muito com a notícia de que os *mechablim* não têm somente o controle do mundo inteiro, assassinando impunemente viajantes, crianças, atletas; que, hoje em dia, também têm de tomar cuidado. Muito bem. Mas — seria difícil afirmar que isso teve o efeito de reduzir o terrorismo. A julgar por alguns casos recentes, talvez fizesse exatamente o oposto.[2]

— De qualquer maneira — continuou Efraim —, neste ponto, isto não é preocupação de vocês. Ainda estamos 100% atrás da operação, mas temos outro problema.

"Talvez não compreendam isto, mas sua existência é um grande mistério. Não apenas para o inimigo... que permaneça um mistério para eles, sempre... mas para nosso próprio povo. Aqueles que sabem a seu respeito podem ser contados nos dedos de uma das mãos.

"Agora, está começando a haver um bocado de pressão. Dentro, entendem? As pessoas estão começando a dizer: o que é isso? Os terroristas são eliminados em toda a Europa, e não sabemos nada a respeito? Os chefes de departamentos nas reuniões de quinta-feira.³ Precisamos ser informados pelos jornais, dizem, não confia mais em nós?"

— Oh, vamos, estou certo de que pode enfrentar isso — disse Carl, nervosamente.

— Estamos contornando a situação por enquanto, não precisam se preocupar — respondeu Efraim —, mas estamos tentando pensar no futuro. Como digo, existe alguma pressão. Outras pessoas têm idéias próprias sobre como enfrentar o terrorismo e talvez suas idéias não sejam tão más. Não podemos lhes dizer "adiem" para sempre. Não podemos dizer "nossos grandes astros secretos na Europa precisam de mais tempo".

— Bem — perguntou Avner —, o que quer dizer com isso?

— Somente o seguinte — falou Efraim. — A informação que vocês têm sobre Beirute... já sabemos disso. Há muito tempo. Há planos. Não apenas o nosso pessoal, mas o Exército e outros órgãos. A decisão talvez seja avançar, de uma forma muito mais ampla. Não apenas a Mossad, mas uma operação conjunta. Compreendem? Assim, estes três *mechablim* estão fora de sua lista. Não precisamos de vocês para acabar com eles.

Avner olhou para Carl. Carl lhe devolveu o olhar. Ambos deram de ombros, depois Avner disse:

— Ótimo. Não precisam de nós... não precisam de nós.

Efraim disse:

— Assim, dêem-me um relatório completo. Tudo que conseguirem. Toda a estrutura.

— Ora, vamos — disse Avner, aborrecido.

Olhou de novo para Carl, mas o homem mais velho sorriu e acenou com uma das mãos como se dissesse: foi exatamente sobre isso que avisei você, agora resolva a coisa sozinho. Avner se voltou para Efraim.

— O que quer dizer com toda a estrutura? Devemos descobrir seus passos, sua rotina, tudo, usar todas as nossas fontes, mas não fazer o trabalho?

— Nós estamos fazendo o trabalho, entende? — disse Efraim. — Vocês, rapazes, sequer trabalham para nós, lembram?

— Ótimo, não trabalhamos para vocês — replicou Avner. — Foi você quem disse. Assim, consigam suas próprias informações.

Estava assombrado em ouvir a si mesmo; e Efraim parecia também um pouco espantado, mas depois começou a rir.

— O que é isto? — disse. — Hora de brincadeira? Não acredito! Não importa para quem vocês trabalham, são da reserva do Exército, são cidadãos de Israel: estou pedindo uma informação. Estão se esquecendo do que se trata?

Argumentos como aquele sempre provocavam um traço de teimosia em Avner. Era talvez a mesma característica que o fazia atravessar a pé a extensão de Israel com 25 quilos de equipamento às costas, apesar dos tipos atléticos desmaiarem ao seu lado.

— Não estamos esquecendo — disse ele. — Talvez você esteja, com toda essa conversa sobre pressão, e outras pessoas tendo idéias próprias. De qualquer forma, vocês não têm o suficiente para fazer? Precisam ampliar seu trabalho? Se precisam de *nossa* informação, por que não podemos fazer o trabalho?

— Ouçam, talvez esta coisa esteja atingindo vocês — disse Efraim, ainda em tom calmo. — Talvez precisem de descanso. Por que não podem fazer o trabalho? Porque é isso que decidimos. De agora em diante, querem que submetamos todas as decisões a vocês, para dizerem se são razoáveis ou não? — Ele continuou: — E que negócio é esse sobre sua informação? Acha que seus informantes se apaixonaram por vocês? Conseguiram informação porque pagaram caro. Talvez queiram que lhes diga com o dinheiro de quem?

Efraim tinha um argumento, mas ainda era um ataque frontal, e como tal faria apenas com que Avner mergulhasse mais fundo.

— Perdão, eu esqueci — disse ele. — Foi o seu dinheiro. Bem, ainda há muito no banco. Por que não vai lá e o pega? Veja quanta informação ele lhe dará.

Carl interveio neste momento, como tanto Avner quanto Efraim esperavam que fizesse.

— Ouça, você sabe exatamente como é. Neste negócio, muitas coisas dependem de relações pessoais. Nossos informantes não sabem exatamente quem somos... parcialmente pelo dinheiro, parcialmente por outras razões. Portanto, não perguntam. Se nós lhes disséssemos, agora, vocês trabalham para a Mossad, vocês vão se associar aos pára-quedistas do Líbano, provavelmente, a maioria deles não o faria. Por dinheiro algum.

— E o que é pior — acrescentou Avner —, talvez tivessem que reconsiderar sobre *nós*. Não correrei esse risco.

Ele teve vontade de continuar: "E talvez eu os aconselhasse a não trabalhar com você, de qualquer forma, porque não poderiam confiar." Mas rapidamente refletiu melhor a respeito.

Efraim não disse nada por algum tempo. Levantou-se, caminhou para a janela, passou algum tempo olhando para os prédios sombrios na margem oposta do Ródano, depois sentou-se em sua poltrona.

— Vocês fiquem aqui em Genebra — disse ele. — Entrarei em contato com vocês dentro de dois dias, e conversaremos mais.

Carl e Avner não ficaram em Genebra esperando a volta de Efraim. Voaram para Paris, onde Robert, Hans e Steve já tinham tomado providências para a vigilância sobre Basil al-Kubaisi. Sobre a questão de Beirute, os cinco chegaram a um acordo muito depressa. Qualquer que fosse a proposta de Efraim em seu regresso, não entregariam os serviços de *Le Group* à Mossad. Mais tarde, Avner admitiria para si mesmo que, em parte, a razão para esta decisão era infantil. Orgulho banal. Estavam zangados por serem excluídos.

Mas era principalmente por motivos de segurança, a deles próprios, assim como a segurança do pessoal de Louis em Beirute. Avner e seus parceiros não podiam garantir que não fosse haver deslizes, infiltrações, agentes duplos perto de uma operação que eles próprios não iriam conduzir. O risco seria simplesmente grande demais.

Efraim voltou para Genebra em 23 de março. Sua sugestão era um compromisso. A equipe entraria em Beirute e prepararia o ataque, utilizando seus próprios contatos e fontes, e operando inteiramente por conta própria, sem supervisão ou instruções diretas de ninguém. Então, quando tudo estivesse preparado, unidades de assalto especiais assumiriam e cometeriam os verdadeiros crimes. Seria uma operação conjunta entre a Mossad e o Exército de Israel. O seu alcance iria muito mais além do que o assassinato de três chefes terroristas.

Quando Efraim descreveu os detalhes do plano, até Avner e Carl tiveram de concordar que essa operação não poderia ser realizada por cinco pessoas e uma equipe de apoio de agentes secretos franceses. Era uma coisa grande.

Era também de uma audácia inacreditável.

Efraim devia informá-los o mais breve possível da data do alvo real. O tempo era valioso, uma vez que não sabiam qual seria a extensão da permanência dos líderes *fedayeen* em sua fortaleza de Beirute. A operação aconteceria, provavelmente, um pouco antes de meados de abril. Isto, no entanto, originava outro problema.

A escolha do momento poderia interferir com o plano da equipe para o golpe a al-Kubaisi em Paris.

Avner apresentou uma solução.

— Assim que tivermos a data — disse ele —, Carl e Steve podem ir para Beirute. Robert, Hans e eu cuidaremos de Kubaisi em Paris. Assim que terminarmos, iremos para Beirute também. Assim, serão duas semanas apertadas em abril. Então?

Avner não imaginava, naquele momento, como o horário seria apertado.

Efraim mandou recado em 1º de abril. A data para o alvo em Beirute era 9 de abril. Carl e Steve prepararam, imediatamente, seu encontro na capital libanesa com alguns membros de *Le Group*.

No mesmo dia Louis tinha informação nova para Avner. O homem que era o contato substituto do Setembro Negro com o KGB chegaria para uma reunião em Atenas, provavelmente perto do dia 11 de abril. O sucessor do falecido al-Chir era um palestino chamado Zaid Muchassi, também conhecido como "Abu Zeid". A equipe sabia muito pouco sobre ele, exceto que era um organizador terrorista que até recentemente estivera trabalhando fora da Líbia. Carl achava que um "Abu Zeid" talvez tivesse sido vítima de uma explosão de carta-bomba em outubro de 1972, em Trípoli. Se este Muchassi era o mesmo homem, obviamente havia-se recuperado dos ferimentos. Não havia dúvida sobre uma coisa: Muchassi era o novo elo dos *fedayeen* para os soviéticos. *Le Group* o havia descoberto algum tempo atrás, mantendo sob vigilância o antigo contato do KGB, al-Chir.

Naturalmente, Muchassi não estava na lista de Efraim.

Para Carl, isto tornava o assunto muito simples:

— Ele não está na lista, não tocamos nele. É acadêmico quem ele é e o que ele é. De qualquer maneira, entre Kubaisi e Beirute, o que mais querem fazer? Não estamos com as mãos cheias?

Avner tinha opinião diferente.

— É verdade que ele não está na lista — disse a Carl. — Acredite em mim, sou a última pessoa a começar a procurar homens, para o caso de não termos o suficiente para fazer. Seria loucura.

— E seria errado — disse Hans.

— Concordo — disse Avner. — Mas reflitam por um momento: *por que* al-Chir estava na lista? Talvez Efraim não gostasse da cor dos seus olhos?

"Ele estava na lista por uma razão. Uma razão apenas. Era o contato na principal área de ação soviética: Chipre. Certo? Agora, o novo contato é Muchassi. Assim, o que dizemos? 'Dizemos, se al-Chir organiza um grande ataque sobre Haifa, nós o detemos, mas se Muchassi fizer a mesma coisa, não agimos? Al-Chir não pode fazê-lo, mas Muchassi é bem-vindo?'

"A lista é apenas uma folha de papel. Os nomes se encontravam nela por uma razão. Vamos agir segundo o papel ou segundo a razão? Pensem, apenas."

Avner tinha um argumento, não apenas o abstrato, mas segundo a tradição israelense. Em todo lugar — no *kibutz*, no Exército, na Mossad —, a ênfase estava sempre sobre todos que pensavam por conta própria. Não sigam regulamentos apenas. Mostrem iniciativa. *Pensem*. Isto não significava desrespeitar ordens jovialmente ou não dar importância alguma ao treinamento. Mas significava dizer: o treinamento não é tudo. Se existe, é por uma razão. Procurem a razão por trás do exercício. Se existe um conflito entre a forma e o conteúdo de uma regra — se está certo de que há um conflito —, siga o conteúdo. Aja como homem, não como máquina.

Na prática, contudo, não era tão simples.

— Antes de resolverem — disse Carl —, pensem sobre o caso desta maneira. Se liquidarem Muchassi, e for aprovado, vocês são heróis. Se o deixarem em paz, continuarão sendo heróis. Se matarem Muchassi, e não for aprovado, estarão desempregados.

— É uma chance de dois contra um — ajuntou Hans —, de ser herói não fazendo nada.

Este comentário agitou Steve o suficiente para tomar o partido de Avner na disputa.

— Do jeito que falam — disse ele a Hans e Carl — me causam náusea. É isso que acontece quando se chega aos quarenta? Tudo em que pensam é em se proteger?

Isto foi o bastante para Carl e Hans se convencerem. Na verdade, eles queriam muito ser persuadidos, de qualquer modo. Carl ainda teria proposto o compromisso de verificar com Efraim primeiro — ir além da lista, mesmo pela melhor razão, era um desvio grande — mas, obviamente, não havia tempo para isso. Teria envolvido duas viagens ao cofre de Genebra com um período de espera de cinco ou seis dias.

— Da forma como o fazemos — resolveu Avner —, Carl e Steve partirão para Beirute amanhã. Hans, Robert e eu nos certificaremos de liquidar Kubaisi aqui, no dia 6, mais ou menos. Depois, eu me reunirei a Carl e Steve imediatamente, mas Robert e Hans irão para Atenas a fim de organizar o caso Muchassi. Devem precisar de um dia, talvez, para isso. Depois, eles se juntam a nós em Beirute.

"Quando Beirute terminar, isto é, no dia 9, vamos para Atenas. Tantos de nós quantos forem necessários para o trabalho."

Mais tarde, recordando os eventos de abril de 1973, Avner admitiria que ele tivera uma razão adicional para forçar a realização de três operações importantes, em três cidades diferentes, em um espaço de poucos dias. A verdade era que a reação de Efraim em Genebra ao que a equipe havia feito até agora o preocupava. Efraim não havia dito, exatamente: o que os está retardando tanto? Ele não dissera: acham que estão em um cruzeiro de luxo? Mas, de alguma forma, Efraim não parecia muito impressionado. Não estava suficientemente entusiasmado. Não era questão de que Efraim devesse ter tratado Avner e Carl como heróis — israelenses não podiam esperar ser tratados como heróis somente por executar uma tarefa perigosa; metade do país executava tarefas perigosas; *somente ser* um israelense era uma tarefa perigosa, de certa forma —, mas a atitude de Efraim pareceu tão ambígua, tão desanimada, que Avner temia que pudesse assinalar uma mudança básica em Tel Aviv em relação à missão global. Algumas pessoas da burocracia dos escritórios da Mossad, quem sabia onde, talvez estivessem dizendo *por quê?* Por que estamos fazendo isto, enviando cinco homens em uma viagem ao redor do mundo por seis meses, por milhões de dólares, somente para nos livrarmos de três terroristas? É estupidez!

E, se este fosse o caso, Avner jamais se tornaria o garotinho holandês. Ao contrário, seu nome estaria sempre associado com uma missão que foi cancelada porque era estúpida. "Oh", as pessoas talvez dissessem, "fala daquele cara que realizou aquela busca infrutífera que cancelamos no meio porque um punhado de comandos puderam fazer melhor em Beirute, por metade do dinheiro, em cinco horas? E metade da confusão?"

Talvez o que Efraim quisesse transmitir em Genebra, sem na verdade dizê-lo, era: apressem-se. Melhorem. Do contrário, talvez tenhamos que esquecer a coisa toda.

Carl devia ter adivinhado o que se passava pela mente de Avner, porque após a decisão tomada de tentar as três operações, disse-lhe em particular:

— Ouça, talvez esteja certo e vamos fazê-lo. Mas nunca se deixe pressionar. Lembre, se cometer um erro grave, as pessoas jamais admitirão que o pressionaram. Dirão: "O quê? *Nós?* Nunca dissemos uma palavra a ele."

* * *

O coordenador da equipe de apoio que Louis havia destinado para a vigilância de al-Kubaisi era uma jovem aproximadamente da idade de Avner. Era a primeira vez que Avner via uma mulher realizando um trabalho maior que de espiã, governanta ou isca. Ele sabia, claro, que havia muitas mulheres envolvidas em cada escalão de grupo do serviço secreto, e os *mechablim* usavam mulheres como soldados de infantaria terrorista, algumas vezes. Poucas, como Leila Khaled, Rima Aissa Tannous ou Thérèse Halesh, tinham conseguido muita notoriedade.[4] Mas acontecia que Avner nunca havia trabalhado com uma mulher em um posto mais alto antes.

"Kathy" era muito eficiente em seu trabalho. Uma mulher magra, com olhos escuros e cabelos curtos e escuros, Kathy poderia ser bonita se não tivesse se esforçado para parecer desmazelada. Obviamente era bem-educada, falando francês e inglês como uma nativa — não incomum para uma jovem de Quebec, que Avner acreditava ser seu local de nascimento. Como uma minoria substancial de universitários franco-canadenses, Kathy havia se envolvido, provavelmente, com a FLQ — Frente da Libertação do Quebec — na década de 1960, possivelmente somente como simpatizante, a princípio. Foi daí que ela se diplomou até o ponto em que, como Tony ou Louis, havia "ultrapassado a fase" de falar sobre política.

Por curiosidade, Avner começou a se perguntar qual a opinião política de Kathy, ou se ela tinha alguma opinião ainda. Por que uma mulher desejaria fazer o que Kathy estava fazendo? Esta pergunta não lhe teria ocorrido em relação a um homem. A obrigação de ganhar a vida, de ter que fazer *alguma coisa* poderia colocar o homem na mais estranha das profissões (a forma como Avner sempre sentia que havia "entrado" para aquele trabalho como agente). Mas uma mulher cujo trabalho era incomum devia, muito provavelmente, ter-se desviado do seu caminho para escolhê-lo. Nesse caso, por que Kathy havia feito esta escolha?

Mas ela não proporcionou qualquer *insight* a Avner. Era rápida, confiável e educada, com um riso fácil, muitas vezes exibindo camaradagem antiquada para com as pessoas do serviço secreto. Tinha o hábito de fazer uma pequena inclinação rígida, quase como um oficial prussiano da velha escola, quando apertava a mão de alguém. Kathy partilhava o ponto de vista sombrio de Papa sobre os ingleses. Sua aversão se manifestava em pequenos apartes e comentários casuais. E não havia como confundir seu sorriso quando, por exemplo, a conversa se voltava para

Geoffrey Jackson, o embaixador britânico para o Uruguai, que havia sido mantido durante oito meses em uma "prisão popular" pelos Tupamaros.

Kathy talvez gostasse um pouco de "patriotas" em geral, o que significava para ela pessoas envolvidas em combate físico por seus países, mesmo se lutassem umas contra as outras, como os palestinos e israelenses. Isso, ao menos, era tudo que Avner pôde discernir sobre os sentimentos dela. Parecia ter desprezo por todas as outras pessoas. Costumava chamá-las de "burros".

— Ele não é difícil de seguir — diria a Avner, referindo-se a Basil al-Kubaisi —, porque sempre sobe a rue Royale a pé por volta das dez. Não há muitos burros por perto.

Realmente, sendo um homem de hábitos rotineiros, o dr. Basil al-Kubaisi não era difícil de seguir. O professor de Direito iraquiano, ex-conferencista na American University, em Beirute, e (de acordo com a organização Mossad), na primavera de 1973, um organizador eficiente da logística e do fornecimento de armas para a Frente Popular,[5] havia tornado a coisa especialmente fácil para *Le Group*. Ele fizera isso por meio de uma conversa infeliz com uma bela recepcionista de terra, no aeroporto, quando aterrissou em Paris pela primeira vez em 9 de março.

— Sabe, não sou um árabe rico — al-Kubaisi aparentemente tinha dito à moça. — Sou apenas um turista, um turista modesto. Preciso de um hotel barato.

A recepcionista de terra, que complementava sua renda modesta estando na folha de pagamento de Papa, recomendou vários hotéis baratos no centro de Paris, depois (sem saber quem era Kubaisi) apresentou um relatório de rotina do incidente ao seu contato no *Le Group*. Daí, uma simples verificação dos três ou quatro hotéis que ela mencionara levou à localização de al-Kubaisi pela equipe de vigilância de Kathy.

O hotel que al-Kubaisi escolheu para se hospedar ficava na rue de l'Arcade, uma rua estreita no 8º *arrondissement*. A rue de l'Arcade fica entre o bulevar Malesherbes e o bulevar Haussmann, a menos de um minuto a pé do alto da rue Royale, onde a Madeleine, uma das igrejas mais espetaculares de Paris, forma o centro de uma junção em Y. A rue Royale, o pé do Y, leva à place de la Concorde. O braço esquerdo do Y, o bulevar Malesherbes, leva à igreja igualmente espetacular de Saint-Augustin. O braço direito, o bulevar da Madeleine, leva ao Paris Opéra.

Al-Kubaisi dividia seu tempo entre os bistrôs e bares de calçada das margens esquerda e direita do Sena, muitas vezes encontrando seus contatos matinais na vizinhança do bulevar Saint-Germain, enquanto preferia a rue du Faubourg Montmartre ou os Champs Élysées para seus encontros vespertinos. Se seus encontros vespertinos eram em Montmartre, ele caminhava pelo bulevar des Italiens e o bulevar des Capucines, passando pelo Opéra, a caminho de casa. (Esta caminhada, inicialmente, o fazia passar pela porta da frente da casa segura, usada naquele ponto por Hans, Robert e Avner.) Se seu último compromisso o levava para os Champs Élysées, al-Kubaisi voltaria a pé para o hotel tomando a avenue de Marigny, passando pelo Palácio do Eliseu e virando à direita na rue du Faubourg Saint-Honoré, ou ao longo da avenue Gabriel, passando pela embaixada americana e pelo elegante Hotel de Crillon, até a place de la Concorde. Os dois trajetos o levariam, eventualmente, à rue Royale — em um ponto abaixo ou logo acima do Maxim's, o restaurante mundialmente famoso —, de onde outra caminhada de cinco minutos, passando pela igreja da Madeleine, o faria chegar em casa seguramente.

Na noite de 6 de abril, o dr. Basil al-Kubaisi escolheu o último trajeto.

Sendo um homem cuidadoso — ou talvez, pressentindo o perigo —, al-Kubaisi virava a cabeça de vez em quando como se para ver se era seguido. No entanto, era improvável que notasse dois carros diferentes passando e tornando a passar por ele na corrente de trânsito de Paris, enquanto atravessava os Champs Élysées. Na avenue Gabriel, os vigias de Kathy o abandonaram. Não faria sentido alertar o alvo cujo trajeto, então, já era conhecido por eles, de qualquer modo.

Avner, Robert e Hans esperavam um telefonema em sua casa de segurança — não distante do bulevar dos Capucines, perto do alto do braço direito da grande junção em Y — para lhes dizer que o alvo se acercava da rue Royale. O plano era alcançar al-Kubaisi perto da Madeleine, no centro do Y, depois segui-lo a pé enquanto caminhava ao longo do braço esquerdo do Y em direção ao seu hotel.

O telefonema aconteceu alguns minutos depois das dez da noite.

Neste exato momento, Kubaisi, atravessando a tranqüila avenue Gabriel, não se encontrava sob observação direta, exceto, talvez, pela polícia parisiense que vigiava a embaixada americana. Kubaisi talvez tivesse escolhido esta rua deserta por essa razão: não era provável que alguém o atacasse sob os olhos atentos dos gendarmes bem armados. Em pontos anteriores e posteriores de seu trajeto, ele se sentia suficientemente protegido pelo movimento muito denso de pedestres. Estava isolado somente durante a curta caminhada do alto da rue Royale até seu hotel.

Depois de dar a volta no obelisco da place de la Concorde, o primeiro dos carros de vigilância de Kathy observou al-Kubaisi já subindo a rue Royale. Este carro não parou nem reduziu a marcha. Alcançando o alto da rua comercial elegante e larga, virou à direita para o bulevar da Madeleine, usando os faróis altos uma vez, para alertar Avner e seus parceiros que caminhavam em passo rápido na direção oposta.

O segundo carro — com a própria Kathy sentada ao lado do motorista — seguiu al-Kubaisi em velocidade menor, eventualmente passando por ele quando ele havia quase alcançado o topo da rue Royale. Este carro não dobrou à direita. Em vez disso, contornou a igreja, parando no lado mais afastado da Madeleine, na esquina de uma rua menor, chamada rue Chauveau Lagarde. Esperou encostado ao meio-fio, diante do estacionamento interno "Parking Garages de Paris", as luzes apagadas e o motor ocioso.

Avner e Hans, com Robert seguindo a cerca de cinqüenta passos, atravessavam o alto da rue Royale — do braço direito da junção em Y para o esquerdo — exatamente quando al-Kubaisi atravessava o bulevar Malesherbes talvez a uns cem metros à frente deles. Como o árabe caminhava depressa, não era fácil encurtar a distância até ele no quarteirão seguinte, ou em dois quarteirões, sem trair sua intenção de emparelhar com ele. Mas um ponto mais distante seria tarde demais. Entre o terceiro e quarto quarteirões, al-Kubaisi já estaria no hotel.

Nesse momento, havia poucos pedestres no largo bulevar, até mesmo o trânsito era pequeno. Pela forma como al-Kubaisi olhou por cima do ombro ao alcançar a calçada oposta, parecia que seria fácil assustar-se. Se resolvesse correr, de repente, pensou Avner, talvez não conseguissem alcançá-lo. Mais um curto quarteirão o levaria à rue de l'Arcade, onde viraria à direita; depois, um quarteirão ainda menor até o caminho da Madeleine. Dali tinha apenas mais um quarteirão e pouco mais para atravessar. Assim que al-Kubaisi houvesse atravessado o sinal de trânsito da rue Chauveau Lagarde, provavelmente, eles o perderiam.

Avner e Hans tentaram apressar o passo sem parecer que o faziam, o que não era fácil. Se al-Kubaisi não começasse a correr até reduzirem pela metade a distância entre eles, seria tarde demais para ele. Neste ponto, o oficial intendente da Frente Popular estava claramente ciente de que o seguiam. Ele também havia acelerado o passo e começou a olhar para trás, para Avner e Hans. Apesar disso, não corria. Avner se encontrou esperando que seu alvo fosse um homem corajoso, de nervos fortes.

Para sua infelicidade, al-Kubaisi era corajoso. Não começou a correr ao virar para a rue de l'Arcade. Não correu ao passar pela loja de flores, a elegante charutaria Lotus, e o pequeno Hotel Peiffer na esquina da passagem da Madeleine. Simplesmente caminhou mais e mais depressa, olhando para trás por cima do ombro uma vez mais. Avner e Hans, desistindo de fingir que caminhavam casualmente, se encontravam, agora, a menos de trinta metros dele. Robert os seguia um pouco mais devagar do lado oposto da rua estreita. Avner e Hans podiam assim concentrar-se apenas em seu alvo, sabendo que Robert manteria tudo seguro atrás deles.

Embora al-Kubaisi não corresse, Avner e Hans talvez ainda não o alcançassem a tempo, se ele não resolvesse parar no sinal vermelho na esquina da rue Chauveau Lagarde. Este era um comportamento estranho para um homem que sabia estar sendo perseguido. Não havia, absolutamente, trânsito na rua, contudo al-Kubaisi parou no meio-fio, olhando para o sinal, hesitando diante de uma grande farmácia chamada Pharmacie de la Madeleine.

Avner e Hans passaram por ele, um de cada lado, saindo do meio-fio para a rua. A razão que deram a si mesmos para isto era que queriam encarar al-Kubaisi para ter absoluta certeza de que pegavam o homem certo. Além disso, ambos tinham uma aversão por atirar em alguém pelas costas.[6]

Alguns segundos antes, Avner havia levantado os olhos para ver se alguém espiava de uma janela, e notou, satisfeito, que passavam sob alguns toldos que obscureciam a visão das janelas diretamente acima deles. Restavam, então, apenas as janelas do outro lado da rue de l'Arcade, mas isto já reduzia pela metade suas chances de serem descobertos. De modo algum, não um risco zero, mas melhor que nada. Não havia método de risco zero para matar um homem na rua.

— Agora — disse Hans em hebraico, e no segundo seguinte ambos se viraram, de frente para al-Kubaisi, as mãos esquerdas erguendo-se em um arco, prontos para empurrar para trás o cursor de suas Berettas. Al-Kubaisi os fitava, os olhos inacreditavelmente arregalados, dizendo "*La! La! La!*".

Depois repetiu a palavra árabe em inglês:
— Não! Não!

Quando Avner e Hans passaram por ele, al-Kubaisi também devia ter descido do meio-fio para a rua. Agora, ao tentar recuar, seus calcanhares encontraram a ponta da calçada, e ele começou a cair para trás, os braços girando selvagemente. Por alguma razão, o pensamento que passou pela mente de Avner foi que, se errassem, as balas atravessariam a grande vidraça da Pharmacie de la Madeleine. Ele não queria quebrar a janela. Ajustando o ângulo de sua arma levemente, começou a seguir o corpo que tombava de al-Kubaisi, disparando as duas primeiras balas antes que atingisse a calçada. Puxou o gatilho mais duas vezes, depois mais duas. Mal tinha consciência do disparo da arma de Hans, no mesmo ritmo ao seu lado, mas com o rabo do olho vislumbrou Robert do lado oposto da rua. Estava de pé atrás de um carro, esperando.

O corpo de al-Kubaisi jazia sobre a calçada quando ele caiu, sua cabeça quase tocando a base do sinal de trânsito, mas os pés ainda pendurados sobre o meio-fio. Ele não emitiu qualquer som, somente os ombros se contorciam. Então, como uma pessoa tentando ficar de pé, levantou os joelhos e se virou de lado. Avner quase disparou de novo, mas, nesse instante, al-Kubaisi emitia uma série de sons curtos, irritantes, agudos, como se pigarreasse, e no segundo seguinte Avner viu seu corpo relaxar. O homem que a imprensa de Paris chamaria, no dia seguinte, o embaixador andarilho do dr. George Habash estava morto.[7]

Quando Avner ergueu os olhos, a primeira coisa que viu foi um cigarro brilhando no escuro. No umbral de uma porta, do lado oposto da rua. Um homem parecia estar de pé lá, ou talvez dois homens, com uma jovem. Testemunhas oculares.

Sem uma palavra, Avner começou a caminhar pela rue Chauveau Lagarde, de volta à place de la Madeleine. Naquele momento, Robert dera meia-volta e Avner sabia que ele estaria caminhando para a Sainte-Madeleine pelo mesmo caminho que eles tinham percorrido, sem passar pelo local onde jazia o corpo de al-Kubaisi. Hans seguia Avner. Esperavam, apenas, que as testemunhas oculares não viessem atrás deles.[8]

Os carros de Kathy pegaram os três na place de la Madeleine diante do elegante Caviar Kaspia. Voltaram de carro para a casa segura, depois dirigiram-se diretamente para o aeroporto. No dia seguinte, Hans e Robert estavam em Atenas.

Avner se encontrava em Beirute.

A rapidez com que os eventos aconteciam neste momento impedia a reflexão. Mais tarde, ao recordar, Avner sentiria que, se tivesse tido apenas um instante para refletir, não teria feito muito do que fez entre 1º e 15 de abril de 1973. Ou, ao menos, teria agido de forma diferente. Teria sido muito mais cuidadoso. Para começar, não teria planejado um crime no centro de Paris, no meio da rua, com apenas três pessoas, mais dois carros de fuga estacionados a um quarteirão de distância. Certamente, não faria sua equipe deixar Paris de avião na mesma noite, enfrentando descaradamente um aeroporto apinhado de policiais.

Depois, novamente, se tivesse sido mais cuidadoso, talvez todos houvessem sido apanhados.

Talvez o segredo fosse apenas *fazê-lo*, sem pensar muito a respeito. E se dava certo era um trabalho brilhante, profissional.

Capítulo 10

BEIRUTE E ATENAS

O ATAQUE SOBRE Beirute foi considerado, certamente, brilhante, profissional — ao menos após o evento. Não era sequer tão fácil estar certo sobre ele no domingo, dia 8.

Carl e Steve já se encontravam há dois dias em Beirute quando Avner chegou. Carl se hospedava no Atlanta Hotel, tendo viajado com passaporte inglês sob o nome de Andrew Macy. Felizmente, Avner não teve problema em se lembrar disso. Se não houvesse lembrado, teria que ficar sentado durante meio dia no saguão do Sands Hotel, até Steve chegar. Porque Avner não conseguia lembrar, dera-lhe um branco total, o nome sob o qual Steve supostamente viajaria, embora Hans houvesse se certificado de que rimava: Gilbert Rimbert, um belga, porque Steve poderia fazer seu africâner passar por flamengo, ao menos no Líbano.

Avner não teve problema em recordar sua própria identidade. Era Helmuth Deistrich, um negociante alemão. Não se registrou em hotel algum, mas foi diretamente para uma casa segura providenciada por Louis.

Robert e Hans chegaram de Atenas — via Roma — um dia depois. Robert também tinha uma identidade belga como Charles Boussart. Hans preferiu viajar sob um nome alemão, como Dieter von Almoder. Ambos se reuniram a Steve no Sands Hotel.[1]

Em 1973, Beirute ainda não era a região devastada, incendiada, dilacerada pela luta que se tornaria dois anos mais tarde, quando a guerra civil libanesa estourou entre os cristãos e muçulmanos do país. Em abril de 1973, Beirute ainda era uma cidade de altos prédios de apartamentos, cassinos, *nightclubs*, elegantes bairros comerciais e mulheres bonitas, bem vestidas. Como tal, era talvez a única cidade de toda a bacia mediterrânea que agradava a Avner. Pensou com prazer na faixa primorosa de praias, ou no Aden Rock Club de Beirute Ocidental, onde um cartão American Express válido abriria as portas para qualquer pessoa entrar em um mundo de prazeres privados modestos — modestos desde que

Avner não iria beber ou jogar. Adoraria, contudo, estender-se na praia sobre uma espreguiçadeira, banhando-se de sol, observando as garotas, tomando um gole de vez em quando de um copo alto de gelo socado e Coca.

Em vez disso, Avner e seus parceiros usaram seus cartões de crédito para alugar uma pequena frota de carros — três Buicks brancos, uma camioneta Plymouth, um Valiant e um Renault 16. Com os contatos locais de *Le Group* agindo como motoristas, usaram o domingo e parte da segunda-feira para explorar seis locais determinados. Dois eram na própria Beirute, três nos arredores da cidade, e um a cerca de 45 quilômetros ao sul de Beirute, perto da cidade litorânea de Sidon. Este último local e os três fora de Beirute eram acampamentos de guerrilheiros e depósitos de abastecimento, estocando e conservando armas, veículos, barcos, gravações e documentos. Dos dois locais na própria Beirute, um era o quartel-general da OLP.

O outro era um prédio de quatro andares onde Kamal Nasser, Mahmoud Yussuf Najjer e Kemal Adwan viviam.

Desde que parte do planejamento, preparação e vigilância já tinham sido feitos pelos agentes locais da Mossad, que deveriam permanecer em Beirute após a operação, a equipe de Avner devia apenas realizar o trabalho que os agentes locais não podiam fazer sem revelar seu disfarce. Isto incluía alugar os veículos que seriam abandonados depois do ataque, e conduzir os atacantes aos seus destinos. Alguns empregados locais de *Le Group* também estariam envolvidos, embora esta fosse uma importante — e cara — concessão da parte de Louis, com a qual quase não concordou. No entanto, desde que Avner deu sua palavra de que nenhum agente da Mossad ou unidades de assalto do Exército conheceriam o pessoal de Louis, cujo único trabalho seria permitir que um pequeno comboio de carros particulares acompanhasse seus próprios veículos quando passassem por certos locais, Louis disse sim. O risco para sua organização seria mínimo sob estas condições.[2]

Os oito carros estavam estacionados perto da praia em Ramlet-el-Beida, pouco depois de meia-noite. Embora a área estivesse totalmente deserta, alguns carros de fabricação americana ao longo da praia não atrairiam muita atenção. Os nativos de Beirute, como a maior parte das pessoas no Oriente Médio, deitavam-se cedo, mas todos estavam acostumados com turistas que dormiam tarde.

Era uma noite sem lua. O mar estava negro. À uma hora da manhã, Steve viu o brilho de uma lanterna no escuro e acendeu os faróis do carro duas vezes. A luz da lanterna se apagou. Alguns minutos depois, emergindo da escuridão de ondas negras como breu, um grupo de homens-rãs avançou silenciosamente para a praia. Carregavam suas armas e roupas civis em sacolas à prova d'água.

Os quarenta comandos se espremeram nos oito carros — que Steve diria, mais tarde, terem sido o pior problema técnico de toda a missão — e, dividindo-se em dois grupos, dirigiram-se ao centro de Beirute. Carl e Robert dirigiam seus atacantes para a sede da OLP; Avner e Hans iam à frente em direção ao prédio de apartamentos dos líderes terroristas. Os ataques sobre os outros quatro locais eram organizados de diferentes pontos preparados.

Três guardas palestinos armados, mas confiantes, em frente ao prédio de apartamentos da rua el-Khartoum, foram mortos pelos comandos assim que os carros pararam. Os israelenses usaram armas portáteis e facas para não alertar os ocupantes do prédio. Avner, Hans e Steve permaneceram nos carros enquanto os comandos corriam para cima. Os parceiros não eram necessários. Na verdade, talvez atrapalhassem.

Kamal Nasser, um palestino cristão de 44 anos, vivia no apartamento do terceiro andar. Era solteiro. Um intelectual, com doutorado em ciência política da Universidade de Beirute, tornou-se chefe de relações públicas para a Al-Fatah em 1969, e o porta-voz oficial para a OLP um ano mais tarde. Era uma posição que conseguia manter, apesar de uma briga em 1971 com Yasser Arafat, que havia achado a postura de Nasser exageradamente militante. Quando os comandos irromperam em seu apartamento, ele estava sentado à mesa da sala de jantar, ao lado de sua máquina de escrever. Um divã atrás dele incendiou-se quando as balas de fósforo crivaram seu corpo.

No segundo andar, Kemal Adwan também estava sentado à sua mesa, escrevendo. Ao contrário do desarmado Nasser, ele tinha um Kalashnikov ao alcance da mão. Engenheiro, Adwan era um membro fundador do ramo Kuwait da Al-Fatah; em 1973, era o chefe de todas as operações de sabotagem nos territórios ocupados por Israel. Era bom em seu trabalho e o sucesso de algumas de suas operações talvez tenha precipitado o ataque surpresa de Beirute. Era casado, com dois filhos pequenos. Conseguiu disparar um tiro de seu rifle automático antes dos comandos o eliminarem.

Mahmoud Yussuf Najjer, conhecido como "Abu Yussuf", era o responsável pelo Setembro Negro dentro da Al-Fatah; e como chefe dos negócios político-militares da OLP era, na época, provavelmente o terceiro[3] na hierarquia constantemente em mudança do movimento palestino. Vivia no quarto andar do prédio com a esposa e o filho de 15 anos. Depois, os comandos disseram a Avner que o filho de Najjer não foi ferido — embora, de acordo com outros relatórios, ele também tivesse morrido no tiroteio. Não houve dúvida sobre a esposa de Najjer. Tentando proteger o marido com o próprio corpo, morreu com ele em uma rajada de balas.

Uma mulher em um apartamento vizinho teve a infelicidade de abrir sua porta. Ela também foi morta imediatamente. A mulher parecia ser uma espectadora realmente inocente, não havendo insinuação, então ou mais tarde, de que estava envolvida, de algum modo, com os terroristas palestinos.

Na sede da OLP e nos outros quatro locais aconteceram batalhas curtas entre os palestinos e os atacantes de surpresa. Embora em desvantagem numérica, os comandos israelenses tinham o elemento surpresa inteiramente a seu favor. Também eram muito mais bem treinados. Desde que estes dois fatores são decisivos em todos a não ser nos ajustes mais demorados, as lutas armadas em todas as localidades terminaram com total vitória dos israelenses. Segundo as notícias, mais de cem guerrilheiros palestinos perderam a vida nas duas horas seguintes.[4] As baixas israelenses foram um morto e dois ou três feridos que foram, eventualmente, retirados de helicóptero. As autoridades libanesas, longe de ignorarem a luta, foram notificadas imediatamente pelos israelenses, de várias cabines telefônicas públicas, que lutas armadas pareciam acontecer entre facções palestinas rivais em várias localidades de Beirute. Ouvindo isto, a polícia libanesa se manteve meticulosamente afastada, exatamente como os israelenses esperavam que ocorresse.[5]

Tudo estava terminado por volta de três da madrugada. Os carros alugados — nenhum, de acordo com Steve, com sequer um amassado — foram estacionados de novo, ordenadamente, na praia. Os comandos foram evacuados por mar, assim como Avner e seus companheiros. A única diferença foi que não entraram na barcaça de desembarque israelense. Um barco os levou, assim como dois homens de Louis, para um barco de pesca ancorado a quatrocentos metros da praia. Alugado por *Le Group*, o barco de pesca ancorou em Chipre pouco depois do amanhecer.[6]

Nem tudo estava tranqüilo em Chipre. Por coincidência, os *fedayeen* haviam programado um ataque-surpresa contra a residência do embaixador de Israel e um avião da *El Al* em Nicósia para o mesmo dia,

9 de abril. No entanto, a ação das unidades de assalto palestinas não foi nada bem-sucedida. Na casa do embaixador, os três comandos conseguiram ferir um policial cipriota, enquanto no aeroporto um segurança do avião israelense matou um dos seis atacantes — do grupo dissidente da Juventude Árabe Nacional de Abu Nidal — e feriu dois outros. Estes terroristas tinham tentado entrar no Viscount da *El Al* dirigindo um Land Rover e um carro japonês para a pista, mas não causaram dano aos passageiros ou ao avião.

Ainda assim, como comentou Carl, não foi por não terem tentado.

O embaixador israelense, Rahamim Timor, juntamente com sua família, tinha acabado de deixar casualmente sua residência poucos minutos antes do ataque dos *fedayeen*. Assim, depois de colocar o policial cipriota fora de combate, os terroristas empilharam explosivos suficientes no andar térreo da casa para despedaçar janelas na rua Florinis, no centro de Nicósia, a uns quinhentos metros de distância.[7] Se Timor e a família estivessem no primeiro andar, como os comandos acreditavam, havia toda probabilidade de serem mortos na explosão. O ataque-surpresa palestino em Chipre apenas aumentou a determinação de Avner de seguir com o plano da equipe, de assassinar Zaid Muchassi em Atenas, quer ele estivesse na lista original ou não.

Foi uma tentativa que quase terminou em desastre.

Fazendo o retrospecto, Avner se perguntou se o primeiro erro teria sido dividir a equipe de novo, como em Paris. Mas três deles conseguiram executar o golpe contra al-Kubaisi com tão pouca dificuldade que não parecia temeroso tentar repetir o desempenho em Atenas. Como antes, Avner, Robert e Hans podiam fazer o trabalho. Enquanto isso, Steve podia seguir qualquer nova pista que tivesse surgido, especialmente em relação ao número um da lista, Ali Hassam Salameh. Quanto a Carl, seria muito mais útil cuidando de suas várias casas seguras e contas. Isto permitiria que a equipe se movesse rapidamente, se algum dos alvos restantes aparecesse na Europa. À velocidade em que iam, talvez chegassem a eliminar os 11 *mechablim* da lista.

— Isto seria um sucesso! — exclamou Avner e os outros concordaram.

Também era verdade, até agora, que os mercenários de *Le Group* haviam agido sem qualquer erro. Em Roma, Nicósia, Beirute e duas vezes em Paris. Com a exceção única de Genebra, a informação de Louis tinha, invariavelmente, resultado precisa, o que era um registro melhor de rastros do que qualquer dos seus usuais informantes da Mossad. O pessoal de vigilância de Louis era profissional, assim como suas casas eram seguras. Hans preferia não confiar nos documentos de Louis, mas a equipe tinha confiado, agora, duas vezes em seu pessoal para lhes entregar armas e explosivos, para se livrar de suas armas portáteis depois de um ataque. Tudo havia funcionado com perfeição. Não era de admirar que, usando uma tal organização de apoio de primeira qualidade, os vários grupos terroristas da Europa tivessem um desempenho tão bom durante os últimos três ou quatro anos. Se faz alguma diferença, era surpreendente que eles não tivessem um desempenho ainda melhor.

Em Atenas, tudo que a equipe tinha de fazer era confiar um pouco mais em Louis do que fora necessário no passado. Já que não havia tempo para Robert ir à Bélgica e ter os explosivos preparados por sua fonte usual, utilizariam o que quer que o homem de Louis pudesse fornecer em Atenas. Era correr um risco — como disse Robert, terroristas se explodem com regularidade tediosa —, mas não era um risco irracional. Os terroristas também conseguiam explodir seus alvos determinados com bastante freqüência; e, de acordo com Louis, seu homem em Atenas havia fornecido explosivos para os guerrilheiros urbanos do Baader-Meinhof em várias ocasiões.

Como no passado, Avner, Robert e Hans também pretendiam usar as equipes de vigilância e as casas seguras de Louis.

Chegaram a Atenas em 11 de abril — uma quarta-feira — para encontrar a casa segura em que passaram aquela primeira noite cheia de terroristas árabes. Acreditando que Avner e seus companheiros fossem da Facção do Exército Vermelho do movimento secreto alemão, os árabes falaram livremente diante deles, não somente por causa de sua suposta ideologia afim, mas também porque não esperavam que os companheiros alemães entendessem o árabe. O tópico era o ataque-surpresa recente de israelenses em Beirute, e os árabes pareciam temerosos, agradavelmente, enquanto falavam sobre se esconderem no Cairo ou em Bagdá por algum tempo. Embora Avner não tivesse dúvidas sobre a eficácia do contraterrorismo, a forma como os árabes falavam ajudou a fortalecer sua convicção de que a equipe estava agindo acertadamente. Graças parcialmente aos seus esforços, os *mechablim* estavam fugindo.

No dia seguinte, mudaram-se para outra casa segura, dirigida por uma moça grega que sabia apenas poucas palavras de inglês. Ela havia preparado um jantar muito bom para Avner e Hans — Robert estava com o seu homem dos explosivos no momento —, e permaneciam sentados à mesa, pouco depois das seis da noite, quando houve um telefonema do vigia de Louis no Hotel Aristides, na rua Sokratous. Aparentemente, Zaid Muchassi havia acabado de deixar o hotel; havia sido apanhado pelo homem do KGB do Mercedes preto.[8]

Seu plano era levar o carro da moça grega e pegar Robert, juntamente com os explosivos. Outro contato de Louis havia chegado com armas portáteis para eles — Berettas .22, como especificado —, e Avner e Hans escolheram rapidamente uma cada um e outra para Robert. Depois, amontoaram-se no Chevy Impala verde de sua hospedeira e partiram para seus encontros.

Foi uma viagem longa de si: casa segura perto de Imitou até quase a extremidade oposta da cidade — a esquina de Trius Septembriou e Omonia —, onde pegaram Robert com sua maleta. (A segunda casa segura era perto de um cemitério; como comentou Hans: "Bom, ao menos não temos que andar muito.") Em Omonia, a garota grega, que havia dirigido até então, deixou-os e pegou o metrô, o *electrikos*, de volta para casa. Avner pegou o volante e tentou enfrentar o trânsito da praça Omonia — Piccadilly Circus de Atenas —, que rivalizava com o de Roma. Um grego de meia-idade de *Le Group* que estivera levando Robert em seu próprio carro trocou de lugar com Hans e sentou-se ao lado de Avner. O grego e Avner em um carro, seguidos por Hans e Robert no segundo, cobriram em poucos minutos a distância pequena até a rua Sokratous.

Chegaram em frente ao hotel de Muchassi pouco depois das oito da noite. O grego de Louis acompanhou Robert e Hans até o saguão; Avner ficou do lado de fora. Enquanto estava sozinho com Hans no outro carro, Robert havia transferido alguns conteúdos de sua maleta para uma pequena valise. Naturalmente, não queria fazê-lo diante do companheiro grego. Era uma regra rígida jamais revelar a natureza da operação a qualquer um da equipe de apoio antecipadamente. Isto era, principalmente, para proteger a si mesmos, mas também para proteger seus auxiliares, impedindo que fossem envolvidos em uma acusação de assassinato se alguma coisa não desse certo. Com a única exceção do homem que fornecia os explosivos em Atenas, todos os outros, lá e em outros lugares, podiam e possivelmente acreditavam — no início — que ajudavam Avner e seus companheiros somente em vigilância e, às vezes, em interceptar o telefone de um quarto de hotel ou apartamento.

No Hotel Aristides, o grego de Louis contratou um porteiro, por um pagamento modesto, para levar uma pequena valise em um carrinho de serviço de copa ao quinto andar e, por meio de sua chave mestra, permitir que dois estranhos — Hans e Robert — entrassem no quarto de um certo hóspede. O que fariam lá era da conta deles. Nenhum cúmplice lhes faria qualquer pergunta.

O que Robert e Hans fizeram foi colocar oito bombas incendiárias no quarto de Muchassi. Estas bombas, cheias com uma substância inflamável, tipo magnésio, não se destinavam a funcionar com uma grande força explosiva. Ao serem detonadas, um pouco como fogos de artifício, explodiriam com um "sssss" e imediatamente absorveriam o oxigênio disponível. Embora quase certamente matassem uma pessoa em um quarto, era muito pouco provável que incendiassem o recinto, porque seu efeito seria o de uma chama que se extinguiria através de sua própria força após dois segundos. As bombas eram, originalmente, destinadas a serem atiradas, como granadas de mão, e Robert as detestava. Mas eram os únicos explosivos disponíveis.

As bombas não tinham mecanismo de segurança. Se alguém, acidentalmente, enviasse um sinal na freqüência de rádio correta, elas explodiriam a qualquer momento. Mas a principal preocupação de Robert com elas era o próprio material incendiário, que ele julgava ser velho, inseguro e não-confiável. Preocupava-se que pudesse funcionar por conta própria — ou não funcionar. Ele havia trazido uma dúzia das bombas do fornecedor grego, mas usou apenas as oito que achou em melhor estado para receptores de rádios elétricos, deixando as outras quatro inalteradas em sua maleta. Se as bombas funcionassem, oito seriam suficientes.

Passava um pouco das nove da noite quando Robert e Hans deixaram o hotel. Ao contrário das máquinas infernais muito mais sofisticadas de Paris e Chipre, estas bombas incendiárias "caseiras" eram muito difíceis de colocar e esconder. O tempo não era um verdadeiro problema, contudo, porque o KGB gostava de trabalhar até tarde da noite. Como a equipe de vigilância havia informado, em todas as ocasiões anteriores, o Mercedes negro não havia trazido Muchassi de volta ao hotel antes de meia-noite.

Não importava muito. Os carros estacionados da equipe não chamariam atenção. Atenas é uma cidade de vida noturna, onde alguns restaurantes — especialmente no Plaka, o Soho de Atenas — nem sequer começam a servir o jantar antes das dez.

No entanto, as horas se passavam e Muchassi não voltava. Por volta das três da madrugada, Avner, Robert e Hans caminharam um pouco, descendo a rua, para uma conferência breve. Em duas horas amanheceria. O homem do interior do hotel que trabalhava para Louis — aquele que os deixara entrar no quarto de Muchassi — sem dúvida deixaria o trabalho. Precisavam que ele subisse no elevador com Muchassi, depois descesse e lhes fizesse o sinal de que Muchassi havia entrado em seu quarto sozinho. (Havia outros árabes hospedados no hotel, e embora Muchassi provavelmente não fosse ao quarto deles, nem os convidasse para o seu naquela hora da noite, Avner não queria correr o risco.) Em breve teriam que resolver se desistiriam da missão ou não.

Se resolvessem desistir, o que deveriam fazer com os explosivos no quarto de Muchassi?

Era impossível abandoná-los.

Voltar e desmontar as bombas era muito perigoso, não apenas porque Muchassi talvez os surpreendesse ao chegar, como elas poderiam explodir.

A única alternativa, portanto, era provocar uma explosão em um quarto vazio.

Avner detestava a idéia, porque significaria que tinha falhado — e com o único alvo que não estava na lista original. Ter um sucesso não-autorizado era uma coisa; um fracasso não-autorizado era outra bem diferente. Era o tipo de coisa que os palestinos fariam: explodir um quarto vazio, por causa de mau planejamento. Poderia ser racionalizado como um aviso para Muchassi, mas, na realidade, os terroristas — ou o KGB — não podiam ser "avisados" para desistir de seus planos; só poderiam ser forçados a desistir. Eles aceitariam a paz somente se fossem obrigados a ver que fazer a paz era mais lucrativa do que a guerra. Isso estava no fundo da experiência e do pensamento israelenses. Tiros de advertência diante de suas mesuras não conseguiriam coisa alguma. Ao contrário, Muchassi e seus chefes considerariam tal coisa como uma vitória para si mesmos, e ficariam apenas estimulados por terem enganado os judeus.

Hans e Robert concordaram. Esperariam mais uma hora. Depois disso, teriam que agir.

Às quatro da manhã — uma hora depois — resolveram que podiam esperar mais meia hora. Era o máximo. Se Muchassi não estivesse de volta às 4h30 eles teriam que fazer alguma coisa.

O Mercedes preto desceu a rua Sokratous às 4h25.

Mas não parou diante da entrada principal. Reduzindo a velocidade, parou no meio-fio a uns trinta metros de distância. Avner não conseguia ouvir se o motor estava desligado ou não, mas o motorista apagou as luzes.

Durante cerca de um minuto ninguém saiu do Mercedes. Estava escuro demais para reconhecer as pessoas sentadas no carro; escuro demais até para ter certeza se eram duas ou mais pessoas. Mas quando a porta se abriu, afinal, a luz do interior do veículo se acendeu por uns dois segundos. Não havia dúvida. O homem que saía do carro era Zaid Muchassi. Outro homem permaneceu sentado no banco traseiro. Um terceiro, ao volante, usava um boné de motorista. A luz interna se apagou quando Muchassi bateu a porta, mas as luzes externas não se acenderam. Ainda não tinham acendido quando Muchassi atravessou a entrada principal em direção ao saguão do hotel.

Evidentemente, os russos esperavam. Por quê? Esperavam que Muchassi voltasse?

Era possível.

Talvez Muchassi fosse subir ao quarto para buscar alguma coisa que daria ao contato do KGB. Talvez subisse até para fazer as malas e pagar a conta. Os russos esperavam, talvez, para levá-lo a uma casa segura ou para pegar um vôo matinal no aeroporto.

Dentro de poucos segundos, o empregado de Louis no hotel sairia para lhes dar o sinal se Muchassi entrara em seu quarto sozinho. Esse seria o sinal para Robert provocar a explosão. Nesta ocasião, Avner sabia que Robert não esperaria um sinal isolado dele. Se Avner queria que a missão fosse abandonada, teria que avisar Robert antes do grego sair do hotel.

Avner pôs a mão na maçaneta da porta. Devia deter Robert? Os russos esperando a curta distância eram um desenvolvimento inesperado. Mas fazia alguma diferença, realmente? E se ele detivesse Robert agora, o que fariam em relação às bombas no quarto de Muchassi? Claramente, não podiam removê-las, mas se as deixassem lá, os explosivos poderiam matar pessoas inocentes. Ou, se as bombas fossem descobertas, intactas, poderiam dar às autoridades uma chance melhor de seguir seu rastro. Com todas as complicações, essa poderia fornecer uma ligação. O homem que vendera as bombas havia visto Robert. Poderia ser preso e...

A opção não estava mais disponível para Avner. O empregado grego do hotel saía pela entrada principal, estendendo os braços, bocejando, tirando o chapéu e coçando a cabeça. Depois virou-se e entrou no hotel de novo.

Os olhos de Avner se ergueram, instintivamente, pela parede até a fila de janelas no quinto andar. Muchassi, como muitos árabes, preferia o quinto andar para ter *chamza* — boa sorte. Avner não estava muito seguro de sua janela, mas, embora desta vez não houvesse necessidade de provocar a explosão com o tipo de precisão que Robert necessitou para suas seis pequenas bombas em Chipre, o brilho repentino seria inconfundível. Mesmo se ele não estivesse olhando diretamente para a janela o veria.

Não viu nada.

Nada, embora um minuto devesse ter-se passado desde que o empregado grego tornara a entrar no hotel.

Ainda nada.

Avner tentou ver o que Robert e Hans faziam em seu carro, mas era impossível. Robert teria entendido mal? Estaria esperando pelo sinal de Avner? Era improvável.

O Mercedes dos russos não se movera. Uma forma negra sombria permanecia silenciosamente encostado ao meio-fio, a uns cinqüenta metros de distância.

De repente, a porta do carro de Robert se abriu e Robert — não, era Hans! — saiu do veículo, carregando a maleta que Robert havia usado para os explosivos. Para total assombro de Avner, Hans se dirigia para a entrada principal. Com a maleta na mão. Caminhava diretamente para o hotel. Que razão dos diabos teria ele para fazer aquilo? Parecia quase como se Hans houvesse enlouquecido, até mesmo pela maneira como caminhava. Em geral, andava de forma um pouco rígida, deliberada, como um homem muito mais velho. Agora ele dava passos largos, determinados, quase graciosos, o queixo muito erguido. Avner ficou tão espantado que hesitou por alguns segundos. Hans nem sequer olhara em sua direção quando entrou no hotel. Claramente, não fazia sinal algum para que Avner agisse de alguma maneira, mas, sob as circunstâncias, Avner não podia apenas continuar no carro.

— Ligue o motor — disse ele ao grego, que estivera olhando para ele, inquieto. — Compreende? Não faça nada. Apenas ligue o motor.

Depois, ele saltou do carro e atravessou a rua.

Tudo estava calmo no saguão do hotel. Não havia ninguém atrás do balcão de recepção. Nenhum sinal de Hans, nenhum sinal de seu contato grego. Olhando para o elevador, Avner viu que o mostrador indicava o quinto andar. Por mais um ou dois segundos ele olhou ao redor do saguão deserto, tentando lembrar a disposição. Havia uma porta que levava para a entrada dos criados. Outra para a escada, a saída de emergência. Se o elevador estava no quinto andar, Hans devia tê-lo tomado. Se o fizera, talvez fosse perigoso chamar o elevador de volta. Avner começou a andar para a escada.

Neste momento, ouviu uma explosão. Não foi muito forte, mas inconfundível. Um estrondo abafado, grave, sem reverberação. Um tremor de baixa freqüência no chão, que ele sentiu através das solas dos pés.

O elevador descia. Avner pôde ver o mostrador oscilar acima da porta. Encostou-se contra a parede, a mão movendo-se para o quadril.

A porta automática se abriu. Hans saía, pálido, o rosto imóvel. O grego atrás dele estava possesso de raiva. Sacudindo o punho para Hans, tagarelando com ele em grego. Carregava a maleta.

— Maldito Robert com seu maldito controle remoto! — exclamou Hans ao ver Avner. — Eu tive que fazer a coisa.

— Vamos — respondeu Avner, apontando para a porta que levava à entrada dos criados. — Por ali.

Agarrou o grego pelo ombro, empurrando-o atrás de Hans.

O corredor para a entrada dos criados levava à rua através de um quase porão, um lance de escadas, e ao longo de um corredor em penumbra. Hans caminhava à frente com passos largos, o grego em seguida, ainda resmungando e gesticulando. Avner fechava a retaguarda. Exatamente antes de alcançarem a saída, havia outros poucos degraus. Quando Hans abriu a porta, Avner viu a calçada de um ângulo baixo. E outra coisa.

O Mercedes preto. Parado bem em frente. Saíam do hotel exatamente no ponto em que os russos esperavam. Avner não podia ter adivinhado isso. Poderiam ter deixado o hotel facilmente pela porta principal, como tinham entrado. Mas não, ele teve que bancar o esperto. Nunca saia pelo mesmo lugar que entrou. Confunda o inimigo. Esperto.

Desta vez, nem tão esperto assim.

Hans também viu o carro dos russos e parou. O homem do KGB no assento traseiro já havia entreaberto a porta, e estava prestes a sair do carro. Devia ter ouvido a explosão, visto a claridade. Provavelmente, ia sair para investigar. Agora, homens irrompiam por uma porta lateral bem diante dele, segundos após a explosão. Ele faria a ligação.

Fez. Ainda de pé atrás da porta parcialmente aberta do carro, ele começou a mover a mão direita para sua axila esquerda. O homem do KGB ia sacar sua arma.

Mais tarde, refletindo a respeito, Avner achou que talvez tivesse se enganado. Talvez o russo — que era, afinal, um agente, com seu próprio disfarce a considerar — não fosse sacar uma arma. Sem qualquer envolvimento, naquele momento, por que desejaria interferir? No entanto, por mais astuto que o russo fosse, não tinha meios de saber com certeza se o que acontecera no hotel o envolvia, de algum modo. Não teria razão para tentar deter três estranhos que passassem por ele correndo. O gesto de sacar a arma podia ter sido um ato totalmente reflexo, impensado de sua parte, também. Como Hans ou Avner, o russo também havia sido treinado para ter respostas instantâneas. Ao contrário de testemunha confiante, de um inocente transeunte, estava tenso enquanto esperava, sentado no carro. Talvez esta fosse a única desvantagem do treinamento profissional. Talvez deixasse a pessoa um pouco alerta demais, condicionando-a a agir excessivamente depressa. Seu tempo de reação seria mínimo. Perderia a capacidade humana de ficar imobilizado pela surpresa, de hesitar, de não fazer nada. Aquela pequena dificuldade, a pequena demora que — bastante curiosamente — talvez ajuntassem uma margem de segurança à existência diária.

E se Avner estava errado sobre o russo tentar sacar sua arma, Hans também se enganou porque supôs a mesma coisa quando viu o homem do KGB mover a mão direita.

Hans disparou primeiro. Como havia sido treinado. Duas vezes.

Depois Avner disparou duas vezes enquanto o russo se apoiava à moldura da porta com a mão esquerda, a direita ainda buscando o coldre. Avner disparava da base da escada, obliquamente, tentando atingir o alvo através da janela aberta do carro, porque sabia que as balas de baixa velocidade não penetrariam na porta blindada do Mercedes. Na verdade, podia ver os tiros de Hans encontrarem seu alvo, mas não estava certo em relação aos seus. Realmente, preferia pensar que tinha errado. De qualquer forma, o russo cambaleava para trás, para o assento do carro, e seu companheiro no lugar do motorista estendeu a mão para puxá-lo mais para dentro, agarrando-o pelo ombro. O motorista devia ser um homem muito forte, porque, de algum modo, colocou o homem ferido no carro com uma das mãos, batendo a porta em seguida. O próximo som que veio do Mercedes preto foi dos seus pneus rangendo enquanto giravam, com o carro do KGB descendo a rua, fazendo um cavalo-de-pau.

Avner guardava a arma, segurando o empregado grego do hotel pelo colarinho com a mão livre. Era desnecessário, porque o grego havia mergulhado em um estupor. Mais acima da rua, o carro de Robert era ligado com um ronco, um segundo depois girando em uma virada em U bem diante deles. Avner pegou a maleta do grego, que a apertava ainda, e empurrou o homem para o carro de Robert, depois de Hans. Em seguida, atravessou a rua correndo em direção ao Impala verde onde o grego mais velho já havia ligado os faróis.

— Dirija apenas — disse-lhe Avner ao entrar no carro —, mas não depressa demais. Entende? *Nicht sehr schnell.*

O grego concordou com um gesto de cabeça. Ao contrário de seu compatriota, estava totalmente calmo. Mas então, refletiu Avner, ele não havia visto um grupo de bombas incendiárias explodindo bem na sua frente. Mesmo que houvesse testemunhado o tiroteio.

De volta à casa segura, começaram a pôr as coisas em ordem, cada um esforçando-se enormemente para ficar calmo. Primeiro, tiveram de acalmar o empregado do hotel, que falava apenas grego. O homem estava completamente abalado. Ele se sentava e fixava, alternadamente, murmurando, "bomba, bomba", ou se levantava e começava a agitar o dedo para Hans, acumulando sobre ele o que era, supostamente, uma série de invectivas gregas selecionadas. Avner resolveu levá-lo para um lado com o grego mais velho, enfiando notas de cem dólares em sua mão. Isto pareceu afetar o homem como um jato d'água sobre o fogo crepitante. Eventualmente, depois de ser banhado pela quinta ou sexta nota, o fogo se apagou. Então, Avner entregou a mesma quantia ao homem mais velho.

Depois que os gregos saíram, Robert disse:

— Ouçam, sei como se sentem. Como acham que me sinto? Acreditem em mim, verifiquei o transmissor e funcionou. Não havia mais nada que eu pudesse fazer. Aquele negócio velho que nos venderam simplesmente não prestava.

Robert devia ter se mantido calado, porque isto deu início a uma discussão enorme, a primeira que tiveram desde que a missão começara. Hans se mostrou inflexível, dizendo que, se Robert tinha dúvidas verdadeiras sobre o material explosivo, devia ter recomendado que a missão fosse adiada. Se eles não dessem ouvidos à sua recomendação, então, Robert não poderia ser culpado. Mas, daquela forma, ele era o culpado. Apenas sussurrar "Acho que este material não é muito bom" — o que, disse Hans, Robert sempre fazia, de qualquer modo — não chegava a ser uma recomendação para o cancelamento da missão.

Hans tinha um argumento, porém Avner tinha um desentendimento mais sério com ele. Havia, afinal, uma cadeia de comando — mas mesmo o senso comum teria exigido que Hans consultasse os outros antes de envolvê-los em um plano de ação inteiramente novo. Porque fora isto que ele havia feito, agarrando a maleta com as quatro bombas que ainda continham as espoletas originais e subindo depressa ao quarto de Muchassi. Aparentemente, Hans fizera o grego confiante subir com ele no elevador e chamar Muchassi até a porta. Depois — pondo o grego de lado enquanto o árabe lutava com a fechadura — tirou uma das bombas da maleta. Quando Muchassi abriu a porta, Hans deu um pontapé nela e atirou a bomba incendiária dentro do quarto como se fosse uma granada de mão. Sem dizer a Robert ou Avner que era isso que tencionava fazer.

— Bem, se eu tivesse falado — disse Hans, soturnamente —, vocês teriam dito não. A princípio. Depois diriam, estou certo, sim, porque era a única solução, mas teríamos perdido mais tempo precioso. Tomei um atalho.

— Por que a única solução? — perguntou Robert. — De qualquer forma, você conseguiu que o grego o atraísse até a porta, portanto podia ter atirado nele.

— *Atirado?* — disse Hans, ofendido. Virou-se para Avner: — Está vendo? Ele não está raciocinando, simplesmente!

Avner teve de concordar com Hans. Disparar contra Muchassi não solucionaria o problema das bombas que não explodiram no quarto. Uma vez que o controle remoto de Robert havia falhado, a única solução talvez fosse a de Hans — mas, mesmo assim, não devia ter agido por conta própria. Ao menos, devia tê-los prevenido.

— E se você tivesse ficado ferido na explosão? — perguntou-lhe Avner. — O que faríamos, abandonaríamos você ou ficaríamos por perto tentando descobrir o que acontecera até todos sermos apanhados? Você agiu de maneira irresponsável. E por que teve de atirar naquele russo?

— Porque ele ia sacar uma arma — replicou Hans, indignado. — Eu devia esperar que ele disparasse primeiro contra mim? E por que *você* atirou nele? Você atirou nele pela mesma razão!

— Atirei nele porque vi você atirando — replicou Avner, mas sem muita convicção. Tornava-se uma discussão infantil. — De qualquer maneira — acrescentou Avner —, provavelmente, errei o alvo.

Esperava, certamente, ter falhado. A última coisa que queria era envolver-se com o KGB — ou com Efraim e o resto dos galicianos por ter matado um agente soviético. No entanto, se o russo ia sacar a arma, o que mais eles poderiam ter feito?

Ele também estava assombrado com Hans. Hans, com seus óculos de leitura; Hans, que parecia um lápis. Calmo, metódico, o Hans cordato. Teria sido uma outra história se Steve saísse correndo com uma maleta de bombas, ou Robert. Talvez mesmo o próprio Avner. Mas Hans? Correndo impulsivamente, dando chutes em portas, atirando em russos? Jamais se podia prever, realmente, coisa alguma sobre as pessoas.

No entanto, Avner teve a impressão incômoda de que, embora a ação de Hans parecesse insana, era provavelmente certa sob as circunstâncias. Hans tivera simplesmente a coragem de enfrentar a situação. Se as armadilhas explosivas não podiam funcionar, nem ser seguramente removidas, o que mais poderiam ter feito a não ser explodi-las manualmente, atirando outra bomba no quarto, com o *mechabel* ainda em seu interior? Tampouco Hans estava errado ao dizer que, se tivessem feito uma conferência a respeito, talvez se tornasse tarde demais para uma solução.

— Muito bem — disse Avner, afinal —, não falemos mais sobre isso. O trabalho está esgotando todos nós. Quando voltarmos a Frankfurt, ouviremos a opinião de Carl.

Os outros aceitaram isto. Embora Avner fosse o líder, Carl se tornara, desde o início — parcialmente por causa de sua idade e experiência, mas principalmente por causa de sua personalidade — o Salomão, o rabino superior, a consciência do grupo. E não estando envolvido desta vez, Carl também seria imparcial e objetivo. Se devessem ter agido de qualquer outra forma, Carl lhes diria.

Ficaram em Atenas por mais uma semana, depois deixaram o país de avião, um a um. A explosão no hotel, de acordo com os jornais, devia ter sido igual ao Quatro de Julho. Começou um incêndio, mas a única pessoa morta fora Muchassi. Algumas notícias mencionavam um turista alemão que ficara levemente ferido. Não houve uma palavra na imprensa, de qualquer tipo, sobre a morte do russo.[9]

Em Frankfurt, apresentaram o caso a Carl. Ele não disse nada durante um longo tempo, fumando apenas seu cachimbo, erguendo as sobrancelhas e revirando os olhos para o teto. A reação de Steve foi exatamente oposta. Olhou para eles com assombro total, apenas porque pareciam tão preocupados com o que tinham feito.

— E daí? — disse Steve a Avner. — Assim, nós o pegamos. O maldito russo, também o pegamos. O que há, companheiro, está assustado?

— Ora, fique quieto, Steve — disse Carl, afinal. — Ouçam, eu não estava lá. Não posso ser o juiz. O principal é que estão todos aqui. Vamos olhar para a frente.

Essa era, claramente, a única coisa a fazer. Mas Avner estava preocupado. Não sabia explicar a razão. Tudo havia caminhado bem até agora. Pelos 11 atletas israelenses, eles tinham exercido vingança sobre Zwaiter, Hamshari, al-Chir e al-Kubaisi, assim como Najjer, Nasser e Adwan em Beirute. Também sobre Muchassi e o homem do KGB. Na análise final, foi muito fácil.

Talvez fácil demais. Pela primeira vez desde que a missão havia começado, Avner sentiu uma pressão dolorosa na boca do estômago.

Capítulo 11

MOHAMMED BOUDIA

A VERDADE era que, pela primeira vez desde que partiram do Hotel du Midi, em Genebra, no final de setembro, e talvez pela primeira vez também em sua vida, Avner sentiu medo. Não se lembrava de ter experimentado a mesma sensação antes. Nem no Exército, nem durante a Guerra dos Seis Dias, nem enquanto era treinado, e nem enquanto trabalhava como um agente comum. Nem durante a missão, até meados de abril. Claro, ele sempre soubera o que era ficar tenso ou sobressaltado. Ou assustado. Mas a sensação que começara a ter em abril era inteiramente diferente. Não era um aumento fugaz de adrenalina, uma sensação do coração batendo na garganta por alguns segundos, uma agonia repentina que jamais duraria mais que a causa imediata que a fizera surgir. Este novo sentimento era uma angústia sossegada, melancólica, irritante, que não o deixava durante dias de cada vez, não importando o que estava fazendo. Podia estar comendo costeletas de porco em um restaurante ou até vendo seu astro favorito, Louis de Funes, em um filme — Avner devia ter visto todos os filmes que o comediante francês já fizera —, e a sensação continuaria presente. Às vezes, era como uma dor tediosa; outras, como uma massa sólida. Medo.

A princípio, Avner de fato pensou que talvez fosse alguma coisa que ele comera.

Quando reconheceu a sensação como medo, o que logo ocorreu, tornou-se ressentido e envergonhado. Por algum tempo ficou mortificado ao pensar que os outros, Carl, Steve, Hans ou Robert, poderiam reconhecer o medo nele, e até onde lhe dizia respeito, isso seria pior do que tudo. Para contra-atacar o medo, encontrou-se dizendo a toda hora:

— Rapazes, estou assustado. — E também: — Rapazes, estou preocupado.

Isto, claro, era o estilo fanfarrão do Exército, na única forma permissível, anunciando coragem ao afirmar demais o contrário. Mas ele exagerou, com certeza, porque um dia Carl lhe disse, muito calmamente, quando estavam sozinhos:

— Eu sei. Também estou preocupado.

Falou em um tom que fez Avner parar de fingir.

— Oh, merda! — disse ele. — Você também? Pergunto-me qual é o motivo.

Mas Carl apenas sacudiu a cabeça. Nunca mais falaram a respeito. Muito em breve, a resposta chegou a Avner em um repente. Na época, ele voava de volta de Nova York, onde havia passado uma semana com Shoshana, o que talvez tivesse algo a ver com o momento da descoberta. Não diretamente, mas de uma forma indireta.

Seu encontro não foi inteiramente feliz. Shoshana se mudara na primeira semana de abril para o apartamento no Brooklyn que Avner havia encontrado para ela. Enquanto Avner ainda estava em Beirute, ela fora com o bebê, Geula, e Charlie, o cachorro. Sozinha. Sem jamais ter vivido fora de Israel. Sem imaginar onde Avner estava ou quando apareceria na América. Quando ele chegou, cerca de três semanas depois, Shoshana pendurou-se ao seu pescoço com uma força tão desesperada que, na verdade, quase causou dor física a Avner. Se ele tivesse imaginado, alguma vez, que a forma como eram forçados a viver não faria diferença para Shoshana, apenas o seu abraço teria sido suficiente para mudar sua opinião.

Passaram os dois primeiros dias na cama. Na terceira manhã, Avner despertou de um sonho em que estava sendo vigiado. Abriu os olhos e viu Shoshana sentada na cama olhando para seu rosto.

— O que é? — perguntou Avner, sonolento.

— Não sei — retrucou ela, o tom de voz sério. — Quero dizer, seu cabelo não está ficando grisalho, nem nada, mas... não sei. Parece dez anos mais velho.

Ouvindo isto, ele sentiu o medo, que havia quase desaparecido nos dois últimos dias, atingi-lo no estômago como um punho. Não disse nada, porém mais tarde, ao fazer a barba, examinou seu rosto ao espelho. Shoshana tinha razão. Ele havia envelhecido anos nos últimos sete meses. Parecia um homem de trinta e poucos anos, e tinha apenas 26.

— Bem — disse ele à sua imagem ao espelho, falando alto, o que dificilmente era seu hábito —, parece que você pode enganar mais facilmente seu cérebro do que seu corpo.

— O que disse? — perguntou Shoshana, fora do banheiro.

— Nada.

Passou o resto da semana dirigindo um carro alugado e levando Shoshana para conhecer Nova York, de forma que ela pudesse ver um pouco da cidade e não se sentisse tão estranha. Até a chegada de Avner, ela não havia ido além da loja da esquina para comprar mantimentos. Ele também a apresentou a dois conhecidos. Shoshana não conhecia ninguém, e não fazia amigos com facilidade. Como sempre, ela não se queixou, mas quando ele a observou amamentar o bebê, uma tarde, no apartamento de um quarto, um pouco escuro, notou alguma coisa tão solitária e vulnerável nela que o fez se sentir inacreditavelmente culpado.

— Não será por muito tempo — disse-lhe. — Prometo.

Ela olhou para ele e sorriu. Isso piorou infinitamente tudo. Mas ele não podia fazer muita coisa a respeito. Ao menos, ela parecia encantada com Geula, que, até onde Avner sabia, ainda era feia, embora melhorando um pouco com a idade.

Depois, ao voar de volta à Europa, ocorreu-lhe. A razão do seu medo. Ele, Carl, e talvez os outros também. Por que os afetava agora, depois de sete meses, após cinco assassinatos bem-sucedidos, sem contar Beirute. A razão era muito lógica, muito simples.

Tendo praticado os crimes, eles começavam a compreender como era fácil preparar um ataque. Como era simples para algumas pessoas, com algum dinheiro e um pouco de determinação, encontrar e matar um homem. Com impunidade. Como um grupo de terroristas poderia sempre fazer o que queria. Não sempre — jamais sempre —, mas por um curto tempo. Somente o tempo suficiente para eliminar quatro ou cinco seres humanos.

E se era fácil para eles, seria igualmente fácil para os outros. Se eram capazes de matar com tão pouca dificuldade, podiam ser mortos facilmente também. Se podiam comprar informação sobre os *mechablim*, por que os *mechablim*, que tinham no mínimo tanto dinheiro quanto eles à sua disposição — e menos escrúpulos —, não descobririam sobre *eles*? Os dois lados tinham que deixar vestígios para fazer seus trabalhos. Os dois lados tinham que fazer contatos com certas pessoas, e uma ou outra poderia ser um informante. E um informante seria suficiente. A equipe de Avner podia desligar as luzes à noite e ter suas camas arremessadas contra o teto por uma explosão.

Sem dúvida alguma, alguém estaria lá fora, agora, caçando Avner e seus companheiros. Fazia sentido eles estarem com medo.

Em nada ajudou que, exatamente então, três incidentes ocorressem, e embora insignificantes, abalaram os nervos dos parceiros um pouco mais, a cada vez. Uma noite, em Frankfurt, os cinco resolveram jantar em um restaurante juntos. (Em Frankfurt, em geral, faziam as refeições no apartamento de um ou outro, revezando-se nas compras e na cozinha.) Voltavam em um carro quando Avner, ao volante, resolveu tomar um atalho através de um local de construção. De repente, ficaram cegos por holofotes e gritos os mandaram parar. No segundo seguinte estavam cercados pela polícia de Frankfurt — realizando, ao que parecia, uma *blitz* contra drogas. Aparentemente, alguns traficantes deviam fazer um negócio no local de construção, e a equipe foi apanhada pela vigilância policial. Embora fossem soltos dentro de minutos com inúmeras desculpas — seus documentos estavam em ordem, não se achavam embriagados, e não tinham nada que incriminasse no carro —, os poucos segundos em que permaneceram sob a mira dos revólveres, braços e pernas abertos, mãos sobre o teto do sedã Opel de Avner, pareceram o fim para todos os cinco. Estavam absolutamente convencidos de que tinham sido presos pela segurança alemã. Na verdade, foi a primeira — e última — vez durante a missão que tiveram qualquer encontro inesperado com as autoridades ocidentais.

Os outros dois incidentes envolveram apenas Avner e Carl. Ocorreram em domingos consecutivos em sua casa segura de Frankfurt, ambos aproximadamente às dez horas, exatamente quando estavam sentados diante das sobras do café-da-manhã. No primeiro incidente, houve uma batida à porta — estranho, uma vez que os visitantes deviam tocar a campainha do saguão — e, caminhando nas pontas dos pés até o olho-mágico, Avner viu dois desconhecidos bem vestidos no corredor. Com Carl cobrindo-o da porta do quarto, Avner girou a chave na fechadura, descansando o pé contra a parte inferior da porta.

Os estranhos não eram mais que inspetores postais investigando algum roubo de correspondência. Aparentemente, a zeladora os havia deixado entrar no prédio, onde estavam indo de porta em porta, perguntando aos inquilinos se algum dera por falta de alguma carta.

— Que trabalho perigoso — disse Carl obliquamente, depois de guardar a Beretta.

O incidente do domingo seguinte foi muito mais súbito e violento. Enquanto Avner e Carl liam os jornais, sua janela do segundo andar se partiu com um estrondo tremendo e um objeto voou para dentro do recinto. Eles caíram ao chão imediatamente, cobrindo as cabeças com os braços, esperando que a granada explodisse. Após alguns segundos, levantaram as cabeças com cautela. Havia vidro por todo o chão, mas não puderam ver o projétil que entrara pela janela.

Avner se arrastou até a parede externa, levantando-se de costas contra ela, e colocou-se lentamente em posição de dar uma olhada através do vidro estilhaçado. O que viu foi um garotinho, sem dúvida de um conjunto americano do outro lado da rua, olhando para a janela. Tinha um bastão de beisebol na mão.

— Desculpe, senhor — gritou em inglês quando viu Avner —, foi um acidente. Poderia me dar minha bola, por favor?

Depois disso, Avner teve a maior dificuldade em adormecer durante duas noites.

Ao mesmo tempo, o caráter de Avner era tal que todas as coisas que talvez detivessem os outros — medo, oposição, dificuldades, desaprovação — serviriam apenas para estimulá-lo. Sem saber, sem sequer sonhar em analisá-lo de algum modo, ele pertencia à pequena minoria de seres humanos que são incentivados pela adversidade. Era quase como se, por causa de alguma peculiaridade de natureza, a rede elétrica em seu cérebro tivesse sido invertida. Ele funcionaria como um carro talvez, se algum moleque trocasse o acelerador pelo freio. Em certo sentido, ter medo seria, provavelmente, a última coisa a detê-lo.

E apesar das muitas maneiras em que os parceiros talvez fossem diferentes de Avner — ou um do outro —, esta era, claramente, uma característica que partilhavam.

Talvez os psicólogos da Mossad soubessem alguma coisa sobre sua profissão. Tinham selecionado cinco indivíduos que iriam, instintivamente, tentar livrar-se de qualquer coisa que os aterrorizasse, não abaixando as cabeças, mas atacando o que quer que fosse. Um estado de espírito intratável que seria, provavelmente, tão natural para algumas pessoas quanto estranho para a maioria.

Em maio, dos 11 alvos originais, restavam-lhes quatro. Não conseguiram pistas sobre o paradeiro de Ali Hassam Salameh. Abu Daoud, número dois na lista, estava temporariamente em uma prisão jordaniana. O número 11, o dr. Wadi Haddad, líder militar da Frente Popular para a Libertação da Palestina, parecia tomar cuidado para nunca sair de países do Oriente Médio e do Leste Europeu, que estavam fora dos limites para a equipe.

Desta forma restava o número cinco, um argelino atraente, vivo, chamado Mohammed Boudia. Era bem conhecido das autoridades francesas, tendo sido preso em 1959 por sabotar depósitos de gasolina no interesse da Frente de Libertação Argelina. Em certo sentido, Boudia era um alvo fácil, porque não ostentava suas ligações com o terrorismo palestino e, em 1973, somente a Mossad e talvez um ou dois outros serviços secretos suspeitavam de que sua Organização, a *Parisienne Orientale*, era uma fachada para a Frente Popular. Um diretor do Teatro Nacional Argelino depois da independência, Boudia era ativo em círculos teatrais e na sociedade parisiense elegante de esquerda, produzindo *shows* com implicações políticas no Théâtre de l'Ouest Parisien, no Boulogne-Billancourt, alguns deles com bastante sucesso. Somente uma fração das pessoas que o conheciam em Paris estava ciente de seu papel em atividades terroristas, e muito poucas realmente envolviam-se nelas com ele. Dentre essas poucas pessoas, algumas mulheres com quem o atraente argelino era bastante popular.

Ao mesmo tempo, ao contrário de seu predecessor — e de acordo com algumas fontes, subordinado —, o dr. Hamshari, Boudia não confiava somente em seu disfarce para protegê-lo. Sabia-se que evitava qualquer rotina fixa, quase nunca aparecendo no mesmo lugar à mesma hora duas vezes, e preferia passar as noites nos vários apartamentos de suas várias namoradas — embora, como Steve foi levado a comentar, esta última preferência talvez não tivesse nada a ver com segurança. Ele também era acompanhado muitas vezes por um guarda-costas quando aparecia em público.

Como viajava muito, o momento e a extensão de suas estadas em Paris eram difíceis de determinar. De acordo com algumas informações, ele deveria ter estado na sede da OLP em Beirute na mesma ocasião do ataque-surpresa dos comandos, mas ou esta informação fora errada ou Boudia conseguira escapar. Outras fontes disseram que ele estava em Madri no dia em que o agente da Mossad Baruch Cohen foi morto, em janeiro de 1973. Ao menos uma pessoa suspeita de tentar descobrir sobre Boudia e sua organização — o infeliz jornalista sírio Ham Kuda, que podia ou não estar trabalhando para a Mossad — tivera morte violenta.[1]

Durante o mês de maio, Avner e seus companheiros tentaram, sem sucesso, localizar o esquivo líder terrorista. Em Paris, *Le Group* tampouco tinha informação, e Avner resolveu tentar Tony em Roma, novamente. (Uma das operações de Boudia envolvia a sabotagem do Oleoduto Transalpino, em Trieste, Itália, ferindo 18 pessoas e causando um prejuízo de milhões de dólares. Dizia-se que Boudia executara este golpe pessoalmente, acompanhado de duas ou três de suas amigas, uma francesa e uma garota rodesiana. De acordo com Louis, o fornecedor de explosivos de Boudia era o mesmo grego que havia proporcionado as cinco bombas para o assassinato de Muchassi em Atenas.) De qualquer forma, por causa das ligações italianas de Boudia, Avner achou que o ramo de Tony em *Le Group* talvez soubesse mais sobre ele do que o pessoal de Louis em Paris.

Mas Tony não pôde ajudar. Depois de alguns dias em Roma, Avner resolveu telefonar para Louis novamente.

— Alguma notícia? — perguntou ao francês, que ele começava agora a considerar amigo.

— Não — respondeu Louis —, mas por que não vem para cá, de qualquer modo? Tenho alguém que gostaria de conhecê-lo.

— Quando?

— No fim de semana — replicou Louis —, se lhe convier.

Ainda era quarta-feira. Avner resolveu alugar um carro e dirigir de volta a Paris. Embora adorasse voar, também gostava de dirigir, e agora era seu hábito mudar a rotina. Além disso, sua mente descansaria ao dirigir por dois dias. A estrada ao longo da Riviera italiana e francesa era bonita, especialmente em maio, e se ele atravessasse a Suíça, poderia dar uma parada no banco de Genebra. Podia dar uma olhada em sua conta pessoal e ver quanto havia crescido desde a última vez. Embora o dinheiro significasse pouco para ele, nos últimos meses os pensamentos de Avner tinham se voltado, crescentemente, para as coisas que o dinheiro podia comprar, principalmente para Shoshana. Começou a comprazer-se em fantasias — à moda tradicional de todos os maridos culpados — sobre as coisas que poderia dar a ela. Em Paris, por exemplo, passou horas examinando uma cozinha modelo exibida nas vitrines de *La Boutique Danoise*, perto da avenue Hoche. A geladeira alta com seu congelador e o forno autolimpante eram uma coisa! Shoshana não teria que se envergonhar daquela cozinha, mesmo na América.

Durante o longo trajeto, tentou não pensar na missão, de forma alguma. Refletiu, em vez disso, sobre suas viagens, sobre todos os países que havia visto nos últimos anos. Apenas comparar as rodovias da Itália e França era um meio de saber muito sobre os dois países. Os franceses cercariam suas montanhas com redes de estradas sinuosas, enquanto os italianos abririam o caminho, fortemente, através delas. Com um sistema brutal de túneis. Avner contou cerca de cinqüenta ao longo da rodovia entre Gênova e a fronteira francesa.

Também havia uma diferença, pensou Avner, entre as formas como as várias nacionalidades se ajustavam às suas cidades, paisagens, arquitetura. Por exemplo, o povo francês parecia pertencer a Paris, mas os italianos não pareciam pertencer a Roma. Não que Avner tivesse algo contra os italianos — ao contrário —, mas estava impressionado com o contraste entre as construções magnificentes e a forma como as pessoas se movimentavam e se comportavam nas ruas. Lembrava-lhe um livro sobre um certo lugar da Índia, que ele lera em criança, em que as ruínas de uma bela cidade construída na selva por uma civilização anterior eram habitadas, agora, por uma raça de macacos. Só que nesse livro os macacos não dirigiam lambretas.

E os judeus? Bem, agora, havia uma dúvida. Claro, era apenas a opinião pessoal de Avner — e não relacionada com seu amor por Israel, ou seus sentimentos de patriotismo — mas, desde a infância, ele jamais fora capaz de sequer fingir que se sentia em casa naquela paisagem do Oriente Médio. E para Avner, os judeus, quer fossem Yekkes ou galicianos, não pareciam se ajustar a ela. Quer compreendessem isso ou não. Os únicos que se ajustavam eram os que vinham dos países árabes, como o Marrocos ou o Iêmen. Ao menos, na opinião de Avner. Isto não tinha nada a ver com história antiga, ou com o que os judeus da Europa construíram e realizaram em Israel, o que era estupendo; tampouco isso dava aos árabes o direito de tentarem empurrá-los para o mar. Somente por cima do cadáver de Avner alguém obrigaria os judeus a ir para algum lugar. Mas, ainda assim, ele diria que os judeus não se ajustavam à paisagem. Este era o seu ponto de vista, e, como um *sabra*, tinha direito a ele.

Mas, provavelmente, fazia pouca diferença onde os judeus terminavam, uma vez que os cossacos e os nazistas e o resto os haviam expulsado da Europa. A Europa, onde talvez se tivessem ajustado, mas onde não podiam viver sem serem massacrados uma ou duas vezes a cada século; e da última vez quase para sempre. Assim, se os europeus estivessem agora infelizes em relação aos israelenses e árabes que convertiam suas cidades em campos de batalha, isto era desastroso. Deviam ter se preocupado com isso antes.

E com este pensamento na cabeça, Avner se encontrou fixando, desafiante, o infeliz funcionário francês que examinou seu passaporte na fronteira.

Chegando a Paris, telefonou a Louis.

— Irei buscar você amanhã de manhã às nove — disse o francês. — Vista-se para ir ao campo. Vamos ver Papa.

Avner ficou excitado, mas não totalmente surpreso. Considerando a quantidade de dinheiro que tinham gasto com *Le Group* nos últimos seis meses, aproximadamente, era normal que o Velho ficasse curioso. Embora as várias facções terroristas de esquerda e direita e outros grupos clandestinos que talvez houvessem sido incluídos na clientela anterior de Papa não fossem, de forma alguma, pobres — a OAS dos antigaullistas que lutavam contra a independência argelina tinha alguns protetores extremamente ricos, por exemplo, enquanto centenas de milhares de palestinos que trabalhavam em países árabes, ricos em petróleo, eram obrigados a "doar" de 5 a 10% de seus ganhos à OLP —, era provável que nenhum grupo isolado houvesse gasto tanto dinheiro pelos serviços de Papa, no espaço de alguns meses, quanto a equipe de Avner. Claramente, o antigo maqui, agora trabalhando por conta própria, queria fazer um exame mais cuidadoso.

Por seu lado, Avner estava certamente interessado.

A casa de campo era ao sul de Paris. Levaram cerca de duas horas para chegar, embora talvez pudessem reduzir para uma hora tendo mais pressa. Assim que o Citroën preto entrou na estrada, Louis ofereceu óculos de cego a Avner, dizendo:

— Não se importa de colocar estes óculos, não é?

Os óculos escuros impediram a visão de Avner completamente. Talvez o Cauteloso Carl tivesse se recusado a usá-los, mas Avner sentiu que assim que entrou em um carro sozinho com Louis, poderia levá-lo para uma emboscada, de qualquer forma. O sexto sentido de Avner, em que viera a confiar implicitamente, não registrou qualquer perigo.

Assim que a suspensão leve do Citroën começou a oscilar em algumas estradas secundárias, Louis disse a Avner para tirar os óculos. O campo francês pacífico, nebuloso, ladeado por algumas montanhas azuis na distância longínqua, podia estar em qualquer região. Ninguém vigiava os portões diante do caminho que dava para a casa de campo grande, espalhada. Ao saírem do carro um cão pastor peludo, com uma disposição extremamente amistosa, saltou para colocar uma lambida babada no rosto de Louis, depois repetiu o gesto com Avner.

Papa os saudou na varanda. Usava chinelos. Havia uma suéter azul-escura sobre sua camisa sem colarinho. (Em uma ocasião posterior, em Paris, Avner o veria em um terno antiquado preto de três peças.) Um homem com pouco mais de sessenta anos, Papa tinha cabelo grisalho e um nariz protuberante. O aperto de sua mão grande, sardenta, era firme. Havia alguma coisa nele que lembrava a Avner não apenas seu próprio pai, mas Dave, o instrutor de armas de fogo, ex-fuzileiro americano, embora eles não se parecessem, de modo algum. Talvez fosse sua fé evidente em força e astúcia, que Avner podia sentir.

Possivelmente, também era a forma como Papa falou. Seu inglês, como o hebraico de Dave, era mal estruturado. Avner, expressando sua tristeza por não saber francês, ofereceu alemão, mas o velho recusou.

— *Mais non, monsieur, mais non.* Falo inglês. *Pourquoi pas?* Pratico. Breve, todo o mundo fala inglês, hein?

Oh, bem, pensou Avner. Ao menos, Papa não fazia mistério sobre o que o estava incomodando.

Mas a aversão de Papa pelos ingleses era apenas uma camada externa. Havia muito mais camadas e Avner nunca conseguiu se decidir — então, ou durante uma visita subseqüente — quais poderiam ser. Papa parecia gostar das pessoas, exceto talvez de políticos. Sempre que a conversa girava para uma determinada pessoa, Papa provavelmente sacudia a cabeça concordando e dizendo:

— Ele, eu sei, é um bom homem.

Mas grupos ou governos, era melhor esquecer. Para Papa eram todos *merde*.

Ele apresentou Avner à sua esposa, supostamente mãe de Louis, embora Avner não visse sinal de afeto entre os dois. Ela parecia mais velha do que Papa; na verdade, ela era, provavelmente, alguns anos mais nova. Entrando e saindo silenciosamente do recinto, ela serviu refrescos, mas não tomou parte na conversa, e não sentou com eles. A única pessoa a permanecer no recinto com Papa e Avner, além de Louis, foi um tio idoso. Ele disse muito pouco e falou somente em francês. Breve, Avner descobriu uma coisa surpreendente sobre ele, contudo. Aparentemente, estava sendo usado por Papa e Louis como um computador vivo, apresentando datas e números em uma salmodia sem expressão sempre que lhe pediam. Avner resolveu testá-lo e perguntou a Louis sobre a quantia em dinheiro que ainda deviam ao seu contato grego pelo trabalho de vigilância. Louis se voltou para o tio e traduziu a pergunta.

O homem mais velho apresentou o que Avner acreditava ser o número correto, sem hesitação.

Certamente, era um método mais seguro do que manter arquivos. Avner ficou impressionado. Contudo, perguntou-se o que *Le Group* poderia fazer depois que o tio, que parecia ter mais de setenta anos, falecesse.

Durante toda a conversa, Papa só fez uma pergunta direta a Avner:
— Você trabalha para Israel, não é?

Avner repetiu o que ele já havia dito a Louis, sobre busca de informação, sobre terroristas palestinos.

— Eu costumava trabalhar para a Mossad — adiantou —, mas não trabalho mais. — Isto, tecnicamente falando, era verdade. — Meus parceiros e eu trabalhamos agora para uma organização particular judaica na América.

Embora fosse uma mentira, não era implausível e estava de acordo com a opinião de Papa sobre o mundo. Parecia ser um ponto de vista do velho francês, até onde Avner podia julgar, que tudo, na verdade, que funcionava na sabotagem internacional ou nas operações de serviços secretos tinha alguns interesses particulares por trás. Somente Deus sabia como Papa havia chegado a esta conclusão — que era muito parecida com os pontos de vista expressos por sua organizadora nascida em Quebec, Kathy —, mas talvez fosse uma questão de julgar tudo por seu próprio exemplo.

Avner discordava completamente. Sem dúvida, havia alguns homens fortes, xeques do petróleo, neonazistas ricos, ou o estranho *playboy* romântico-revolucionário aqui e ali que fundariam ou organizariam um grupo terrorista ou ação terrorista. Como o rico negociante-editor italiano Giangiacomo Feltrinelli, que conseguira explodir-se perto de Milão cerca de um ano atrás, na primavera de 1972, tentando sabotar algumas instalações industriais, enquanto vestia uma jaqueta de Castro. Mas Avner diria que estes seres singulares eram apenas uma gota no balde do terror internacional ou contraterrorismo, não mais importantes do que um indivíduo perturbado que ocasionalmente talvez saísse e tentasse assassinar um líder nacional ou personalidade inteiramente por conta própria. Pode haver alguns grupos espontâneos de nacionalistas ou revolucionários estudantes emergindo brevemente em um lugar ou outro, sem apoio de qualquer tipo. Mas os grupos principais eram todos financiados, até onde dizia respeito a Avner, por um Estado ou grupo de Estados. Principalmente Estados comunistas, ligados em última instância com a União Soviética, ou, menos freqüentemente, com a China. Mesmo indivíduos como Feltrinelli terminariam, de alguma forma, sendo financiados por eles, se não com dinheiro, então com treinamento, documentos ou armas.[2]

Mas este, evidentemente, não era o ponto de vista de Papa. Avner ficou intrigado porque um francês sábio, que conhecia tanto sobre detalhes práticos de movimentos clandestinos na Europa, parecia chegar às mesmas conclusões que os escritores de histórias em quadrinhos, filmes de Hollywood ou ficção popular, que não tinham conhecido de primeira mão o movimento secreto, qualquer que fosse. Por que Papa pensaria que tudo era feito por alguns indivíduos misteriosos — negociantes ou velhos aristocratas ou o que quer que fossem — tramando em seus castelos suíços para dominar o mundo? Porque Papa parecia acreditar em alguma coisa desse tipo, se acreditava em algo. Seu sorriso astuto sugeria a mesma coisa que a expressão favorita de Kathy: que todas as outras explicações eram para burros.

Nesse caso, pensou Avner, ele e seus parceiros eram burros, eles próprios. Mas se Papa gostou da idéia de um grupo particular judaico na América, Avner não iria discutir por isto. E na análise final, quem podia dizer, de qualquer modo? Avner, com certeza, não podia. Enquanto Avner não se impressionou com a visão de mundo de Papa, ficou impressionado com quase tudo mais a respeito dele. O velho combatente da Resistência conhecia, claramente, o seu negócio. Seus comentários eram argutos em todas as questões práticas e, ainda mais importante, ele parecia ter uma certa presença. Avner não teria desejado encolerizá-lo, mas saiu da reunião com a sensação de que estaria seguro enquanto Papa estivesse do seu lado.

Isto foi fortalecido pelo gesto que o velho fez quando os acompanhou até o carro. Quando Avner estendeu a mão para os óculos escuros que havia deixado sobre o painel de instrumentos, Papa tirou-os de sua mão.

— Eh, *merde*! — disse e entregou os óculos ao filho, que riu e guardou-os no bolso.

Na volta, ele comentou com Avner:

— Bem, parece que você caiu nas graças do velho.

Avner sorriu e resmungou alguma coisa sobre estar contente. O que sentia vontade de dizer era "Ótimo, então, talvez eu viva um pouco mais", porém não quis testar o senso de humor de *Le Group*.

A verdade era que, tendo-se envolvido com *Le Group*, Avner sempre teria a sensação de inquietação de que ele e seus parceiros tinham agarrado um tigre pelo rabo. Pelo restante da missão, ele continuou a ter um relacionamento não tanto de amor e ódio com Papa e seus filhos, quanto de confiança e medo. É grande especulação — Avner não tendo aprendido muito mais neste ou em seu encontro subseqüente com Papa

— se *Le Group* era motivado por quaisquer discerníveis impulsos policiais, ou se vendiam informação e apoio somente por razões mercenárias. Da mesma forma é difícil dizer se seus clientes incluíam a OLP, embora Avner não tivesse dúvida de que incluíam a Facção do Exército Vermelho do Baader-Meinhof, porque Andreas conhecia Louis. É possível que seus clientes políticos fossem em sua maioria conspiradores antigaullistas e outros adeptos do terror "negro" — isto é, a direita. Isto explicaria a evidente crença de Papa em fortes interesses particulares e em antigas famílias aristocratas no papel de força motriz por trás das intrigas internacionais; suas experiências neste determinado setor o corroboravam. Também explicaria a antipatia de Papa pelos ingleses, que agitavam a ordem mundial estabelecida cedendo todo o seu império sem luta, no entanto mantendo a supremacia do espírito e das instituições anglo-saxônicas no mundo, transmitindo-os aos americanos atrevidos, ricos e totalmente imprevisíveis. Se Papa partilhava qualquer política de algum dos clientes antigaullistas, teria alguns destes pontos de vista.

Como regra, contudo, os compromissos de autônomos como *Le Group* não são ideológicos, mas financeiros, e muitas vezes pessoais. Em teoria, talvez vendam um terrorista a um contraterrorista, ou um palestino a um israelense tão facilmente quanto o contrário, mas talvez protejam um indivíduo em qualquer campo de luta porque ele é um bom negócio ou porque gostam dele. O sexto sentido de Avner sugeriu que enquanto Papa gostasse e confiasse nele — ou gostasse e confiasse em seu relacionamento comercial — tudo estaria bem. E em termos de informação e serviços, *Le Group* valia o seu peso em ouro — que, como dizia Hans, era exatamente o que Papa e Louis cobravam. Mas eles eram bons: muito melhores, muito mais confiáveis do que qualquer contato da Mossad ou informante árabe. Quer a equipe de Avner tivesse sido capaz, ou não, de localizar os *mechablim* sem eles, o fato era que, até o verão de 1973, não o tinham conseguido. Com exceção de Nasser, Adwan e Najjer em Beirute, as próprias fontes da Mossad só ofereceram o endereço de Hamshari — inclusive com base no material que Efraim havia fornecido no início da missão — e o fato de que Zwaiter podia ser encontrado em algum lugar de Roma. O resto veio de *Le Group*.

Na verdade, Carl apelidara Louis de *Deus ex machina*, que Avner nunca era capaz de lembrar, e assim mudou para "Moishe, a máquina". Ele dizia: "Vou telefonar para Moishe, a máquina" sempre que ia dar um telefonema para Louis.

* * *

Uma semana depois, Louis informou que Mohammed Boudia estava em Paris. Na mesma noite Robert voou para Bruxelas. Exatamente uma semana mais tarde, por volta das 10h25 da manhã, Steve estacionou um dos furgões de Papa do outro lado da rua de um pequeno bar chamado L'Étoile d'Or, na esquina da rue Jussieu e rue des Fossés Saint-Bernard, na Rive Gauche. Era uma quinta-feira, 28 de junho.

Havia sido extremamente difícil localizar Boudia. Ao contrário dos alvos anteriores, talvez passasse a noite em qualquer lugar e era impossível prever onde apareceria no dia seguinte. Ou a que horas. A única solução era mantê-lo sob vigilância constante e, quando o encontrassem casualmente sozinho, de dia ou de noite, se o momento, lugar e outras circunstâncias parecessem favoráveis, cometer o assassinato imediatamente.

Contanto que o argelino experiente e cauteloso não visse que estava sendo seguido e escapasse deles.

Para reduzir esse risco, Avner autorizou Louis a manter a vigilância em grande escala, empregando tantas pessoas diferentes quantas tivesse em disponibilidade. Tudo o mais sendo igual, uma das melhores maneiras de assegurar que o alvo não notasse que o seguiam era evitar usar as mesmas pessoas ou veículos perto dele, duas vezes. Dentro de certos limites, era somente uma questão de dinheiro. Em Paris, *Le Group* tinha uma dúzia ou mais de empregados treinados à sua disposição.

Uma vez que Boudia estava freqüentemente dirigindo, Avner e Carl resolveram que Robert prepararia um carro-bomba, sem excluir outras possibilidades. O tiroteio era sempre um método confiável de assassinato — exigia o mínimo em termos de preparação —, mas também o mais difícil no momento da fuga, e não possuía o mínimo da "esperteza" sobre a qual Efraim havia mencionado. Falando sem rodeios, envolvia menos terror. Avner também não gostava do tiroteio por causa do fardo emocional para a equipe. Era um fator, embora nunca comentado. Colocando a coisa simplesmente, apertar um botão a uma distância do alvo era mais fácil do que encarar um homem a 60cm de distância e disparar uma série de balas contra seu corpo.

A bomba que Robert e seu contato belga prepararam era, essencialmente, do mesmo tipo que aquela usada no assassinato de al-Chir, porém menor e um pouco mais simples. Em vez de seis bombas pequenas, utilizava uma única unidade explosiva do tipo de fragmentação. O método de detonação era o mesmo. A bomba seria colocada sob o assento do carro e armada por pressão, depois do que a explosão seria provocada por um sinal de rádio. Usando somente pressão não haveria segurança, já que poderia ferir os transeuntes ou quem quer que estivesse no carro com Boudia; um mecanismo controlado puramente pelo rádio poderia ser disparado acidentalmente por um sinal extraviado, enquanto era transportado ou colocado no carro de Boudia.

Em um momento, enquanto tomavam as providências, Steve disse, de repente:

— Sabem, somos loucos. Isto é guerra, não é? Por que estou sentado aqui, tratando de resolver as rotas de fuga? Por que Robert está trabalhando com seu rádio? Sabem o que este cara, Boudia, faria se quisesse matar um de nós? Eu lhes digo. Às oito da noite ele ligaria uma bomba à ignição do nosso carro, ou mandaria uma de suas namoradas fazê-lo, e às onze estaria sentado em Argel, tomando chá. Não se importaria se alguém mais fosse para os ares conosco, na manhã seguinte, quando ligássemos o maldito motor. Ele diria, *C'est la* maldita *guerre*.

"E o que nós estamos fazendo? Tentando imaginar como estacionar um furgão para conseguir uma boa linha de visão. Certificando-nos de que não estaremos a mais de cinqüenta metros de distância quando a bomba explodir. Eu lhes digo, somos loucos. No fim, é por isso que *eles* vencerão.

— Terminou? — perguntou Carl após uma pequena pausa. — Tem certeza? Sim? Então, por favor, volte ao que fazia.

A favorita atual de Boudia era uma estenógrafa que vivia na rue Boinod, no 18º *arrondissement*. Embora o Renault que o argelino estava usando permanecesse estacionado fora da casa de sua amiga toda a noite de quarta-feira, 27, Avner teve medo de que, de manhã, ele desse uma carona à garota e, assim, não quis arriscar colocar a bomba. Na verdade, a moça deixou o apartamento sozinha, quase uma hora e meia depois de Boudia, que saíra às seis da manhã, aproximadamente.

Muito interessante foi que Boudia dirigiu seu Renault para um quarteirão de distância do local onde sua namorada iria trabalhar, mais tarde, no 5º *arrondissement*, na Rive Gauche. Era um trajeto longo da rue Boinod até a rue des Fossés Saint-Bernard, ao pé do bulevar Saint-Germain, e Boudia levou quase 45 minutos, embora tivesse partido antes do *rush* matinal. Eram aproximadamente 6h45 da manhã quando estacionou o carro em uma das vagas de estacionamento oblíquas, exatamente em frente ao moderno prédio Pierre et Marie Curie, da Universidade de Paris.

Boudia saiu e trancou o carro. Uma pessoa da equipe de vigilância de *Le Group* seguiu-o a pé. A outra guiou o carro em que andavam seguindo o Renault de Boudia até o telefone mais próximo. Aparentemente, Boudia estava a caminho da casa de outra namorada, a um quarteirão de distância.

Dentro de meia hora Steve e Robert estacionaram em um furgão, em fila dupla, diante do carro do argelino. Usavam macacões de trabalho. Embora existissem várias lojas no lado oposto da calçada da rue des Fossés Saint-Bernard, o trânsito de pedestres era escasso àquela hora da manhã, e, de qualquer maneira, o alto furgão diante do carro esconderia o veículo de olhares casuais dos passantes. Era impossível dizer quão breve Boudia voltaria, mas seria precedido pelo homem de Papa, que o estivera seguindo a pé, e isto daria a Steve e Robert tempo suficiente para fugir.

O tipo de bomba que usavam não precisaria de muito tempo para ser colocada sob o assento do motorista. Era uma unidade completa, como um pequeno pacote, sem dispositivo de tempo e sem fios para ligar. Steve levou menos de trinta segundos para abrir a porta do Renault e Robert terminou em menos de um minuto. Depois Steve levou mais alguns segundos para trancar a porta novamente.

O dispositivo explosivo encontrava-se no lugar. Ainda não eram oito da manhã. Steve e Robert voltaram para o furgão e dirigiram-no para a esquina da rue Jussieu e rue des Fossés Saint-Bernard, onde Avner e Hans tinham conseguido, enquanto isso, apoderar-se de duas vagas de estacionamento com um carro. Agora, avançaram e permitiram que o furgão parasse próximo ao meio-fio, atrás deles.

Carl estava em algum local da vizinhança, por conta própria.

Quase três horas se passaram. Eram 10h45. Nenhum sinal do homem de Papa ou de Boudia. Então, um grande caminhão estacionou em fila dupla exatamente onde Steve e Robert tinham parado o furgão antes, exatamente em frente do Renault com a armadilha da bomba, bloqueando a linha de visão deles. Não havia nada que pudessem fazer a respeito — embora Avner pensasse em descer a rua a pé e pedir ao motorista do caminhão, sob algum pretexto, para estacionar dez metros adiante. Se Boudia entrasse no carro naquele instante, talvez eles nem sequer o vissem até sair da vaga do estacionamento. E seguir o seu carro, depois provocar a explosão em outro local, seria muito arriscado. Se o caminhão apenas se movesse, as coisas ficariam muito mais fáceis.

Alguns minutos depois, ele o fez.

Mas, quase ao mesmo tempo, um rapaz e uma moça — estudantes universitários a julgar pelos livros que carregavam — resolveram conversar ao lado do Renault. A moça se encostava, na verdade, contra o pára-lama traseiro. Naturalmente, eles se moveriam se Boudia entrasse no carro, mas talvez não para uma distância suficiente. Um momento antes Avner esperava que o argelino aparecesse depressa, e agora esperava que se demorasse até os estudantes acabarem sua conversa.

— Vamos, beleza — tentou ele sugerir por telepatia à moça —, diga sim ao que quer que ele queira. Apenas dêem o fora.

Funcionou, porque os estudantes começaram a se afastar.

Onze horas.

O homem de Papa veio perambulando pela rua.

Avner olhou para Robert sentado ao lado de Steve, no furgão, apenas para ter certeza de que ele havia visto o homem. Robert concordou com um gesto de cabeça. Avner ligou o motor do seu carro, sabendo que Steve o seguiria.

Boudia abria a porta do Renault. Entrou e bateu a porta. Ele mal deve ter tido tempo de ligar o motor. Avner sequer pensava que ele tivera tempo suficiente para inserir a chave na ignição, mas deve tê-lo feito porque o carro começou a avançar.

A explosão escancarou a porta do Renault. Vergou a capota do carro. No sentido de a bomba ser mortífera e também restrita, era a mais perfeita de Robert até o momento. Provavelmente, não teria ferido ninguém a uns dez metros de distância do carro. Também era improvável que alguém no interior do carro sobrevivesse a ela.

Ela fez um estrondo muito forte. Dentro de segundos, a rua estava cheia de pessoas. Declaradamente, a namorada de Boudia, trabalhando em seu escritório próximo ao local, ouviu a explosão, embora ignorasse o que era. O argelino de 41 anos morreu instantaneamente. Conhecendo seu histórico — e uma vez que o prédio Pierre et Marie Curie, vizinho ao local da explosão, tinha sua cota de estudantes de esquerda trabalhando em laboratórios químicos —, os jornais de Paris especularam, no dia seguinte, que Boudia podia ter sido vítima de explosivos que acabara de apanhar lá. Como não parecia haver ligação de fios no carro, esta também foi a teoria inicial da polícia.[3]

Avner e seus parceiros não deixaram Paris até a primeira semana de julho. Partiram, como sempre, um a um. Embora a pressão na boca do estômago não houvesse diminuído, Avner estava satisfeito. Até mesmo o Cauteloso Carl afirmou que a missão ia bem. Em nove meses, tinham se vingado de nove líderes terroristas. Havia mais três na lista. Se matassem mais dois, teriam igualado o número dos 11 israelenses mortos em Munique — olho por olho.

O que nem Carl, nem Avner — nem Robert, muito orgulhoso de sua obra — tinham meios de saber era que, com o assassinato de Mohammed Boudia, tinham aberto espaço no topo da rede terrorista palestina na Europa. Tinham aberto caminho para uma nomeação de alto nível. Abriram a porta para, possivelmente, o terrorista mais famoso da década do terror. Dentro de semanas, outro homem tomaria o lugar do argelino assassinado, dando novo nome ao *Parisienne Orientale*: o Comando-Boudia. Era um venezuelano atarracado, batizado Ilich Ramirez Sanchez.

Breve se tornaria mais conhecido como Carlos, o Chacal.

Capítulo 12

A GUERRA DO YOM KIPPUR

NA TARDE DE 6 de outubro de 1973, Avner voava pela TWA de Frankfurt a Nova York. Desde duas da tarde daquele dia, hora de Tel Aviv, Israel havia, novamente, se empenhado em uma guerra com a Síria e o Egito.

Nos 12 meses em que Avner e sua equipe tentaram encontrar e matar 11 líderes terroristas na Europa, desenvolvimentos militares e diplomáticos tinham ocorrido no Oriente Médio, que tornariam o sucesso ou fracasso de sua missão largamente acadêmico. No começo da tarde do grande feriado judaico do Dia da Expiação, os preparativos árabes culminaram em um ataque maciço contra Israel em duas frentes. No sul, foram o Segundo e Terceiro Exércitos egípcios, compreendendo cinco divisões, lançando o ataque contra o Sinai ocupado através do Canal de Suez. Ao norte, foram cinco divisões do Exército sírio movendo-se contra a assim chamada Linha Roxa — a linha de cessar-fogo no fim da Guerra dos Seis Dias — estendendo-se do monte Hermon até a junção do rio Ruqqad e o rio Yarmuk, perto da fronteira jordaniana. Os dois ataques árabes de penetração lançaram, aproximadamente, o equivalente às forças permanentes da OTAN na Europa contra os exércitos judaicos de defesa. Foi claro desde o início que, se a Guerra do Yom Kippur terminasse com uma vitória militar árabe, certamente significaria a destruição do Estado de Israel e — excluindo a interferência rápida das grandes potências — um possível massacre da população judaica em uma escala que rivalizaria com a da Segunda Guerra Mundial.

Em tais circunstâncias, Avner não viu sentido em continuar sentado em Frankfurt ou Genebra, tentando reunir pistas de Salameh ou do dr. Haddad. Na verdade, ele acharia isso emocionalmente impossível. A explosão da guerra havia apanhado a equipe quase tão despreparada quanto o resto de Israel — quase, mas não inteiramente, já que boatos de preparativos e movimentos de tropas egípcias tinham chegado até eles (como até outros agentes da Mossad) desde a primavera de 1973 através de seus informantes regulares. No início de maio eles até deixaram uma mensagem a respeito para Efraim, em Genebra, quando Avner e Carl concordaram que deviam fazer isso, embora, falando claramente, não fosse parte de sua tarefa. Mas, como se tornou evidente depois da Guerra do Yom Kippur, informações do serviço secreto, de fontes muito mais importantes que a equipe de Avner, tinham alcançado Jerusalém regularmente durante o ano, em relação aos preparativos árabes.

Mas todas foram águas passadas na tarde de 6 de outubro. Nem houve tempo de ir e esperar instruções em Genebra. A situação exigia uma decisão, que Avner tomou para a equipe como uma coisa natural.

— Vou reunir-me à minha unidade — disse ele. — Quero que Carl e Hans permaneçam na Europa e assumam a direção dos negócios. Steve e Robert estão livres para tomar suas decisões. Alguma pergunta?

Como era de esperar, o único a argumentar foi Hans, que achava que Carl, sozinho, poderia tomar conta de tudo, mas Avner foi inflexível sobre não deixar Carl sozinho. Acreditava que isto seria o aborto da missão, o que nenhum deles estava preparado para fazer; e, usando este argumento, não foi necessário impor nada a Hans, afinal. Por segurança, Robert e Steve resolveram chegar a Israel pela África do Sul. Avner optou por Nova York.

Diante das circunstâncias, Avner e seus companheiros teriam interrompido, provavelmente, sua caçada aos dois líderes terroristas restantes mesmo se tivessem pistas "quentes" de sua localização. Desde o assassinato de Boudia, em junho, não tiveram senão um bom boato sobre Ali Hassan Salameh, enquanto todas as informações diziam que Wadi Haddad se escondia em Aden, no Iêmen do Sul, para sempre. E mesmo isso não era tudo.

A verdade era que depois de junho, Avner — e Carl também, parecia-lhe — começara a reconsiderar toda a missão. Não apenas a missão, mas toda a filosofia por trás dela. Nunca discutiram isso, mas Avner não podia deixar de pensar a respeito, e seu sexto sentido lhe dizia que alguns dos outros também andaram refletindo sobre o assunto — talvez todos os outros, exceto Steve. O problema era, como Avner compreendia inteiramente, que pensar sobre essas coisas não era apenas heresia, mas perigoso. Muito perigoso. Sua missão era uma coisa que as pessoas com dúvidas jamais deviam tentar executar.

No entanto, não ter dúvidas se tornava cada vez mais difícil. Não era uma questão de remorso — ao menos, não no sentido comum da palavra. Avner não tinha sentimentos de remorso pelos *mechablim*, e achava que Carl e os outros sentiam da mesma maneira. Falando por si, embora não gostasse de matar, teria desejado matar cada um e todos os terroristas novamente. Não era esse o ponto. Era muito mais uma impressão de futilidade.

De certa forma, claro, assassinar os líderes *fedayeen* era, e devia ser, pura vingança. Uma bomba por Yossef Gutfreund, outra por Moshe Weinberger. Uma dúzia de balas pela perna perdida de Hannah Marron. Como a própria Golda Meir havia colocado no *Knesset*, enquanto o governo não podia assegurar aos israelenses que poria um fim ao terrorismo, certamente cortaria uma mão por cada mão que os ferisse.[1] Iria — pela primeira vez em milênios — fazer de cada criança, mulher e homem judeu assassinados uma tarefa cara. Avner não via nada de errado nisso. No mínimo, continuava a se orgulhar por ser uma das espadas que cortava as mãos dos inimigos de Israel.

Mas, além da vingança, sua missão deveria enfraquecer e diminuir o terrorismo antiisraelense no mundo. Não detê-lo totalmente — isso seria irreal —, mas ao menos reduzi-lo. Cortar as cabeças do monstro de Efraim, como andavam fazendo, deveria ter tido algum efeito sobre o próprio monstro.

Se Efraim tivesse razão.

Mas Efraim estava certo? Esta era a verdadeira pergunta — e a resposta parecia ser não. O monstro desenvolvia novas cabeças, quase como se decepar algumas houvesse estimulado um novo nascimento. Desde que a missão começara, os *mechablim* assassinaram Baruch Cohen em Madri, enviaram uma porção de cartas-bombas, algumas encontrando seus alvos, e ocuparam a embaixada de Israel em Bangkok. Em março, mataram um negociante israelense em Chipre; em abril, um funcionário italiano da *El Al* em Roma. No dia do ataque dos comandos em Beirute, os palestinos quase mataram o embaixador israelense e sua família, em Chipre, e foram impedidos, em cima da hora, por um segurança do ar, de explodir um jato da *El Al*. Três dias depois da morte de Boudia, tinham atirado e matado — em retaliação por Boudia, como anunciou o programa radiofônico Voz da Palestina — Yosef Alon, o adido militar de Israel em Washington.[2] Cerca de três semanas depois, um grupo combinado da Frente Popular e do Exército Vermelho Japonês seqüestrou um 747 da Japan Air Lines que voava para Amsterdã. Embora seu chefe, uma mulher, conseguisse explodir uma granada de mão *en route*, os terroristas forçaram o avião a voar ao redor do Oriente Médio durante quatro dias, depois dos quais destruíram-no em Bengazi, embora soltassem primeiro os passageiros. Em 5 de agosto, dois assassinos da Juventude Árabe Nacional para a Libertação da Palestina atacaram um avião da TWA em Atenas, no instante em que aterrissou de um vôo vindo de Tel Aviv. Os números: cinco passageiros mortos e 55 feridos. Um mês depois, cinco terroristas do Setembro Negro em Roma tentaram lançar dois mísseis soviéticos SAM 7 de exploração de calor para abater um jato da *El Al*. E apenas uma semana antes, em 28 de setembro, dois *fedayeen* da *Saiqua*, a facção terrorista apoiada pela Síria, haviam seqüestrado um trem na Áustria, cheio de refugiados judeus russos, arrancando uma promessa do chanceler austríaco, Bruno Kreisky, de pôr abaixo o acampamento temporário do Castelo Schonau para emigrantes judeus de Israel, em troca da libertação dos reféns. Esta ação, Avner estava convencido, era parte da operação síria para desviar a atenção do governo de Israel do ataque árabe iminente e, de uma forma limitada, talvez tenha tido sucesso.

Golda Meir ficou tão insultada pela fraqueza do chanceler Kreisky que, quase na véspera da guerra, e contra o conselho de algumas pessoas de seu gabinete, voou para Viena em uma tentativa inútil de mudar o pensamento do líder austríaco. Os terroristas escolheram muito inteligentemente o local de sua operação, uma vez que Kreisky, um socialista e, incidentalmente, um judeu, era, por seus antecedentes, o mais provável dos líderes europeus a se curvar diante de uma ameaça.

Estes foram apenas os feitos principais do terrorismo naquele ano: tinha havido incidentes menores ou de menor sucesso. Refletindo sobre isso, teria sido difícil dizer se a operação da equipe fizera a menor diferença para a ameaça terrorista — embora, como Avner tinha que admitir, teria sido impossível dizer o que o mesmo período poderia haver trazido consigo se os nove *mechablim* não houvessem sido eliminados. Presumindo que os árabes não estivessem totalmente indefesos em seus trabalhos — e isto era uma suposição justa para se fazer sobre pessoas como Najjer, Adwan, Boudia e Hamshari —, teriam organizado, provavelmente, alguns atos de terror nessa época, se não fossem tirados de ação. Mas a linha de fundo era ainda a mesma.

O monstro de Efraim estava vivo e bem. Desenvolvendo uma nova cabeça após outra. Às vezes, mais mortífera do que a que substituíra, como no caso de Carlos.[3]

Havia um fator adicional que contribuía para a desilusão de Avner. Os eventos do verão de 1973 tinham-no deixado absolutamente claro. Era uma coisa de que eles sempre suspeitaram — na verdade, Carl havia perguntado a Efraim sobre ela imediatamente depois de suas primeiras instruções —, mas da qual não souberam a respeito, com certeza, a não ser em junho.

Sua equipe não era a única.

Em junho de 1973, um carro-bomba matou dois terroristas árabes em Roma.[4] Quando aconteceu, Avner e os outros nem sequer souberam, até receberem uma interrogação bastante intrigada de Tony, perguntando se Avner havia encontrado alguma falha em seus serviços, já que não tinham sido requisitados desta vez. Parecia que até Tony — bem informado como era, na verdade — atribuía o crime à equipe de Avner, que não tinha nada a ver com o caso. Havia uma possibilidade de que os dois árabes tivessem sido mortos, na verdade, por um grupo terrorista rival, mas tanto Avner quanto Carl duvidavam disso. Ouvindo a notícia, tinham se entreolhado, Avner erguendo os ombros, e Carl franzindo as sobrancelhas.

Um fracasso terrível que ocorreu em 21 de julho não deixou dúvida alguma sobre o assunto. Nesse dia, na cidadezinha balneária norueguesa de Lillehammer, uma equipe israelense de extermínio disparou contra e matou um árabe que acreditavam ser Ali Hassan Salameh. Vários membros dessa equipe foram imediatamente capturados pela polícia norueguesa. Isto já foi suficientemente mau, mas, em adição, sua vítima não era Salameh. Era um garçom marroquino chamado Ahmed Bouchiki, que foi crivado de balas quando caminhava pacificamente com sua esposa norueguesa grávida. Um jovem árabe que, com toda possibilidade, não tinha qualquer ligação com o terrorismo. Um espectador completamente inocente.[5]

Avner e seus companheiros ficaram chocados com a notícia quando a ouviram, e por três razões diferentes. Primeiro, ao assassinar o homem errado *e* ao se deixar prender, seus colegas na Noruega cometeram, de uma só vez, dois dos piores pecados que os agentes possivelmente podiam cometer. Ambos eram erros desastrosos por quaisquer padrões, mas Avner e sua equipe estavam imbuídos com um sentido adicional de tabu em relação a eles. Estes eram os dois erros que jamais deviam cometer, segundo o seu treinamento.

A segunda razão para o choque foi que aquilo que aconteceu em Lillehammer os fez pensar, pela primeira vez, como era fácil estragar terrivelmente alguma coisa. Lendo os jornais, sentiram-se como pilotos novatos de carros de corrida testemunhando sua primeira colisão. Se podia acontecer com aqueles caras — que, sem dúvida, eram treinados e selecionados tão cuidadosamente quanto Avner e seus companheiros —, podia acontecer com eles. Não era uma questão de passar alguns anos em uma prisão norueguesa — isso não era nada, comparativamente falando —, mas para usar a expressão de Carl, de herói a vagabundo no espaço de dez minutos. Isso seria verdadeiramente horrível.

Depois, havia a terceira razão.

Outras equipes. À primeira vista, não havia razão para não haver outras equipes. Eles não tinham o monopólio sobre os *mechablim*. Ninguém lhes havia prometido uma licença de caça especial. Certamente, Efraim não tinha: ele dissera simplesmente a Carl que não podia responder àquela pergunta quando Carl o interrogou. Aquilo era guerra; não um safári, com privilégios especiais para os convidados do general Zvi Zamir matarem sua cota de monstros. Se Avner houvesse permanecido no Exército, estaria combatendo o inimigo ombro a ombro com outras unidades, e não sonharia em fazer objeção se a unidade vizinha começasse a disparar contra o mesmo alvo; ao contrário, ficaria grato.

No entanto, havia alguma coisa em sua operação, alguma coisa tão especial, que ficaram profundamente perturbados pelo pensamento de que outras equipes faziam a mesma coisa. Quem podia dizer por quê? Não eram capazes de expressá-lo em palavras. Provavelmente, estavam enganados sobre o assunto, de qualquer modo. Mas, após ouvir sobre Lillehammer, Avner não pôde deixar de se perguntar quantas outras pessoas talvez tivessem sido levadas ao apartamento de Golda Meir. Quantas outras pessoas talvez tivessem sido abraçadas pela primeira-ministra, dizendo-lhes para se lembrar daquele momento, dizendo-lhes que eram, agora, parte da história judaica. Quantos outros rapazes Yekkes davam volta ao mundo, lembrando-se da voz dela, de seu aperto de mão, e depois indo arriscar suas vidas, acreditando que faziam uma coisa extraordinária quando, na verdade, eram apenas soldados de infantaria como o resto, como qualquer *schmuck* resistindo em um tanque nas colinas de Golan?

Mas eles *eram* soldados. Não era muito vergonhoso sequer se preocupar com alguma coisa como aquela? Hans falou em nome deles todos ao dizer, após um curto silêncio:

— Vamos, rapazes. Lembrem-se, não somos astros de cinema.

Verdade, mas...

Por que os galicianos tiveram que dar à equipe da Noruega os mesmos alvos? Não havia terroristas suficientes por perto? Tinham que mandar a equipe atrás de Salameh? Talvez dessem a cada equipe a mesma lista! Era possível — na verdade, Avner sentiu uma dor aguda quando este pensamento atravessou sua mente — que em Tel Aviv eles nem sequer *soubessem* que equipe eliminaria qual líder terrorista?

— Lerei a respeito no jornal — dissera Efraim.

Era possível que, mesmo agora, fosse atribuído a alguma outra equipe o trabalho *deles* em Roma, Paris, Nicósia?

Não, não podia ser; afinal, tinham encontrado Efraim em Genebra antes do ataque surpresa a Beirute. Tinham lhe contado na época o que haviam feito até aquela data, assim, ele sabia. Mas, provavelmente, não fazia diferença para ele. *Esse* era o problema.

Mas por que faria diferença para Efraim? E não era Avner quem inventava o problema?

Quando devia ser simplesmente um bom soldado, não era toda esta *Angst* apenas uma desculpa para ajudá-lo a se sentir "desiludido" porque começava a ficar com medo? Não era essa a verdade simples, terrível? Todos estes pensamentos em sua mente sobre inutilidade, sobre não fazer qualquer diferença, sobre não conseguir crédito suficiente, sobre ter que dividir a glória, todos eram apenas para esconder a pressão na boca do seu estômago. Ele apenas procurava razões, assim não teria que confessar a si mesmo que estava com medo. Não estava isso no fundo de tudo: um covarde tentando racionalizar seu medo?

A própria idéia fez Avner estremecer. Contudo, poderia ser a verdade. Nesse caso, ir para a guerra era a melhor coisa. Apenas ir e juntar-se à sua unidade, onde tudo se tornaria muito mais simples. Um soldado como o resto, agora que o país precisava de soldados rasos, mais que qualquer outra coisa. Luta aberta, com armas disparando frente a frente. Sendo o primeiro a escalar uma colina, sendo o primeiro a atirar uma granada de mão em um abrigo enterrado do inimigo. Ação. Entrando em ação, poderia mostrar a si próprio que não tinha medo. Entrar em ação curaria tudo que havia de errado com seu estômago.

Em Nova York, as pessoas estavam em alvoroço. A notícia era que a guerra em Israel seria muito má, e, literalmente, milhares de pessoas — imigrantes israelenses, judeus americanos e até não-judeus americanos — tentavam voar para Tel Aviv a fim de ajudar no combate. Era um problema sério, porque pessoas que não seriam muito úteis na luta estavam — com a melhor das intenções — tomando o lugar de outras que podiam ajudar, realmente. Os funcionários do aeroporto tentavam resolver o caos da melhor forma possível, mas era difícil. A notícia de que os exércitos egípcios atravessavam o canal de Suez, estabelecendo cabeças-de-ponte, e, em alguns locais, conseguiram penetrar em "Lexicon" — a principal estrada norte-sul correndo ao longo do canal, no lado ocupado por Israel — acentuava a urgência da situação.

Avner resolveu não observar as regras e viajou com seu próprio passaporte israelense, como major da reserva de uma unidade de elite. Isto lhe asseguraria um lugar no próximo vôo da *El Al* e poderia resolver as repercussões depois. Na verdade, ele não pensou que haveria alguma. Ao contrário de sua última visita a Tel Aviv na época em que Geula nasceu, este era, claramente, o tipo de emergência em que não seria acusado por voltar a Israel sem ordens específicas. O país era tão pequeno, o espaço entre a vitória e a derrota em termos de luta armada era tão estreito, que criava uma compreensão indescritível sobre o que cada israelense devia fazer imediatamente e por conta própria em época de guerra. Mesmo se, mais tarde, fosse censurado por voltar, Avner podia contar em ser perdoado por isso.

Ele sequer deixou o aeroporto, mas telefonou a Shoshana para vir encontrar-se com ele ali. Ela trouxe Geula, que, com dez meses, começava a parecer não apenas um pequeno ser humano, mas uma menina também. Era a primeira vez que Avner podia sentir, na verdade, qualquer coisa por ela além de curiosidade distante. Aquela era sua filha! Ele a beijou, beijou Shoshana e pediu-lhe para tentar falar com um dos seus amigos em Tel Aviv por telefone — as linhas para Israel estavam quase impossíveis de conseguir —, pedindo-lhe para levar um carro ao aeroporto. O quartel-general de sua unidade ficava exatamente ao sul de Haifa, um pouco mais de uma hora de carro do local onde ele aterrissaria em Lod. Como muitos israelenses, Avner planejava se dirigir para a guerra em seu carro particular.

Aconteceu que foi sua idéia de guiar seu carro para a guerra que colocou Avner em encrenca. O avião aterrissou em Lod depois de um vôo sem acidentes, e o amigo de Avner esperava por ele com o carro. Avner abraçou-o, pegou suas chaves, jogou a maleta no assento traseiro, e alguns minutos depois dirigia ao longo da rodovia em direção a Haifa. Cerca de 1,5km após a partida, foi mandado parar por uma garota bonita, mas séria, em um uniforme policial.

— O que há? — perguntou Avner, intrigado.

Ele nem mesmo estava em alta velocidade.

— Não sabe que dia da semana é hoje? — perguntou a *sabra*.

Por um segundo, Avner não imaginou sobre o que ela falava. Então se lembrou. Claro! Na pressa de conseguir um carro para Avner, tanto ele quanto o amigo se esqueceram de alguma coisa. A escassez de gasolina em Israel resultava em um sistema de etiqueta adesiva, em que os carros com uma certa etiqueta podiam ser usados somente em dias alternados em estradas públicas. O carro de Avner tinha o adesivo errado para aquele determinado domingo.

Em Israel em tempo de guerra isso era considerado um delito grave. Não adiantava protestar. A policial o fez acompanhá-la até a sala do tribunal do juiz de trânsito, imediatamente. Lá, sentado atrás de uma mesa em todo o seu esplendor oficial, encontrava-se um galiciano idoso, com um bigode branco muito bem aparado.

Avner se desculpou o melhor que pôde. Explicou que estivera no exterior e, como oficial da reserva, tentara apenas dirigir-se rapidamente para sua unidade a fim de entrar na guerra. Ele lamentava a infração cometida mas, como estivera fora do país, sequer lhe havia ocorrido, e assim por diante. Poderia ele, agora, por favor, seguir o seu caminho?

O juiz pareceu compreensivo.

— Vá, vá reunir-se à sua unidade — disse ele. — Em tais circunstâncias, eu o deixarei ir com uma multa.

Fixou a quantia de duzentas libras israelenses, o que não era muito. Mas Avner quase não tinha qualquer dinheiro com ele.

— Poderia me conceder algum tempo? — perguntou.

O galiciano olhou para ele.

— Agora quer tempo? — indagou. — Deve estar louco. Vai para a guerra, não vai? Se for morto, quem pagará a multa?

Avner soltou um profundo suspiro. Oh, bem, pensou. Era bom estar em casa.

Um dia trágico para Israel foi um dia de júbilo para os patriotas do mundo árabe. Durante um quarto de século, desde a criação do Estado de Israel, as forças árabes mal tinham vencido uma batalha, quanto menos uma guerra. A travessia bem-sucedida do Exército egípcio do canal de Suez em 6 e 7 de outubro de 1973 se tornou um assunto de celebração não apenas por uma vitória militar, mas, realmente, pela recuperação da honra perdida. Até a masculinidade. Não apenas uma metáfora fantasiosa, mas uma questão de sentimento profundo e genuíno. Por exemplo, em um poema publicado um ano após a Guerra do Yom Kippur, o bardo sírio Nizar Qabbani descreveu o ato de fazer amor, após ouvir a notícia de que os guerreiros árabes tinham atravessado o canal:

> Você notou
> Como inundei todas as minhas margens
> Como cobri você como as águas dos rios
> Notou como me entreguei a você
> Como se visse você pela primeira vez.
> Notou como nos fundimos
> Como arquejamos e transpiramos
> Como nos tornamos cinzas, como ressuscitamos
> Como se fizéssemos amor
> Pela primeira vez.

Poesia, infinitamente mais importante na cultura árabe do século XX do que no Ocidente, como uma medida padrão — assim como um guia — para a ação e o pensamento político, registrava e, até considerável extensão, ajudava a criar as ondas de choque do nacionalismo militante que se espalhavam através do mundo árabe. Embora a potência recém-fundada de Nizar Qabbani devesse ter vida curta — aproximadamente em 14 de outubro as forças israelenses resistiram, e em 16 tinham começado a mudar o curso do ataque egípcio no Sinai —, as emoções latentes em seu poema não teriam sido afetadas pela nova travessia do canal de Suez pela divisão do general-de-brigada Ariel Sharon. A espada de Israel, cortando o tecido fino que ligava o Segundo e Terceiro Exércitos egípcios, talvez tenha partido ao meio as tropas ofensivas, mas provavelmente causou pouco dano ao espírito de resistência árabe. Este espírito, vicejando no fracasso, não menos do que no sucesso, era amplamente reconhecido por Israel. Durante os primeiros dias desastrosos da Guerra do Yom Kippur, por exemplo, deu origem à especulação popular de que os americanos não pressionavam para um cessar-fogo porque o secretário de Estado, Henry Kissinger, acreditava que os árabes necessitavam de uma sólida vitória militar para reconquistar seu amor-próprio, e vir à mesa de negociações com um estado de espírito mais conciliador.

De forma curiosa, os sentimentos árabes refletiam — exatamente como os sentimentos chineses ou russos sobre os japoneses no começo do século — a humilhação especial de um Golias vencido por um Davi.

Enquanto se tem escrito muito sobre o sofrimento do fraco nas mãos do forte, o dano psicológico extra que o forte sofre quando repetidamente derrotado por forças mais fracas é raramente comentado, embora se saiba que provoca fúria incomum. Poderia, certamente, dar origem a um patriota, nas palavras de Nizar Qabbani:

> De um poeta de amor e desejo
> A quem escreve com uma faca.

Muitos outros intelectuais partiram da convocação da luta armada para a participação nela, e Tawfiq Zayyad não teve remorso em citar a terra de esclarecimento e direitos humanos que lhe serviu de exemplo:

> Meus amigos nos canaviais férteis
> Meus amigos nas refinarias de petróleo da orgulhosa Cuba
> Do meu vilarejo, do meu lar precioso,
> Envio-lhes saudações:
> Meus amigos que encheram o mundo com a fragrância de luta
> Mantenham a pressão sobre os imperialistas
> Pressionem — as asas da águia são mais fortes
> Que os furacões
> Os imperialistas não compreendem
> A linguagem de humildade e lágrimas
> Só compreendem a onda de pessoas
> Para a arena de luta.[6]

Esses poemas deixam claro que muitos intelectuais da resistência palestina tinham decidido, no fim da década de 1960, congregar forças com o comunismo internacional. Em alguns casos, isto talvez resultasse de convicção genuína; em outros, de um senso de oportunismo. Sem dúvida, assim como a União Soviética era capaz de usar o nacionalismo árabe para seus próprios propósitos, havia palestinos que teriam estado perfeitamente preparados para usar os soviéticos a fim de favorecer seus próprios objetivos nacionais, sem qualquer compromisso profundo com os ideais comunistas, e nenhum, de modo algum, com os interesses de política exterior da União Soviética. O que importava para eles era o que viam como a libertação da Palestina, e, em 1986, um pacto com o demônio, para a maioria dos *fedayeen*, não pareceria um preço elevado demais a pagar por ela.

Neste sentido, "um pacto com o demônio" acarretava muito mais do que uma aliança com os interesses soviéticos. Em seu progresso da resistência nacional para o terror internacional, alguns palestinos — como muitos outros, inclusive facções sionistas como a Irgun, antes deles — vieram a acreditar que o fim invariavelmente justificava os meios, e que nenhum ato de brutalidade indiscriminada contra não-combatentes e civis poderia causar objeções morais, contanto que servisse ao estabelecimento de um Estado nacional.[7] Foi assim que os *fedayeen* atravessaram a linha entre a luta pela liberdade e o terrorismo. Mas foram seus métodos, não sua causa ou até os objetivos finais, que removeram a base moral de sob seus pés — por mais que os tivesse ajudado a divulgar sua luta.

Uma luta complicada ainda mais pelo resultado da Guerra do Yom Kippur. Posteriormente outra vitória militar para Israel também revelou pela primeira vez que o Estado-nação de Israel não era invencível. Talvez isto tenha sido menos que uma surpresa para os próprios israelenses do que para seus inimigos. De qualquer maneira, apresentava um dilema ideológico e tático para os palestinos. Não se tratava tanto de uma nova brecha, quanto de um aprofundamento de uma anterior, entre as duas grandes facções da "luta armada", representadas pela Al-Fatah de Yasser Arafat de um lado e a Frente Popular de George Habash do outro.

Embora os dois lados acreditassem na destruição do Estado de Israel como sendo o objetivo final da luta — e também, em alguma forma de socialismo ao estilo árabe para todo o Oriente Médio —, Arafat e Habash nunca se puseram de acordo em questões de importância, métodos e prioridades. Para o dr. Habash, que é, em primeiro lugar, um militante marxista-leninista e em segundo um nacionalista árabe, a luta palestina é apenas uma arena em uma campanha mais ampla, para o domínio do marxismo totalmente árabe e contra o "imperialismo". Para Arafat, um patriota palestino antes de qualquer outra coisa, a primeira prioridade é a "libertação da Palestina", a ser seguida mais tarde pelo que ele chamaria "a liberação do homem", significando algum tipo de socialismo árabe.

Ambos admitem a violência, até a violência terrorista, mas enquanto Arafat favoreceu a "palestinização" das operações de guerrilhas — ou seja, os *fedayeen* palestinos realizando ataques armados de surpresa dentro de Israel e territórios ocupados por Israel apenas —, o dr. Habash apóia ataques internacionais, muitas vezes em colaboração com outros grupos terroristas. Foi por esta razão que o Setembro Negro, a equipe de "truques sujos" da Al-Fatah de terrorismo internacional, não era oficialmente reconhecido por Arafat — embora dentro da OLP sua existência jamais tenha sido segredo. Isto permitia a Arafat manter uma fachada de moderação relativa para o mundo exterior.

Em um sentido, era mais que apenas uma fachada. Após a Guerra do Yom Kippur, negociar o estabelecimento de um Estado palestino em uma mesa de conferências em Genebra se tornou, no mínimo, uma possibilidade remota. Já que Israel, provavelmente, não negociaria por sua existência, a OLP teria que moderar sua postura se esperasse participar. Arafat, sem ir até o reconhecimento do direito de Israel de existir, acreditava que, mesmo apenas por estratégia, a OLP deveria evitar exigir sua destruição incondicional.

O dr. Habash e a Frente Popular rejeitaram esta abordagem. Para eles, o Estado sionista-imperialista não tinha direito de existir. E, assim, a Frente de Rejeição nasceu, apoiada pelos Estados de Rejeição como a Síria, o Iraque, o Iêmen do Sul e a Líbia. As muitas facções menores da OLP escolheram seus lados com a Fatah ou a Frente de Rejeição, embora a liderança global fosse mantida por Arafat.

Israel, por seu lado, considerava Arafat com grande ambivalência. Oficialmente, não reconhecia a OLP, mesmo em seu aspecto moderado, não mais que a OLP reconhecia Israel. Mas alguns israelenses acreditavam que uma base de negociações seria possível, talvez, com um líder palestino do tipo de Arafat. Outros estavam convencidos de que o chefe da Fatah não era mais "moderado" do que os mais sinceros *mechablim*. E embora Avner e seus companheiros raramente conversassem sobre política, neste caso até eles estavam divididos. Steve, Robert e Hans não dariam sequer bom-dia a Arafat, mas Carl não tinha uma opinião tão pessimista. Avner estava no meio. Mas do que ele tinha certeza era que Salameh, o estrategista do Setembro Negro de Arafat, devia ser assassinado.

Conhecido como "Abu Hassan" na resistência palestina, Salameh era rico e fora educado na Sorbonne. Ao contrário de Yasser Arafat, de quem era parente distante, Salameh era descrito como "rudemente atraente e irresistível para as mulheres".[8] Era um palestino da classe alta da sociedade, cujo pai, o xeque Salameh, fora um combatente ativo na resistência árabe muito antes da criação de Israel. O Salameh mais velho havia dirigido ataques de surpresa contra núcleos judaicos na Palestina antes de Ali Hassan nascer e, afinal, foi morto por uma bomba da *Haganah* em 1948.⁹

Sendo filho de quem era, Salameh entrou para a "luta armada" naturalmente. Por causa de sua formação social, no entanto, era menos atraído para facções marxistas dentro do movimento palestino do que outros líderes terroristas. Isto não significava que ele não cooperaria com eles para favorecer a causa palestina. Um dos mais íntimos colaboradores em Paris, por exemplo, era o marxista Mohammed Boudia, que fora oficialmente membro do Partido Comunista desde a década de 1950. Mas Salameh também colaboraria com pessoas da extrema direita, como François Arnaud, fundador dos neonazistas na Suíça, que havia oficialmente cuidado de assuntos financeiros para os palestinos na Europa, como havia feito para os nazistas durante a guerra.¹⁰

Por alguma razão, Avner e seus companheiros se tornaram mais obcecados em "pegar" Salameh do que em assassinar qualquer outro líder terrorista. Não apenas ele era o número um da lista, mas era considerado, em geral, em Israel, como o homem responsável pelo assassinato dos atletas olímpicos em Munique. Embora ninguém pudesse ter certeza de que a idéia de atacar a equipe israelense na vila olímpica fosse de Salameh, a Mossad acreditava que havia grande evidência de que ele fora o encarregado do planejamento e coordenação. Assim, ele havia se tornado o símbolo dos *mechablim*. No contraterrorismo, como no próprio terrorismo, os objetivos militares em geral ficavam em segundo lugar em relação a atos simbólicos. Em certo sentido, assassinar Salameh se tornou o equivalente a se apossar da bandeira do inimigo.

Foi esta obsessão que ajudou a explicar o fracasso da Mossad em Lillehammer, uma operação que, de outra maneira, parecia tão pouco profissional. Porque um número incomumente grande de agentes invadir uma pequena cidade balneária, isolada, onde estranhos atrairiam automaticamente muita atenção, onde não havia lugar para se esconder e de onde a fuga era impossível exceto por duas rodovias extensas, facilmente controladas, era convite à captura, mesmo se não houvesse sido cometido um erro em relação ao alvo. E enquanto alguns aspectos da operação, que iriam espantar os estranhos mais tarde — como a prisão de dois agentes durante a devolução de um carro alugado no aeroporto de Oslo, para poupar um dia de aluguel —, surpreenderam Avner um pouco menos (estando familiarizado com o avô de todos os galicianos verificando as contas no interior da Mossad), não havia dúvida de que a operação fora montada imprudentemente. Isto só podia ser explicado — se não desculpado — pela obsessão da Mossad com a eliminação do homem que se tornara, para Israel, a personificação do terror internacional.

Embora partilhando a obsessão, Avner decidiu que ele e seus companheiros jamais dividiriam a imprudência. Não cometeriam erros semelhantes.

Da forma como aconteceram os eventos, eles quase o fizeram.

Capítulo 13

ALI HASSAN SALAMEH

A Mossad levou — evidentemente, tendo coisas mais importantes com que se preocupar — até 22 de outubro para descobrir a presença não autorizada de Avner, Steve e Robert em Israel. Eles voltaram para suas unidades ao chegar, exatamente como quaisquer oficiais que regressavam do exterior para Israel. Seus comandantes não imaginavam o que eles tinham feito desde que deixaram a lista de oficiais da ativa, no meio da guerra, porque isto não era tema de provável investigação. Na unidade de Avner, quando ele chegou à base, até os cozinheiros tinham sido enviados para a frente de batalha. Imediatamente, lhe deram sua tarefa operacional, e tomou parte em ação na frente de batalha setentrional contra os sírios, e no Sinai, contra o Terceiro Exército egípcio. Mais uma vez ele teve sorte suficiente para escapar sem um arranhão assim como Steve e Robert em suas unidades.

Os computadores não os alcançaram a não ser até as hostilidades estarem quase chegando ao fim. Ao norte, o monte Hermon havia sido reconquistado, e a divisão do general Sharon já havia cercado os egípcios ao sul. Foi no setor sul, à margem esquerda do canal de Suez, que um oficial em um jipe pegou Avner e o empurrou para dentro de um helicóptero, com instruções para se apresentar à sede da Mossad em Tel Aviv.

No caminho, perguntou-se se Steve e Robert já estariam lá esperando por ele, mas não estavam. Efraim, sim.

— Vocês estão todos loucos? — disse ele quando Avner foi conduzido ao seu escritório. — Imaginam que são heróis tão grandes que não podemos vencer a guerra sem vocês? Devia mandar todos vocês para a corte marcial!

Apesar das palavras de Efraim, Avner podia dizer, pelo tom de sua voz, que, como ele esperara, não haveria qualquer repercussão verdadeira.

— Quero que saia de Israel hoje — continuou Efraim. — Volte para a Europa e termine o que está fazendo. Se precisarmos que volte, nós o chamaremos. A menos que recebam ordens para regressar, não quero nenhum de vocês aparecendo em Israel novamente. Estou sendo claro?

Embora Avner imaginasse que Efraim tinha todo o direito de lhe falar naquele tom, havia alguma coisa em sua voz que o ofendia. Eles tinham voltado porque o país estava em perigo mortal, como milhares de outros israelenses e judeus tinham feito. Também era verdade que tinham, assim, violado o procedimento operacional. Mas... diabos! Parecia a Avner que sempre que arriscava a vida por Israel, sempre que fazia alguma coisa acima e além do chamado do dever, haveria algum galiciano intimidando-o e repreendendo-o. Ou dando-lhe uma multa, como o juiz em Tel Aviv, na noite em que chegou. Isso não teria um fim?

A única coisa que Avner não podia fazer, sempre que sentia aquilo, era ficar de boca fechada.

— Deixe-me lhe dizer uma coisa — falou a Efraim. — Nem sequer trabalho para vocês, caras. Lembra? Você não me manda fazer coisa alguma!

Mas sua explosão apenas fez Efraim rir.

— Oh, saia daqui — disse ele —, antes que eu atire algo em você. Saia... ou melhor, espere um minuto. Você me lembrou. Quero que assine isto.

Avner ergueu a comprida folha de papel datilografada em espaço pequeno.

— O que é? — perguntou.

— Bem, leia — disse Efraim. — Sabe ler, não sabe?

Avner começou a examinar o documento, mas nesse instante não podia se dar o trabalho de tentar assimilar tudo. Ergueu a caneta da mesa de Efraim e assinou. Provavelmente era outro plano odontológico ou coisa parecida.

Estando em Tel Aviv, Avner aproveitou a oportunidade para ver seus pais antes de ir para o aeroporto. A mãe primeiro, depois o pai. Nenhuma das visitas foi muito bem-sucedida.

Sua mãe, como sempre, depois de um ou dois comentários pessoais superficiais — Graças a Deus, ao menos você está bem —, mudou a conversa imediatamente para Israel e a traição do mundo ao permitir que a guerra acontecesse. Avner achou que, mais uma vez, sua mãe estava muito mais preocupada com o destino de Israel do que com o *dele*; e que as provações que castigavam o país a afetavam muito mais profundamente do que qualquer sofrimento que Avner talvez tivesse experimentado na luta pelo país. Era Israel isto e Israel aquilo — e ela também expressava, continuamente, sua esperança de que, quando o irmão caçula de Avner, Ber, chegasse à idade do serviço militar, dentro de dois anos, haveria paz.

Avner refletiu, talvez injustamente, que, como sempre, a mãe se preocupava com a paz em benefício de Ber, e não parecia se importar que *ele* talvez fosse morto indo para a guerra em defesa da paz, enquanto isso. Nada a respeito de Avner parecia interessá-la. Embora não pudesse lhe contar o que fazia na Europa — ela devia supor que ele fazia "alguma coisa para o governo" —, magoava-o que ela sequer perguntasse. Nem mesmo de uma maneira geral. Ela perguntou sobre Geula e Shoshana, mas fora isso foi Ber e Israel. Pareceu a Avner que nada havia mudado desde que a mãe o mandara para o *kibutz*.

A visita ao pai resultou um fracasso por questões diferentes.

O pai envelhecera ainda mais, estava mais doente e debilitado. Ao mesmo tempo, eles dois eram tão parecidos — não na aparência, mas na forma como suas mentes e emoções funcionavam — que, ao ver o pai, Avner sentiu como se olhasse em um espelho, daquele momento a vinte ou trinta anos depois. Era estranho; o pai também devia tê-lo sentido, porque começou a repetir coisas como: "Espere só, dentro de mais alguns anos você estará sentado aqui, esperando que *eles* telefonem. Eles o espremeram até a última gota, muito tempo atrás, mas você ainda esperará. Você vai compreender melhor, então. Não acredita em mim, mas verá."

O problema era que Avner começava a acreditar em seu pai.

Mal podia esperar para chegar ao aeroporto. Sem sequer dar a Steve e Robert uma chance de alcançá-lo, voou de volta à Europa.

Mas novembro se passou na Europa, em seguida dezembro, sem que nada acontecesse, embora o período em que nada ocorrera fosse cheio de atividade. Na verdade, como comentou Carl, eles jamais tinham trabalhado tanto para tão poucos resultados durante a missão. Quase todos os dias um deles ouvia um novo boato sobre um ou outro alvo. Salameh, especialmente, sempre se dizia estar em Paris um dia, na Espanha ou Escandinávia no dia seguinte.

Também havia boatos freqüentes sobre Abu Daoud, o número 2 na lista, o único que estivera completamente fora de cogitação de fevereiro a setembro daquele ano. Abu Daoud havia passado aqueles sete meses em uma prisão jordaniana, depois de uma operação malsucedida de seqüestro de alguns membros do gabinete do rei Hussein. Ele foi capturado na Jordânia em 13 de fevereiro e fez uma confissão pública na televisão, revelando o vínculo entre a Al-Fatah e o Setembro Negro pela primeira vez (nenhuma novidade especial para a Mossad). Dois dias depois, juntamente com todo o seu grupo de camaradas do Setembro Negro, foi condenado à morte. No entanto, o rei Hussein comutou as sentenças de morte, e em setembro de 1973, menos de três semanas antes da invasão de Yom Kippur, do Sinai e das colinas de Golan, Abu Daoud (juntamente com quase mil *fedayeen* que as tropas do rei haviam capturado durante anos) foi libertado da prisão jordaniana. Desde essa época, a se acreditar nos informantes, ele havia sido localizado em toda capital européia.

O fracasso da equipe em conseguir uma pista verdadeira de Salameh começava a mexer com os nervos. Avner podia senti-lo. Eles estavam ótimos, ainda; podiam agir ainda com eficiência perfeita. Mas todos os dias, todos eles se aproximavam mais do momento crítico. Estavam na missão havia mais de um ano, e ela cobrava seu tributo. Combater com sua unidade do Exército havia sido um alívio, como Avner esperara que seria, mas agora o nó estava de volta ao seu estômago.

Mais firme que antes.

Quanto aos outros, quer confessassem ou não, Avner tinha poucas dúvidas de que sentiam a pressão. Hans passava mais e mais tempo ocupado com seu negócio de móveis antigos, talvez fingindo consigo mesmo que esta era a principal razão para ele estar em Frankfurt, como Steve havia comentado bastante asperamente em certa ocasião. Ele até tinha lucro. Robert, fechado em seu quarto, construía um brinquedo elaborado; fazia semanas que ele trabalhava no brinquedo em qualquer momento de folga. Avner vislumbrou o brinquedo uma vez, e pareceu ser uma enorme roda-gigante inteiramente feita de palitos.

Carl era o mais estranho de todos. Realmente, não fazia nada fora do comum. Ficava sentado, lendo, sugando o cachimbo apagado, como sempre fora seu hábito. Mas, agora, ele erguia os olhos de vez em quando e fazia perguntas estranhas. Uma vez virou-se para Avner e disse:

— Acredita na transmigração da alma?

— O que disse? — perguntou Avner, assombrado.

Carl não repetiu a pergunta. Sacudiu a cabeça, e voltou ao seu livro. Avner recordava a ocasião, principalmente porque era a vez de Carl preparar o jantar — um evento traumático nos melhores momentos. Versátil como era, Carl não incluía a arte culinária entre suas habilidades.

Avner, em seu papel de "Mãe Diabrete", sempre preocupado para que todos tivessem alimentação boa, completa, invariavelmente se oferecia para tomar o lugar de Carl sem dizer aos outros, mas o filósofo residente da equipe não queria saber disso.

— Quando é minha vez, é minha vez — diria ele. — O que há de errado com minha galinha assada no forno?

O que havia de errado com ela nesta ocasião foi que Carl, preocupado com a transmigração da alma, serviu a galinha sem notar que esquecera de acender o forno.

Em 7 de janeiro de 1974, alguma informação aparentemente sólida chegou até a equipe, afinal. Veio de Papa e dizia respeito a Ali Hassan Salameh e Abu Daoud. Supunha-se que os dois se encontrariam na cidadezinha suíça de Sargans, perto da fronteira de Lichtenstein. Dentro de uma igreja católica.

— Maldição — disse Carl, olhando o mapa. — Uma cidadezinha, com três estradas alpinas, no meio do inverno. É Lillehammer de novo, só que pior.

— Não necessariamente — disse Avner. — É uma cidade fronteiriça; assim, depois do crime todos esperariam que cruzássemos a fronteira para Lichtenstein e depois diretamente para a Áustria. Teriam um comitê de recepção completo em Feldkirch. Mas, podíamos simplesmente voltar de carro a Zurique. Melhor ainda, colocar alguns esquis no carro e rumar diretamente para St. Moritz. Ou Davos, ainda é mais perto. Misturar-nos com o pessoal do esqui. Vamos reservar quartos para cinco negociantes alemães em Davos, imediatamente.

— Continuam sendo três estradas apenas — replicou Carl, sacudindo a cabeça.

Como aconteceu, haveria menos que três estradas. No dia seguinte ao que Avner e Carl tinham ido de carro a Sargans — somente os dois porque, lembrando-se de Lillehammer, não queriam aparecer em grupo na cidadezinha suíça — veio um recado de Louis. Uma pequena correção. Os líderes terroristas se encontrariam no interior de uma igreja em uma cidadezinha suíça, mas não em Sargans. Deviam encontrar-se em uma cidade vizinha, do outro lado do lago alpino de Walensee, alguns quilômetros mais perto de Zurique. A cidade era, talvez, um pouco maior que Sargans em termos de população, porém ainda mais distante do caminho usual. Chamava-se Glarus, com apenas uma rodovia — a A17 — passando por ela: levando ao norte para Zurique, e ao sul, rumando para oeste, através de Altdorf e ao redor da magnífica Vierwaldattersee, para a cidade de Lucerna.

Glarus. No centro da Suíça, onde o paralelo norte 47 corta a longitude leste 9. Em uma área de decíduos de folhas largas e coníferas de folhas aguçadas, banhadas por uma precipitação anual de 1.000 a 1.500mm. Em janeiro, isso significava muita neve.

Salameh e Abu Daoud deviam, supostamente, encontrar-se no interior da igreja no sábado, 12 de janeiro. Avner, Steve e Hans, em dois carros, exploraram a cidade na sexta-feira, dia 11. Deixaram Robert e Carl em suas casas seguras em Zurique.

Robert escolheu este momento para aparecer com um caso particularmente desagradável de gripe estomacal. Não conseguia manter o alimento no estômago e sentia-se terrivelmente mal. Avner levou em consideração a idéia de deixá-lo ali, a menos que houvesse melhorado no sábado, embora Robert não quisesse falar a respeito. Firmaram um compromisso ao concordar que ele, em vez de Steve, seria o motorista do carro de apoio da fuga. Steve e Hans participariam, com Avner, do crime. O arranjo não era ideal porque Steve era melhor motorista que Robert, e as estradas da região eram incomumente traiçoeiras. Em tais circunstâncias, contudo, parecia ser a única opção.

A sexta-feira foi clara e fria. A igreja ficava perto do limite da cidade, suas portas principais abrindo-se para uma praça construída ao redor de uma pequena fonte. Nos fundos havia um cemitério. Alguns passos levavam da praça às grandes portas duplas, com uma porta menor entalhada em uma parte lateral que, ao contrário das portas principais, parecia nunca estar trancada. Dentro, a nave comprida, estreita, levava diretamente ao altar. Avner, que ignorava tudo sobre igrejas — ou sinagogas, quanto a isso —, quer como edifícios ou como locais de culto, colocava o pé em uma pela primeira vez. Ficou intrigado pela luz refratada entrando através das janelas de vitral.

À direita da entrada havia uma porta que conduzia da nave da igreja para um recinto bastante grande que parecia uma biblioteca e uma área de recepção combinadas. Uma grande mesa de madeira no meio do recinto estava coberta com livros e folhetos religiosos. As paredes eram cobertas por mais livros. Outra porta, no fundo da sala, se abria para uma escada. Subindo, dava em uma galeria e no órgão. Descendo, levava a várias outras salas no subsolo da igreja.

Este, de acordo com Hans, era o único local para um encontro. A sacristia, no fundo da igreja, teria sido insuficiente, e não parecia haver reitoria ligada ao prédio principal, somente alguns barracões. O sacerdote vivia em uma casa próxima ou em algum tipo de apartamento no porão da igreja. Por essa razão, Hans pensava que seria inseguro inspecionar todas as dependências abrindo-se da base da escada. No dia seguinte, poderiam irromper nelas em poucos segundos. Entrar e sair. Surpresa. Os *mechablim* cairiam na armadilha. Com um membro da equipe cobrindo o topo da escada, não haveria lugar para onde pudessem ir.

Em retrospecto, talvez não tenha sido o plano mais cuidadosamente imaginado, mas com certeza era audacioso. E seria inesperado. Além disso, o tempo urgia. Eles estavam na pista de Salameh há mais de um ano — quem poderia dizer quanto tempo se passaria antes que tivessem outra chance?

Não havia dúvida sobre não passar a noite na cidade; ela possuía alguns hotéis tipo pensão, porém nada mais. Cinco homens registrando-se na noite precedente, depois partindo no dia do assassinato chamariam a atenção mais indesejável possível. Talvez não existissem sequer cinco quartos disponíveis, e Zurique se encontrava somente a 65 quilômetros de distância. O caminho de Lucerna era cerca do dobro daquela distância e depois mais uns sessenta quilômetros, mais ou menos, de volta a Zurique, mas Avner resolveu explorar também esse trajeto para uma fuga alternativa depois que tivessem terminado na igreja. Talvez fosse necessário para eles dividir suas forças após o crime, um carro rumando para Lucerna e o outro para Zurique. À noite, Avner telefonou para Louis a fim de providenciar uma casa segura extra em Lucerna, para o caso de precisarem de uma.

No dia seguinte, sábado, 17, o tempo estava um pouco mais ameno. O céu se encontrava nublado, com chuvas leves, passageiras. A principal rodovia para Zurique se encontrava limpa, mas a estrada que levava a Glarus tinha fragmentos de neve.

Avner, Steve, Robert e Hans iam em um carro, com Carl acompanhando em outro. Cada um estava armado com uma Beretta do primeiro esconderijo de armas, que Avner havia comprado do negociante suíço de Andreas, Lenzlinger. Avner havia deixado as armas na Suíça na época, juntamente com os passaportes, e foi sugestão de Hans que podiam também usar as armas agora.

Avner e Steve também resolveram levar uma bomba de fumaça cada um. As pequenas caixas de metralha — disponíveis no comércio — cabiam nas bolsas do revestimento do carro, embora não confortavelmente. Mas, como Carl concordou com Avner, para um ataque em um porão, eram as melhores. As pessoas não podiam pular pelas janelas, e se preferissem ficar no recinto se tornariam indefesas dentro de trinta segundos. Provavelmente, contudo, não permaneceriam no interior. Começariam a sair pela porta, uma a uma. Alvos fáceis. Uma bomba de fumaça também podia cobrir uma retirada apressada em direção ao alto da escada, de maneira muito melhor que qualquer outra coisa. Ao contrário de uma granada de mão, não faria barulho; não alertaria ninguém. Antes de alguém descobrir o que acontecera na igreja, a equipe poderia estar na metade do caminho para Lucerna.

Talvez.

— O Lloyd's nunca garantiria isso — disse Robert ao ouvir sobre o plano.

Avner também tinha suas dúvidas, mas nem ele, nem Carl conseguiram inventar algo melhor do que um ataque no interior da igreja. Salameh e Abu Daoud não viajariam com um exército para uma cidadezinha suíça, para um encontro clandestino. No máximo, teriam dois ou três guarda-costas. Atacar cinco pessoas confiantes no interior de um prédio era uma coisa; tentar armar-lhes uma emboscada na estrada aberta era outra bem diferente. Para tentar a última, Avner e seus parceiros teriam que se dividir em dois grupos a fim de armar dois bloqueios na estrada para cobrir as duas saídas de Glarus, tornando metade de suas próprias forças inútil. Teriam que tentar fugir no que poderia ser, então, um carro bastante danificado de um assassinato, abertamente, o que faria com que fosse descoberto em menos de dez minutos. A estrada principal para Glarus não era deserta, de forma alguma. Além disso, se Salameh resolvesse passar a noite na cidade, o que eles fariam? Congelariam na estrada esperando por ele?

Não. A igreja era o melhor plano.

Era até possível — embora não pudessem contar com isso — que um ataque no interior da igreja, bem-sucedido ou não, não fosse informado às autoridades suíças. No decorrer dos anos, homens da igreja de todas as denominações têm sido requisitados por extremistas de esquerda e de direita para abrigá-los e apoiá-los em suas "lutas de consciência", mas freqüentemente sem o conhecimento ou a aprovação da hierarquia superior da Igreja. Enquanto os mais altos escalões talvez, às vezes, participassem *eles próprios* (o patriarca da Igreja Ortodoxa em breve seria preso ao contrabandear armas para a OLP do Líbano para Jerusalém), mais freqüentemente a ajuda viria de um sacerdote apenas, cuja mente e consciência foram influenciadas por alguma causa terrorista. Por alguma obscura razão psicológica, uma minoria dos religiosos era altamente suscetível ao extremismo nacionalista, fascista ou marxista.[1] Se Salameh usava a igreja de um padre renegado, o padre teria todos os motivos para esconder o que quer que ocorresse dentro da igreja. Se a tentativa não tivesse êxito, os próprios *mechablim* não desejariam que a polícia suíça soubesse a respeito, ao menos até eles terem saído em segurança do país.

Quando pararam diante da igreja, estacionando os carros de ambos os lados da praça, já escurecia. Avner, Steve e Hans saíram de seu carro e Robert escorregou para trás do volante. Conservou o motor ligado, como fez Carl, cujo carro estava estacionado a cerca de cem metros de distância.

Hans entrou sozinho. Avner e Steve ficaram do lado de fora, como turistas comuns que aproveitavam o resto de claridade do dia para tirar instantâneos. De acordo com o horário de cultos pendurado à porta principal, o último devoto em breve sairia, embora a pequena porta não fosse ser trancada. Então, exceto pelos terroristas, a igreja estaria vazia.

Presumivelmente.

Até o momento, seu cálculo de tempo parecia preciso. Em menos de vinte minutos um grupo misto de devotos e turistas — menos que trinta pessoas ao todo — saiu da igreja. Acompanhado por Hans. Ele foi a última pessoa a sair. Sacudiu a cabeça amavelmente para o servidor que fechava as portas principais, depois caminhou devagar para Avner e Steve.

— Vi dois árabes — falou brevemente. — Jovens, usando suéteres negras. Provavelmente guarda-costas, mas desarmados até onde pude ver. Estavam subindo a nave, depois entraram na sala à direita. Um deles carregava uma bandeja coberta com um pano branco.

— Tem certeza de que eram árabes? — perguntou Avner, embora fosse muito pouco provável que Hans cometesse um erro em relação a isso.

Hans deu de ombros:

— Bem, eles falavam arábico. Bastante alto, também, como se fossem donos do lugar.

— Vamos — disse Avner, entregando a máquina fotográfica a Robert através da janela aberta do carro.

Subiu vivamente os poucos degraus que levavam à porta da igreja, com Steve nos seus calcanhares. Hans caminhava atrás deles em passo lento. O plano exigia que Avner e Steve executassem o ataque, com Hans se posicionando exatamente no interior da porta principal, para evitar que outras pessoas entrassem e para cobrir a fuga. Não se esperava que usasse sua Beretta a menos que fosse necessário.

Dentro da igreja estava quase completamente escuro. Teria sido difícil caminhar em silêncio sobre o chão de pedra ressonante e Avner sequer tentou. A porta para a sala à direita da nave estava apenas a dez passos de distância. Avner e Steve cobriram a distância em menos de quatro segundos, sacando as armas ao mesmo tempo e puxando os cursores para trás. Quando Avner deu um pontapé na porta, as armas estavam em posição de disparo.

Os árabes na sala ergueram as cabeças.

Havia três deles, não dois, sentados à grande mesa, comendo. A bandeja que Hans vira estava sobre a mesa também, com copos de leite, queijo, roscas duras e fruta.

Os livros e folhetos religiosos tinham sido empurrados para um lado. A única coisa sobre a mesa era um Kalashnikov.

E em frente ao árabe mais próximo da porta, sobre a mesa, projetando-se de sob a toalha de mesa branca, a coronha de uma pistola. Certamente, uma Tokarev, com um pequeno gancho como um clipe de papel no fim do depósito de cartuchos. Provavelmente, o modelo Tokagypt de 9mm, popular nos países árabes. E a próxima coisa que Avner viu, enquanto seus olhos ainda estavam sobre a arma, foi a mão escorregando para o cabo. O jovem árabe buscava a arma.

Steve também viu, com certeza, porque já disparava. Duas vezes, depois mais duas. Avner, cuja arma estava voltada para o outro jovem do lado oposto da mesa, disparou uma fração de segundo depois. A verdade era que ele não tinha idéia do que o homem estava fazendo no momento exato em que puxou o gatilho porque sua atenção ainda se concentrava no alvo de Steve, que quisera pegar a arma. Mas a forma como o confronto se desenvolveu não lhe deixou escolha senão atirar. O segundo árabe estava ligeiramente à sua direita. Se ele também decidisse pegar uma arma, quando Avner virasse a cabeça para verificar, poderia ser tarde demais. O risco era demasiado. O reflexo automático demais. Avner disparou duas vezes e o segundo árabe se curvou, escorregando entre a mesa e a cadeira.

Talvez o terceiro árabe não tivesse que ter sido morto se houvesse um pouco mais de tempo.

Este rapaz, sentado mais próximo do Kalashnikov, erguera-se num salto no instante em que Avner e Steve irromperam no recinto. Mas então tinha levantado as mãos. Acima da cabeça. Tanto Avner quanto Steve o tinham visto fazer isso, por este motivo voltaram sua atenção imediatamente para os outros dois.

No entanto, o terceiro árabe, vendo seus companheiros serem mortos, concluiu, certamente, que também seria, não importava o que fizesse. Essa era uma possibilidade. A outra era que ficou confuso. A terceira, que ficou encolerizado. Talvez até tenha pensado que, depois dos disparos rápidos, Avner e Steve não tivessem mais munição. Quaisquer que fossem suas razões, de repente abaixou as mãos e saltou para o rifle Kalashnikov.

Avner e Steve dispararam contra ele. Duas vezes. Ele estivera de pé e as quatro balas, bastante agrupadas, atingiram-no no estômago. Ele se dobrou e continuou contorcendo-se até o chão. Os outros dois já estavam silenciosos. Talvez houvessem se passado dez segundos desde que Avner e Steve entraram na sala.

Tinham assassinado ou ferido três árabes que não estavam em sua lista.

Embora esse pensamento passasse rapidamente pela mente de Avner, não havia tempo para se preocupar com isso agora. Colocou um novo pente de balas em sua Beretta e, fazendo sinal a Steve para cobri-lo, tentou a porta que levava ao poço da escada. Estava aberta. Ergueu os olhos na direção da galeria, não esperando ver ninguém. Então, desceu correndo um lance em direção ao subsolo. Steve permaneceu no alto da caixa da escada cobrindo Avner, mas também lançando um olhar ocasional aos corpos dos três árabes na sala. Embora tivessem levado dois tiros no mínimo, cada um, era impossível dizer se tinham sido postos fora de ação definitivamente.

Avner deu um pontapé na porta do patamar. Esperava que estivesse trancada, mas não estava. Nem sequer estava adequadamente fechada. Quando a porta se abriu, ele estava pronto para ver o rosto de Salameh, talvez de Abu Daoud. Dois rostos que havia gravado na memória cuidadosamente. Ou a sala talvez estivesse vazia. Nesse caso, ele correria adiante, pelo corredor onde havia mais duas portas. O que ele não esperava foi o que viu.

Três sacerdotes.

Três padres comuns sentados a uma mesa, usando seus colarinhos altos. Três padres assombrados, olhando para Avner irrompendo no recinto com uma arma na mão. Não Salameh ou Abu Daoud disfarçados de padres. Três padres suíços comuns, dois mais jovens e um mais velho, com cabelo branco e rosto corado, fitando-o como se ele estivesse louco.

Três sacerdotes assustados. Avner estava certo de que deviam ter ouvido algum som dos disparos e dos corpos caindo acima de suas cabeças.

Claro, os líderes terroristas podiam estar em um ou dois recintos mais adiante do corredor. Isso era possível. Mas ele teria que tomar uma providência em relação àqueles três homens antes de poder perseguir os outros.

Matá-los era inconcebível.

Devia mandar Steve descer para vigiá-los? Não. Isso significaria que os padres veriam Steve também, e já era bastante mau terem visto Avner. Também significaria dividir sua força de ataque em mais 50%. Mais tarde, Avner recordaria que o pensamento lhe ocorrera, naquele momento, precisamente nestes termos militares. Uma decisão de comando teria que ser tomada. Avner não poderia ir atrás de dois líderes terroristas sozinho, com Steve fora de ação, vigiando três prisioneiros, e Hans de pé, inutilmente na porta da igreja. Mas o que aconteceria se os padres resolvessem empurrá-lo para um lado e começassem a caminhar, atravessando a entrada? Ele não poderia detê-los sozinho, e tampouco Steve poderia, sem usar uma arma. Contudo, não se podia usar uma arma em tais circunstâncias. *Agentes de Israel Atiram em Padres em Igreja Suíça* — poderia causar mais dano ao país em um minuto do que os *mechablim* em cinco anos.

Avner começou a recuar, descrevendo um círculo ameaçador com o cano de sua arma.

A decisão de comando era cancelar a missão.

Ele via que os padres estavam aterrorizados demais e imobilizados pelo medo para fazer qualquer tipo de movimento, por alguns segundos. Talvez por mais tempo. Isso daria a ele e aos outros tempo suficiente para fugir.

Recuou saindo do recinto, batendo a porta atrás dele com a mão esquerda. Correu para o poço da escada — chamando Steve para que ele não atirasse por engano — depois subiu as escadas correndo, fazendo sinal ao companheiro para segui-lo. Steve o fitava, mas não fez perguntas. Os três árabes jaziam na sala em poças de sangue e leite. Um ainda estava vivo, e gemendo, e Avner não teve certeza sobre os outros dois. Hans estava agachado atrás de uma pilastra no pórtico, a arma na mão.

— O que aconteceu?

— Nada — replicou Avner, guardando a arma. — Ninguém lá, apenas três *galuts*.

Por alguma razão, usou a palavra iídiche para padres não-judeus, embora dificilmente falasse iídiche.

— Vamos dar o fora daqui!

Em dois segundos estavam nos carros. Ainda não estava completamente escuro. Não poderiam ter passado mais do que sete ou oito minutos no interior da igreja.

— Lucerna — disse Avner a Robert, apontando para o sul.

Seu sexto sentido sugeria que não deviam voltar para Zurique. Abriu a porta para Hans e Steve, depois esperou que Carl se acercasse no segundo carro.

Dirigiram ao longo da montanha sinuosa, nevoenta, em velocidade moderada. Avner ficou tentado a fazê-los atirar as armas fora, juntamente com as bombas de fumaça, mas depois mudou de idéia. Se encontrassem um bloqueio de estrada nos próximos quarenta minutos só poderia significar que os padres tinham avisado à polícia, e de qualquer forma, eles podiam identificá-lo. A coisa mais inteligente era ele levar todas as armas em um carro e deixar Carl viajar com os outros. Então, não havia nada que ligasse seus companheiros ao tiroteio na igreja. Não fazia sentido todos eles serem agarrados.

Quando pararam no acostamento, durante alguns segundos, para fazer a mudança, Robert disse:

— Bem, fizemos um Lillehammer, não?

— O que quer dizer, um Lillehammer? — disse Steve, ofendido. — Não matamos nenhum garçom. Matamos três terroristas com Kalashnikovs! Acha que aqueles caras vão a igrejas da Suíça para almoçar?

— Muito bem, mais tarde — falou Carl. — Por enquanto, vamos apenas continuar dirigindo.

Chegaram a Altdorf em 45 minutos. Nenhum bloqueio de estrada. Nada de polícia. Depois de Altdorf, a caminho de Lucerna, um carro podia vir de direções diversas sem ser Glarus, e Avner resolveu que, se o mandassem parar, diria que viera do lago Como exatamente do outro lado da fronteira italiana. Ele conhecia bem o lugar, o bastante para descrevê-lo, e o passaporte alemão que usava na viagem não seria necessariamente carimbado na fronteira. A menos que dessem busca em seu carro e encontrassem as armas, um "lago Como" casual poderia funcionar.

Mas não houve bloqueios na estrada para Lucerna.

Em Lucerna acomodaram-se na casa segura. Avner telefonou para um número local de uma cabine telefônica próxima, para que um homem viesse buscar as armas. Depois, telefonou para o contato de Papa em Zurique.

— Eles não estavam lá — disse ele à pessoa que atendeu o aparelho.

— Sim, estavam — respondeu a pessoa.

Esse foi o fim da conversa; não havia mais nada a dizer. Quem saberia se Salameh e Abu Daoud tinham estado, ou não, em Glarus? Era certo que, depois do que acontecera na igreja, eles não permaneceriam lá por muito tempo. Steve estava certo sobre uma coisa, sem dúvida: três árabes armados, de suéteres pretas, não estavam lá apenas para almoçar.

— E existe outra razão por que isto não foi como Lillehammer — disse Avner a Robert, de volta à casa segura.

— Por quê?

— Não fomos apanhados — disse Avner. — Fomos?[2]

Capítulo 14

LONDRES

O MÊS DE MAIO de 1974 encontrou Avner, Carl e Hans em Londres.

Era apenas a segunda visita de Avner à capital inglesa desde os meses que ele havia passado lá durante o treinamento de campanha como um agente. Sua rede pessoal de informantes ficava principalmente na Alemanha — exceto o pessoal de Papa, claro —, como a de Hans em Paris, e a de Carl em Roma. Londres e Amsterdã eram o setor de Robert e Steve. Ao mesmo tempo os parceiros sempre tinham sido flexíveis sobre encontrar os contatos uns dos outros. Sempre que um bom boato era colhido, enviavam quem quer que estivesse disponível para verificá-lo. Afinal, eles eram somente cinco. Embora os informantes — todos os informantes, não somente árabes — se sentissem mais à vontade negociando com seu contato regular, em geral vendiam informações aos outros, se achassem que era seguro para eles fazer isso.

Agora, viera a informação de Londres, mas Robert estava ocupado na Bélgica e Steve se encontrava, por acaso, em uma de suas poucas licenças de três dias com os pais na África do Sul. Assim, restavam Avner, Carl e Hans para verificar o boato de que Ali Hassan Salameh, que se sabia sofrer de algum problema oftalmológico, chegaria a Londres no fim de maio para uma consulta com um oftalmologista.

Quando eles chegaram, em 2 de maio, uma quinta-feira, Hans foi para uma casa segura. Avner e Carl se registraram no Europa Hotel, na esquina de Duke Street e Grosvenor Square. Nesse ponto, não planejavam cometer o crime. Queriam apenas falar com o informante e fazer alguns estudos preliminares do local. Onde Salameh ficaria? Onde era o consultório do oftalmologista? Era verdadeiro este outro boato, segundo o qual Salameh se encontraria com algum dos *seus* contatos em uma loja de utensílios no centro de Londres? Se era, qual a localização exata? Avner, perseguido pelo fantasma de Glarus, queria ter certeza.

Talvez Glarus não tivesse sido outro Lillehammer, mas foi um fracasso da mesma forma, seu primeiro malogro total. Não apenas Salameh e Abu Daoud escaparam — se estivessem lá, em primeiro lugar — como Avner e Steve atiraram e talvez mataram três outras pessoas. Talvez não "espectadores inocentes" no sentido exato — os comandos de Israel poucas vezes sentiam grande dor de consciência por disparar em árabes armados com Tokarevs e Kalashnikovs — mas, contudo, pessoas que não estavam na lista. Era errado. Era um erro. Além de qualquer argumento, era o tipo de fracasso que fora uma questão de orgulho para eles jamais cometerem.

O que aconteceu em Lillehammer, e em extensão menor em Glarus, salientou a validade das reservas que muitas pessoas faziam às operações contraterroristas de qualquer espécie. Os israelenses que afirmavam que era inútil sugerir que um erro jamais seria cometido provaram estar absolutamente certos. Esta, afinal, costumava ser a posição de Golda Meir.

— Como se pode ter certeza — contra-atacava ela oficialmente sempre que o tema era abordado — de que pessoas inocentes não serão feridas?[1]

A resposta era que, simplesmente, não se podia.

Mas também era verdade — e talvez este houvesse sido o argumento que fez a primeira-ministra vacilar, no fim — que de todas as medidas possíveis envolvendo o uso da força, operações seletivas de contraterrorismo eram, provavelmente, as que reivindicavam menos vítimas inocentes.

— Diabos, pegamos nove deles — dizia Steve sempre que o assunto de Glarus vinha à tona. — Nove líderes. Quantos civis a força aérea teria vaporizado antes de pegar nove chefes terroristas?

Isso era bastante verdadeiro.

No entanto, o argumento não levava em conta um fator psicopolítico que representava um papel tão grande no contraterrorismo quanto no próprio terrorismo. O incidente de Glarus não deu manchetes — com certeza foi abafado —, mas um espectador inocente morto a tiros à queima-roupa em uma cidade ocidental poderia prejudicar mais a imagem de Israel do que dez mísseis lançados ao ar causando dezenas de vítimas civis, durante o conflito no Oriente Médio.

— Pilotos de bombardeiros podem ser indiscriminados — disse Carl. — A artilharia pode ser indiscriminada. Podem até cometer erros. Nós não podemos.

Avner e Hans entendiam esse argumento, mas ele somente exasperava Robert e Steve.

— Por Deus — dizia Robert —, sempre que os *mechablim* explodem um punhado de crianças judias vangloriam-se. Quando matam mulheres judias grávidas com rajadas de metralhadora, sentem orgulho disso. Não o fazem por engano: matam mulheres e crianças de propósito. De propósito, por Deus! Por que estamos dizendo tolices?

Isto também era verdade. Em 17 de dezembro, poucas semanas apenas antes do atentado da equipe em Glarus, um grupo de terroristas palestinos incendiara com bomba um avião da Pan Am em Roma, queimando 32 passageiros fatalmente e ferindo outros quarenta. Depois, em 11 de abril, na cidade setentrional de Qiryat Shemona, os *fedayeen* atacaram um prédio residencial, matando 18 pessoas e ferindo 16, muitas delas mulheres e crianças. Naquele mesmo mês, maio de 1974, 22 crianças morreriam quando os terroristas da Frente Popular Democrática as tomaram como reféns na cidade setentrional da Galiléia, Maalot. Para os terroristas, matar não-combatentes não era um erro. Era o próprio propósito da maioria de suas operações.

— E daí? — replicaria Carl a esses argumentos. — Essa é a diferença. Incomoda-se por haver um diferença entre os *mechablim* e nós? A mim não incomoda.

Carl parecia mais profundamente afetado pelo fiasco de Glarus do que qualquer dos outros. Ele não ficava sentado e apático, mas estava ainda mais pensativo, fumando o seu cachimbo mais tempo que o usual antes de comentar sobre um plano. O Cauteloso Carl se tornara duplamente cauteloso desde o incidente suíço. Avner, por seu lado, concordava com ele. Tinha pouca paciência com argumentos abstratos, mas podia sentir que Carl estava certo.

— Rapazes, não filosofemos mais hoje, certo? — diria no final de uma discussão. — Se conhecêssemos filosofia, estaríamos ensinando na universidade de Jerusalém pelo dobro do dinheiro. Falemos apenas de operações. Elas são o nosso trabalho.

Mas não surgiu nenhuma oportunidade de falar em Londres, de qualquer modo. Avner queria conseguir o máximo possível em três ou quatro dias, depois voar de volta a Frankfurt para encontrar-se com Robert e Steve. Se descobrissem que Salameh chegaria no fim do mês de maio, e as circunstâncias parecessem garantir um ataque com explosivos, Robert teria que voltar à Bélgica imediatamente para prepará-los. Não havia muito tempo.

O combinado era para eles encontrarem o informante no saguão do Grosvenor House Hotel em Park Lane. Não havia horário estabelecido para o encontro; um ou outro dos três ficaria sentado no saguão por uma ou duas horas, e depois seria substituído. Se o informante chegasse, quem quer que estivesse sentado no saguão faria um contato visual com ele, depois telefonaria para os outros antes de caminhar calmamente para Brook Gate, em Hyde Park. Lá, ele se encontraria com o informante, que caminharia até o local sozinho. Os outros dois cobririam o encontro sem se aproximar, somente para certificar-se de que o informante não era seguido e de que não havia chance de uma emboscada. Este era um procedimento normal. De acordo com o que Avner ouvira na época, o agente da Mossad Baruch Cohen talvez houvesse morrido em Madri porque o procedimento por alguma razão não fora seguido quando ia encontrar-se com um dos seus informantes.

O encontro seria nos dias 9, 10 e 11, em algum momento entre dez da manhã e quatro da tarde. Esses preparativos imprecisos não eram de forma alguma incomuns, embora fossem um aborrecimento. Avner começava a achar que ficar sentado por perto, constantemente, e vigiar era um trabalho que se tornava cada vez mais tedioso. A princípio, ele o adorara, achando-o romântico e excitante, mas agora se tornava uma chateação. Talvez ele estivesse apenas tenso demais — ou envelhecendo.

O informante não apareceu no primeiro dia.

No segundo dia, uma sexta-feira, depois de Avner ser substituído por Hans e caminhar de volta ao hotel teve a repentina sensação de estar sendo seguido. Ele havia saído pela porta dos fundos de Grosvenor House; caminhou diretamente por Reeves Mews, depois dobrou à esquerda para a South Audley Street para a caminhada curta até a embaixada dos Estados Unidos. Estava a ponto de cortar diagonalmente a Grosvenor Square quando começou a sentir outra pessoa caminhando atrás dele. Isto era muito comum em Londres, mas Avner podia sentir os olhos da pessoa descansando sobre sua nuca. Era uma sensação física, irritante, e a princípio tentou, na verdade, afastá-la com os dedos; um segundo depois, compreendeu o que devia ser.

Avner sempre levara muito a sério seu sexto sentido. Como regra, não lhe dava alarmes falsos. Quando o avisava, havia perigo. Uma vez, enquanto ainda era um agente comum, levando algum dinheiro para informantes, ele deixara uma casa segura em Munique no meio da noite por nenhum motivo tangível. Ele havia acabado de entrar, pretendendo ir dormir, quando, de repente, seu sexto sentido lhe disse para fazer as malas imediatamente e dar o fora. Ele o fez e, mal havia dobrado a esquina, viu dois carros da polícia alemã parando diante da casa. Davam uma batida no local.

Avner jamais imaginou que havia algo misterioso sobre seu sexto sentido; simplesmente pensava que era incomumente sensível a pequenos sinais. Outros talvez não os percebessem, mas ele era capaz de captar sinais, quase subconscientemente, depois fazer seu cérebro decifrá-los de alguma maneira. Em Munique, por exemplo, talvez tivesse sido a maneira como a mulher que dirigia a casa segura olhou-o quando ele entrou. Se ela estivesse esperando o ataque-surpresa, poderia ter havido algo em seu olhar que, alguns segundos depois, faria soar um alarme na mente de Avner sem que ele soubesse exatamente o motivo.

Agora, ele não se virou. Em vez de atravessar o parque — uma caminhada de menos de cinco minutos até o Europa Hotel —, continuou ao longo da North Audley Street. Ele não tinha dúvidas de que ainda era seguido, mas embora tentasse vislumbrar a pessoa que o seguia através das vitrines de lojas e pára-brisas de carros que passavam, não conseguiu. Não achava que seria atacado em plena luz do dia. Não na esquina de North Audley e Oxford Street. Mas nunca se podia afirmar. Avner gostaria de estar armado e esperava que quem quer que o estivesse seguindo presumisse que estava.

A menos que fosse o serviço de contra-informação inglês. Era uma possibilidade. Neste caso, se seu informante não aparecesse naquele dia, seria mais prudente para eles deixar a Inglaterra na manhã seguinte. Robert sempre poderia descobrir a pista quando voltasse da Bélgica.

Avner virou à direita para Oxford Street e começou a caminhar em direção a Oxford Circus. Se ainda houvesse alguém seguindo-o quando chegasse ao metrô de Bond Street, ele desceria e talvez pegasse a composição para Finsbury Park. Costumavam ter uma casa segura em Crouch End. Ele afastaria quem quer que o seguia, mais cedo ou mais tarde.

No entanto, até mesmo antes de chegar a Duke Street, a sensação irritante desapareceu. Tão de repente quanto aparecera. Mesmo assim, como precaução, ele não voltou ao Europa, mas entrou em um restaurante, sentando-se ao lado da janela. Pediu uma xícara de chá e continuou observando os compradores em Oxford Street por quase uma hora. Nada. Até onde ele podia dizer, nada.

Era estranho. Ele ainda não havia feito nada para despistar a pessoa que o estivera seguindo, quando a vigilância fora abandonada. Embora pudesse estar enganado sobre alguém seguindo-o, antes de tudo, Avner não pensava assim.

Havia alguma coisa errada, o que quer que fosse.

O informante não apareceu de novo, e Avner foi jantar cedo com Hans e Carl em um pequeno local que servia pratos com *curry*, que Carl havia descoberto em Marylebone Lane. Avner não gostava muito de *curry*, mas Carl se tornara, ultimamente, grande apreciador de pratos indianos e paquistaneses. Talvez tivesse algo a ver com a transmigração da alma.

Embora esse tema particular não fosse abordado ao jantar, alguns assuntos afins, de uma natureza mística semelhante, foram. Carl parecia estar com um humor estranho e até afetou Hans. Por exemplo, quando Avner contou sobre sua sensação de ter sido seguido por alguém, antes, à tarde, a conversa mudou em segundos para uma discussão de "sensações". Era quase frívolo. Sem tencionar deixar de lado a implicação prática da experiência de Avner, Hans, e especialmente Carl, transformaram-na em uma preocupação maior que parecia incomodá-los naquela noite. Algo transcendental.

— A sensação pode ser muito poderosa — disse Carl. — Por exemplo, a levitação. Acreditam que eu poderia levitar se me concentrasse nisso mentalmente?

— Não faço idéia, Carl — replicou Avner, um pouco impaciente. — Deve tentar, um dia. Talvez seja divertido. Que tal fazê-lo depois da missão estar terminada?

Carl riu e Hans disse:

— Talvez fosse Carlos quem estivesse andando atrás de você esta tarde. Talvez ele viesse a Londres para ver sua mãe.

A sugestão era totalmente ridícula porque a mulher, a sra. Sanchez, era dona de uma butique em uma das elegantes ruas comerciais próximas. Embora fosse muito pouco provável Carlos visitá-la ali, naquela fase de sua carreira, ele *tinha* certamente aparecido em Londres, em pessoa, pouco mais de quatro meses antes, para executar dois ataques terroristas: em dezembro, o atentado contra Sir Edward Sieff, presidente da Marks & Spencer, e um importante sionista inglês; em janeiro, um ataque com bomba contra o Banco Israelense Hapoalim em Londres, em que uma mulher foi ferida.

— Ouçam — disse Avner —, Carlos ou não, não gosto daqui. Há dois dias que fazemos ponto naquele hotel. Nosso homem não apareceu, mas alguém pode ter-nos descoberto. Sugiro que saiamos daqui amanhã de manhã. Dentro de alguns dias podemos mandar Robert e Steve para cá a fim de tentar novamente.

Avner tinha razão; se tivessem sido descobertos, seriam loucos em insistir. Talvez até pusessem o informante em perigo. Era melhor que novas pessoas tentassem fazer o contato, alguns dias mais tarde. Carl e Hans não discutiram o caso, mas Hans disse:

— Ouçam, eu fico em uma casa segura e sei que não fui seguido por ninguém. Devíamos encontrar o cara nos dias 9, 10 *ou* 11. O último dia é amanhã. Por que você e Carl não partem de manhã e eu fico até a tarde?

— Para encontrá-lo sozinho? — Avner sacudiu a cabeça. — Perigoso demais.

— Confie em mim — disse Hans. — Tomarei cuidado. Não temos muito tempo.

Avner concordou, embora com relutância.

Carl e Avner dividiam uma suíte de canto no Europa Hotel: dois quartos separados com apenas uma saleta em comum. Do corredor, uma grande porta dupla se abria para a saleta. Diante dela, outra porta que se podia trancar dava para o quarto de Avner, enquanto à esquerda uma terceira porta se abria para o quarto de Carl. Os aposentos só se comunicavam através da saleta.

Em 1974, o Europa Hotel ainda não havia se submetido à remodelação que transformaria seu Etruscan Bar. Na época, as poltronas e divãs da sala eram cobertos com couro artificial escuro, e havia um grande quadro representando *The Rape of Europe* pendurado na parede. Carl, que não gostava muito de beber, gostava de tomar um copo de cerveja, sossegado, à noite, e às vezes se sentava durante 15 ou vinte minutos no bar antes de ir dormir.

Aquela noite, após o jantar, Avner deixou Carl e Hans no restaurante para ir procurar alguns suvenires para Shoshana. Ele voltou ao hotel por volta das dez da noite. Antes de subir ao seu quarto deu uma olhada no Etruscan Bar para ver se Carl estava ali. Na verdade, depois do *curry*, o próprio Avner tinha vontade de tomar um copo de cerveja.

Carl não estava no bar, mas havia alguns bancos vazios a cada lado de uma mulher magra e loura. Uma jovem mulher — talvez com pouco mais de trinta anos — com cabelo de corte reto até a altura do ombro e tranqüilos olhos azuis. Uma mulher atraente, o tipo de Avner.

Avner se sentou no banco ao lado dela e pediu um copo de cerveja.

A primeira coisa que o impressionou, mesmo antes de começar a falar com ela, foi que ela colocou sua bolsa do outro lado do balcão depois que Avner se sentou ao seu lado, depois virou-se ligeiramente quando procurou um maço de cigarros nela. Não era, de forma alguma, um gesto de desconfiança, somente algo que Avner gravou casualmente no fundo de sua mente.

A segunda coisa que o impressionou foi o perfume dela. Era um odor estranho, almiscarado. Bastante agradável, mas muito raro.

Sua conversa foi aquela, sem compromisso, de estranhos sentados em um bar. Avner começou-a com algum tipo de comentário sobre o estilo de copo que o *barman* escolheu para servir a cerveja. A garota loura riu suavemente e fez algum comentário vagamente divertido. Falava inglês com um leve sotaque que podia ser alemão ou escandinavo. Ela ofereceu um cigarro a Avner, que ele recusou. Ela não era agressiva, mas parecia muito ansiosa para conversar. Durante alguns minutos falaram sobre a moda feminina. Avner não tinha grande interesse pelo assunto, mas havia descoberto, algum tempo atrás, que era uma maneira fácil de manter uma conversa com a maioria das mulheres.

E ele queria manter a conversa. Ela tinha uma pele cremosa, apenas com algumas sardas ao redor do nariz. Usava a blusa de seda verde com dois dos primeiros botões desabotoados, no entanto ainda bastante fechada para não mostrar a divisão entre os seios, mas enquanto ela se virava ligeiramente no banco do bar, a linha dos pequenos seios pareceu firme e bem-feita. Uma bonita jovem loura. Não havia motivo para negar isso. Avner ficaria encantado em levá-la para a cama. Shoshana estava longe, e, naquele momento, podia até persuadir-se de que se sentia solitário.

Talvez ele lhe tivesse pedido para subir ao quarto dele, se ela não tivesse feito a sugestão primeiro.

— É tão bom conversar com você — disse ela. — Por que não subimos ao seu quarto e tomamos outro drinque?

Avner estava bastante certo de que ela não era uma prostituta. Ele era sempre capaz de reconhecer uma prostituta a cem metros de distância, contra o vento, mesmo se ela fosse de classe alta; e prostitutas jamais o interessavam. Ele havia começado a falar com a moça exatamente porque viu que ela não era uma prostituta. Claro, poderia ser uma daquelas garotas escandinavas modernas, diretas, de que Avner havia ouvido falar muitas vezes, com muito mais freqüência do que conhecera alguma. Era uma possibilidade. Mas havia outras possibilidades. Avner ainda se sentia um pouco nervoso por causa da suspeita anterior de que estava sendo seguido.

— Não seria ótimo? — disse-lhe ele. — Mas não posso. Tenho que acordar muito cedo amanhã. Acredite em mim, lamento mais do que você.

Ele *lamentava*. Sentiu-se um pouco tolo ao levantar-se, colocando algum dinheiro sobre o balcão. A garota loura não tentou fazê-lo mudar de idéia, apenas deu de ombros e sorriu. Avner carregou a fragrância do seu perfume em suas narinas durante todo o trajeto até o elevador.

Quando ia apertar o botão de chamada, as portas se abriram e Carl saiu.

— Já vai subir? — perguntou a Avner. — Eu ia ao bar tomar um drinque.

— Talvez eu veja você mais tarde — disse Avner, mantendo a porta aberta. — Quero escrever dois cartões-postais. — Entrou no elevador, deixando que as portas se fechassem.

Avner passou talvez meia hora em seu quarto, escrevendo um cartão-postal a Shoshana; depois, por questão de hábito, fez sua mala para não ter que se incomodar com isso de manhã. Ligou a televisão e assistiu por alguns minutos, mas sentia-se inquieto demais para dormir. Então, resolveu descer de novo para colocar o postal de Shoshana no correio. Não havia pressa, realmente, mas talvez quisesse compensar por pensar na garota loura do bar. Além disso, deixariam o hotel de manhã e talvez ele esquecesse. Gostava de enviar um cartão-postal a Shoshana de cada cidade onde ia. De certa forma, ainda era uma questão de orgulho para ele poder viajar tanto: um garoto de *kibutz* do deserto de Judá, que cortava unhas de galinha, enviando postais de todas as grandes capitais do mundo.

Avner preferiu não entregar a correspondência ao recepcionista, assim atravessou a rua onde se lembrava de ter visto uma caixa de correio. Era uma noite agradável, e depois de deixar cair o postal pela abertura, Avner permaneceu de pé na esquina durante alguns segundos olhando para as árvores escuras da praça, enchendo os pulmões de ar. Depois atravessou a rua de volta ao hotel. Atravessou o saguão e, em um impulso, subiu rapidamente os poucos degraus para dar uma olhada no Etruscan Bar. Carl talvez ainda estivesse lá.

Mas ele não se encontrava sentado no bar, onde estaria normalmente, nem em qualquer das mesas.

A garota loura tampouco estava lá.

Avner caminhou para o elevador. No instante em que entrou, sentiu o aroma almiscarado do perfume da garota loura. Oh, bem. Ela devia ter subido ao seu próprio quarto; podia ser facilmente uma hóspede registrada no hotel. Na verdade, talvez estivesse no mesmo andar, pensou Avner, já que ainda sentia seu perfume no corredor, que levava à sua suíte de canto.

Quando abriu a porta que conduzia do corredor para a pequena sala que partilhava com Carl, o perfume almiscarado atingiu-o com força total. Estava mais forte que no elevador. Era inconfundível.

Só podia significar uma coisa.

Carl havia subido com a garota para o quarto dele. Devia ser isso. Provavelmente há poucos minutos, enquanto Avner enviava o postal.

Avner parou na saleta e ouviu, mas só havia o som fraco de seu próprio aparelho de televisão que ele não havia desligado. Por um segundo, pensou também ouvir uma mulher rindo no quarto de Carl, mas não pôde ter certeza. Bem, não fazia diferença, de qualquer modo. Se Carl convidara a garota loura, convidara e pronto. Tinha todo o direito, até onde dizia respeito a Avner. Certamente, ele não tinha nada a ver com isso.

Imagine, Carl convidando a garota loura. O Cauteloso Carl. Carl, o marido perfeito; Carl, que comprara mais suvenires para sua esposa e filhinha do que Avner para Shoshana. Carl, que tinha mais de quarenta, que jamais parecia olhar para uma garota, que não fazia nada em seu tempo livre a não ser ler seus livros e fumar seu cachimbo. Se tivesse sido Steve, ou Robert, ou o próprio Avner, não seria tão surpreendente. Para alguns homens era uma tortura viver sem mulheres.

Mas Carl?

E a garota loura, sobre quem Avner tinha sentimentos tão ambíguos? A garota que não era prostituta, mas mesmo assim pedira para tomar um drinque com Avner menos de uma hora antes de subir ao quarto com Carl — que passara o dia com um humor estranho, vulnerável. Verdade, Carl tinha um sexto sentido tão agudo quanto o de Avner, mas talvez sua guarda estivesse baixa naquela noite. Talvez, pensou Avner, devesse interferir, afinal de contas. Ele *era* o líder.

Era tão fácil quanto pegar o telefone ao lado da cama e ligar para o quarto de Carl.

"Oi, Carl? Tire-a daí. Vamos partir de manhã cedo. Lamento, mas é uma ordem."

Isso era tudo.

Exceto que Avner não o fez.

Não conseguiu forçar-se a fazê-lo. Carl teria obedecido, mas talvez de má vontade. Talvez pensasse que Avner estava com ciúmes, ou que seus nervos estivessem gastos. Nunca havia regras seguras sobre mulheres, sobre sexo. Não o faça era o conselho óbvio, mas todo mundo sabia que nem sempre seria seguido. Os seres humanos tinham certas necessidades; algumas pessoas até diziam que seria muito perigoso para os agentes suprimir suas necessidades totalmente. Somente os distrairia até o ponto da inutilidade.

Além disso, qual era o mal?

Avner se despiu e viu televisão por algum tempo. Não pôde ouvir nada do outro quarto através da parede vizinha. Quando desligou a televisão, continuou sem ouvir coisa alguma. Eventualmente, apagou a luz e foi dormir. Dormiu tão profundamente quanto de costume.

Abriu os olhos às 7h30. Era hora de tomar banho de chuveiro e se vestir. Sua maleta já estava pronta e apenas guardou nela sua escova de dentes e aparelho de barbear, antes de puxar o fecho. Em geral, preferia tomar café no restaurante e não no quarto, e antes de sair bateu levemente à porta de Carl para saber se ele queria ir com ele. Não houve resposta. Na saleta, Avner ainda podia sentir um vislumbre fraco do perfume almiscarado da garota loura.

Depois do café, tornou a subir. Havia demorado no café, esperando que Carl descesse, mas isso não acontecera. Estava ficando tarde. Quer a garota estivesse no quarto de Carl, ainda, ou não, era hora de Carl se mexer. Avner começou a bater à porta com alguma autoridade.

Não houve resposta.

Avner lutou para se manter calmo. Havia acontecido alguma coisa, evidentemente. Carl não acordava tarde, em circunstância alguma, e jamais perderia um avião por ter dormido demais. Nenhum deles perderia. Avner respirou fundo, e fechou as portas duplas entre a saleta e o corredor. Inclinando-se, inseriu um cartão de crédito entre a lingüeta da fechadura e a moldura da porta de Carl. Não teria sido o bastante se a porta estivesse trancada por dentro.

Não estava.

Avner entrou. Carl jazia de costas sobre a cama, sob as cobertas. Os olhos estavam fechados. Quando Avner puxou o cobertor, viu, imediatamente, a pequena marca em forma de estrela de uma bala disparada de curta distância. Havia sangue seco e um anel de pólvora negra queimada ao redor do ferimento. Carl havia sido atingido no peito e estava morto.

Capítulo 15

HOORN

AVNER OLHOU para o corpo de seu companheiro durante alguns segundos, depois recolocou o cobertor. As coisas que fez em seguida foram totalmente automáticas. Deu uma busca rápida no pequeno apartamento sem esperar encontrar nada ou ninguém. Verificou se as persianas e cortinas estavam fechadas. Pegou a chave do quarto de Carl no guarda-roupa e a tabuleta "Não Incomode" na maçaneta da porta. Saiu do quarto, deu duas voltas a chave pelo lado de fora. Depois fechou a segunda porta que dava da saleta para o corredor e pendurou a tabuleta fora. Ainda eram nove horas. A tabuleta impediria que as criadas de quarto entrassem, ao menos por mais duas horas.

Saiu do hotel pelo depósito de bagagem, sem passar pelo balcão da recepção. Discou dois números da cabine telefônica mais próxima. O primeiro era da casa segura de Hans.

— Desculpe, Hans — disse, quando o parceiro atendeu. — O cinema não está aberto esta noite. Falarei com você mais tarde.

Desligou imediatamente. Esta era uma mensagem combinada, anteriormente, de extremo perigo, e Avner sabia que, depois de recebê-la, Hans deixaria o país o mais depressa possível e voltaria a Frankfurt.

O segundo número que ele discou foi o de Louis em Paris.

Felizmente o francês estava em casa.

— Só tenho moedas para falar três minutos — disse Avner —, por isso gostaria que me telefonasse. Um dos meus companheiros está morto.

Deu o número da cabine telefônica a Louis, depois esperou. O telefone tocou em 15 minutos.

Era o próprio Papa.

— Volte e espere — disse o velho depois de Avner explicar o que ocorrera. — Deixe as malas prontas. A sua. A dele. Espere, meu homem chega, bate três vezes. Não faça nada, *tu piges*?

— Compreendo — disse Avner. — Obrigado.

Voltou ao hotel entrando sorrateiramente, mais uma vez, pela porta lateral. Tornou a entrar na suíte, deixando a tabuleta "Não Incomode" pendurada na porta. Olhou ao redor para certificar-se de que ninguém havia entrado nos quartos durante sua ausência. Depois, devagar, metodicamente, esvaziando sua mente de todos os outros pensamentos, fez as malas com os pertences de Carl. Carregou as maletas para o seu quarto, colocou-as ao lado de suas próprias maletas.

Voltou ao quarto de Carl, trancou a porta pelo lado de dentro e sentou-se ao lado da cama, olhando para o amigo. Impulsivamente, afastou as cobertas de novo e obrigou seus olhos a percorrerem o corpo nu de Carl. Um cara de boa aparência. Mais de quarenta anos, mas elegante, bem-feito, sem um grama de carne extra. Costumava caminhar com leve curvatura do corpo, mas isto não era visível agora.

O que podia ter acontecido? Ele já havia trepado com ela ("feito amor" simplesmente não era a expressão correta em tais circunstâncias) quando fora ferido? Avner não conseguiu obrigar-se a examinar os órgãos genitais de Carl mais de perto e, de qualquer forma, não sabia se poderia dizer. Olhou para as mãos de Carl, suas unhas. Carl não estava armado, mas provavelmente lutaria feito louco se estivesse ciente de um ataque pendente. Ele era rápido e totalmente treinado em combate desarmado.

Mas tudo isto não teria feito diferença se ele houvesse sido apanhado desprevenido ou morto enquanto dormia. Suas mãos pareciam não ter marcas. Nenhum arranhão ou feridas ao defender-se. Nenhum cabelo ou fibra em seus dedos.

Por que ele foi morto? Foi a mulher loura que o matou? Avner não tinha dúvida de que ela estivera no quarto de Carl em determinado momento; ele ainda podia sentir seu perfume almiscarado. Mas Carl podia ter sido morto por outra pessoa depois que ela saiu.

Ela foi ao quarto dele a fim de matá-lo ou prepará-lo para ser morto? Ou ela queria simplesmente fazer amor? Mas Carl era cauteloso e observador — notou ele alguma coisa em relação a ela que ela não queria que ninguém soubesse? Poderia, por exemplo, ter vasculhado a bolsa dela enquanto a garota estava no banheiro — e ela talvez o tivesse visto fazer isso? Se Carl havia encontrado algo suspeito — uma arma, um passaporte estranho —, talvez não tivesse dito nada a ela. Ela, também agindo com astúcia, poderia ter fingido que não havia notado que ele reparara — e depois *bang*! Enquanto ele jazia na cama com as luzes apagadas. Ela teria precisado apenas de uma fração de segundo.

Pura especulação. Quem podia dizer?

E se Avner tivesse levado a garota loura para o seu quarto? Estaria ele jazendo em sua cama agora, como Carl, com um orifício de bala no peito?

Era mais do que possível.

Mas por que iria Carl — Carl, entre todas as pessoas — fazer algo assim? O Cauteloso Carl — e também Carl, o Radar, como Steve o apelidara, porque ele podia erguer os olhos de um livro e dizer:

— Rapazes, alguém vai tocar a campainha da porta.

E certamente, um minuto depois, alguém tocava. Carl, que tinha como regra absoluta jamais levar alguém para uma casa segura ou quarto de hotel enquanto estava em missão. Uma vez, quando Robert encontrou um velho amigo na rua e levou-o ao seu apartamento em Frankfurt, Carl ficou tão furioso ao saber que deixou de falar com Robert durante uma semana. Avner defendeu Robert na época porque pensou que, em tais circunstâncias, teria sido mais suspeito para Robert não convidar o amigo velho e íntimo para uma visita. Mas Carl foi inflexível em relação a esta regra e, provavelmente, estava certo.

No entanto, fora Carl quem caíra em uma armadilha amorosa — a mais antiga e vulgar de todas.

Conhecia ele, talvez, a garota loura? Carl tinha um grande número de contatos, mais que qualquer dos outros, já que andava naquele trabalho havia mais tempo. A garota loura era alguém que conhecia e em quem confiava?

Avner começou a pensar o que sabia realmente sobre Carl, olhando para as feições do companheiro, antes familiares, e agora fixas no modelo sério, tenso, secreto dos recém-mortos. Provavelmente mais do que sabia sobre os outros, porque tinham partilhado os mesmos quartos e dividido o fardo do planejamento, da liderança. Mas, mesmo assim, Avner não sabia muito. Carl nascera em Hamburgo, como Avner lembrava, e fora mandado para Israel pelos pais no final dos anos 1930, quando era um menino de seis ou sete anos. Cresceu na companhia de uma tia e um tio em Nahariya. Foi para algum tipo de escola agrícola, e depois entrou para o Exército. Permaneceu como instrutor até ser escolhido pela Mossad. Tocava violino. Lia muito. Divorciou-se da primeira mulher, uma alemã não-judia. Avner lembrava-se de que Carl lhe contara que ela odiava os nazistas e que emigrara para Israel depois da guerra, mas sofrera um colapso nervoso e tivera de ser hospitalizada. Depois, ele se casou com uma moça checa que já tinha uma filha de um casamento anterior. Avner sabia que Carl era louco pela filha adotiva porque, sempre que tinha tempo, escrevia-lhe longos contos de fadas ilustrados com desenhos finos. Ao menos uma vez por mês ele punha no correio um conto de fadas para ela, que vivia em Roma com a mãe.

Isto era tudo que Avner sabia. Exceto que, agora, Carl jazia morto na cama de um quarto de hotel de Londres.

Por um segundo, Avner ficou tão furioso com ele que seus punhos se fecharam involuntariamente. Ele gostaria de sacudi-lo, gritar com ele, dar-lhe um soco na cara. Pobre ensangüentado, ereto, cauteloso, corajoso Carl. Carl, o Radar. Carl, o Simplório. Carl, que se perguntava se poderia levitar.

Carl, que após o assassinato de Zwaiter, quando o resto deles dava tapinhas nas costas uns dos outros na casa segura de Latina, disse-lhes:

— Rapazes, eu não estaria saltitando para cima e para baixo. Apenas matamos um homem. Não há nada para comemorar.

Nenhum deles faria uma tal declaração, a não ser Carl. E nenhum deles a teria aceito de ninguém, a não ser de Carl. Ele tinha o direito de dizê-la. Carl tinha o direito de dizer qualquer coisa.

Agora, Carl estava morto. Mas a missão continuaria. E quem quer que tivesse matado Carl iria pagar.

O homem de Papa — os homens de Papa, realmente, três deles — chegaram meia hora depois. Bateram à porta três vezes e Avner os deixou entrar. Falaram inglês com Avner, mas em italiano uns com os outros. Tinham com eles um grande carrinho de bagagem e um saco escuro e grande de plástico.

— Pode sair agora — disse o chefe deles a Avner. — Dê-me as duas chaves, a do seu quarto e a do dele. Não pague a conta e não se preocupe com sua bagagem. — Deu um endereço em Londres a Avner. — Espere por nós nesse lugar. Pagaremos sua conta e lhe entregaremos as maletas hoje à noite.

O italiano mais velho usava um terno escuro e falava no tom de voz sombrio de um agente funerário. Talvez esta fosse sua ocupação legal. Avner recordou o que Papa dissera em um dos seus encontros:

— Para que cavar uma sepultura? Eu lhe mandarei um coveiro. Por uma pequena quantia, *n'est-ce pas?*

Quem poderia dizer onde o corpo de Carl descansaria? Mas era a única maneira. As autoridades inglesas não podiam ser envolvidas: significaria o fim da missão. Pior, talvez comprometesse Israel da forma mais inconveniente.

— Pode haver alguma cápsula deflagrada em algum lugar — disse Avner. — E algum sangue nas cobertas de cama.

— Não se preocupe — disse o homem de Papa. — Cuidaremos de tudo.

Avner tinha pouca dúvida quanto a isso. Por subornos ou furtivamente, ou por uma combinação dos dois. O dinheiro também falava em Londres, e alguns funcionários do hotel podiam, certamente, ser convencidos a ser discretos. No dia seguinte, a suíte de esquina estaria imaculada, pronta para novos hóspedes.

Por outro lado, nada ressuscitaria Carl.

Ao encontrar seus parceiros três dias mais tarde, em Frankfurt, Avner estava convencido de que eles o culpariam pela morte de Carl. Com certeza, ele se acusava por ela. Afinal, ele havia notado que Carl estava em um estado de espírito vulnerável; e ele tivera algumas desconfianças em relação à garota. Do contrário, poderia tê-la levado ao seu quarto. Não era seu dever prevenir Carl, e não se preocupar com o que Carl pudesse pensar dele? Ele não participava de uma competição de popularidade. Ser o líder de uma missão significava ter a coragem de tomar decisões de que a equipe poderia não gostar. Um tipo diferente de coragem de enfrentar uma arma, mas coragem, do mesmo jeito. Avner não a possuía; assim, a morte de Carl era culpa sua.

Mas seus companheiros não pareciam ter a mesma opinião.

Estavam chocados, tristes e zangados, embora cada um de maneira diferente. Hans resmungou alguma coisa sobre aqueles que "puxam da espada, morrem pela espada", mas Steve se voltou para ele, furioso:

— Não quero ouvir essa porcaria hipócrita — gritou. — Que espada as crianças de Qiryat Shemona puxaram? A maior parte das pessoas mortas pelos *mechablim* jamais empunhou uma arma. Sabe disso tão bem quanto eu. — Depois, um pouco mais calmo, disse: — Pobre Carl, devia ter ido para a cama com mulheres com mais freqüência. Assim, não cairia pela primeira vagabunda que piscou para ele.

— Tem certeza — perguntou Robert a Avner — de que ela o matou? Ou lhe armou uma cilada?

— Acho que sim — replicou Avner. — Mas não, não tenho certeza. Terei certeza no instante em que descobrir quem ela é e o que faz para ganhar a vida.

— E a missão? — perguntou Hans. — Está suspensa?

Era a pergunta mais importante. Avner a considerou com muito cuidado.

— Não no que me diz respeito — replicou Avner, afinal. — Informamos sobre a morte de Carl, claro. Se eles quiserem que paremos, nos avisarão. Nem sequer faremos a pergunta. A menos e até que tenhamos notícias deles, continuamos. Mas, enquanto isso, também descubro sobre a garota. De acordo?

Eles sacudiram a cabeça afirmativamente, sem Avner ter dito que "descobrir sobre a garota" não seria informado a Tel Aviv. De certa forma, era um assunto particular. Não tinha nada a ver com a missão.

No dia seguinte, todos os quatro voaram para Genebra. Avner deixou uma mensagem para Efraim em um cofre de segurança, depois, pela primeira vez usando sua conta-salário, retirou dez mil dólares. Os outros sacaram as mesmas quantias de suas contas privadas. Embora não pudessem, naturalmente, tocar na conta de Carl, Efraim tomaria providências para que a viúva recebesse o dinheiro no momento devido. Enquanto isso, queriam lhe dar quarenta mil dólares de seu próprio dinheiro, juntamente com os pertences de Carl. Na mesma noite, Hans e Steve voaram para Roma a fim de vê-la. Apesar de ter passado pela mente de Avner que ele, como líder, deveria dar a notícia a ela, decidiu contra isso. Se essas coisas podiam ser controladas, de algum modo, Hans o faria melhor.

Avner voou para Paris.

Começou encontrando Louis e acertando as despesas de Londres. Depois, deu-lhe uma descrição da mulher loura. Em menos de uma semana, Louis entrou em contato com ele, dizendo que tinha quatro fotografias para Avner ver. Eram retratos comuns, em preto e branco, um tirado, evidentemente, com o conhecimento da pessoa, os outros três parecendo mais fotos por lente de longo alcance, em uma câmera de observação. Avner pôs de lado, imediatamente, uma das fotos de observação: não era, obviamente, a mulher. Examinou as outras três muito cuidadosamente.

As mulheres das três fotos se ajustavam à descrição que ele dera a Louis de uma certa forma geral. O fato de que as fotos eram monocrômicas não importava muito, porque a coisa mais transitória sobre muitas mulheres é a cor do cabelo, ou, na época de lentes de contato, até a cor dos olhos. Avner queria que as fotos possuíssem uma dimensão olfativa: ele sabia que reconheceria aquele perfume novamente. Naquelas circunstâncias, ele levou alguns minutos para apontar para um dos retratos. Era a foto de uma mulher jovem, saindo de uma farmácia em Paris.

— Esta — disse ele a Louis. — Quem é ela?

— Estou contente por ter escolhido esta — disse o francês, em vez de replicar diretamente à pergunta de Avner.

— Por quê?

— Uma das outras esteve em uma prisão suíça durante os últimos seis meses — disse Louis —, e a terceira está morta. O nome desta, na farmácia, é Jeanette. É uma garota holandesa.

— O que ela é? O que faz?

— Ela mata pessoas — replicou Louis —, se você lhe paga o suficiente.

A informação não causava surpresa. Embora a maior parte dos pistoleiros do terrorismo internacional fossem homens, havia também dúzias de mulheres entre eles. Isto é, somando-se às muitas dúzias que participavam do terrorismo — ou crime comum violento — de uma forma auxiliar. Algumas terroristas, como Leila Khaled, Rima Aissa Tannous, Thérèse Halesh, a alemã Ulrike Meinhof e Gabriele Krocher Tiedemann, ou as americanas Bernardine Dohron e Kathy Boudin, se tornaram bastante famosas. Não apenas dirigiam casas seguras, levavam a cabo vigilância ou conduziam pessoas de carro de um local a outro. Várias mulheres colocavam explosivos, usavam armas, seqüestravam aviões ou agiam como chefes no mundo do terror internacional. Algumas o faziam como uma coisa natural, outras em uma tentativa de provar que eram tão "boas" quanto os homens — aparentemente esquecidas do fato de que seus atos provavam, apenas, que as mulheres eram igualmente cruéis e irresponsáveis.

Avner havia sido treinado, certamente, para não subestimar as terroristas, independentemente do que acontecera com Carl. A Mossad sempre considerava as mulheres não apenas como iguais, mas possivelmente superiores aos homens em capacidade de organização, engano, dedicação a uma causa e em possuir mentes impiedosamente diretas. As únicas áreas em que poderiam ser um pouco inferiores eram na eficiência mecânica e previsibilidade sob fogo. Elas tinham um pouco mais de probabilidade de errar, de se explodirem com suas próprias granadas de mão, ou de se renderem em situações irremediáveis — embora esta última área indicasse somente que as mulheres tinham um senso de preservação mais saudável do que os homens. Em tais circunstâncias, esta qualidade só poderia torná-las muito mais perigosas.[1]

— Quem a contrata? — perguntou Avner.

Louis deu de ombros.

— Quem pagar o que ela quiser, acho — disse ele. — Sei que muitas pessoas a têm usado na América do Sul.

— Onde está ela agora? Pode encontrá-la?

— Entre um trabalho e outro ela vive em uma pequena cidade litorânea na Holanda — respondeu Louis. — O local se chama Hoorn. Fica a cerca de trinta quilômetros de Amsterdã.

Avner sacudiu a cabeça, concordando. Sabia onde ficava Hoorn.

— Ela mora em uma casa, um apartamento? — perguntou.

— Acredite ou não, em uma casa flutuante — Louis riu. — Não estou certo se é lésbica ou se joga para os dois lados, mas ela vive com uma garota. Ao menos, quando está lá. Mas não se encontra lá agora.

— Pode descobrir quando ela estará lá — disse Avner —, em base comercial, claro?

— Vou tentar, certamente — replicou Louis —, e se puder, avisarei você. E exceto pelas despesas, será por conta da casa.

— Agradeço — disse Avner. — Entre em contato quando souber de alguma coisa.

Depois disso, ele voou de volta a Frankfurt. Os outros já estavam lá. Dar a notícia à viúva de Carl havia sido uma experiência traumática para Hans e Steve, e apenas deram de ombros quando Avner perguntou a respeito.

— O que ela *disse*? — falou Hans, repetindo a pergunta de Avner. — Foi muito duro para ela? Bem, como você esperava que ela aceitasse a coisa?

— Mais importante — disse Steve —, quando vamos poder encontrar a vadia que o matou?

— Calma — disse Avner. — Falaremos sobre isso imediatamente, mas vamos ter calma.

Repetiu a informação de Louis, depois disse:

— Suponhamos, em primeiro lugar, que não cometi um erro quando identifiquei a foto...

— Bem, cometeu? — perguntou Hans.

— Não — respondeu Avner sem hesitação —, mas nenhum de vocês tem meios para saber isso com certeza. Muito bem. Digamos também que ela é a mulher que subiu ao quarto de Carl. Digamos que a informação de Louis é correta. Digamos que ela é uma pistoleira, contratada pela OLP. Eles nos descobrem quando perambulamos pela

Grosvenor House em Londres, e mandam-na matar um de nós. Ela o faz. Muito bem, nós a encontramos em Hoorn. O que fazemos?

— Nós a matamos — respondeu Steve prontamente. — Alguma dúvida sobre isso?

— Entendo o que Avner quer dizer — falou Robert. — Estamos lidando com duas quantidades desconhecidas. Uma: e se Avner se enganou? Duas: e se Louis se enganou? Não é como os *mechablim*. Com ela, não temos outros dados para comprovar a informação. E se... oh, não sei, e se ela era uma prostituta que matou Carl porque ele não pagou?

— Merda — disse Steve. — Está falando de Carl. Acha que ele poria a missão em perigo para discutir com uma prostituta? Ele lhe teria pago o triplo, qualquer coisa, só para se livrar dela. Isso não cola.

Steve estava certo sobre isso. Mas...

— E se não houve discussão? — perguntou Hans. — Ela era uma prostituta, e simplesmente matou-o para roubar sua carteira.

— Sim, exceto que não faltava nada — disse Avner. — Sua carteira estava lá, no bolso da jaqueta. Tinha mais de cem libras nela.

— Estão vendo? — falou Steve. — De qualquer forma, que diferença faz? Se ela o tivesse matado para roubar, nós a deixaríamos levar a melhor por isto?

— Existe uma diferença — disse Robert. — Estamos em missão. Não podemos perder tempo caçando prostitutas como Jack, o Estripador. A questão é que ela não era uma prostituta. Se tivesse matado Carl por causa do dinheiro, ela o teria roubado, como disse Avner.

"Mas se ela fosse apenas alguma garota atrás de sexo? Teve sexo, disse adeus. Carl foi morto por uma outra pessoa. E se foi isso o que aconteceu?"

— Carl foi morto por outra pessoa — falou Avner — enquanto jazia nu na cama? Carl nem sequer dormia nu. Eu dividia o quarto com ele. Eu sei.

"Além disso, não é coincidência demais? Carl ser morto por uma outra pessoa *depois* de ter relações sexuais com uma mulher, que Louis identificou como uma assassina profissional? Que tentou primeiro me pegar? Depois de eu ser seguido na rua em Londres? Lamento, mas não acredito nisso."

— Se ela mesma não o matou, ao menos armou-lhe uma cilada para que outra pessoa o fizesse.

— Correto — disse Robert —, exceto que voltamos ao ponto de partida. *Se* Louis estiver certo sobre quem ela é, acho que não há dúvida.

Ela matou Carl... sozinha ou com outra pessoa, não importa. Se ele estiver certo. E, claro, se Avner estiver certo sobre a mulher da foto sendo a mesma garota.

Hans se voltou para Avner.

— Bem — disse ele —, tem certeza sobre o retrato?

— Tenho — respondeu Avner.

— E tem certeza sobre Louis?

— Estou pronto para aceitar a palavra dele — replicou Avner. — Vocês estão?

Eles se entreolharam. Até o momento, Louis jamais lhes dera qualquer informação errada. Mesmo em Glarus, quer Salameh e Abu Daoud tivessem se reunido ou não, *havia* três árabes armados na igreja.

Teria sido inútil confirmar com Efraim. A Mossad jamais lhes daria permissão para matar qualquer pessoa na Holanda, quer essa pessoa tivesse assassinado o companheiro deles ou não. Falar com Efraim apenas os colocaria em uma posição em que teriam que desobedecer a uma ordem direta. Steve se levantou.

— Rapazes, rapazes — disse ele —, por que estamos esperando?

Esperaram, de qualquer forma, somente até Louis lhes dizer que a mulher loura iria voltar à Holanda. Essa informação não veio rapidamente — mas não abandonaram a missão enquanto esperavam. Durante o verão, houve vários alarmes falsos — tanto sobre a garota *quanto* sobre Salameh e Abu Daoud —, mas foi somente perto de meados de agosto que Louis deu a informação definitiva. "Jeanette" chegaria a Hoorn dentro dos próximos sete ou oito dias.

Na mesma noite, Robert tornou a partir para a Bélgica.

Desta vez não foi projetar um novo tipo de bomba. Havia vários fatores contrários ao uso de explosivos em Hoorn, um deles sendo que colocar uma bomba na casa flutuante da mulher loura não lhes daria satisfação suficiente. Eles queriam vê-la morrer.

A verdade era que todos sentiam um ódio especial por ela, bastante ao contrário dos sentimentos um pouco impessoais que tinham em relação aos outros alvos, inclusive Ali Hassan Salameh. Avner jamais tentou expressá-lo senão muito mais tarde, mas não teve problema em pressentir a diferença. Tanto quanto matar os *mechablim* era uma questão de desforra — realmente, pura vingança pelos 11 mortos em Munique —, ainda era desprovida de animosidade pessoal. Era como se eles pudessem, de alguma forma, compreender alguma coisa sobre os terroristas em sua lista, talvez até respeitá-los, como os caçadores respeitam uma caça arguta, determinada. Mas não a mulher loura.

Ela havia assassinado um de seus amigos pessoais — um irmão, um companheiro de luta —, o que era muito mais do que a abstração de um "inimigo" matando seus compatriotas. Mas mesmo isso não era tudo. Avner duvidava de que pudessem odiar um terrorista palestino comum, que matasse Carl na rua, com tanta intensidade. O ponto sobre a mulher loura era que ela matara à traição, privando Carl até da dignidade de morrer na mão de um adversário valoroso. Uma mulher, usando uma arma biológica, explorando um instante de fraqueza masculina, solidão, para privá-lo de sua vida. Um abrigo convertido em armadilha. Tinha o efeito de inverter, totalmente, em suas mentes os costumeiros remorsos masculinos sobre ferir uma mulher. Ao contrário. Por causa do que ela havia feito, eles tinham menos inibições sobre matá-la do que teriam sobre matar um homem. Estavam prontos para dilacerar-lhe o coração.

O plano de Robert era converter uma parte da estrutura tubular de bicicletas em uma arma de um só tiro que disparava uma bala .22. Era verão — bastante quente, na verdade —, e a cidadezinha litorânea holandesa estava cheia de mulheres e homens jovens andando de bicicleta. Usando este mecanismo, eles não teriam que contrabandear armas através da fronteira. E o amigo belga de Robert poderia fabricar as armas toscas por uma fração do preço que custaria comprar quatro Berettas dos contatos holandeses de Papa. Poderiam ir de bicicleta até a casa flutuante usando camisetas e *shorts* sem levantar a menor suspeita. Depois do crime poderiam colocar os tubos no lugar e levar as bicicletas até um furgão estacionado a uns oitocentos metros de distância. Nenhum estaria armado. Jamais ocorreria a alguém examinar suas bicicletas. Era um plano seguro.

— Estas coisas serão bastante precisas? — perguntou Avner.

— De um metro e vinte a um metro e meio de distância? — disse Robert. — Eu garanto.

— Afinal, quem se importa? — acrescentou Steve. — Se eu ficar a um metro dela, quebrarei seu pescoço. Vamos agir.

O dia 21 de agosto foi uma quarta-feira quente, com grande número de estudantes em férias caminhando e andando de bicicleta ao longo do passeio de tábuas. A equipe havia mantido a casa flutuante sob vigilância durante dois dias antes da chegada de "Jeanette". Quando ela desceu de um táxi, a alguma distância do barco que servia de casa, Avner a reconheceu imediatamente.

— É aquela — disse a Steve. — Ela subirá a bordo. Espere e verá.

Ela o fez. Vestida com blusa e saia de cor clara. Carregando uma pequena valise. Parecendo muito bonita.

O problema era que a sua namorada — uma garota de pele muito clara, com cerca de vinte anos, cabelo castanho à escovinha, que eles tinham visto ir e vir nos últimos dois dias, usando, invariavelmente, *jeans* azuis com mochila vermelha ao ombro — também estava a bordo. Talvez ela saísse, eventualmente, ao menos para andar de bicicleta até a cidade com alguma incumbência. Ou talvez ela ficasse na casa flutuante. Já que eram apenas três da tarde, eles resolveram esperar.

A garota com a mochila vermelha só saiu por volta das nove da noite. O sol já se punha, embora ainda não estivesse escuro. Avner resolveu que o melhor era uma ação imediata. Não sabiam se a jovem ficaria fora somente vinte minutos ou a noite inteira. Durante os últimos dois dias, não observaram qualquer rotina em seus movimentos, mas ela montava em sua bicicleta, por isto havia uma boa chance de ela lhes dar ao menos vinte minutos. Não precisavam de mais.

Robert esperava em um furgão estacionado a menos de oitocentos metros do ancoradouro da casa flutuante. Dois contatos holandeses de *Le Group*, também em um furgão, estavam estacionados a cerca de cinqüenta metros de distância. Seu trabalho era de remoção. Avner não queria que o corpo da mulher fosse encontrado, se isto pudesse ser evitado. Se ela desaparecesse, simplesmente, com seu horário imprevisível, talvez se passassem semanas a meses antes de alguém notar sua falta. Nesse tempo eles talvez até terminassem a missão, com alguma sorte. Os parceiros preferiram-no deste modo por causa da Mossad. Se Efraim tivesse notícia de sua vingança particular em Hoorn antes da missão terminar, talvez respondesse de várias maneiras, nenhuma agradável. Talvez resolvesse até que a equipe estava fora de controle e cancelasse tudo.

Avner tinha uma resposta pronta para o caso de Efraim descobrir sobre a ação.

— Tínhamos que fazê-lo — diria — por segurança. Ela me viu em Londres com Carl. Talvez até tivesse visto Hans. Podia nos identificar.

Não deixava de ser uma meia verdade.

Agora, segurando a parte curta do tubo de metal adaptado com um gatilho tosco, Avner pisou na prancha de madeira que levava ao barco. Passavam alguns minutos das nove. Steve, com uma arma semelhante, estava imediatamente atrás dele. Hans permaneceu na ponte, inclinado contra o parapeito. A combinação era que ele não subiria a bordo a menos que Avner e Steve precisassem de ajuda.

As mulheres tinham um gatinho de estimação a bordo e ele protestou inacreditavelmente alto no instante em que viu Avner acercar-se da cabine. Ficou sentado na amurada do barco, sacudindo o rabo e miando, apesar dos esforços de Steve para acalmá-lo. O ar ainda estava muito quente e úmido. A porta da cabine se encontrava entreaberta, e Avner tinha certeza de que a mulher loura, que estava sentada a uma pequena escrivaninha, vestindo um roupão azul, as costas para a porta, seria atraída, em breve, pelo miado do gato. Mas ela devia estar acostumada com aquilo. Ela só ergueu os olhos quando Avner escancarou a porta.

Usava o mesmo perfume. O odor na cabine era inconfundível. Se Avner ainda tivesse qualquer dúvida sobre sua identidade, desapareceria em um segundo. Ela era a mulher do quarto de Carl.

Ela virou a cabeça e ergueu os olhos para Avner sem qualquer sombra de medo neles. Ele estava de pé à porta com o disco vermelho do sol poente bem atrás de si, e ela talvez não pudesse vê-lo claramente. No entanto, Avner viu sua mão direita se mover em direção à gaveta da escrivaninha.

— Se fosse você, não faria isso — disse ele em inglês, avançando mais.

Steve entrou na cabine, seguido pelo gato. Ele pulou imediatamente para cima da escrivaninha, miando selvagemente. Era um som estranho, que deixava os nervos à flor da pele, embora eles tentassem não dar atenção a ele.

— Bem, quem são vocês? — disse a mulher, olhando de Avner para Steve.

Avner viu sua mão direita mover-se novamente para a gaveta, enquanto a mão esquerda subia para o peito, abrindo um pouco o roupão azul, começando a expor a fenda entre os seios. Era difícil dizer se o gesto era consciente ou involuntário. De qualquer forma, era a defesa errada em tais circunstâncias. Tanto Avner quanto Steve o notaram e ficaram apenas gelados de raiva.

— Cuidado, ela tem uma arma — disse Steve em hebraico, e Avner balançou a cabeça concordando, sem tirar os olhos da mão direita da mulher.

— Eu sei — retrucou ele. Depois, falando em inglês, disse à loura: — Lembra-se de Londres?

Avner viu os olhos dela se fixarem no tubo da bicicleta, na mão dele. Obviamente, ela não compreendeu o que era, mas talvez tivesse pensado que planejavam espancá-la com ele. Seus lábios se curvaram em um sorriso afetado de desdém e desafio. Abandonando todo fingimento, puxou a gaveta da escrivaninha.

Avner puxou o gatilho. Steve também. Quase ao mesmo tempo.

O gato saltou diretamente para o ar.

A mulher loura ainda estava sentada em sua cadeira, inclinando-se lentamente para a frente. Ela arquejava em busca de ar. Levantou a cabeça mais uma vez, e havia sangue saindo do canto de sua boca.

As armas toscas eram de um só tiro. Avner enfiou a mão no bolso em busca de outra bala.

Antes de poder recarregar, a mulher havia escorregado para o chão. A porta se escancarou atrás deles e Hans entrou, caminhando depressa, quase como Avner o havia visto caminhar em Atenas, quando jogara as cinco bombas no quarto de Muchassi.

— Deixem-me ver a cadela — falou, empurrando-os para um lado.

Depois inclinou-se e disparou sua arma contra a nuca da mulher. Nesse momento ela já estava morta, provavelmente.

— Vamos, Hans. — Avner fez um gesto a Steve para que ajudasse a afastar o companheiro do corpo da mulher.

Hans parecia pronto para dilacerar o cadáver com as próprias mãos. Seguiu Avner e Steve de volta à praia, ainda amaldiçoando-a em voz baixa.

Estava quase totalmente escuro lá fora. Avner fez sinal aos homens de Papa para recuarem o furgão até a prancha de desembarque e removerem o corpo do barco. Havia tempo. Avner lançou um olhar ao seu relógio quando entrara, e agora viu que tinham passado exatamente três minutos e meio lá dentro. A garota com a mochila vermelha não voltaria, provavelmente, antes de mais 15 minutos.

Recolocaram os tubos de metal no lugar, montaram nas bicicletas e voltaram ao local em que Robert esperava no furgão.

— Pegamos a cadela — informou-lhe Hans enquanto colocavam as bicicletas na traseira do veículo.

Avner podia compreender Hans. Não se tratava apenas de vingar Carl. Avner havia, até aquele instante, assassinado duas pessoas à queima-roupa, Wael Zwaiter e Basil al-Kubaisi. Ele achara muito mais difícil matá-los do que matar aquela mulher. Durante o pouco tempo que os dois líderes terroristas tiveram para notar Avner e serem mortos, ambos suplicaram por suas vidas. Diziam "Não, não", em árabe e inglês. Avner os havia assassinado, mas eles tinham tornado impossível para ele, naquele instante, pensar neles como inimigos. Eram apenas seres humanos no momento extremo, final, vulnerável de suas vidas.

Aquela mulher era diferente. Ela não suplicou. Ela continuou fitando-o com ódio frio nos olhos. Seu rosto não refletiu nada senão desdém e desafio. Se ela houvesse deliberadamente tentado, não teria tornado mais fácil para Avner matá-la.

Capítulo 16

TARIFA

EM 14 DE SETEMBRO, cerca de três semanas depois da morte da mulher holandesa, a vida de Robert chegou ao fim em uma propriedade rural perto da cidadezinha belga de Battice.

Robert fez o que ele sempre dissera que os terroristas faziam com regularidade tediosa. Ele morreu na explosão de uma de suas próprias bombas.

Os detalhes eram escassos. Robert havia dirigido o furgão para a Bélgica, a fim de devolver as bicicletas no dia seguinte ao episódio de Hoorn. Ele devia permanecer lá com seu amigo para ajudá-lo com algumas novas armas que projetavam. Avner não imaginava que tipo de armas deveriam ser, e não estava particularmente interessado na época. Robert havia explicado uma coisa a Steve — que estava mais intrigado do que Avner pela invenção letal — sobre um novo tipo de produto químico que ele esperava testar. Aparentemente, havia funcionado muito bem.

Robert manteria contato telefonando para Frankfurt todos os dias. Avner não tinha meios de se comunicar com ele na Bélgica. Combinaram que Robert telefonaria entre seis e sete, ou dez e onze, se não houvesse resposta antes — para ver se ele era necessário lá. O resto da equipe se pusera a trabalhar muito para seguir toda pista possível sobre os três terroristas restantes na lista. Depois de Hoorn, todos concordaram que a missão deveria ser concluída o mais depressa possível.

Em seguida à informação que deram sobre a morte de Carl, não receberam novas instruções de Tel Aviv; o único recado foi uma concisa "mensagem recebida" no cofre de Genebra. Ainda assim, Avner e seus companheiros tinham certeza de que a Mossad poria fim à missão, a menos que apresentassem mais alguns resultados no final do ano. O fato era que desde o assassinato de Mohammed Boudia, em 28 de junho de 1973 — mais de um ano atrás — não houvera operações bem-sucedidas do contraterrorismo de Israel. Somente fracassos como Lillehammer, malogros como Glarus e perdas trágicas como a de Carl. A menos que tivessem sucesso na localização de Ali Hassan Salameh, Abu Daoud ou do dr. Haddad muito breve, era improvável que tivessem licença para continuar.

No entanto — serem chamados de volta antes de terminarem —, embora ninguém fosse culpá-los — significava fracasso. Todos concordaram nisso: sequer tiveram que discuti-lo. Serem forçados a deixar um trabalho por fazer, especialmente voltar sem pegar Salameh, era o equivalente a uma derrota para todos eles. Não estava na tradição de Israel. A morte, ou até a desobediência a uma ordem direta de retirada, teria sido preferível — embora desobedecer fosse difícil se a Mossad congelasse a conta da missão. (Eles conversaram sobre esta possibilidade, e Hans sugeriu que podiam usar, por algum tempo, o dinheiro em suas contas pessoais na Suíça, se os seus fundos operacionais fossem cortados.) Mais tarde Avner admitiria que, ao menos neste sentido, eles eram tão fanáticos quanto os *mechablim*.

Este sentido de pressa era uma das razões por que Robert queria experimentar o seu novo produto químico, enquanto Avner mantinha a posição em Frankfurt e os outros dois parceiros verificavam os informantes em outra parte da Europa. Em 13 de setembro, Avner havia falado com Robert ao telefone na hora costumeira.

— Terminarei dentro de dois ou três dias — dissera ele.

— Certo. Não há nada de novo aqui — replicou Avner antes de desligar.

No dia seguinte, quando o telefone não tocou entre seis e sete, Avner não ficou particularmente preocupado. Os dois horários diferentes que combinaram davam aos dois alguma flexibilidade. Na verdade, o telefone tocou na casa segura de Avner, em Frankfurt, às 10h05.

Era Louis.

— Lamento — disse o francês. — Tenho más notícias.

— É Robert? — perguntou Avner.

Não era uma premonição; ele sabia, simplesmente, que *Le Group* estava ciente da conexão belga de Robert. Desde o assassinato de al-Chir em Chipre, tinham usado correios de Papa para contrabandear explosivos da Bélgica, para eles.

— Houve um acidente — disse Louis. — Não é culpa de ninguém, e não há nada que você possa fazer.

A garganta de Avner ficou seca.

— Entendo — disse ele.

— Podemos cuidar de tudo, se você quiser. Sabe, como em Londres. Provavelmente, é o mais simples.

— Sim. — Avner teve alguma dificuldade em pronunciar as palavras. — Sim. O mais simples. Muito bem. Sim... obrigado por telefonar.

— Ouça — disse Louis —, essas coisas acontecem.

— Oh, sim — retrucou Avner, a voz completamente monótona. — Acontecem, não é?

Houve um silêncio curto.

— Bem — disse Louis, afinal —, telefone-me, se houver mais alguma coisa que eu possa fazer.

Não havia mais nada a dizer. Avner colocou o receptor no gancho, fixou-o por alguns segundos, depois guiou seu carro até a casa segura que Robert dividira com Steve. Avner entrou com uma chave extra, e começou a colocar o que sabia pertencer a Robert em uma maleta. O local estava um caos inacreditável — Steve era muito desorganizado e Robert nunca se importara, de um jeito ou de outro —, mas Avner não teve dificuldade em separar as coisas de Robert sobre o chão e atrás do sofá das de Steve. Sua memória, deficiente para nomes e números, era excelente quando se tratava de detalhes físicos. As gravatas e meias de Robert eram totalmente diferentes das de Steve, e não havia dúvida sobre de quem eram os livros e brinquedos. Quando ele terminou, a maleta nem sequer estava cheia. Robert devia ter levado a maior parte de suas roupas para a Bélgica.

Havia algumas cartas da esposa de Robert com endereço da Inglaterra, em um envelope. Também havia dois retratos. Avner enfiou o envelope na maleta das roupas antes de fechá-la. Passou-lhe pela cabeça que a maleta de Robert jamais havia sido tão bem arrumada, provavelmente, durante a sua vida, quanto estava agora.

A única coisa com que não soube o que fazer foi a enorme roda-gigante construída de palitos. Era o último brinquedo que Robert havia feito; havia meses que trabalhava nele. Estava no meio da pesada mesa de trabalho no quarto de Robert, medindo cerca de um metro de largura, uma estrutura frágil, contudo intrincadamente elaborada. Avner tocou a roda experimentalmente e ela começou logo a girar, rodando suas seis pequenas gôndolas repetidamente ao redor do eixo delicado. Sem pensar, Avner começou a girar a roda mais e mais depressa, até todos os seus componentes se tornarem uma mancha contínua. Afinal, quando ela girava tão depressa quanto Avner achava possível, ele a soltou. Dando as costas à roda-gigante, olhou ao redor do quarto mais uma vez para verificar se esquecera alguma coisa, mas não conseguiu descobrir nada. Os travesseiros jaziam amassados sobre a cama desfeita, exatamente como Robert devia tê-los deixado quando se levantou dela pela última vez. Neste momento, ele ouviu um ruído repentino, como o zunido e bater de asas de uma ave que voasse através do recinto, e se virou.

A roda-gigante não existia mais. Havia apenas um grande monte de palitos derramando-se da mesa para o chão.

Avner pegou a maleta e levou-a para seu carro, depois dirigiu-se à rodoviária e colocou-a em um compartimento com chave.

Hans e Steve voltaram a Frankfurt um dia depois.

Os três parceiros foram dar uma caminhada pelo grande parque da cidade, perto da casa segura em que Hans vivia sozinho. Caminharam durante quase três horas, tentando resolver o que fazer. Avner notou com um interesse desprendido, quase clínico, que a antiga e dolorosa pressão na boca do seu estômago havia desaparecido completamente agora. O que ele sentia era pura raiva, combinada com uma determinação absolutamente rígida, cega, de terminar o trabalho. No mínimo, pegar Salameh. Se não o fizessem, Carl e Robert teriam morrido em vão.

Hans e Steve concordaram com ele.

— Temos que ir a Genebra e deixar um bilhete sobre Robert — falou Avner —, mas não esperaremos uma resposta. Simplesmente, continuamos.

— Alguém terá que avisar a esposa de Robert — disse Hans. — Eu preferia não ser da *chevrat kadisha* desta vez.

Esta era uma referência a uma agência funerária do Estado, em Israel. Quando Hans e Steve foram falar com a esposa de Carl em Roma, disseram ser a equipe da *chevrat kadisha*. A experiência traumatizou bastante Hans, embora a viúva de Carl se comportasse com muita dignidade. Desta vez seria pior, provavelmente: a esposa de Robert, uma judia francesa muito atraente com o apelido de Pepe, que Avner havia visto uma vez, tinha fama de ser uma dama um pouco temperamental. Na verdade, era um pouco tipo princesa. Ao contrário dos outros, cujas esposas contentavam-se em esperar até terem notícias dos maridos, Robert era obrigado não apenas a dar a Pepe um endereço na Inglaterra para o qual ela podia escrever (forçando-o a ir lá periodicamente recolher as cartas), mas até a lhe dar seus telefones e horários em que podia lhe telefonar. Embora Robert ficasse encantado em ter notícias dela, tinha que arranjar seu horário de maneira a ficar disponível para tais exigências. Em uma missão isto era, com freqüência, muito difícil. Embora

Pepe fosse, segundo todos diziam, uma mulher leal e amorosa, sua personalidade a tornava muito pouco adequada para ser esposa de um agente.[1] Na verdade, ela era uma influência que distraía um pouco Robert e, portanto, por extensão, a equipe.

Eles tinham dois filhos. Quando Robert tirou a família de Israel no início da missão, primeiro levou-os para Bruxelas. Sabia que teria de viajar para a Bélgica com freqüência, assim parecia fazer sentido ter Pepe e os filhos lá. Podiam ter ao menos algumas horas juntos todas as vezes que ele tivesse que passar por Bruxelas a negócio. No entanto, essas visitas curtas não deram resultado. Somente preocuparam e aborreceram Robert e Pepe, assim, finalmente, Robert mandou a família para Washington, de navio, enquanto durasse a missão. Pepe tinha um tio muito querido vivendo lá — um diplomata ligado a uma embaixada européia —, que ficou contente por ter Pepe e seus filhos morando em sua casa.

Avner entendia por que Hans não queria ir dar a notícia a ela.

— Iremos a Genebra primeiro — disse Avner. — Depois, irei de avião para Washington. Se Steve quiser ir comigo, muito bem. Quando voltarmos, agiremos. Pegaremos os *mechablim*. De qualquer maneira. Nada de grandes planos, nem de explosivos, nada. Só restamos três, mas tudo bem, porque o faremos de modo diferente. Hans, enquanto estivermos fora, entre em contato com Louis. Diga-lhe para conseguir três Uzis.

— É assim que eu gosto, amigo! — exclamou Steve.

Havia outro meio de preparar um golpe. Era infinitamente mais perigoso do que os métodos cuidadosamente arquitetados e elaboradamente planejados que tinham usado até o momento. Não oferecia à equipe uma boa chance para fugir. Se não exatamente suicida, era um método bastante desesperado. Mas era possível.

Agressão frontal. Confiando em pouco mais do que a surpresa e potência de fogo.

Em vez de seguir um alvo até se saber tudo sobre seus horários e hábitos; em vez de planejar uma fuga cuidadosa; em vez de se afastarem fisicamente do local do assassinato através do uso de explosivos, era possível agir com base apenas em duas pequenas informações. A saber: onde e quando. A localização e hora do alvo. Nada mais.

Se pudessem descobrir, por exemplo, que Salameh estava em um determinado local em um certo momento, era possível que três homens determinados, armados com metralhadoras portáteis, o matassem. Sem respeito pela natureza do lugar onde ele estava ou pelas forças que o cercavam, talvez, e com ainda menor respeito pelas chances de o grupo escapar depois. Possivelmente, até sem respeito pelas vidas de espectadores, ou o risco da descoberta de que o assassinato era obra de um grupo de comando israelense. Era simplesmente outro meio. Era possível, se os assassinos davam pouca ou nenhuma importância às conseqüências, assassinar qualquer pessoa. Tudo que tinham a fazer era chegar a sessenta ou setenta metros do alvo.

Uma equipe de apenas três pessoas quase seria forçada a levar em consideração a prática de um crime de uma maneira tão suicida.

— Claro. Não digo que esta é nossa opção final — falou Avner. — Somos apenas três, mas temos apoio do pessoal de Louis e dele próprio. Talvez tenhamos sorte; certamente, continuaremos procurando formas mais sagazes. Tudo que estou dizendo é que não excluímos nada. Como último recurso, buscamos qualquer chance boa. Não nos prendemos ao risco zero. Concordam?

— Eu concordo — replicou Steve prontamente.

Depois se virou para Hans.

— Bem — disse Hans —, francamente, esta não é uma decisão de comando. Falando rigorosamente, acho que não temos o direito de fazer isso. O que Avner está sugerindo é mudar os objetivos da missão, ou, ao menos, inverter as prioridades. Para este tipo de coisa, devemos voltar ao quartel-general. Mas — continuou Hans com firmeza após uma pausa —, na verdade, concordo. Só quero que sejamos claros sobre o que vamos fazer.

Sem dúvida Hans tinha razão. Eles *estavam* invertendo as prioridades. Exceto que, como Avner e Steve, Hans também tinha pouca capacidade de desistência. Ele dera uma clara indicação disso com Muchassi, em Atenas. Como os outros, a idéia de abandonar tudo era completamente estranha para Hans. Talvez esse fosse um problema inevitável ao se iniciar uma missão desse tipo. Em primeiro lugar, pessoas com um só propósito para participar de uma missão desse tipo talvez fossem coerentes demais para parar diante de limites convenientes, simples ou políticos. Também exerceriam pressão psicológica mútua para continuar, não importava o que acontecesse. Como disse Avner, mais tarde, a Steve:

— Eu não estava preocupado com Hans. Se nós disséssemos sim, não haveria forma de ele discordar.

Mas Hans também abordou outro ponto.

— Falaram de apoio de Louis e seu pessoal — disse. — Acho que devemos conversar sobre outra coisa também. Está na minha cabeça desde Londres.

"Exceto nós cinco, quem mais sabia que íamos a Londres? Somente Louis. Quem sabia sobre Rohert na Bélgica? Louis, de novo.

"Agora, Carl e Robert estão mortos. E se Papa nos traiu? Está nos vendendo os *mechablim*; por que não nos venderia aos *mechablim*? Já pensaram nisso?"

Na verdade, Avner havia pensado. Ele refletira sobre o assunto durante muito tempo, e profundamente; refletira durante todo o verão. Por um lado, faria sentido que pessoas como Papa, Louis, Tony — sem falar em Andreas — os traíssem. Se o que Louis dissera sobre *Le Group* e suas idéias era verdade, eles apenas se envolveriam com todos os lados, destruindo um ao outro. Quanto mais cedo melhor, para a *tabula rasa* de Louis, a reabilitação exigida antes que um mundo novo e melhor, qualquer que fosse, pudesse ser construído. Também faria sentido economicamente. Afinal, Papa podia ganhar dinheiro dos *mechablim* para a armadilha contra Carl, e depois de Avner, para se livrar do corpo. Então, mais dinheiro pela descoberta da jovem pistoleira holandesa e pela remoção do seu corpo. Em seguida, talvez dinheiro dos árabes novamente para a preparação da morte de Robert — acidentalmente ou não. Mais dinheiro ainda para a remoção do seu corpo a pedido de Avner, e assim por diante.

Era possível. Feito de forma inteligente, talvez até permitisse que Papa tivesse todos os lados considerando-o como amigo, cada um dando-lhe gratuitamente a informação que podia, em seguida, vender ao lado oposto. Podia ser uma fonte segura, interminável de renda.

No fim, Avner abandonou a possibilidade, simplesmente porque não acreditava nela.

— Papa poderia ter-nos entregado há muito tempo — disse ele. — Quando estávamos todos juntos. Por que ele não nos vendeu em Chipre?

— Talvez ninguém tenha se oferecido para comprar — disse Hans. — Ou talvez ele não quisesse matar a galinha que estava a ponto de pôr um ovo de ouro.

— É nisso que acredita? — indagou Avner.

— Não sei em que acreditar — respondeu Hans. — Estou apenas me perguntando se não estamos confiando demais nas pessoas. Afinal, são um bando de mercenários. Sem eles, ou grupos como eles, os terroristas sequer poderiam operar. Eles não trabalham apenas para nós. Trabalham para metade dos Exércitos Vermelhos na Europa. Pelo que sabemos, trabalham para a Máfia.

Era verdade. Avner só pôde encolher os ombros.

— É até possível — continuou Hans — que tenham sido preparados e financiados pelos russos. Já pensou nisso, alguma vez? O KGB poderia colocar um grupo particular como esse para apoiar os terroristas. Não seria uma idéia tão estúpida assim. Talvez eles próprios nem sequer saibam quem está, realmente, atrás deles, ou talvez somente Papa saiba. O que dizem disso?

Agora, Hans ia longe demais. Na verdade, pensou Avner, ele começava a soar um pouco como Papa. De repente, reconheceu o que devia ser: o início da paranóia do agente, o efeito por ter sido do serviço secreto durante tanto tempo. Podia fazer com que agentes fatigados suspeitassem de conspirações em cada esquina. Embora não fosse totalmente divorciada da realidade, como a paranóia clínica, exagerava suspeitas e medos simples de forma desproporcional, ou ligava-os a alvos errados. O próprio Papa talvez também sofresse de uma forma da doença.[2]

— Sim, poderia haver um vazamento através de Papa, ou através de alguém em seu grupo — disse Avner a Hans —, e poderia haver uma revelação de informações também através de um dos nossos próprios informantes. Temos um Ahmed ou um Yasir em cada segunda cidade, e às vezes eles também sabem onde nos encontrar. Um deles, certamente, sabia que estaríamos em Londres quando Carl foi morto. Mas, sim, poderia ser Papa. Para ganhar mais dinheiro, para ser amigo de todo mundo, para se proteger, quem pode saber? Mas o ponto é que Papa também entrega. Não fizemos nenhuma destas perguntas enquanto ele entregou um *mechabel* após outro.

"Assim, talvez isso esteja incluído no preço. Ele nos dá, dá para outras pessoas. É possível. Assim, você diria, pare de aceitar seus serviços? Eu diria não. Vamos continuar aceitando tudo que ele tem a dar. Somente, vigiar com mais atenção, só isso. Sermos mais cuidadosos. Se ele quer nos vender, tem que nos vender coisas primeiro. Sim, é um risco. Não vale a pena?"

Hans refletiu.

— Um risco dos diabos — disse, afinal. — É nisso que acredita?

— Não — respondeu Avner com firmeza. — Não é nisso que acredito. Talvez eu seja louco, mas confio em Papa. Confio em Louis e Tony.

Mas não posso provar nada. Você tem razão em questionar. É inteligente ser desconfiado. Mas qual a nossa opção? Deixá-los de lado porque temos suspeitas significa deixar de lado nossa melhor fonte. Para informação, apoio, tudo. Quantos terroristas teríamos agarrado sem eles?

"Por que não supor que eles nos estão vendendo? Ótimo. Então, vamos continuar usando-os, mas dobrar cada precaução. Vamos enganá-los um pouco. Mudar cada movimento no último minuto. Essa não é a maneira mais astuta?"

Hans começou a rir.

— Sabe, você é louco — disse a Avner. — Quero dizer, todos somos loucos, mas talvez você seja o mais louco de todos.

— Contudo, ele está certo — falou Steve. — É assim que devemos agir.

Assim, foi acertado. A linha de fundo, contudo, na mente de Avner, era que ele confiava em *Le Group*. Se não tivesse confiado neles, de fato, provavelmente teria rompido o contato com eles apesar do que havia dito a Hans. Ele *não* era tão louco assim. Apenas confiava em seu sexto sentido.

Talvez erradamente.[3]

Washington veio a ser ainda mais difícil do que Avner havia previsto. Pepe estava histérica. Por algum motivo, concentrou-se em Steve, começou a dar socos no peito dele com seus punhos, gritando que ele tinha matado Robert. Steve apenas recuava, os olhos no chão, até Avner agarrar Pepe por trás e segurá-la em seus braços. Então, ela começou a chorar. Seu tio teve, ao menos, o bom senso de tirar as crianças da casa antes de Steve e Avner chegarem.

Eles tinham sacado dinheiro de suas contas pessoais para Pepe, assim como contribuíram para a viúva de Carl, embora desta vez dessem apenas cinco mil dólares cada um, somando a quantia de 15 mil dólares. Todos eles se sentiam um pouco envergonhados em relação ao que consideravam sua falta de generosidade, mas — embora não falassem a respeito, realmente — estavam começando a pensar, obviamente, em suas próprias famílias. Se fossem eliminados um a um, e quisessem contribuir com quarenta mil dólares para cada viúva, o último a sobreviver não teria, literalmente, dinheiro para sua esposa e filhos. Embora a família fosse ter uma pensão regular, não seria muito.

Avner parou em Nova York por dois dias, antes de voltar de avião à Europa. Após um ano e meio, Shoshana se acostumara a viver ali. Ela havia até florescido, pensou Avner, e estava obviamente orgulhosa pela forma como conquistara — inteiramente sozinha — a estranha e assustadora metrópole, tão diferente das cidades de Israel que ela conhecera. Quanto a Geula, do bebê mais feio que fora, se convertera na criança mais bela. E também havia Charlie, que ficou tão excitado ao ver Avner que saltou e mordeu o nariz do dono. Depois, ficou tão envergonhado que não conseguiu ser persuadido a sair de trás do sofá durante horas.

Cruzou a mente de Avner que seria maravilhoso acabar com tudo, esquecer a missão, a Europa, os *mechablim*, talvez até Israel. Escrever uma carta de demissão, colocá-la em uma caixa de correio, depois fixar moradia no Brooklyn com Shoshana, a filha e o cão para ter uma vida americana próspera, talvez, e perfeitamente pacífica. Por que não? Ele havia combatido em duas guerras, e ajudara a eliminar nove líderes terroristas com risco considerável para si mesmo. O que mais qualquer país podia esperar de um homem? Talvez até sua mãe concordasse que ele já havia, agora, cumprido o seu dever em relação a Israel.

Mas no dia seguinte ele estava no Aeroporto Kennedy, pegando um avião da TWA para Frankfurt. Como sempre, não deixou Shoshana ir despedir-se dele.

— Não posso lhe prometer — disse-lhe ele ao partir —, mas talvez da próxima vez que eu vier seja para sempre.

Isto foi durante a última semana de setembro, quase dois anos depois do dia em que tinham iniciado a missão em 1972. Avner sentiu que, naquele período, ele se transformara de um garoto de 25 anos em um homem de meia-idade, de 27. A menos que terminassem a missão em breve, ele se perguntava se se tornaria um *velho* de 28 anos. Sabia-se que isto acontecia a agentes, embora Avner nunca houvesse acreditado, até agora.

Desde a morte de Carl, Avner começara a achar cada vez mais difícil dormir em sua própria cama, à noite. Isto nunca fora um problema antes, mas agora era especialmente verdade quando estava sozinho em sua casa segura de Frankfurt, ou viajando e passando a noite em quartos de hotel. Deitado em sua cama, ele não conseguia adormecer, simplesmente. Depois de algum tempo, ele solucionou o problema dormindo no *closet*. Colocava os travesseiros e as cobertas no chão, fechava a porta por dentro e dormia. Fazia sentido, de um ponto de vista de segurança: uma cama podia ser armada com explosivos, e intrusos, à noite, procurariam por ele primeiro na cama — e então Avner, que tinha um sono leve, provavelmente estaria acordado e os enfrentaria. Embora justificasse o fato de dormir no *closet* nestes termos, a razão principal era, claramente, seus nervos. Seus companheiros o veriam deste modo também, não importava quão bom-senso fazia. Como resultado, Avner continuou dormindo no *closet* sempre que estava sozinho, mas não contou nada aos outros sobre isso.

Quando Avner e Steve chegaram a Frankfurt, Hans havia verificado o cofre de segurança em Genebra. Havia nele uma mensagem de Efraim. Acusava o recebimento do bilhete da equipe sobre a morte de Robert, depois continuava com uma única linha de instrução:

Terminem imediatamente.

No entanto, os fundos na conta operacional não estavam congelados nem foram sacados. Hans sabia, porque fora a primeira coisa que verificara depois de ler a mensagem de Efraim. Isto não era surpreendente; Efraim esperaria que eles finalizassem seus negócios com cautela, saldassem dívidas importantes com informantes, e assim por diante. Embora não fosse haver, provavelmente, mais dinheiro depositado na conta — a menos que pedissem fundos adicionais, dando suas razões —, haveria um período de prazo durante o qual ainda teriam mais de um quarto de milhão de dólares disponíveis. Para se garantir, Hans havia transferido, imediatamente, a maior parte do dinheiro para as outras contas que Carl havia aberto para a equipe em várias capitais européias no início da missão.

— O que fez com a mensagem de Efraim? — perguntou Avner a Hans.

— Deixei-a no cofre — respondeu Hans.

Era uma pequena precaução; enquanto a mensagem estivesse no cofre, a Mossad talvez concluísse que a equipe não a havia apanhado, simplesmente. Não havia períodos determinados para eles verificarem as mensagens em Genebra, e nenhum meio alternativo do quartel-general da Mossad entrar em contato com eles. Se Efraim começasse a inspecionar realmente, descobriria bastante em breve que eles tinham examinado o cofre: uma ficha datada tinha que ser assinada sempre que abriam o cofre; mas deixando a mensagem lá poderiam ganhar algum tempo.

E tempo era importante porque Avner e seus companheiros estavam firmemente resolvidos a não obedecer à ordem da Mossad para terminar a missão. Ao menos, não imediatamente. Não até seu dinheiro ter acabado. Não até eles terem a chance de matar os terroristas restantes de sua lista.

Não pensaram em sua desobediência como simples vaidade, insubordinação ou fanatismo. Em suas mentes, justificaram-na chamando-a de uma decisão válida de campanha. No fim de 1973, podiam ver a confusão em que tinham sido atiradas as forças do terror pela eliminação de nove de seus principais líderes. Puderam-no ver em primeira mão pela própria dificuldade em conseguir qualquer informação de suas fontes árabes regulares. Suas perdas forçaram os líderes restantes a abandonar seus esconderijos no Oriente Médio ou no Leste Europeu e vir para a Europa a fim de reorganizar suas redes.[4] Mais cedo ou mais tarde, dentro de semanas ou, no máximo, poucos meses, Salameh, Abu Daoud ou o dr. Haddad viriam pessoalmente à Europa. A equipe, estando em campanha, podia ver isto mais claramente do que qualquer pessoa na sede, em Tel Aviv. Era uma parte válida da tradição israelense que um comandante de campo não interrompesse um ataque, nem abandonasse uma perseguição, se visse que as fileiras inimigas estavam dispersas. Era seu dever não obedecer cegamente a uma ordem do quartel-general, se pudesse ver, claramente, que era dada com ignorância das condições locais.

Isto, falando-se de maneira geral, era verdade. Quer fosse verdade ou não, naquele caso particular, era uma outra história. De qualquer forma, Avner e seus companheiros não tiveram dificuldade em se convencer de que era.

— Digamos — foi a maneira como Avner colocou a coisa — que tivéssemos uma operação perfeita programada para esta noite. Nós a cancelaríamos somente por causa do bilhete de Efraim?

Era um bom argumento. Mas naquele momento não tinham operação alguma, perfeita ou imperfeita, planejada para aquela noite, ou qualquer outra.

Durante o mês de outubro continuaram seguindo pistas de informantes locais. Os boatos eram constantes sobre iminentes reuniões de alto nível, envolvendo Ali Hassan Salameh, Abu Daoud ou ambos. Em duas ocasiões — uma vez em Milão, outra em Berlim Ocidental —, Avner e Steve, com Hans agindo como homem de apoio, cercaram prédios de apartamentos onde os líderes terroristas deveriam supostamente ir. Nas duas ocasiões, tinham metralhadoras portáteis na mala do carro, prontos para um ataque frontal ao verem qualquer dos alvos. Nas duas ocasiões viram árabes entrando e saindo de prédios, mas — lembrando-se de Glarus — não se moveram. Tampouco o fariam sem verem, na verdade, Salameh, Abu Daoud ou o dr. Haddad, sem fazerem uma identificação positiva.

O que foram incapazes de fazer em Milão ou em Berlim Ocidental.

Depois, no início de novembro, surgiu o boato, através de Louis, de que Ali Hassan Salameh deveria chegar à cidadezinha espanhola de Tarifa, na costa do Atlântico, entre Gibraltar e a fronteira portuguesa.

Supostamente vindo de Argel.

Os três parceiros voaram para Madri, chegando em 8 de novembro. Examinaram as armas que o contato local de Papa conseguira para eles: três Berettas .22 e três metralhadoras portáteis Uzi (do tipo europeu, fabricadas com licença de Israel, com um depósito de cartuchos ligeiramente maior e um cano mais longo do que a arma original); depois, dirigiram-se de carro alugado para o sul, para o litoral. Como precaução, não levaram as armas com eles, mas o contato de Papa levou-as para Tarifa em uma pequena camioneta.

Tarifa, na parte mais meridional da Andaluzia, somente a 12 quilômetros do Marrocos, do lado oposto do estreito de Gibraltar, fica geograficamente na Europa. No entanto, parece-se tanto com uma cidade árabe quanto qualquer outra no Norte da África. O estilo de sua arquitetura ainda é totalmente mourisco, sobreposto em locais de antigos aquedutos e anfiteatros romanos.

Exatamente fora da cidade, Avner e seus companheiros se registraram em um hotel e esperaram pela chegada do homem de Papa. Precisavam dele não apenas por causa das armas, mas também para apontar a determinada *villa* onde se supunha que aconteceria o encontro dos terroristas árabes. Era, aparentemente, uma casa grande, bastante isolada no alto de algumas colinas baixas que ladeavam a praia. Pertencia a uma rica família espanhola que quase nunca a usava. A filha, uma estudante de ciências políticas que se envolvera com alguns revolucionários marxistas em uma universidade francesa, era responsável por emprestar a casa aos palestinos.

O plano de Avner era penetrar no terreno da casa em uma operação silenciosa tipo comando. A casa estaria vigiada, provavelmente, mas talvez não muito bem. De qualquer forma, um grupo de reconhecimento poderia descobrir isto e se havia ou não qualquer um dos líderes *mechablim* na casa. A equipe só atacaria se pudesse confirmar, através de observação direta, que havia. Se a casa parecesse bem vigiada demais para um ataque de três homens apenas ser bem-sucedido, Avner não excluía a possibilidade de entrar em contato com a Mossad através de canais de emergência para reforços ou instruções. Pretendia agir com muita responsabilidade. Não devia haver nenhum ataque camicase, mesmo se Salameh ou Abu Daoud estivessem no interior da casa. A equipe havia decidido não prosseguir a menos que houvesse uma chance razoável de sucesso.

O homem de Papa chegou a Tarifa em 10 de novembro. Entregou as armas, depois conduziu a equipe para o início da estrada de cascalho, a cerca de 1,5km de distância, que serpenteava ao subir as colinas, desde a rodovia costeira. Não era um caminho particular, mas havia somente três casas nele, cercadas por grandes terrenos particulares. O homem de Papa explicou que a última casa, onde o caminho terminava em frente a um grande portão de grades de ferro, era a casa em questão. Eles não podiam errar.

Avner, Steve e Hans subiram metade do caminho, de carro, por volta das dez horas da noite seguinte. A noite de 11 de novembro foi úmida e ventosa. O vento soprava do estreito de Gibraltar, a sudeste, levantando folhas secas do solo e rodopiando-as no ar. O som de passos não seria ouvido com facilidade em uma noite assim. A lua estava completamente encoberta por nuvens. As árvores e arbustos desenvolviam-se em formas espessas, escuras, retorcidas de ambos os lados do caminho. Era o local ideal e a noite ideal para um grupo de reconhecimento.

Steve parou o carro antes de chegar a uma curva da estrada, aproximadamente a quatrocentos metros do portão principal. Fez uma volta em três pontos, deixando o veículo estacionado de frente para o caminho por onde viera, no acostamento da estrada, quase em uma vala rasa, onde estava parcialmente escondido pela curva assim como por alguns arbustos à beira do caminho. Como precaução, desligou as luzes do freio: se fossem perseguidos, seria tolice darem uma pista de si mesmos todas as vezes em que o motorista pisasse o freio; depois, seguiu Avner em direção aos arbustos, no lado litorâneo da estrada. Hans ficou perto do carro, armado com uma da Uzis.

Avner e Steve deixaram suas metralhadoras portáteis na mala do carro. Seu propósito imediato era fazer reconhecimento, não atacar. Se vissem Salameh ou Abu Daoud — e decidissem que era possível os três atacarem de surpresa — haveria tempo suficiente para voltar e pegar as Uzis. Agora, armados apenas com as pequenas Berettas, planejavam penetrar nos jardins da casa evitando a entrada principal e, abrindo caminho através dos arbustos, aproximar-se da casa pelos fundos. A *villa* dava fundos para o mar; assim, acompanharam a linha das colinas que devia levá-los ao jardim dos fundos.

Os arbustos, embora espessos, não eram impenetráveis. Usando calças escuras e suéteres pretos, caminhando com cautela e parando de vez em quando para olhar e ouvir, Avner e Steve levaram cerca de vinte minutos para cobrir a distância. A casa e seus arredores imediatos eram fáceis de se ver, já que havia luz vindo de quase todas as janelas. Não viram guardas patrulhando o jardim. Sabendo alguma coisa sobre os palestinos, Avner e Steve duvidavam de que os guardas ficassem parados longe da casa. Os árabes, como os africanos em geral, não são combatentes noturnos e tendem a fugir do escuro. Os guardas, se havia algum, prefeririam assumir suas posições o mais perto possível das janelas brilhantemente iluminadas. Dependendo de seu treinamento. Os guerrilheiros árabes com treinamento russo ou cubano não hesitariam em lutar na escuridão assim como qualquer outro soldado. Como as tropas jordanianas com treinamento britânico do rei Hussein.

Aproximando-se do canto da casa, Avner e Steve ouviram vozes falando em árabe. As vozes não vinham do interior da casa, mas sim de um pátio de pedras, exatamente fora das janelas de batente, que levava a uma piscina vazia, exceto por folhas secas e poucos dedos de uma água salobre na parte mais funda. Colando-se à parede ao redor da esquina da casa, Avner e Steve não podiam ver quem falava. No entanto, conseguiram entender algumas palavras.

— Por que não dizer a ele que precisamos de mais dinheiro? — falou um homem. — Você tem medo de dizer?

— Precisamos de um punhado de fruta — replicou outra voz. — Isso é tudo.

Não havia dúvida alguma. Quer os líderes terroristas se encontrassem no interior da casa ou não, os homens do pátio eram árabes. Mais uma vez a informação de Papa estava, no mínimo, parcialmente correta.

O próximo som que chegou aos seus ouvidos foi o ruído de uma porta de vidro fechando-se. Não podiam mais ouvir as vozes. Com grande cautela, Avner espiou pelo canto da casa.

Sim. O pátio de pedras estava vazio.

Sem olhar para ver se Steve o seguia, caminhou na ponta dos pés em direção às janelas de batente. Estava confiante de que ninguém poderia vê-lo, no pátio escuro, do interior da casa. Por outro lado, poderia ver facilmente qualquer pessoa na sala claramente iluminada. Havia sete ou oito árabes de pé e conversando perto de uma mesa comprida cheia de frutas. Dois dos árabes usavam *keffiyehs* axadrezados.

— *Mechablim* — Avner ouviu a voz de Steve sussurrar ao seu lado.

Ele sacudiu a cabeça, concordando. Embora não visse armas, provavelmente eram terroristas. Mas *keffiyehs* eram usados não apenas pelos *fedayeen*. Aqueles árabes, ao menos em teoria, podiam ser visitantes perfeitamente legais da Espanha. Turistas, estudantes ou negociantes. A única maneira de ter certeza de que eram terroristas era reconhecer um deles. Salameh ou Abu Daoud, ou o dr. Haddad. Ou George Habash ou Ahmed Jibril. Ou qualquer um dos outros.

Mas Avner e Steve não reconheceram ninguém na sala.

Claro, havia muitas outras dependências na *villa*. Mais uma dúzia de pessoas poderia se encontrar dentro da casa, facilmente. Também de acordo com o contato de Papa, os árabes não chegariam todos imediatamente. Talvez outros chegassem dentro dos próximos dias. Talvez a reunião, se ia haver uma, nem sequer tivesse começado ainda, e os árabes na sala fossem apenas soldados de infantaria na vanguarda.

Avner e Steve ainda estavam de pé no pátio, olhando através das janelas de batente, quando ouviram o som inconfundível de arbustos oscilando e estalando atrás deles. Alguém abria caminho através da vegetação rasteira. Alguém confiante, a julgar pelo ruído que fazia, se aproximava pelo caminho atrás deles.

Viraram-se. Com as luzes atrás deles, sabiam que apareceriam como vultos para qualquer pessoa que se acercasse do jardim. A pessoa não veria seus rostos imediatamente. Mas, em breve, ela compreenderia que eles não pertenciam ao local. Dois agentes israelenses, cercados por árabes supostamente hostis em um isolado jardim espanhol. Não podiam se arriscar. Mesmo ao se virarem, seus joelhos se inclinavam em um agachamento de combate. As mãos direitas subiram para as Berettas, as mãos esquerdas descrevendo um arco no ar enquanto empurravam os cursores para trás.

Olharam para a pessoa que saiu dos arbustos. Um jovem árabe usando seu *keffiyeh*. De pé, a uns três metros deles, talvez, olhando sem compreender para as armas em suas mãos. Mesmo se ele os tivesse visto dos arbustos muito antes de Avner e Steve terem ouvido passos, ele não esperava, claramente, que fossem hostis. Provavelmente, ele os tomara por dois de seus companheiros.

Um jovem árabe. Sua mão direita em frente à braguilha, como se acabasse de fechar a calça. Um Kalashnikov na mão esquerda.

Ele começou a erguer o rifle.

Avner e Steve dispararam juntos. Duas vezes, e mais duas vezes. O vento de novembro, rodando as folhas secas, engoliu o som sibilante das armas. *Pffm-pffm, pffm-pffm. Pffm-pffm, pffm-pffm.* O jovem árabe tentava se equilibrar enquanto eles se aproximavam mais. Depois, curvou-se e caiu ao solo de lado, contorcendo-se, tentando respirar. Não soltou o rifle Kalashnikov ao cair. Segurava-o no braço esquerdo, erguendo os olhos para Avner e Steve, aninhando a arma mais perto do seu corpo.

Dentro da casa ninguém parecia ouvir ou notar coisa alguma. As pessoas continuavam de pé perto da mesa comprida, comendo, conversando, gesticulando. Avner pôde até ouvir o som de risadas. Sem guardar a arma, ele começou a se virar e caminhar para fora do jardim. Não na direção por onde tinham vindo, mas pelo caminho mais curto, para o portão principal. Steve o seguiu. Caminhavam depressa, virando-se de vez em quando. Ninguém os seguia. Fora do portão, correram. Colina abaixo, com o vento de novembro atrás deles. Perseguidos somente pelas folhas mortas. Correndo mais e mais depressa.

Fugindo. Avner sempre se lembraria daquilo. Terminaram sua missão importante, histórica, descendo correndo um caminho de cascalho na Espanha, como dois colegiais que tinham feito alguma coisa irrevogável e tentavam, agora, fugir do castigo.

Capítulo 17

FRANKFURT

COMO MUITAS outras cidades da Andaluzia, Tarifa tem uma história violenta. Embora Avner não soubesse, somente a algumas centenas de metros do local onde jazia o jovem guerrilheiro árabe, um homem que entrou para a história como Guzman, o Bom sacrificou seu filho de nove anos em vez de entregar a *alcazaba*, uma fortaleza moura, suas ruínas ainda sendo uma pequena atração turística, aos seus sitiantes. Em Niebla, 185 quilômetros a noroeste, ao longo da Costa de la Luz, cientistas militares árabes tinham introduzido a pólvora pela primeira vez na história da guerra européia. No período entre o século XIII, quando estes eventos ocorreram, e a época de Avner, a natureza de conflito humano havia mudado pouco.

Comparações históricas, contudo, eram a coisa mais distante da mente de Avner, ou de Steve, enquanto corriam, ofegantes, em direção ao local onde Hans aguardava perto do carro. Steve dirigiu de forma maníaca, e sem luzes, até Avner gritar com ele para reduzir a marcha. Não estavam sendo perseguidos. Não fazia sentido chamar a atenção para si mesmos, transformando a rodovia litorânea em uma pista de corridas. Acalmando-se um pouco, Steve tornou a ligar as luzes do freio. Hans havia recolocado sua metralhadora portátil na mala do carro. No entanto, não abandonaram as Berettas .22 senão quando se encontravam em segurança, no hotel.

Sentados no quarto de Avner, tentaram refazer-se e avaliar a situação. Não corriam nenhum perigo imediato. Desde que negociantes ou turistas árabes comuns não iriam perambular, provavelmente, com Kalashnikovs, os árabes da *villa* eram terroristas, sem dúvida alguma. Como tal, certamente não chamariam a polícia. Nem poderiam iniciar uma busca de casa em casa à procura de assaltantes que sequer tinham visto. A única pessoa que podia dar qualquer tipo de descrição deles era o jovem árabe com o rifle de assalto, que estava provavelmente morto. Mesmo se os árabes chamassem a polícia, não havia nada que ligasse Avner e seus companheiros ao ataque. Eles eram turistas alemães ocidentais, como milhares de outros, com passaportes impecáveis. Além das armas, a única coisa que poderia, possivelmente, ligá-los à matança seria a marca dos pneus do carro no caminho de cascalho.

Avner telefonou para o homem de Papa lhes trazer outro veículo de manhã, ao mesmo tempo, levando as armas. Ele achou que ficariam bastante seguros no hotel por aquela noite. No dia seguinte podiam voltar de carro a Madri, em um novo veículo e sem armas, e sem ter que se preocupar com buscas e bloqueios de estrada.

E foi o que fizeram. Foi uma longa viagem e permaneceram no carro sem dizer muita coisa. Avner substituindo Steve de vez em quando ao volante. Avner sabia que todos eles estavam pensando na mesma coisa, mesmo quando falavam de outra. Tinham agido erradamente? Podiam ter feito outra coisa? Tinham perdido a cabeça? Deviam ter tentado recuar sem atirar no garoto árabe? Tinham matado o rapaz, realmente, em defesa própria?

Tinham, realmente, assassinado o rapaz? Era ele, agora, o quarto palestino desconhecido que tinham matado? Quatro pessoas que, embora não fossem espectadores inocentes como o garçom de Lillehammer, não estavam em sua lista. Cinco pessoas, contando Muchassi em Atenas. Seis, contando o agente do KGB. Sete, contando a garota loura em Hoorn.

Sem pegar Salameh, Abu Daoud ou o dr. Haddad.

Era uma conseqüência inevitável de uma missão como aquela? Ou eles faziam algo errado? O trabalho os estava abalando? Estavam perdendo a energia?

Tinham eles, em análise final, fracassado?

Certamente, desde o assassinato de Boudia, quase um ano e meio atrás, não alcançaram nenhum dos seus alvos. Mas tinham matado quatro soldados rasos árabes e uma mulher holandesa — e perderam Carl e Robert no processo. Dois importantes agentes em troca de nenhuma vitória militar na guerra contra o terror. Isto era fracasso. Isto era derrota. Não havia outra maneira de considerá-lo.

Pior, agora agiam desafiando ordens simples. Agiam sem autoridade. Correndo por jardins espanhóis e matando árabes. Como amadores.

Como terroristas.

Foi isto que Hans falou exatamente antes de dobrarem na rodovia N4 nos arredores de Madri.

— Sabem — disse ele —, fizemos isto exatamente como os *mechablim*.

Nem Avner, nem Steve o contradisseram.[1]

Durante a semana seguinte eles deixaram Madri um a um e voltaram a Frankfurt. Da mesma forma que com o tiroteio em Glarus, não encontraram menção do que ocorrera em Tarifa em jornal algum. Era possível que tivessem perdido a notícia na Espanha, assim como na Suíça, porém era mais provável que as mortes tivessem sido abafadas.[2] Os terroristas podiam, certamente, não querer atrair atenção enquanto pudessem evitá-lo.

O medo da descoberta era mínimo, portanto. Após os primeiros dias — com certeza no instante em que deixaram a Espanha — Avner e os parceiros não se preocuparam mais com o caso, de modo algum.

Preocupavam-se com outra coisa completamente diferente. Algo muito difícil de expressar em palavras. "Fracasso" ou "desgraça" não o expressavam. Tampouco "culpa" no sentido comum. Nem sequer se tratava de um senso de inutilidade.

Sentiam-se rejeitados pela sorte. Como todos os soldados, não deixavam de ter alguma superstição. Também há uma indignidade ligada ao fato de se ser traído por algo que favoreceu alguém antes: sucesso, uma mulher, um período vitorioso, fortunas de guerra. Traz consigo uma sensação de mágoa e humilhação, um questionamento súbito de cada valor e crença.

Avner experimentou um pouco deste sentimento depois da morte de Carl, e ainda mais depois de Tarifa. Steve também o experimentou, até certo ponto. Mas, agora, atingiu Hans com força total.

Ele se tornou introspectivo. Nunca muito falante, agora passava dias sem dizer nada. Fazia seu trabalho metodicamente, como antes, mas de uma forma tão distante, tão desprendida, com receios tão óbvios que Avner se tornou seriamente preocupado com ele. Ao mesmo tempo, não queria ouvir falar de desistir. O assunto não foi abordado, realmente — todos concordaram que não desistiriam até seu dinheiro acabar —, mas, uma vez, quando Avner lhe perguntou se ele se sentia bem, Hans replicou através de dentes cerrados:

— Ouça. Não há parada agora, portanto, não falemos a respeito disso. Vamos apenas agir. Não há mais nada sobre o que falar.

Assim, não falaram. Tentaram agir. Tentaram agir por mais sete semanas.

Sem o menor sucesso. Sem sequer uma pista que valesse a pena o gasto de seus recursos cada vez menores. Hans estava especialmente inflexível sobre tomar cuidado com seu dinheiro, de forma que, se surgisse uma boa oportunidade operacional, não fossem apanhados sem dinheiro. Ele tinha razão, porque teria sido a ironia final encontrar Salameh somente para descobrir, no último minuto, que não tinham dinheiro bastante para ir atrás dele. Mas isso nunca aconteceu.

Simplesmente, não conseguiam fazer contatos. Nem através de seus informantes regulares, nem através de Louis ou Tony. Nem através de Papa. Se estivessem atrás de outros terroristas, talvez tivessem sucesso: 1974 fora um ano muito ativo para os *mechablim* na Europa, especialmente para um grupo apoiado pelo coronel Kadafi da Líbia, chamado Juventude Árabe Nacional para a Libertação da Palestina. Dirigido originalmente por um homem chamado Ahmed al-Ghaffour e mais tarde por Abu Nidal, este grupo consistia de terroristas para quem o Setembro Negro ou a Frente Popular não eram mais suficientemente extremistas ou militantes (al-Ghaffour foi eventualmente capturado e provavelmente executado pelas forças do Setembro Negro, cujo líder era Abu Iyad). Em 1974, a Juventude Árabe Nacional atacou com sucesso três jatos.[3] Em 8 de outubro explodiram um — um jato da TWA *en route* de Tel Aviv para Atenas — sobre o mar Egeu com uma perda de 88 vidas. Três semanas antes, em 15 de setembro, terroristas atiraram uma granada de mão em Le Drugstore, nos Champs Élysées, em Paris, matando duas pessoas e ferindo 12, em uma operação combinada da Frente Popular e do Exército Vermelho Japonês. Chefiados por Carlos, o Chacal.

Carlos, por quem a equipe se sentia especialmente responsável; Carlos, para quem eles tinham aberto um lugar no alto, ao matarem Boudia. Mas não fazia diferença. Ele não estava em sua lista. Abu Nidal não estava em sua lista. Dificilmente poderiam entrar em contato com Efraim para uma mudança de tarefa quando mesmo sua incumbência original havia sido cancelada. Não deveria mais haver ação unilateral; eles não podiam justificá-la. Só podiam tentar encontrar os terroristas restantes em sua lista. Especialmente Ali Hassan Salameh.

Pegar Salameh teria feito toda a diferença.

Mas, até onde podiam dizer, Salameh não iria à Europa.

Passaram o Natal e véspera de Ano-Novo em Frankfurt. A cidade estava com aparência festiva; Avner, Steve e Hans não tinham disposição festiva. Hans, na verdade, combinava vários estados de espírito que deviam ser mutuamente exclusivos. Ele estava deprimido e introspectivo, mas ao mesmo tempo se tornava cada vez mais paranóico e combativo. Começou a andar armado. Previamente, jamais tinham saído armados a menos que houvesse uma operação, mas a paranóia de Hans era contagiosa. Agora, até mesmo Avner e Steve começaram a carregar armas com eles, só para o caso da impressão do parceiro, de que alguém os seguia, fosse verdadeira — talvez como resultado de um vazamento de informação através da organização de Papa, afinal de contas. Hans chegou até a acreditar que Tarifa poderia ter sido uma armadilha, embora Avner estivesse convencido de que ele se enganava sobre isso; uma armadilha os teria colocado diante de um fogo cruzado, não de um terrorista solitário fechando as calças. Mas depois das mortes misteriosas de Carl e Robert essas suspeitas não podiam ser negligenciadas. Talvez os terroristas em Tarifa *tivessem* recebido a informação, mas só esperassem os israelenses mais tarde. Na verdade, Avner dissera ao contato de Papa, como precaução normal, que esperariam alguns amigos em Tarifa antes de entrar em ação.

De qualquer maneira, armaram-se em Frankfurt, apesar do risco adicional. E Avner notou as marcas de arranhão, fortes e escuras, ao pé da porta de Hans em sua casa segura: evidentemente, Hans não abria a porta, agora, sem descansar o pé contra ela. Todos os agentes eram treinados para fazer isso, e talvez fizesse a diferença entre vida e morte no caso de um ataque inesperado, mas Hans não tivera o hábito de fazer isso. Nenhum deles o fazia com freqüência. Como seus alvos "facéis", até o momento tinham confiado, principalmente, em seus disfarces.

Ao mesmo tempo Hans dava longas caminhadas, sozinho, tarde da noite, no imenso parque perto de sua casa. Ele sempre gostara de andar, mas no passado caminhava em horário prudente e em tempo razoável. Agora, caminhava durante horas na neve, com os ventos cortantes de dezembro, tão tarde quanto meia-noite, ao longo dos caminhos totalmente desertos de Ostpark, ao norte da estação ferroviária de Frankfurt. Chegava até a sentar durante uma ou duas horas em um banco em seu local isolado predileto, perto de um lago artificial, que ficava cheio de patos selvagens negros no verão, mas estava agora congelado.

— Os patos têm muito mais juízo que você — disse-lhe Steve uma vez, quando teve que ir ao lago dos patos para obter alguma informação.

— Bem, não posso ficar engaiolado em casa — replicou Hans.

Avner era capaz de compreender. Com certeza, naquela fase da missão, ele não teria desejado viver sozinho, tampouco. Depois da morte de Robert, Steve se mudou para a casa segura que dividira anteriormente com Carl, porque mesmo conviver com os hábitos desorganizados de solteirão de Steve era melhor do que viver sozinho. Mas quando ele sugeriu a Hans que procurassem uma casa segura onde todos os três pudessem morar juntos, Hans recusou.

— Não se preocupe comigo — falou. — Estou bem.

O que, simplesmente, não era verdade.

Na noite de 6 de janeiro de 1975, Hans deixou sua casa segura depois das nove da noite. Tinha que ser depois das nove porque Avner lhe havia telefonado aproximadamente àquela hora. Conversaram por alguns segundos — não tinham nada importante a discutir —, depois desligaram, combinando que se falariam mais tarde. Isto era rotina. Quando Hans não telefonou à meia-noite, Avner ligou para ele. Não houve resposta. Continuou sem haver resposta à uma hora da manhã.

Isto era incomum. Hans saía para longas caminhadas tarde da noite, porém jamais voltava depois de meia-noite. Sempre era possível que um informante lhe enviasse um recado, pedindo para encontrá-lo, inesperadamente, mas, nesses casos, era um compromisso avisar uns aos outros. Especialmente nos últimos tempos. Se tivesse ido a um encontro, Hans teria telefonado. Ele sabia que Avner e Steve estariam em casa. Avner ficou preocupado.

— Quero dar uma volta de carro — disse ele a Steve. — Não gosto que Hans ainda esteja na rua.

Steve deu de ombros.

— Provavelmente, está sentado naquele maldito banco do lago dos patos — falou. — Mas vamos.

O trajeto de carro da vizinhança da Hügelstrasse, no distrito de Eschersheim, onde se localizava sua casa segura até perto de Röderbergweg, onde Hans vivia, levou menos de vinte minutos para ser percorrido. Hans não estava em casa. Avner entrou com uma chave extra, mas não havia nada fora do lugar. Evidentemente, Hans havia saído por algum motivo e simplesmente não voltara para casa ainda.

Era uma noite muito fria, e quase duas da manhã agora. Mesmo em seu estado de espírito atual, Hans não deveria estar caminhando, ou sentado no parque; contudo, essa era a única explicação segura. Qualquer outra coisa só poderia significar que havia algo errado.

— Se ele estiver no lago dos patos — disse Steve —, precisará me dar uma boa desculpa para eu não lhe quebrar o nariz.

Conheciam o trajeto que Hans fazia, geralmente, para o parque. Ele caminhava uma distância curta ao longo de Röderbergweg, depois tomava uma trilha muito pitoresca disposta em terraços chamada Lili-Schönemann-Steige (segundo o nome de uma amiga de infância do poeta Goethe), descendo até uma estrada de quatro pistas no fundo da ravina. Uma vez atravessando Ostparkstrasse, estaria em Ostpark, onde entraria, em geral, a uns cem metros a nordeste do local onde atravessara a estrada, ao longo de uma trilha bem definida. Após algumas voltas e curvas, este caminho o levava ao lago dos patos.

Avner e Steve esperavam encontrar Hans caminhando de volta, mas isto não aconteceu. A caminhada levou uns 15 minutos. O parque estava escuro, toda a área totalmente deserta. No entanto, quando se acercaram do lago artificial, havia reflexo suficiente do gelo para que vissem o vulto de um homem sentado no banco. Era Hans, realmente.

Mas Steve não quebrou o seu nariz. Hans tinha uma desculpa perfeita. Estava morto.

Ao ver Hans morto no parque, o primeiro pensamento de Avner não foi de que Hans havia sido assassinado. Seu primeiro pensamento foi que Hans se suicidara.

Os arbustos formavam um pequeno arvoredo perto do lago. A margem do lago ficava alguns centímetros acima do lago congelado, separada dele por uma muralha baixa de pedra e um parapeito de madeira. O corpo estava em uma postura parcialmente sentada, curvando-se para a frente sobre o parapeito, a cabeça caída para o lado, os olhos abertos em um rosto sem expressão. O sobretudo de Hans estava desabotoado. A princípio, Avner não viu ferimentos óbvios em qualquer local da cabeça ou do corpo.

Estava muito escuro. Eles não pensaram em levar uma lanterna e não tinham fósforos.

— Cuidado — disse Avner a Steve, em um cochicho.

Apesar do frio intenso, o corpo de Hans ainda não estava congelado. Provavelmente não estava morto havia mais de uma hora, talvez até menos. Quem quer que o tivesse matado poderia ainda se encontrar por perto.

Porque ele *tinha* sido morto. A primeira coisa que Avner verificou foi a arma de Hans. Ainda estava enfiada em seu cinto, atrás do quadril. Não fora disparada. Ele não se suicidara. Nem morrera de causas naturais. Embora Avner ainda não pudesse ver ferimento algum, podia sentir uma substância pegajosa, viscosa, como breu parcialmente seco, quando estendeu a mão para a arma de Hans. Tinha que ser sangue de um ferimento em seu corpo. Um ferimento que ele não havia infligido a si mesmo.

— Ele foi morto — disse Avner, entregando a arma de Hans a Steve.

Durante alguns segundos, nenhum dos dois falou. Estavam assombrados, mas também assustados. O parque era imenso, e estava silencioso; em todas as direções, só podiam ver arbustos gelados e árvores escuras. Era uma noite sem vento. Ao longe, puderam ouvir o murmúrio monótono da cidade, interrompido uma vez ou outra pelo ruído metálico de um vagão de carga em manobra no pátio da ferrovia. Steve fez estalar a trava de segurança da arma de Hans.

— Verifique sua carteira — disse a Avner. — Ficarei vigiando.

Ironicamente, poderia ter sido um assalto. Frankfurt não era uma cidade particularmente dominada pelo crime, mas era uma grande cidade industrial, cheia de operários vindos de toda a Europa meridional. Tinha um bairro de vício e corrupção, tinha alcoviteiros, prostitutas, ladrões, viciados em drogas como qualquer outra metrópole. Ostpark ficava num bairro tranqüilo, de classe média, mas nenhum parque deserto é completamente seguro de madrugada. Havia uma dúzia ou mais de assaltos com mortes em Frankfurt, anualmente. Hans não teria parecido difícil demais para se roubar; um homem solitário de meia-idade, sentado em um banco, poderia parecer uma vítima natural. Ladrões poderiam até confundi-lo com um bêbado. E enquanto Hans teria, provavelmente, resolvido não se defender por causa de alguns marcos alemães, entregando a carteira, e até o relógio, um assaltante nervoso talvez o matasse, de qualquer maneira. Era uma explicação possível.

Mas o relógio de Hans estava em seu pulso. Sua carteira se encontrava no bolso, intacta.

Hans poderia ter sido traído por um informante? Era improvável que ele tivesse marcado um encontro com alguém naquele local. Não apenas o parque ficava deserto à noite, mas dificilmente seria um lugar para encontrar informantes, como também era um lugar muito pessoal para Hans, seu esconderijo privado para descanso e contemplação, um local para ficar sozinho.

Era também, incidentalmente, um lugar muito difícil onde seguir alguém sem ser visto. Hans não teria ido para o lago com alguém caminhando atrás dele, tarde da noite. Claro, pessoas que passassem dirigindo pela Ostparkstrasse poderiam vê-lo entrar no parque e, se estivessem familiarizadas com seus hábitos, talvez adivinhassem onde o encontrariam. Mas somente Avner e Steve sabiam sobre o lago artificial. O parque era muito grande, e Hans poderia ter ido a qualquer lugar dele. Teria sido muito difícil encontrá-lo casualmente. Pistoleiros terroristas vagando pelo parque podiam congelar muito tempo antes de encontrar Hans naquele pequeno arvoredo isolado.

No entanto, se não foi roubado, quem mais senão pistoleiros terroristas poderiam tê-lo matado?

Avner pegou a carteira de Hans, que tinha uma licença de motorista e alguma identificação de seguro social. Não levava mais nenhum documento. Examinando com mais atenção, Avner pensou que a maior parte do sangue coagulado se encontrava ao redor do meio do peito de Hans, onde também podia sentir um comprido rasgão em seu suéter. Era impossível ter certeza, mas parecia o ferimento de uma *faca*, o que tornava o caso ainda mais misterioso. Como alguém poderia se acercar tanto de Hans para esfaqueá-lo sem que ele tentasse sacar a arma? Ele teria que estar realmente confiante — ou uma segunda pessoa precisaria contê-lo sob a mira de uma arma. Mas mesmo assim era inconcebível que Hans ficasse sentado ali, esperando para ser esfaqueado. Até por reflexo, ele teria erguido as mãos para afastar a faca; no entanto, Avner não descobriu marcas de corte ou sangue em suas luvas ou manga. Se ele foi esfaqueado, parecia quase como se tivesse acontecido enquanto dormia.

O que também era inconcebível.

Então, cruzou a mente de Avner que ele não sabia nada sobre os hábitos sexuais de Hans. Ele era casado, mas isso não significava muita coisa. Embora não houvesse nada a respeito de Hans que levasse Avner a pensar em tendências homossexuais — embora o pensamento fosse levemente ridículo —, também era verdade que Avner, simplesmente, não sabia. Enquanto duvidava de que Ostpark, em janeiro, fosse um local de encontro de homossexuais, novamente ele *não sabia*. Se Hans havia feito uma indesejável investida homossexual em alguém, isso talvez explicasse as circunstâncias de sua morte. Mas era um pensamento tão forçado que Avner não conseguiu mencioná-lo a Steve. Nem então, nem depois. Steve provavelmente saltaria sobre ele pela simples sugestão.

— Vou dar um telefonema — disse Avner a Steve. — Espere por mim na entrada do parque.

A cabine telefônica mais próxima na Ostparkstrasse ficava apenas a dez minutos de distância a pé. Avner telefonou para Louis, em Paris.

— É uma situação como em Londres — disse-lhe. — Vou lhe dizer onde estou.

Louis ouviu em silêncio enquanto Avner explicava, com cuidado, o local onde esperaria, com Steve, os homens de Papa. O francês não perguntou qualquer outro detalhe e Avner não lhe disse nenhum. Antes de terminar a conversa, Louis indagou:

— Há mais alguma coisa que eu possa fazer?

— Não por enquanto, obrigado — replicou Avner.

Ele não sabia, mas esta seria a sua última conversa. Avner jamais tornaria a falar com Louis.

Ele esperou com Steve na entrada principal do parque que os homens chegassem para remover o corpo de Hans. Esperaram por uma hora e meia, aproximadamente. Mais tarde, Avner lembraria que nem sequer, espantosamente, tinham sentido frio. Era uma vigília passada quase em silêncio total. Na verdade, trocaram palavras somente duas vezes. A primeira foi quando Steve disse:

— Você telefonou para Papa. Acha que eles tiveram algo a ver com o caso?

— Não, acho que não — retrucou Avner.

Era a verdade. Mas, mesmo se estivesse errado, Avner acreditava que não havia nada mais que pudesse ter feito nesta fase. Se o corpo de Hans fosse encontrado, poderia provocar uma investigação das autoridades germânicas. Algo que eles não podiam arriscar. Se *Le Group* fizera matar Hans, que se livrasse do corpo. Não podiam fazer mais nenhum mal a Hans.

Quando Steve falou a segunda vez, disse:

— Por muito tempo, pensei que éramos espertos. Mas talvez tivéssemos apenas sorte.

"Então, talvez nossa sorte tenha acabado."

Não havia nada que Avner pudesse responder; assim, não falou. O comentário de Steve naquela noite podia, talvez, resumir toda a missão melhor do que qualquer outra coisa.

Os homens de Papa chegaram pouco antes de quatro da madrugada com um caminhão de obras públicas. Era o tipo de veículo que não chamaria atenção ao entrar em um parque. Avner e Steve orientaram os homens para o lago dos patos e esperaram até colocarem o corpo de Hans em um saco de lona e, depois, na traseira do caminhão. Os dois homens eram alemães, e provavelmente trabalhavam em Frankfurt como atendentes de ambulâncias ou agentes funerários. Todo o procedimento não demorou mais que uns oito minutos. Depois, retiraram o veículo do parque pelo caminho estreito, tortuoso.

Durante mais alguns minutos, Avner pôde ver as luzes do caminhão desaparecendo e reaparecendo através das negras árvores de inverno. Depois não viu mais nada. Hans estava morto. Da mesma maneira que Carl e Robert tinham partido. Como se nunca houvessem existido.

Avner e Steve passaram as semanas seguintes tentando resolver o que fazer. Para ser mais exato, tentando adiar uma decisão ocupando-se com problemas rotineiros. Fecharam a casa segura de Hans e se mudaram da sua. Usando uma procuração que Hans lhes dera anteriormente, venderam seu negócio de móveis antigos. Voaram para Paris e pagaram a Kathy o que deviam a *Le Group* — Louis estava fora da cidade —, depois foram, de carro, para a cidadezinha francesa onde a esposa de Hans vivia.

Era uma israelense, muito diferente da mulher de Robert.

— Hans está com você? — perguntou ela quando Avner lhe telefonou.

— Bem... não.

— Entendo — respondeu ela, após uma curta pausa.

Evidentemente, compreendeu. Não havia necessidade de lhe dizer coisa alguma.

Quando chegaram à casa, ela pegou a maleta que continha os pertences de Hans e convidou Avner e Steve a entrarem para sua sala de estar. Serviu-lhes chá, e após alguns minutos de conversa polida, pediulhes que lhe contassem todos os detalhes sobre o que podiam falar livremente. Podiam lhe dizer muito pouco. Ela quis saber onde Hans fora enterrado.

Avner olhou para Steve.

— Sinto muito — falou ele, afinal. — Não posso lhe dizer. Eu... ninguém sabe.

— Entendo — respondeu ela, ainda totalmente controlada. — Podem me dar licença um instante?

Ela foi para outra sala e ficou lá por uns 15 minutos. Quando voltou seus olhos estavam secos, embora talvez um pouco vermelhos.

— Desculpe-me, por favor — disse ela. — Eu sei que devia me controlar. Gostariam de mais uma xícara de chá?

Quando Avner tentou lhe dar um envelope contendo algum dinheiro, ela recusou. Depois de mais alguns minutos eles foram embora, sentindo-se não apenas infelizes — esperavam se sentir assim —, mas de algum modo envergonhados e culpados. Sentiam como se tudo houvesse sido culpa deles. Ou pior, como se tivessem brincado incansavelmente com alguma coisa e a houvessem despedaçado. Alguma coisa que era de valor inestimável para outra pessoa.

Talvez tenha sido a visão da viúva de Hans que, afinal, ratificou sua decisão. Não falaram realmente a respeito, não em muitas palavras, mas cada um soube que o outro havia se decidido. Fecharam uma conta bancária após outra, em Amsterdã, Zurique, Paris. Levavam a missão a um fim. Havia apenas dois deles agora. Não existia meio de poderem continuar.

Finalmente, voaram para Genebra. Retiraram a mensagem de Efraim — *Terminem imediatamente* — do cofre de segurança onde Hans a havia deixado após a morte de Robert. Havia nessa época outra mensagem, dizendo: *Acusem recebimento o mais breve possível.*

Avner preparou uma mensagem codificada como resposta. Dizia: *Mensagem recebida. Perdemos Hans.* Não conseguiu pensar em mais nada para dizer.

Deixando o banco, Avner e Steve caminharam através da ponte da Machine, onde tinham conversado depois de seu primeiro contato em Genebra, em setembro de 1972.

— Você estava certo em uma coisa — disse Avner a Steve. — Nós dois ainda estamos vivos.

A missão estava terminada.

PARTE IV

Saindo do frio

Capítulo 18

AMÉRICA

HANS MORRERA em janeiro; quando Avner e Steve resolveram seus negócios no banco de Genebra e caminhavam de volta ao Hotel du Midi, era a primeira tarde de primavera, 21 de março de 1975. Eles ainda tinham algumas coisas para fazer na Europa: havia casas seguras a fechar, informantes pequenos a pagar. Tanto Avner quanto Steve deixaram suas contas pessoais no banco de Genebra intactas, cada um observando que, apesar dos pagamentos às viúvas dos companheiros, ainda tinham um saldo de cem mil dólares. Era uma satisfação um pouco amarga, e eles notaram isso com um dar de ombros e talvez uma ponta de remorso. Ainda assim, eles ficariam bem, ao menos neste sentido. Embora Avner tivesse se acostumado a gastar grandes somas no decorrer da missão, cem mil dólares em sua conta pessoal ainda parecia uma quantia astronômica para ele. Passou pela sua mente, pela primeira vez, que ele estava rico. Poderia comprar uma fantástica cozinha escandinava da loja na avenue Hoche para Shoshana, facilmente. Poderia comprar *duas* cozinhas, se quisesse.

Tendo tomado a decisão de desistir, sentiram-se deprimidos e aliviados ao mesmo tempo. Embora o Setembro Negro parecesse não estar mais ativo, o Comando-Boudia da Frente Popular, dirigido por Carlos, atacava ousadamente (embora sem sucesso) aviões da *El Al* com dispositivos lança-foguetes em Paris. O bando Baader-Meinhof era igualmente audacioso, porém mais bem-sucedido, seqüestrando industriais na Alemanha e mantendo-os para serem resgatados por um governo alemão ocidental complacente. Lendo os jornais, Avner e Steve se perguntaram se sua missão, pela qual Carl, Robert e Hans tinham dado as vidas, não havia provocado uma falha sequer no terror internacional. O monstro de múltiplas cabeças de Efraim não se acalmava. E mesmo onde parecia mais tranqüilo, como com o Setembro Negro, era muito provavelmente devido a uma decisão política da facção de Arafat da OLP após a Guerra do Yom Kippur. Era possível que alguns dos *mecha-*

blim, agora, considerassem as Nações Unidas e as mesas de negociações de Genebra como melhores áreas de onde empurrar os judeus para o mar.

Não que importasse. O que eles fizeram tinha que ser feito, até onde dizia respeito a Avner e Steve. Israel não podia permitir que seus filhos e filhas fossem assassinados com impunidade. Na primavera de 1975, mesmo em seu humor mais negro em Genebra, Avner e Steve teriam defendido a missão, inequivocamente.

Dividiram todo o trabalho de limpeza que ainda precisava ser feito. Depois se abraçaram, desajeitados, um pouco envergonhados de sua própria emoção, antes de cada um seguir o seu caminho.

Avner chegou a Nova York em 10 de abril, sem ter-se decidido sobre seu futuro. Na verdade, sentia-se extenuado demais para sequer pensar a respeito. Tecnicamente, ele não havia sido contratado pela Mossad desde 1972, e agora que a missão fora cancelada, ele sentia que não tinha deveres imediatos para com ninguém. Em um certo momento ele teria, obviamente, que voltar a Tel Aviv para ser interrogado, mas naquele momento ainda não era possível, para Avner, falar com qualquer pessoa sobre a missão. Tudo que queria fazer era passar umas duas semanas com Shoshana.

Da forma como aconteceu, ele ficou em Nova York durante quase um mês. Era como férias, e Avner estava cheio do prazer culposo de uma criança que falta à escola. Não havia, talvez, razão para se sentir assim, mas aconteceu. Ele fazia amor com Shoshana duas ou três vezes por dia, dava longas caminhadas com ela, levava-a a restaurantes, ao cinema. Brincava com Geula. Tentava ensinar Charlie a ir buscar o jornal na porta.

Shoshana só fez uma pergunta depois que Avner já estava em Nova York havia umas três semanas.

— Desta vez — disse ela —, quando partir, quanto tempo ficará longe?

— Não falei nada sobre partir — replicou Avner.

— Não, mas partirá — disse Shoshana prosaicamente. — Qualquer dia você me dirá que vai embora. O que quero saber é quanto tempo ficará longe.

— Sabe de uma coisa? — disse Avner. — Talvez eu fique fora apenas uma ou duas semanas desta vez. E depois que eu voltar, talvez façamos uma viagem juntos. Alugar um carro e apenas dirigir... não sei, por toda a América. Gostaria disso?

Shoshana riu.

— Onde conseguiríamos dinheiro para isso? — perguntou.

— Eu não lhe contei antes — falou Avner —, mas teremos um pouco de dinheiro agora. Uma espécie de abono. Não se preocupe, poderemos viajar sem problemas.

— Verdade? — perguntou Shoshana. — Fala sério? Nunca passamos férias juntos.

— Prometo — falou Avner. — Você verá, teremos férias... somente você, Geula e eu. E Charlie, é claro.

Poucos dias depois desta conversa, Avner recebeu um telefonema de um agente da Mossad em Nova York.

— Bem, bem — disse o homem ao ouvir a voz de Avner —, eu devia ter adivinhado. Todo mundo está à sua procura, e você está apenas sentado aí, como se não tivesse um cuidado no mundo.

— Eu devia cuidar de alguma coisa? — perguntou Avner.

— Como posso saber? — perguntou o homem. — Você deve saber melhor do que eu. Tudo que sei é que existem pessoas esperando que você volte para casa. Agora que encontrei você, direi a eles que você estará no primeiro vôo amanhã. Eles ficarão contentes em saber disso.

— Pode dizer a eles o que quiser — replicou Avner, e desligou o telefone.

Mas ele estava no Aeroporto Kennedy no dia seguinte, carregando uma maleta. Ainda se sentia exaurido. A última coisa que queria fazer era recontar toda a cronologia dos últimos dois anos e meio. Mas não fazia sentido retardar isso. Ele sabia que teria de se submeter a um interrogatório mais cedo ou mais tarde. Era rotina. O que o preocupava, realmente, era outra coisa.

O interrogatório seria apenas um prelúdio para uma decisão. Uma decisão que ele teria que tomar. Uma decisão que ele não seria mais capaz de adiar.

Dez horas depois, entrou na pista quente do Aeroporto Lod. O disco vermelho do sol poente mediterrâneo deslizava rapidamente para o mar. O ar denso encheu os pulmões de Avner de maneira opressiva, como algodão molhado. Era uma sensação tão familiar que quase o fez sorrir. Era como voltar para Israel, de Frankfurt, quando era criança.

Efraim esperava por ele na cabine envidraçada da alfândega com dois homens desconhecidos.

— Bem, bem — disse Efraim, abraçando-o —, é realmente bom ver você. Rapazes, este é Avner. Não posso lhe dizer quanto nos orgulhamos de você.

— Bem-vindo. Bem-vindo ao lar.

Avner foi um herói durante uma semana de maio.

Os três dias de interrogatório em um apartamento particular, embora intensos, decorreram de modo amistoso. Efraim andava indolentemente pelo recinto, cruzando e descruzando os braços, tentando arrumar as pernas soltas como uma enorme marionete. Os dois outros homens assumiram um ar respeitoso, até deferente, até onde dois *sabras* israelenses podiam ser considerados deferentes. Para surpresa de Avner, a missão estava sendo vista como um grande sucesso.

Era um humor completamente diferente daquele com que Efraim havia encontrado Avner e Carl em Genebra antes do ataque surpresa de Beirute. Ou o humor em seu encontro em Israel após a Guerra do Yom Kippur, um ano e meio atrás. Então, Efraim havia parecido um domador de leões, quase segurando uma cadeira diante dele e estalando um chicote ao falar. Agora, tudo estava bem. Quem podia dizer por quê?

Avner achava que os resultados positivos da missão tinham acontecido no início, com certeza durante o período anterior à guerra de 1973. Foi então que eles mereceram uma medalha, se fosse este o caso. Foi então que ele esperou um "Bem feito!" de Efraim, em vez de comentários amargos sobre o tempo que eles estavam demorando, o dinheiro que estava custando, sem mencionar a reprimenda que todos levaram por terem voltado para lutar na guerra. Desde essa época, a equipe tivera apenas perdas e insucessos parciais. Desastres completos ou parciais. Carl, Robert, Hans. Os três soldados rasos palestinos na Suíça, e um na Espanha. Contudo, era agora que Efraim batia em seu ombro amistosamente.

Avner não entendia. Talvez esperassem algo pior, outro Lillehammer. Talvez todos estivessem aliviados porque terminara. Talvez Efraim — que era, afinal, apenas um burocrata, como qualquer outro — houvesse recebido sinais de aprovação dos escalões mais altos. Indicações que não recebera antes. Em uma burocracia — toda agência de serviço secreto é uma —, a aprovação dos chefões é tudo que importa. Se essa aprovação foi comunicada a Efraim, naturalmente, ele havia começado a abanar o rabo.

Certamente, abanava o rabo para Avner agora, ele e os outros *kibutzniks*. De forma que, no decorrer dos três dias no apartamento da

Mossad, Avner se tornou não apenas o garotinho holandês, mas também o tenente-coronel John Wayne da Cavalaria dos Estados Unidos. Um homem que o *kibutznik* mais duro respeitaria. Tudo com que sonhara em criança. Todas as suas fantasias do *kibutz* se tornavam realidade. Ele tinha, aparentemente, mostrado a eles do que era capaz. Um herói verdadeiro, genuíno. Pela primeira vez em sua vida.

Efraim fez anotações enquanto Avner fazia um relatório cuidadoso, detalhado, esforçando-se ao máximo para não esquecer nada. Talvez também estivessem gravando a conversa; Avner não sabia e não quis perguntar. Mas pareciam aplaudir os sucessos e minimizar os fracassos. Salameh — bem, uma pena, mas você se esforçou o máximo. Muchassi — foi uma decisão de campanha válida, embora ele não estivesse na lista. O homem do KGB — não soubemos de nada. Talvez, afinal, vocês não o tenham matado, mas mesmo que tenha acontecido, o que mais podiam fazer? Os russos teriam suas razões para silenciar a respeito. Os jovens terroristas na Suíça e Espanha — não podemos julgar. Eram *mechablim*. Vocês apenas fizeram o que acharam que deviam fazer. Carl, Robert e Hans: uma tragédia, mas o que esperar? Não se pode lutar em uma guerra sem baixas. Sim, vocês deviam ter parado quando receberam instruções para isso, mas podemos compreender por que motivo não o fizeram. Não diremos mais nada sobre isso.

A única coisa diante da qual Efraim sacudiu a cabeça foi o assassinato da mulher em Hoorn.

— Isso foi errado — disse ele. — Lá vocês desobedeceram às ordens, simplesmente. Não me importo com suas razões. Quer ela tenha matado Carl ou não... não duvido de que matou... atirar nela foi um crime. Nós jamais teríamos permitido que fizessem isso.

— Bem, vocês não tinham nada a ver com isso — disse Avner. — Agimos por conta própria. Considere que tiramos uma licença do trabalho.

— Não seja idiota — replicou Efraim, rudemente. — Talvez no cinema isso aconteça.

Foi a única vez que falou em tom de censura, mas, mesmo então, não persistiu.

— De qualquer maneira, o que está feito, está feito — disse ele. — Não temos opção agora. Mas lembre-se, não brincamos com ação não-autorizada. Em geral significa demissão.

Avner não falou. Demissão do quê?, pensou. Não trabalho mais para vocês, de qualquer forma. Mas era mais simples ficar calado.

O único aspecto da missão sobre o qual não forneceu informação detalhada a Efraim foi *Le Group*. Ele não disse nada sobre Louis ou Papa. Era sempre um "contato na rede terrorista" ou um nome codificado que inventava para o bem de Efraim. "Então, telefonamos a Paul", diria, ou então, "telefonamos para Haled". Não era somente por causa do aviso de seu pai para ter sempre uma carta escondida na manga, mas porque Avner continuava a acreditar que fornecer quaisquer detalhes à Mossad seria faltar com a palavra a Papa. Era seu raciocínio — talvez sua esperança — que Papa jamais tivesse faltado com a palavra a ele. Apesar do que acontecera com Carl, Robert e Hans. Posteriormente, Avner não poderia ter contado muita coisa a Efraim, de qualquer maneira. Tudo que ele tinha, realmente, eram alguns números de telefone onde podia entrar em contato ou deixar mensagens para *Le Group*. E talvez a capacidade de tornar a encontrar uma casa, em algum lugar da zona rural francesa, que Papa poderia estar usando, ou não, como seu quartel-general.

Efraim não o pressionou. Todos os agentes gostam de manter seus informantes em segredo. Em parte por segurança, e em parte porque ter contatos representa algo de uma marca distintiva. Assegura a um agente que ele não será substituído por um computador.

Após 72 horas, Efraim abraçou Avner novamente e deixou-o sair do apartamento.

Avner havia visto outros agentes que eram considerados como heróis; agentes com grandes reputações; agentes que todo mundo acatava, embora dificilmente se soubesse, na verdade, o que eles tinham feito. Agora, bastante evidentemente, ele se tornara um tal agente. Podia dizer pela forma como as pessoas davam tapinhas em suas costas, quando ele entrava no quartel-general, depois do interrogatório para resolver alguns importantes assuntos administrativos. Em vários escritórios, pessoas que ele mal conhecia apertavam sua mão quando entregava talões de cheque, documentos, chaves de cofres de segurança e outros pertences da missão. O Avô dos Galicianos resmungou, com aprovação, quando Avner lhe entregou algumas contas e vários milhares de dólares em dinheiro, que ainda tinha de fundos operacionais. Em um encontro breve, até mesmo o novo *memune*, o general Yitzak Hofi,[1] apertou sua mão, com uma expressão que se aproximava de um sorriso.

No entanto, como Avner diria ao seu pai, mais tarde, ninguém se ofereceu, desta vez, para levá-lo de carro até a primeira-ministra.

A informação confidencial deve ter chegado até o pai, na aposentadoria, embora ele não estivesse ciente dos detalhes.

— Ouvi dizer que se saiu bem — falou ele quando Avner entrou no jardim. — Ouvi dizer que acham que você é o favorito.

— Sim — retrucou Avner —, é o que eles acham.

Seu pai ergueu os olhos vivamente.

— Você não? — perguntou.

Avner sacudiu a cabeça.

— Não sei — replicou.

— Não importa — disse o pai depois de uma pausa. — Não importa o que você acha; não importa o que você fez. Hoje você está no topo. Pegue. Pegue agora. Eles lhe darão hoje. Amanhã, esqueça. Amanhã você não será nada.

— Não quero nada que tenham — retrucou Avner. — Não há nada que possam me dar.

Seu pai se ergueu na cadeira.

— Ouça-me — falou. — Você não me ouviu antes, mas ouça-me agora. O que está feito está feito. Poderia ter sido pior, mas você teve sorte. Hoje você tem uma chance. Mas é sua única chance. Somente hoje. Amanhã, eles trancarão os rubis. Nem sequer lhe dirão que horas são. Você ficará sentado aqui, esperando um telefonema, mas esse telefonema jamais virá.

— Mas e se eu não quiser os rubis? — perguntou Avner. — E se eu não estiver interessado em receber um telefonema?

O pai olhou para ele, suspirou profundamente; depois, de súbito, pareceu perder o interesse.

— Não compreende — falou, não tanto para Avner, segundo parecia, quanto para si mesmo. — Você terá que passar por isso, como todo mundo. Depois compreenderá, mas será tarde demais.

Embora o pai não dissesse mais nada, Avner pensou que podia reunir as razões para sua amargura constante. Sua nova esposa, Wilma, morrera um ano antes, depois de uma doença bastante prolongada, devido a um estado que, segundo o pai de Avner, havia se desenvolvido enquanto ele estava preso como espião de Israel. No entanto, ela não era israelense — não era sequer judia — e, portanto, não tinha direito ao seguro de saúde que permitiria um tratamento gratuito. O pai tivera que pagar o tratamento, ele mesmo. Foi, aparentemente, muito caro e lhe custara a maior parte da recompensa que havia recebido depois de sua missão famosa. Apesar de tudo que o pai fizera pelo país, "eles" não contribuíram com um centavo.

Avner não soube de nada disso pelo pai. Como sempre, além de seus comentários vagos, amargos, gerais, ele não dissera coisa alguma a Avner. Foi a mãe de Avner que lhe contou quando ele a viu. Ela comparecera ao funeral de Wilma. Além de alguns *kibutzniks* e do pai, ela era a única pessoa presente quando colocaram o caixão de Wilma na sepultura. Era mais que irônico, pensou Avner. Era bizarro.

A mãe compreendia a amargura do pai em relação a "eles", mas não a partilhava. Naquele país pequeno, sitiado, todos corriam risco; muitas famílias tinham perdido pais, mães, filhos e filhas nas guerras; e se você fosse reconhecer, especialmente, todos que tinham feito sacrifícios especiais, teria de reconhecer a diferença entre o serviço "ordinário" e "extraordinário"? Podia-se perder a vida tão facilmente dirigindo um tanque quanto realizando uma missão secreta. Talvez mais facilmente. Se você fizesse exceções para todos, o país iria à falência.

— Você é um israelense, faz o seu dever — dizia a mãe de Avner. — Não espere uma recompensa. Os judeus têm um país: essa é sua recompensa.

— Bem, Wilma não era israelense — falou Avner.

— Ela fez o que tinha de fazer — disse a mãe com frieza. — Eu fiz o que *eu* tinha de fazer. Acha que foi fácil? Que recompensa tive? Veja bem, eu não pedia nenhuma.

— Mãe, você é uma santa — disse Avner, sem simpatia alguma.

— O que quer dizer: uma santa? Que conversa é essa? Só porque não concordo com seu pai?

— Bem, o pai não é um santo, com certeza — disse Avner. — Essa é a única coisa errada com ele. Você é, e essa é a única coisa errada com você.

Mas ser petulante com a mãe não alterava coisa alguma. A verdade era que, em sua mente, Avner ainda não podia fugir da sensação de que sua mãe estava *certa*. Ela possuía os padrões corretos. O fato de que Avner — ou seu pai — não podiam viver de acordo com eles não era culpa dela.

Ou, por extensão, de Israel.

Avner voltou para Nova York antes do fim de maio. Em sua cabeça, havia tomado sua decisão nessa época, mas não disse nada a respeito a

Efraim em seu último breve encontro, poucas horas antes do vôo de Avner partir.

— Tire algum tempo de folga, descanse, faça o que quiser — disse-lhe Efraim. — Conversaremos sobre sua próxima tarefa quando voltar.

— Certo — disse Avner automaticamente. — Conversaremos.

Na verdade, a pessoa com quem queria conversar não era Efraim, mas Shoshana. Ele conversou com ela na primeira noite de seu regresso a Nova York.

— Há dois anos que você vive na América — disse-lhe Avner. — Gosta daqui?

— Sim, gosto.

— Sente saudades de casa?

— Sim, sinto. Você não? — perguntou ela.

— Sinto e não sinto — respondeu Avner. — Mas acho que não quero mais viver em Israel. Quero que vivamos... bem, talvez na América. O que acha?

— Quer dizer, emigrar? Viver aqui para sempre?

— É — respondeu Avner —, é isso que quero dizer.

Mesmo ao dizê-lo, a enormidade da coisa o atingiu, como deve ter atingido Shoshana. Ambos eram israelenses. Eram *sabras*. Para eles, emigrar não significava exatamente o que significava para um sueco ou italiano. Embora mudar de país, desistindo de uma cidadania por outra, talvez fosse uma grande decisão para qualquer pessoa, para um israelense era uma decisão ainda mais importante. Não era apenas saudar uma bandeira adicional, optar por falar uma língua diferente, ou resolver pagar impostos para um grupo diferente de burocratas. Para um israelense, significava voltar para a Diáspora. Significava rejeitar a terra natal judaica, a idéia pela qual dezenas de milhares de judeus tinham morrido, e centenas de milhares ainda enfrentavam a morte diariamente. Também quase significava desertar diante do inimigo.

No entanto, no fim de maio de 1975, Avner decidira emigrar.

E somente Shoshana poderia ter feito com que mudasse de idéia naquele instante.

— Quer dizer que deixamos de ser israelenses? — perguntou ela.

— Não — Avner sacudiu a cabeça. — Somos israelenses. Como poderíamos deixar de ser o que somos? Se houver uma guerra, ou qualquer coisa, tomarei o primeiro avião para lá. Acredite em mim.

Shoshana deu de ombros.

— Sei disso — disse ela —, mas não é o que quero dizer. Falamos sobre outra coisa.

Ela estava certa. Avner sabia que ela estava certa. Em uma guerra muitas pessoas teriam tomado o primeiro vôo, pessoas que sequer eram israelenses. Emigrar significava alguma coisa diferente. Tinha pouco a ver com o que uma pessoa iria ou não iria fazer por Israel em uma emergência.

— Eu sei — disse-lhe ele. — Apenas não quero voltar a viver lá. Não posso explicar. Não tem nada a ver com o país, ou... ou a idéia ou qualquer coisa.

Shoshana olhou para ele.

— Tem a ver com o seu trabalho? — perguntou.

— Talvez.

— Não estou lhe fazendo perguntas — disse Shoshana —, mas se vamos decidir, decidamos agora. — Olhou para a filha que estava adormecida no berço. — Antes que Geula vá para o jardim-de-infância. Não quero que ela cresça em dois lugares. Ao menos deixemos que ela seja uma coisa ou outra.

Foi quando Shoshana disse isso que Avner compreendeu como a decisão devia ser difícil para ela.

— Não temos que ficar — disse ele. — Falo sério. Se quiser que voltemos, nós voltamos.

— Não — disse Shoshana. — Acho melhor ficarmos.

A decisão foi tomada, realmente, na primeira noite em que Avner regressou de Tel Aviv, embora continuasse falando a respeito durante as semanas seguintes. Avner não ia fazer nada ainda para tornar a decisão oficial, ao menos não no sentido de ir até as autoridades de imigração ou de escrever uma carta de demissão a Efraim. Até onde lhe dizia respeito, não havia, de qualquer modo, nada do que pedir demissão. Ele já havia se demitido dois anos e meio atrás.

Ele separou, contudo, dois meses de aluguel para um apartamento muito maior no Brooklyn. Como surpresa para Soshana, também comprou mobília escandinava muito moderna, o tipo que, sabia, sempre havia sido um sonho para ela em sua sala de estar. Ele usou quase todo o resto do seu dinheiro a fim de comprar os móveis para ela.

— Como podemos ter isto? — perguntou ela, os olhos arregalados de prazer, quando Avner a levou à loja para ver a mesinha de centro e o sofá que ele havia escolhido.

— Não se preocupe — replicou Avner. — Podemos comprar.

O telefonema de Efraim veio antes de Avner sequer ter tido tempo de se mudar para o apartamento maior e os móveis serem entregues.

— Como vão as férias? — perguntou Efraim em hebraico. Avner reconheceu a voz imediatamente.

— De onde está telefonando? — perguntou Avner.

— Estou em Nova York — disse Efraim. — Gostaria de ver você.

— Claro — retrucou Avner. — Por que não vem à minha casa?

— Não, não — disse Efraim. — Não quero incomodá-lo em casa. Por que não vem ao hotel?

Concordaram em se encontrar no saguão, na manhã seguinte, de forma que Avner não teve sequer que perguntar a Efraim que nome ele estava usando. Embora o telefone de Shoshana tivesse pouca probabilidade de estar controlado, e Efraim sem dúvida telefonasse de um telefone público, a precaução era rotina.

— É bom ver você — disse Efraim no dia seguinte, quando se sentaram na pequena sala, bastante velha, do hotel. — Parece descansado. Bem, há outro trabalho que gostaríamos que fizesse.

Não foi uma surpresa. Avner havia refletido sobre isso a noite toda e concluiu que esta era a razão mais provável para Efraim querer conversar com ele em Nova York.

Ele também já havia se decidido, antecipadamente, como responderia. Mas não conseguiu fazer isso de imediato. Na verdade, procurava uma desculpa.

— Este outro trabalho, o que imporia? Seria igual ao anterior? — indagou.

— Não — respondeu Efraim —, não é igual ao outro, de modo algum.

Ele ainda tinha o hábito enlouquecedor, de que Avner se lembrava do seu primeiro encontro, de levar um lenço de papel ao rosto, como se fosse assoar o nariz, mas depois não usá-lo de modo algum.

— É completamente diferente. Em primeiro lugar, seria em um continente diferente. Na América do Sul.

Avner ficou calado.

— A única coisa que seria a mesma — continuou Efraim — é que, novamente, você não poderia levar a família. Essa é a única coisa. Mas poderíamos tomar providências para você vir para casa por, oh, duas ou três semanas, talvez a cada sete meses. Digamos, duas vezes por ano.

— Não — disse Avner.

Ele falou apenas isto: *não*, muito categoricamente.

Efraim ergueu a cabeça com surpresa evidente. Chegou até a soltar uma risadinha fria.

— Bem — falou —, talvez você queira refletir a respeito.

— Não há nada sobre o que refletir. Não quero fazê-lo.

Efraim não disse nada por alguns segundos. Depois colocou a mão no ombro de Avner.

— Ouça, somos amigos — falou. — Qual é o problema?

Avner havia falado mais asperamente do que desejava, talvez porque se envergonhasse um pouco de si mesmo. O que ele estava fazendo? Não era de admirar que Efraim estivesse surpreso: não era comum um comando israelense se recusar a partir em uma missão.

— Muito bem, somos amigos — replicou ele —, por isto estou lhe dizendo. Meu relacionamento familiar não suportará outra viagem como essa. E... bem, não estou interessado mais nisso.

Efraim descruzou as pernas e caminhou para a janela. Ficou lá de pé por alguns segundos, depois voltou-se para Avner.

— Bem, se a resposta é não — disse ele —, e estou realmente triste em ouvir que é não... — interrompeu-se, tentando um tom diferente. — Ouça, talvez a culpa seja minha. Eu lhe telefonei cedo demais. Você precisa de mais tempo para pensar a respeito.

— Não preciso de tempo — retrucou Avner. — Estou contente por ter telefonado, assim pude lhe dizer. Não quero fazê-lo. Certo? Sinto muito.

Efraim tornou a sentar-se.

— Compreendo — falou suavemente. — Talvez pense que não compreendo, mas compreendo. Acredite em mim.

Falava com genuína simpatia na voz, o que piorou muito a coisa. O que Avner achou que seu tom de voz significava era: *Compreendo que tem fadiga de combate. Compreendo que perdeu sua energia. Compreendo que não tem o que é necessário, no fim das contas.* Não com sarcasmo, não como um desafio, mas da maneira como um médico falaria com um paciente. Um paciente com uma doença terminal, que não era sua culpa, mas por quem o médico nada mais podia fazer. Foi o pior momento da vida de Avner. Passando de herói a desocupado, como diria Carl, em dez segundos.

E o que Efraim disse em seguida ainda foi mais devastador, especialmente com o falso entusiasmo em sua voz:

— Escute, não se preocupe — disse ele —, não fique tão acabrunhado. Está certo. Levaremos você e sua família de volta para Israel. Há trabalho suficiente em Israel que você pode fazer. Trabalho igualmente importante.

— Não quero voltar para Israel — disse Avner.

Efraim o encarou.

— Quero ficar em Nova York por algum tempo — repetiu Avner, falando devagar.

— O que quer dizer? — perguntou Efraim. — Você não pode.

— O que quer dizer? Não posso? — falou Avner, erguendo os olhos para encontrar os do seu instrutor. — Quero ficar em Nova York.

— Mas *não pode* ficar em Nova York — disse Efraim, quase como se falasse com uma criança. — Não tem documentos, não tem trabalho, não tem nada. O que fará aqui? — Estendeu as mãos, sacudindo o lenço de papel no ar. — De que diabos está falando?

— Falo de ficar aqui — disse Avner com calma. — Não sei o que farei ainda, e não me importo. Quero ficar com minha família, isso é tudo. Não quero saber de mais nada.

Efraim deu de ombros e fez uma careta.

— Bem — falou —, talvez eu tenha escolhido um mau momento. Nem sequer entendo do que está falando... ao menos, espero não entender. Está me dizendo que será um desses *imigrantes*? Está me mandando de volta para seu pai e mãe a fim de que eu lhes diga isso? Você, *nascido* em Israel, vai deixar o país?

Avner queria dizer "sim", mas não conseguiu. Respirou fundo, mas a palavra não saiu. Era demasiadamente covarde. Simplesmente, não podia enfrentar Efraim e lhe dizer. Não naquele momento.

Talvez, apesar de tudo que tinha resolvido em sua mente, apesar de tudo que discutira com Shoshana, ainda não tivesse tomado uma decisão verdadeira. Talvez jamais tomasse. Ou talvez jamais tivesse coragem suficiente para encarar alguém como Efraim e lhe dizer.

Ou dizer a alguém como sua mãe.

— Não vou deixar o país — disse, desviando olhar. — Eu voltarei, ah, provavelmente. Mas por enquanto... quero apenas ficar longe. Só isso.

— Oh, bem — disse Efraim imediatamente —, se quer ficar longe por uns meses, é uma outra história. Podemos conversar sobre isso. Mas é melhor não falarmos agora. Tenho que ir a Washington por alguns dias. Antes de eu voltar a Israel, falarei novamente com você. Enquanto isso, converse com sua esposa. Estou certo de que sua esposa não quer ficar na América. — Efraim tornou a rir, como se a idéia fosse divertida demais, depois ajuntou: — Eu não queria falar tão asperamente com você. Perdoe-me. Mas eu o compreendi mal. Pensei que dizia que queria ficar aqui para sempre.

Estendeu a mão a Avner.

Avner apertou-lhe a mão, mas ainda não conseguia encarar Efraim.

— Ouça, eu não disse "para sempre", mas quis dizer por alguns anos. Aqui ou na Austrália, não sei. Foi o que quis dizer.

— Conversaremos, conversaremos — disse Efraim depressa. — Mais tarde.

Começou a recolher alguns papéis e a guardá-los na pasta, sem olhar para Avner, mas este não podia simplesmente sair do recinto. Sentia-se encolerizado demais e culpado demais.

— Gostaria... gostaria de jantar conosco? — perguntou a Efraim, encolerizando-se ainda mais consigo mesmo.

Efraim parou de remexer na pasta e olhou para ele.

— Não — respondeu friamente. — Obrigado. Tenho de encontrar outras pessoas.

Não havia mais nada a dizer. Avner não foi diretamente para casa. Deu uma longa caminhada, percorrendo todo o caminho de East Side ao rio Hudson, esquecido da multidão de Manhattan e do trânsito, atravessando com sinal vermelho inúmeras vezes sem sequer olhar ao redor. Ele tentava pensar. O que ele devia ter dito a Efraim? Como explicaria a ele, quando era incapaz de explicar até a si mesmo? *Por que* não queria voltar para Israel?

Ele sempre quisera viver na América. Era porque, patriota como era em relação a Israel, não podia jamais pensar no Oriente Médio como seu lar? Era por causa do *ar*? O ar denso, opressivo, que podia ser frio, mas jamais puro e revigorante? O ar que, úmido ou seco, carregando mau cheiro ou perfume, pendia sobre ele sinistramente, queimava-o, entorpecia-o, atirava areia em seus olhos, mas não o sustentava, como o ar europeu, com uma graça fácil, natural, gentil?

Não. Era mais do que o ar.

Era porque ele havia falhado? Aos seus olhos, ao menos?

Porque ele, o garotinho holandês que queria ser um herói mais que qualquer outra coisa, se tornara afinal um herói por meios ilegais? Porque ele sentia como uma zombaria? Porque todas as vezes que alguém lhe dava um tapinha nas costas ou apertava sua mão ele tinha de se perguntar por que motivo? Tinham eles esquecido Carl, Robert e Hans? O líder da missão voltando sem seus homens — um herói? Sem sequer trazer seus *cadáveres*, quando a tradição do Exército israelense era nunca deixar para trás um companheiro ferido ou morto, nem que fosse preciso arriscar uma dúzia de homens. Um herói, quando perdera a maior parte de seus homens sem conseguir atingir o principal objetivo? Um herói, quando os *mechablim* ainda dominavam a Europa?

Talvez fosse isso que ele devesse ter explicado a Efraim. Mas talvez essa não fosse a verdadeira razão, tampouco. Talvez fosse outra coisa.

Mas, mesmo quando compreendeu, não conseguiu ainda expressá-la. Tentou falar com Shoshana, mas pôde ver, pela expressão de seus olhos, que ele não se explicava claramente. No entanto, naquele instante, ele estava certo. Certo, mesmo se nunca conseguisse fazer com que outra pessoa o compreendesse.

Enquanto estivera em Israel, teve que ser um garotinho holandês. Somente para se sentir *igual* a todo mundo. Talvez isso não fosse verdade para outros israelenses, mas era verdade para ele. Quem poderia dizer por quê? Talvez porque ele não era um galiciano. Talvez porque ele não era como mamãe. Talvez porque ele sempre se sentira mais em casa em Frankfurt. Ou porque não era tão resistente quanto os *kibutzniks*. Mas, a menos que fosse um garotinho holandês, não era ninguém. Ninguém mesmo.

Mas não havia outros países que não exigiam tanto? Onde um homem podia simplesmente ser ele mesmo, viver para si mesmo, sem se sentir de categoria inferior ou culpado? Países que não esperavam que um cidadão fosse um herói? Um *kibutznik*-herói, um pioneiro-herói, um soldado-herói? Países onde um homem não tinha que se sentir inferior se não fosse voluntário para toda missão?

Claro, não era culpa de Israel. Avner nunca imaginou que fosse. Era sua própria culpa. Israel tinha padrões altos, só isso. Algumas pessoas podiam viver de acordo com eles naturalmente — como mamãe —, e muitas outras provavelmente não se importavam. Talvez inúmeros indivíduos nem sequer compreendessem que havia padrões — padrões importantes, heróicos, sacrificiais, para serem seguidos. Podiam esquecer quaisquer padrões. Podiam trabalhar, votar, gritar um com o outro, cumprir seu dever no Exército anualmente e viver perfeitamente felizes em Israel. Não tinham que ser heróis.

Avner tinha que ser. Enquanto estivesse em Israel. Não era culpa de ninguém, a não ser dele mesmo. E não era culpa de ninguém que ele fosse incapaz de consegui-lo. Porque a verdade era que ele não era um herói. Era apenas um tipo comum. Cansado da lorota. Cansado de fingir que era outra coisa. Como teria que fazer em Israel. Ser um herói ou fingir ser um. Não necessariamente como um comando, atacando casamatas, detectando terreno minado, caçando terroristas eternamente, mas talvez como mamãe. Vivendo de uma pequena pensão. Sacrificando uma família. Isolando-se em um *kibutz*. Não pedindo recompensa alguma. Dizendo: os judeus têm um lar, essa é sua recompensa. Esperando que o telefone tocasse.

E vendo os galicianos dividindo os *dumplings*.

Não.

Ele não faria mais isso. Não seria o bom e pequeno Yekke amalucado de Nahariya. Se alguém tentasse empurrar os judeus para o mar, novamente, voltaria e lutaria: nem era preciso dizer isso. Ele voltaria mesmo que tivesse setenta anos. Mas, enquanto isso, ele viveria com sua família como um ser humano normal. Na América.

Efraim telefonou para Avner de Washington alguns dias mais tarde.

— Enquanto pensa no que vai fazer — disse ele —, quero que pense em outra coisa.

— O quê? — perguntou Avner.

— Você ainda está sob contrato.

A princípio, Avner pensou que havia ouvido mal. Estava em um telefone público, tendo telefonado de volta a Efraim em Washington, também em uma cabine telefônica, e havia muito trânsito no bulevar Queens.

— Disse *contrato*? — perguntou. — O que quer dizer?

— A folha de papel que assinou — disse Efraim. — Em meu escritório, lembra-se? Quando voltou em outubro. Você leu e assinou.

Avner recordava muito bem. Lembrava-se de ter assinado uma folha de papel no escritório de Efraim, depois da Guerra do Yom Kippur. Mas não tivera o trabalho de lê-la.

— Quer dizer — perguntou a Efraim — que me fez assinar um papel dizendo que trabalho para vocês para sempre?

Efraim riu.

— Não é tão ruim assim — replicou ele. — É somente um contrato de três anos, renovável, por opção sua, todos os anos. Nós o renovamos enquanto você estava fora do país.

— Espere um minuto — disse Avner, a cabeça girando. — O que quer que eu tenha assinado, como pode renovar se eu estava ausente? Sem minha permissão?

— O que quer dizer com permissão? — falou Efraim. — Não precisamos de sua permissão. A opção é nossa, e tudo que temos que fazer é notificá-lo.

— Mas não notificaram. Eu estava fora do país.

— Bem, notificamos seu arquivo — replicou Efraim. — Tudo está perfeitamente legal, aceite minha palavra de honra. Apenas pense nisso, enquanto estiver refletindo.

— Notificaram meu *o quê*? — disse Avner devagar.

Se Efraim passasse a vida inteira tentando, não poderia ter inventado nada mais calculado para colocar Avner do lado contrário. O maldito galiciano notificou meu arquivo, e agora pensa que me pegou? Por nada deste mundo!

— Vou lhe dizer uma coisa — falou Avner —, você notificou meu arquivo. Agora, mande meu arquivo para a América do Sul. Eu vou ficar em Nova York.

— Não perca o controle — disse Efraim. — Telefonei para lhe contar, só isso. Achei que gostaria de saber.

— Muito bem, já me contou — retrucou Avner. — Agora, deixe-me lhe dizer uma coisa. Não vou a parte alguma, e não voltarei para casa.

— Então, está quebrando o contrato — falou Efraim e desligou.

Na semana seguinte Avner voou para Genebra.

Não ficou no Hotel du Midi, já que usava um passaporte diferente. No entanto, havia entrado em contato com Steve, que estava de volta à Europa em uma missão de rotina, e encontrou-se com ele em seu antigo e predileto Movenpick Restaurant, na manhã seguinte à sua chegada.

— Você está mal, amigo — disse-lhe Steve.

— Por quê? — perguntou Avner.

— Não sei — disse Steve, sacudindo a cabeça. — Mas está encrencado.

— Do que está falando?

— Bem, encontrei Efraim quando ele voltava para casa — declarou Steve. — Ele me disse que havia falado com você em Nova York. Disse que esperara mais de você. Você estava sendo totalmente irracional.

— Quero sair.

— Eu sei — falou Steve —, ele me disse. O que vai fazer?

— Ainda não sei, mas quero pegar meu dinheiro e cair fora. Conversamos sobre isto muito tempo atrás, lembra? Até Carl. Dissemos: quando terminar, iremos embora. Todos dissemos isso.

— Sim, lembro — concordou Steve, balançando a cabeça. — Acho que dissemos isso.

Avner olhou para ele.

— E você? — perguntou.

Steve deu de ombros e desviou o olhar.

— Sou um pouco mais velho que você, companheiro — disse ele, afinal. Tornou a olhar para Avner: — E mesmo que não fosse... — deixou a frase inacabada, depois continuou: — De qualquer maneira, você é quem sabe. Se quer sair, acho que a hora certa é quando se é jovem. Enquanto sua filha ainda não está na escola e tudo mais. Concordo. Mas, sabe, eles vão lhe dar muito trabalho.

— Do que está falando? — perguntou Avner. — De que diabos está falando? Por que *eles* me dariam trabalho? — Não pôde deixar de notar que usava a palavra "eles" exatamente como seu pai. — Eu não fiz nada a eles.

— Não grite comigo — disse Steve. — Tudo que sei é que Efraim era, supostamente, seu amigo e agora está aborrecido com você. Isso é tudo.

— Efraim que vá para o inferno! — exclamou Avner. — Eu vou ao banco.

Foram juntos. Avner tinha outro cofre de segurança com a única chave em suas mãos, onde ainda tinha alguns restos da missão, inclusive dois passaportes extras. Agora, pegou-os para levar para casa, com o mesmo estado de espírito com que soldados levam para casa lembranças das guerras. Depois, disse a um funcionário que desejava encerrar uma de suas contas.

Dentro de alguns minutos, o funcionário voltou com alguns documentos e um pequeno envelope. Avner olhou para o dinheiro em seu interior. Era o equivalente a pouco menos de três dólares.

— Impossível — disse ele, olhando para Steve. — Tem certeza de que é esta conta?

O funcionário tornou a verificar.

— Sim, senhor — disse ele. — Esta é a conta.

— Deve haver algum engano — disse Avner, displicente, porque acreditava nisso, realmente. — Essa conta deveria ter perto de cem mil dólares.

O funcionário tossiu discretamente.

— Está ciente, senhor, de que outra parte tem acesso a esta conta. Parece que houve retiradas... Senhor, quer que eu verifique?

— Quer fazer o favor?

Durante os poucos minutos em que o funcionário esteve ausente do balcão, Steve e Avner não trocaram uma única palavra.

Um funcionário mais idoso, usando um terno escuro e com uma ruga na testa de alguma ansiedade, voltou com o primeiro. Convidou Avner e Steve a entrarem em seu escritório e ofereceu-lhes cadeiras.

— Compreende, claro — disse, olhando o livro-razão —, que foram depositadas quantias nesta conta por uma firma francesa.

— Sim — disse Avner com cautela. Foi essa a "cobertura" original.

O funcionário deu de ombros.

— Bem, é claro que, juntamente com o senhor, essa firma também tinha o direito de sacar. E, há quatro dias, retiraram quase todo o dinheiro. Veja.

Avner olhou.

— Está em ordem? — perguntou o funcionário. — Não há nada errado?

— Não — respondeu Avner, entorpecido. — Não há nada errado.

Estava a ponto de sair do banco quando Steve, que parecia ainda mais abalado pelo que acontecia do que Avner, disse:

— Espere um minuto. — E correu para outro funcionário, pedindo para ver sua própria conta.

Como Avner, ele havia deixado o dinheiro acumulando em Genebra no fim da missão. Agora, respirava fundo, exalando através das narinas como um touro, enquanto esperava, no balcão, que o funcionário voltasse.

Mas a conta de Steve estava intacta. Seu dinheiro, quase cem mil dólares, se encontrava ordenadamente anotado na coluna de crédito.

— Está vendo? — disse a Avner quase acusadoramente, talvez porque estivesse muito aliviado. — Está lá! Está todo lá!

Avner concordou com um gesto de cabeça e saiu do banco. Caminhou, seguido por Steve. No cais, sentou-se em um banco, fitando as ondas encrespadas do Ródano. Steve repetia:

— Não entre em pânico. Não se preocupe.

Mas Avner apenas sacudia a cabeça afirmativamente, e não dizia nada. Mal podia respirar. Havia uma dor aguda em seu estômago, como se alguém o houvesse atingido com uma lâmina cortante. Olhou para as mãos como se pertencessem a outra pessoa: elas tremiam. Os lábios também estavam trêmulos. Por alguns segundos, pôde sentir o corpo inteiro tremer. Queria chorar.

— Acredita nisso? — disse ele afinal a Steve, controlando-se.

— Talvez seja um mal-entendido — disse Steve. — Talvez sacaram o dinheiro porque... porque você está abandonando o trabalho, talvez queiram lhe dar um cheque. Talvez... — parou porque parecia tolice, até para ele mesmo.

— Eu gostaria de saber quem sacou aquele dinheiro — disse Avner. — Porque, eu lhe digo, vou matar cada um deles.

— Não fique nervoso — disse Steve.

Avner o encarou.

— Não ficar nervoso? — perguntou. — O dinheiro não é deles!

— Espere, não fique assim — o companheiro sacudiu Avner pelo ombro. — Vamos, vamos raciocinar por um segundo. Por que não telefona para eles? Melhor ainda, entre em um avião. Agora. Volte e converse com eles.

Avner começava a se acalmar. Sim. Claro. Voltar a Israel. Era isso, exatamente, que eles queriam que fizesse. Era disso que tudo se tratava.

— Compreende — disse a Steve — que devemos serviço militar a eles? Somos oficiais da reserva. Há quanto tempo não realiza sua tarefa? Em minha unidade, são duas vezes por ano.

— Não pensa... — começou Steve, mas Avner o interrompeu.

— Podem me deter por mais de um ano. Legalmente. Até eu fazer o que querem. Enquanto isso, o que Shoshana fará com a menina em Nova York? Sem dinheiro?

— Irei em seu lugar — disse Steve. — Falarei com eles.

Avner não ficou surpreso com o oferecimento de Steve: eles tinham sido parceiros.

— Não — disse-lhe. — Obrigado. Não deve se envolver. Você tem seu relacionamento com eles, eu tenho o meu. Obrigado — repetiu. — Imaginarei alguma coisa.

— Para onde vai? — indagou Steve.

— Voltarei a Nova York — disse Avner e o fez, tomando o primeiro vôo disponível da Swissair e telefonando para Shoshana do Aeroporto Kennedy.

Teve que telefonar-lhe para ir buscá-lo. Ele não tinha dinheiro suficiente para o táxi.

Eles ainda tinham algum dinheiro na conta bancária de Shoshana. Cerca de duzentos dólares.

Foi durante o trajeto de carro de volta do aeroporto que ele contou a Shoshana. Teve que lhe contar: afetava a ambos. Afetava Geula.

— Mas como podem fazer isso? — perguntou Shoshana. — Não é direito.

— Eu sei que não é direito — replicou Avner. — Mas fizeram. Veja bem, talvez não tenham feito. Meu parceiro disse que talvez me enviem o dinheiro para cá.

Avner falou sem convicção, somente para que as coisas parecessem menos tristes por enquanto, mas Shoshana não acreditou.

— Acredita que eles lhe darão dinheiro depois de o terem tirado de lá? — perguntou ela. — Eu não.

— Não há razão para se preocupar por enquanto — disse Avner. — De qualquer maneira, sempre posso dizer a Efraim: você venceu. Onde é a nova missão?

Ainda se encontravam no carro quando Avner disse isso, com Shoshana ao volante. A próxima coisa que ela fez foi desviar para o meio-fio, freando com tanta violência que Avner quase esmagou o nariz contra o vidro.

— Você diz isso a Efraim — falou Shoshana, os olhos brilhando —, e quando eu tiver a primeira chance, prendo suas pernas contra o muro com o carro. Quero ver para que você servirá a Efraim com gesso até os quadris.

Ela falava sério. Avner podia ver isso.

— Calma — disse ele, impressionado pela fúria com que ela atacava naquele momento, tão inesperadamente. — Temos que viver de alguma coisa. Não temos dinheiro, documentos, trabalho. Além disso, somos israelenses, ainda estamos em guerra. Talvez precisem de mim.

— Não assim — falou Shoshana. — Se você quisesse ir, eu não diria uma palavra. Nunca disse. Nunca sequer lhe perguntei nada. Acha que eu não sabia... quero dizer, eu não entendia... mas acha que eu não sabia o que você fazia? Como acha que era esperar por você com o bebê? E não disse nada. Sou uma *sabra* e estou casada com um soldado, era isso que eu dizia a mim mesma. Mas não assim. Prefiro esfregar chão. Eles não vão obrigar você a ir a lugar algum.

— Muito bem, veremos — disse Avner. — Ligue o carro.

Shoshana olhou para ele e começou a se afastar do meio-fio.

— Falei sério — disse ela. — Você ainda não me conhece.

Durante cerca de dez dias Avner não teve notícias de ninguém e não fez qualquer investigação, tampouco. Não estava sequer certo sobre quem contatar ou onde começar a fazer perguntas, a não ser indo a Israel. No passado, ele sempre tivera um canal determinado de comunicação: um número de telefone, um cofre de segurança, um chefe de base em algum lugar. Agora, havia apenas Efraim em Tel Aviv. Não fazia sentido telefonar para Efraim, a não ser para dizer que cedia. E não estava preparado para fazer isso.

Mudaram-se para o novo apartamento porque o primeiro mês já estava pago e tinham dado um aviso no prédio antigo. Como o novo apartamento ficava apenas a alguns quarteirões de distância, o telefone continuou com o mesmo número.

Dois dias depois de terem se mudado, o telefone tocou. Era um dos funcionários de segurança do consulado de Israel em Nova York.

— Há uma carta para você aqui — disse o segurança. — Terá que vir até aqui para lê-la.

— Não pode colocá-la no correio? — perguntou Avner.

— Não. A carta deve ficar aqui — disse o homem da segurança. — Venha até aqui se quiser ler.

Talvez Steve estivesse certo. Talvez fosse um cheque, afinal de contas. Avner tomou o metrô para Manhattan na manhã seguinte.

Não era um cheque. Era um documento de uma página que chegara, evidentemente, em um saco com o resto da correspondência diplomática. Declarava simplesmente que, embora houvesse sido estabelecida uma data para o regresso de Avner a Israel (que, como Avner disse imediatamente ao segurança, era uma maldita mentira), ele não voltara. Por esta omissão eles concluíram, continuava o documento, que Avner havia se demitido (o documento não dizia de quê) e que essa demissão equivalia a uma quebra de contrato. Em tais circunstâncias, não havia quantia alguma devida a Avner, mas desejavam-lhe boa sorte no futuro, com carimbo e assinatura de alguém indecifrável do departamento pessoal.

Avner virou a folha de papel, mas não havia nada do outro lado.

O segurança estendeu a mão e pegou o documento de Avner, depois empurrou um livro-razão para ele.

— Assine aqui, provando que leu o documento.

— O que quer dizer? — perguntou Avner. — Preciso de uma cópia.

— Não há cópias — disse o homem. — Apenas assine aqui, provando que viu o documento, e eu ratifico.

— Não vi o documento — disse Avner, corando.

— Vamos, não me crie problemas. Eu apenas trabalho aqui. Assine aqui, nesta linha.

— Você me obriga a assinar — disse Avner.

O segurança não se moveu.

— De qualquer maneira, obrigado — disse Avner e saiu do consulado.

Ele ia para casa. Não haveria dinheiro, nunca. De forma curiosa, ele se sentia realmente aliviado. Não se importava com os cem mil dólares. Ele fizera o que fizera por cem mil dólares? Se houvesse sido pelo dinheiro, não o teria feito por um milhão. Não tinham que lhe oferecer aquele acordo — ou qualquer outro. Ele fora voluntário. Ele o fizera porque a primeira-ministra e o *memune* lhe pediram para partir em uma missão histórica. Na presença do general Sharon, seu antigo herói, que dissera a Avner: *Gostaria que pedissem a mim*. Por isto ele dissera sim. Nunca lhes havia pedido cem mil dólares. Não lhes pediu nada.

Foi Efraim quem lhe disse o que seria o acordo, como dissera a Carl, Robert, Hans e Steve. Ele lhes dissera:

— Sempre que for à Suíça poderá examinar sua conta e vê-la crescer.

Efraim dissera isto. Avner e seus companheiros jamais sonhariam em lhe pedir. Esse pensamento jamais atravessaria suas mentes.

E, mesmo agora, não era o dinheiro. Sim, seria bom que Shoshana pudesse ficar com os novos móveis escandinavos; teria sido um prazer olhar para o rosto dela quando a cozinha dinamarquesa e o *freezer* lhe fossem entregues. Sim, ele havia passado horas olhando para ela na vitrine da avenue Hoche; sim, ele até sonhara com a cozinha uma vez. Mas não importava. Ele queria o dinheiro apenas para poder fazer o que desejava: ficar na América. Ou ir para a Austrália, ou para a Europa. De forma que não tivesse que vender jornais em Israel a fim de alimentar Shoshana e o bebê. Ou caçar os *mechablim* na América do Sul ou em qualquer outro lugar. Era para isso que os cem mil dólares serviam. Nada mais. E agora que ia demitir-se, de qualquer modo, agora que ele e Shoshana estavam decididos a fazer isso, pelo caminho mais fácil ou mais difícil, a fazer isso de qualquer maneira: que diferença fazia o dinheiro agora? Eles nunca tinham tido dinheiro antes; assim, não teriam dinheiro agora. Estava certo. Era preciso um galiciano como Efraim para pensar que poderia manobrar Avner como uma marionete por uma corda de dinheiro.

Exceto por um problema adicional.

Documentos.

Avner havia viajado por tanto tempo com documentos falsos — documentos fornecidos pela Mossad, ou comprados com o dinheiro da

Mossad, ou feitos por Hans durante a missão — que a idéia de documentos verdadeiros e procedimentos naturais de imigração, com a burocracia interminável e incômoda que envolviam, era quase estranha para ele. Fora do abrigo aconchegante de passaportes diplomáticos e regulamentares, no mundo real de licenças de trabalho e cotas e *green cards* — um mundo que Avner, bastante ironicamente, jamais conhecera durante suas viagens —, a atmosfera era muito fria.

Não sendo um imigrante legal na América, Avner não poderia procurar emprego. No entanto, os duzentos dólares na conta bancária de Shoshana não levariam a família muito longe no verão de 1975. Ele precisava ganhar algum dinheiro. Avner não tinha escolha, exatamente como um imigrante ilegal do México. Juntou-se aos milhares de estrangeiros explorados pelos trabalhos mais subalternos na vasta economia clandestina da América.

Ele nunca pensou naquilo como exploração. Ao contrário, ficou grato pela oportunidade. Se queria alguma coisa para a qual não estava oficialmente autorizado — viver na América —, teria que fazê-lo, por enquanto, em condições muito desfavoráveis. Isso era bastante justo. Não se importava de guiar um táxi ou pintar uma casa por menos dinheiro do que um imigrante legal; e não se importava de fazê-lo por mais tempo. Era apenas que, enquanto dirigia táxis ou pintava casas, começava a compreender, lentamente, que talvez fizesse aqueles trabalhos pela vida inteira.

Depois de Paris, Londres e Roma. Depois do estilo de vida de um agente, tomado emprestado do *jet-set*. Aos 28 anos, a parte mais atraente, mais excitante, mais interessante de sua vida estava acabada. E nem sequer podia falar a respeito. Na mesma idade em que outras pessoas olhavam para o futuro em busca de novas experiências, novos desafios, ele começava uma descida suave em direção à obscuridade. O que ele poderia fazer em sua vida para sequer se aproximar das coisas que havia feito antes?

Não tinha importância. Avner repetia a si mesmo que não tinha importância. Mas também sempre via o pai, sentado na espreguiçadeira, meio adormecido, com moscas pousando na borda do copo de suco de laranja tépido, ao seu lado. Cochilando, sentado, sonhando com rubis. Esperando que o telefone tocasse.

Os empregos ocasionais de Avner vinham até ele através de dois ou três contatos que fizera em suas viagens anteriores a Nova York — um comerciante judeu em Queens, um funcionário da *El Al* com um primo em Nova Jersey —, nenhum deles tendo a menor idéia do passado de Avner. Foi através dos seus contatos que Avner conheceu seu advogado de imigração — um homem idoso, experiente, astuto e nem sequer judeu —, que havia anunciado a idéia de conseguir os documentos de Shoshana primeiro. Haveria uma melhor chance de conseguir a condição de imigrante legal para ela; em primeiro lugar, não havia furos em seu currículo profissional, a Mossad tendo providenciado um emprego civil como uma "cobertura" para ela quando veio para Nova York. Assim que Shoshana recebesse seu *green card*, seria mais fácil conseguir a condição de imigrante legal para seu marido.

Enquanto isso, embora o risco de descoberta e deportação pelas autoridades de imigração fosse pequeno, não podia ser totalmente negligenciado. De uma forma macabra, o pensamento era até divertido: após anos de chefia de uma das operações mais ousadas na Europa, *ex-agente israelense preso por guiar táxi ilegalmente em Manhattan*. Seria a ironia final.

Teimoso e obstinado como Avner era, determinado como Shoshana em não admitir a derrota, em perseverar, apesar de tudo, em passar fome em vez de arrastar-se de volta até aqueles que, até onde lhe dizia respeito, o tinham enganado e traído, admitiria, mais tarde, que durante os difíceis sete meses seguintes ele esteve a ponto de fazer exatamente aquilo. Se Efraim houvesse telefonado de novo, dizendo... dizendo qualquer coisa. *Foi um mal-entendido. Faça mais um trabalho e receberá seu dinheiro. Volte para Israel e lhe pagaremos lá*. Se Efraim houvesse lhe "oferecido uma cenoura", talvez tivesse dado resultado. Mostrava fraqueza e Avner odiava admiti-lo, mas era a verdade.

Mas Efraim não lhe estendeu a "cenoura". Em vez disso, escolheu uma vara.

Aconteceu em novembro, depois de uma hora da manhã. Avner ainda não dormia, mas já estava deitado ao lado de Shoshana com as luzes apagadas. Ouviu o carro parar fora da casa, mas não pensou nada a respeito. Segundos depois, a campainha da porta tocou.

Shoshana acordou.

Avner colocou um dedo sobre os lábios, assim ela não disse nada, mas quase instintivamente saiu da cama e caminhou para o berço onde Geula dormia. Sem fazer ruído, Avner aproximou-se da janela. Não tocou na cortina e não acendeu a luz. Semicerrando os olhos, tentou ver a rua através da abertura estreita entre a cortina e a moldura da janela. Charlie também despertou, mas, tirando inteligentemente uma conclusão do silêncio dos donos, não latiu. Em vez disso, colocou as patas no parapeito da janela ao lado de Avner, tentando ver através da mesma abertura.

A campainha não tornou a tocar. Avner pôde ver um homem — evidentemente, aquele que havia tocado a campainha da porta — voltando ao lugar do motorista de um pequeno carro, estacionado diante do dúplex com as luzes acesas. Era um carro japonês. O homem parecia... era difícil dizer. Podia ser qualquer coisa. Contudo, não era árabe, nem negro, nem oriental. Era um caucasiano.

Avner estava certo de não conhecê-lo. Também estava seguro de que ninguém que conhecia tocaria sua campainha àquela hora. As autoridades de imigração não enviariam um funcionário solitário em um carro estrangeiro, e um funcionário da imigração tocaria a campainha, definitivamente, mais de uma vez. Tinha que ser outra coisa.

O carro japonês se afastou. O que quer que o homem quisesse, pensou Avner, não agia com muita inteligência. Não havia examinado a rua antes de tocar a campainha. Se tivesse, primeiro teria dado volta ao seu carro. O dúplex ficava numa rua sem saída. Na direção em que o homem ia, teria de contornar agora e regressar pelo mesmo caminho antes de deixar a área. Avner podia interceptá-lo facilmente. Ao menos, ver o número da placa do carro.

Afastou a cortina.

O carro japonês vinha descendo a rua com as luzes apagadas. Parecia que, ao compreender que precisaria fazer a volta e passar de novo pelo dúplex, o homem ao volante tivera ao menos o bom-senso de desligar a iluminação sobre a placa do carro. Avner não pôde ver o número. O carro parecia um Toyota último tipo.

Cinco minutos depois, o telefone tocou.

— Há uma mensagem para você à porta — disse uma voz masculina quando Avner pegou o receptor.

O homem desligou imediatamente. Ele falara em inglês fluente, mas Avner achou que com algum sotaque. Um sotaque familiar. Não o surpreenderia se a língua nativa do homem fosse o hebraico.

Avner resolveu agir com cautela. Não achava que a "mensagem" fosse explodir, mas por que arriscar? Tateando perto da porta de entrada, no escuro, ele seria um alvo perfeito para uma emboscada, quer para uma bomba controlada por rádio ou para uma arma. Por que arriscar?

Ele podia esperar até de manhã e ver, então, o que o homem havia deixado em sua porta.

— Não é nada — disse a Shoshana. — Vá dormir.

Mas ele não dormiu muito.

Quando era dia claro e as pessoas começavam a aparecer na rua, Avner se vestiu e deixou a casa através da porta dos fundos. Contornou o quarteirão, depois voltou pela entrada principal. Viu imediatamente o pequeno envelope, enfiado entre a moldura da porta e a porta. Parecia inofensivo. Pequeno demais e fino para uma carta-bomba. Ainda assim, ele o segurou com cautela. Parecia tudo bem. O papel não era poroso, não suava, não tinha cheiro de maçapão.

Avner o abriu cautelosamente. Não havia nada nele a não ser um instantâneo de sua filha. Avner reconheceu a foto que ele mesmo havia tirado no verão. Era a única cópia. Eles guardaram os negativos, mas, por medida de economia, mandaram fazer apenas uma série de cópias para enviar aos pais de Shoshana em Israel. O instantâneo do envelope devia ter vindo dessa série. Não havia outras cópias.

A foto mostrava um *close-up* da filha de Avner, a cabeça inclinada para o lado, olhando para a câmera curiosamente. Dois dedos estavam enfiados firmemente em sua boca.

Alguém havia desenhado quatro círculos concêntricos em sua testa, com um ponto de tinta no centro. Um alvo perfeito.

Sua filha.

Avner tentou permanecer calmo.

Não podiam ser os *mechablim*. Se o tivessem descoberto, não o teriam avisado. Não haveria nada sobre que avisá-lo. Eles tentariam matá-lo, talvez, ou até sua esposa e filha, mas não lhe enviariam instantâneos com alvos desenhados neles.

Sequer poderiam ter-se apossado daquele instantâneo. Ninguém poderia. Ninguém, exceto...

Aquele era um instantâneo que tinham mandado para Israel. Para *Israel*.

Ele não tinha escolha: tinha que mostrá-lo a Shoshana.

— É isto — disse-lhe ele. — Vou voltar. Isto será resolvido, de um jeito ou de outro.

— Não — disse ela —, não vou deixar. Podemos nos esconder. Não me importo. Você não irá. Farei um escândalo. Falarei com o *New York Times*.

— Calma — disse Avner. — Deixe-me pensar. Sabe, nem sequer acho que sejam *eles*. Quero dizer, não meu chefe de instruções. Talvez algum idiota local que queira ser um herói. Se eu voltar e lhes disser...

— Não — disse Shoshana. — Não me importo quem seja. Uma vez voltando, estará de volta. Seu chefe de instruções, que nada! Talvez ele diga: "Desculpe, não sei nada sobre isso. Mas, já que você está aqui, temos um negócio não terminado." Acha que não os conheço? Conheço-os melhor do que você.

Avner olhou para a esposa, espantado. Ela estava certa, claro. Absolutamente certa. Era exatamente o que Efraim diria, quer ele estivesse dizendo a verdade ou não. Quer tivesse sido sua idéia ou de outra pessoa.

— Temos que deixá-la ir para o jardim-de-infância — disse ele. — Não podemos ficar de olho nela dia e noite. Ambos temos que trabalhar. Acho que não tentarão nada, mas podem tentar. Não para feri-la, estou certo, mas... se a levarem de volta não teremos escolha. Deixe-me pensar. Vou telefonar para meu irmão. Farei com que Ber venha para cá e fique conosco.

— Mas como pagará sua passagem? — perguntou Shoshana.

— Não se preocupe — disse Avner —, arranjarei o dinheiro.

Conseguiu o dinheiro simplesmente pedindo-o emprestado ao seu amigo, o dono do táxi que ele dirigia, prometendo pagar em prestações semanais. O irmãozinho, o predileto de mamãe, tinha então 21 anos; havia acabado o serviço militar. Avner mal podia pensar nele de forma diferente do garoto magricela de cabelos claros, de quem *ele* devia tomar conta enquanto fazia seu serviço no Exército. Ele vinha para casa quando tinha uma licença de dois dias e a mãe dizia: "Faça-me um favor, fique com seu irmão esta tarde, preciso fazer compras. Somente por poucas horas."

Ber chegou como programado. Parecia-se exatamente com o pai, pensou Avner, da forma que o próprio Avner não se importaria de parecer: louro, olhos azuis, mais alemão do que um alemão. Só que não era muito alto; o pai, na juventude, havia sido mais alto. Mas o irmãozinho estava em ótima forma: ombros largos descendo vinte centímetros até a cintura estreita, um sorriso arrogante nos lábios bastante finos, petulantes. O menino adorou Nova York, ainda parecia idolatrar Avner e não se importou em tomar conta de Geula.

Duas semanas depois, ele chegou em casa não exatamente lívido, mas bastante trêmulo. Veio para casa segurando apertadamente a mão de Geula, e contou a Avner a seguinte história.

Enquanto esperava que a sobrinha saísse do jardim-de-infância, somente a poucos passos da porta principal, um carro de fabricação estrangeira parou de repente, e dois rapazes saíram. Quando Geula apareceu com o resto das crianças e começou a correr para ele, os dois rapazes se moveram. Um deles ficou de pé diante dele, e o outro tentou pegar a garotinha no colo.

— Então, o que aconteceu? — perguntou Avner, controlando a voz.

— Dois policiais desciam a rua atrás de mim — disse Ber. — Tinham acabado de dobrar a esquina, eu nem sequer os vi. Só soube porque o tipo à minha frente gritou para o outro "polícia" em hebraico e ambos voltaram para o carro.

— Ele gritou "polícia" em hebraico?

— Isso é que foi engraçado — replicou o irmão. — O cara gritar "polícia" em hebraico.

Shoshana e Avner não tinham contado a Ber sobre os problemas de Avner com a Mossad. Ele não sabia de nada. Sua história não poderia ser a reação de uma imaginação fértil demais a um perigo conhecido. Avner o havia prevenido para vigiar a sobrinha como uma águia, somente porque havia muitos crimes de rua em Nova York, inclusive seqüestros e molestadores de crianças.

Não o tipo de aviso que faria surgir uma história de dois jovens gritando "polícia!" em hebraico.

Tinha que ser, até onde Avner acreditava, o que acontecera, realmente.

Só podia haver uma explicação para aquilo.

E somente uma resposta.

Avner começou a trabalhar nela. Durante a semana seguinte, agiu, fazendo tudo sozinho. Era uma operação que tinha de fazer por si mesmo. Não contou nada a ninguém, nem mesmo a Shoshana. Trabalhou devagar, cuidadosa e metodicamente. Trabalhou exatamente como *eles* tinham lhe ensinado, sem deixar pistas, sem despertar suspeitas, observando tudo sem ser observado. Jamais fizera um trabalho melhor, e uma semana depois, estava pronto.

Às dez da manhã de uma terça-feira de janeiro de 1976, ele entrou no consulado de Israel.

— Tem coragem — disse o segurança quando Avner atravessou a porta, acompanhado por uma secretária que protestava. — Tem coragem de entrar aqui assim! Ou talvez tenha voltado para me dar sua assinatura?

Avner tirou um envelope do bolso e colocou-o sobre a mesa.

— Por favor, deixe-me falar — disse ao homem. — Quando eu terminar, você pode falar. Poderá dizer o que quiser. Mas antes de abrir a boca, deixe-me terminar. Vocês tentaram raptar minha filha. Talvez você saiba algo sobre isso, talvez não. Talvez tenha tido alguma coisa a ver com o caso, porque é uma operação de Nova York. Talvez não tenha. Não me importo com isso. Você é o cara que conheço. Torno-o responsável.

Avner abriu o envelope e pegou seis instantâneos de crianças. Espalhou-os diante do funcionário da segurança. As crianças nos retratos tinham de quatro a talvez sete anos. Duas eram meninos, e quatro meninas, em preto-e-branco, fotos tiradas em *playgrounds*, pátios de escolas e na rua.

— Conhece? — perguntou Avner ao homem. — Deve conhecer ao menos uma, porque é sua.

O homem não falou, fitava as fotos.

— Vocês, caras, trabalham aqui — disse Avner. — Vivem em boas casas. Seus filhos vão a boas escolas. Sabe, sei onde você mora e sei qual a escola de seus filhos. Não me importo muito comigo mesmo — continuou Avner — mas, por favor, certifique-se de que nada aconteça com minha filha. Se for esperto, colocará guardas. Providencie para que nada aconteça a ela, nem por acidente. Compreende? Certifique-se de que ela nem sequer caia de um balanço no *playground*. Porque você é o responsável. Se acontecer alguma coisa à minha filha, pegarei cada uma de suas crianças, e deve saber que falo sério.

O segurança encontrou sua voz, mesmo sendo um pouco trêmula.

— Não sei nada sobre o que aconteceu com sua filha — disse ele, abrindo as mãos. — Acredite em mim.

— Você *acredita* em mim — replicou Avner. — Sabe, não sabe. Não me importa. Alguém sabe. Assim, faça um favor a si mesmo e espalhe o aviso. Mostre as fotos. Diga-lhes o que eu disse a você.

Avner ficou de pé e o segurança levantou-se com ele.

— Ouça, está louco — disse o homem. — Devia consultar um médico. Eu lhe digo, está imaginando coisas — continuou falando enquanto seguia Avner até a porta.

Avner não disse nada, mas virou-se ao abrir a porta.

— Você é jovem — disse ele — e não sabe tudo. Sequer me conhece muito bem. Por favor, diga a algumas pessoas sobre isto. Não tente resolver o caso sozinho.

Avner saiu do consulado. Não fez tentativa para mudar-se ou alterar a rotina da família. Por cerca de outro mês não recebeu telefonemas ou cartas. Não houve mais qualquer incidente. Então, um dia, recebeu um telefonema de um velho conhecido da segurança da *El Al*. Em um passado que parecia tão distante quanto cem anos, tinham sido seguranças de vôo, juntos.

— Pediram-me para lhe telefonar — disse o homem. — Pode ir ao hotel em Manhattan na sexta-feira? O mesmo quarto de antes, às dez da manhã? Alguém quer encontrá-lo.

Tinha de ser Efraim.

— Sim — respondeu Avner. — Diga-lhe que estarei lá.

Efraim não apertou sua mão quando ele abriu a porta do seu quarto de hotel na sexta-feira. Ficou de pé a um lado para deixar Avner entrar, depois deu-lhe as costas e caminhou para a janela.

— Há apenas uma razão por que quis ver você — disse ele a Avner sem se virar. — Eu queria lhe fazer uma pergunta. Por quanto tempo acha que nos humilharíamos?

Avner não respondeu. Efraim se virou para olhar para ele.

— Acha que seqüestramos garotinhas? — perguntou. — Pensa que está falando sobre os *mechablim*? Está falando sobre seu *país*!

Até onde dizia respeito a Avner, era um bom desempenho. Era exatamente o que esperara.

— Onde está meu dinheiro? — perguntou.

— Seu dinheiro! — Efraim se aproximou mais de Avner, olhando-o como se o visse pela primeira vez, examinando-o com assombro total. — É sobre seu dinheiro que quer falar comigo? O que aconteceu com você?

— Talvez eu esteja envelhecendo — disse Avner. — Talvez esteja ficando um pouco mais esperto.

— Não acredito que estou falando com você — disse Efraim. — Não acredito que estou falando com um israelense, *qualquer* israelense, esquecendo um homem de seu treinamento, de sua formação. Um homem de sua família, um filho de seu pai, de sua mãe. O que sua mãe diria se pudesse ouvi-lo dizer essas coisas?

Avner se encolerizou.

— Minha mãe falaria exatamente como você — disse a Efraim —, porque ela não estaria bem informada. Você está.

— Desculpe — disse Efraim —, talvez eu seja muito ingênuo. Talvez eu seja um cara muito simples, porque não estou bem informado, tampouco. Talvez eu deva vir para a América e aprender com você. Talvez todo tipo deva exigir algum dinheiro antes de entrar em um tanque. Talvez devamos distribuir certificados de ações antes de cada salto de pára-quedas. Boa idéia, vou sugerir isso. Eu lhe farei justiça, direi a eles que a idéia foi sua!

"Acha que foi o único cara em uma missão perigosa? — Efraim começou a andar, entusiasmando-se com seu tema. — Acha que fez algo especial? Lembra-se de alguma coisa sobre a história do seu país? Sabe quantas pessoas fizeram coisas muito mais perigosas, em condições muito piores? Sabe quantas pessoas perderam membros, quantas pessoas morreram?

"Acha que o dinheiro de Israel é para isto, para lhe proporcionar uma aposentadoria feliz? Seu parceiro não pensa assim, ainda está trabalhando. Ninguém lhe pede para ser um herói, se não tem coragem. Apenas volte e faça a sua parte, como todo mundo. Então, talvez, falemos sobre seu dinheiro."

Efraim calou-se, esperando que Avner falasse, mas Avner não disse nada. Após um silêncio interminável, Efraim disse, afinal:

— Bem, vamos dar o assunto por encerrado?

— Primeiro, quero lhe fazer uma pergunta — disse Avner. — Há três anos, por que me escolheram?

Efraim bufou.

— Boa pergunta — disse ele, zombeteiro. — Eu queria saber a resposta. Mas posso lhe dizer o que pensamos. Achamos... foi o que os caras de sua unidade disseram... que você nunca desistia. Talvez não fosse muito forte e não muito rápido, mas corria sempre. Quando os caras fortes e os caras rápidos jaziam de costas, você ainda corria. Foi o que seu comandante disse. Você é obstinado. E achamos que, talvez, quiséssemos um tipo obstinado.

— Bem, se acharam que eu era obstinado — disse Avner —, por que imaginaram que eu deixaria de exigir meu dinheiro? Por que pensaram que eu deixaria que me enganassem e mentissem para mim, e permitiria que ameaçassem minha família? Se, supostamente, sou obstinado?

— Não há conversa com você — disse Efraim, o rosto vermelho. — Você sempre volta ao dinheiro. Parece que fez tudo por dinheiro.

— Diga isso olhando na minha cara — falou Avner —, porque sabe que nunca pedi nada. Nenhum de nós pediu. Vocês prometeram. E agora vocês me devem, só isso. Não porque fiz alguma coisa, mas porque prometeram. Não sei por que fizeram isso, talvez porque não confiem em ninguém, não acreditem em ninguém... não é verdade? Mas prometeram.

— Prometeram, prometeram — disse Efraim —, é como um garoto de cinco anos! Nunca conheci ninguém como você. Diz que não fez nada por dinheiro; então, qual é o problema? Não fez por dinheiro, não ganhou nenhum. Devia estar feliz.

Avner fitou Efraim por um segundo e depois começou a rir. Não conseguiu se controlar. O que Efraim acabara de dizer era exatamente como uma piada, uma velha piada, que ele recordava de o pai ter contado, muitos anos atrás, quando ainda era um menino, quando ainda viviam em Rehovot.

Um galiciano e um Yekke dividiam um prato de bolo e restavam apenas duas fatias, uma grande e uma pequena.

— Você escolhe — disse o Yekke e o galiciano pegou a fatia grande sem hesitação.

— Isso é típico — disse o Yekke.

— Ora, o que você teria feito? — perguntou o galiciano com a boca cheia.

— Eu teria escolhido a fatia menor, é claro — disse o Yekke.

— Bem, do que se queixa? — perguntou o galiciano. — Foi a fatia que ficou para você.

Era apenas uma velha piada, mas era uma realidade. Até onde Avner podia ver, era a história dos galicianos governando Israel. Não havia nada mais a ser dito. Ele continuou olhando para Efraim, os ombros tremendo de riso contido.

— Do que está rindo? — perguntou Efraim, surpreso, mas Avner apenas balançou a cabeça. — Acho que é isso que acontece quando você dá grandes trabalhos a homens pequenos — disse Efraim.

Ele soava agora genuinamente ofendido.

— Não, está enganado — replicou Avner, caminhando para a porta. — É isso que acontece quando você *engana* homens pequenos. Precisa, realmente, de grandes homens que fechem seus olhos quando você os engana. Como meu pai, talvez. Os homens pequenos não são suficientemente grandes.

— Vejo que vai embora — falou Efraim —, e não o deterei. Vamos esquecer nossas diferenças. Não precisa se preocupar com sua esposa e

filha. Boa sorte para você na América, ou onde quer que termine. Nós lhe agradecemos por tudo que fez por Israel. *Shalom*.
— *Shalom* — respondeu Avner, fechando a porta.
Era uma palavra fácil de dizer. Paz, paz. Mas haveria paz?
Desejou poder ver o futuro.

EPÍLOGO

Esta Conversa no início da primavera de 1976 não foi o último contato que Avner teria com seus antigos superiores. No entanto, realmente pôs um fim aos assuntos que são o tema desta narrativa. Avner se afastou de toda aquela atividade clandestina; mudou de nome e de casa; e, pelo que sei, vive agora com sua família em algum lugar dos Estados Unidos.

Minha única informação de seu parceiro que sobreviveu, "Steve", é que ele, até hoje, continua trabalhando por seu país dentro das fileiras de uma de suas organizações de segurança.

Os três líderes terroristas que a equipe de Avner não teve sucesso em encontrar no decorrer da missão — Ali Hassan Salameh, Abu Daoud e o dr. Wadi Haddad — permaneceram ativos na rede do terror por várias extensões de tempo. O dr. Haddad, cujo afastamento em 1975 da organização de George Habash pode ou não ter sido verdadeiro, continuou arquitetando os principais atos de terrorismo internacional até o início de 1978. Nessa época, foi para um hospital da Alemanha Oriental, onde morreu alguns meses depois, oficialmente de causas naturais. Como organizador foi, provavelmente, sem igual durante a década terrorista. É possível que sua militância tenha excedido a de seu antigo parceiro, o dr. Habash, e que tenha resultado em sua muito comentada separação em 1975. É igualmente possível que seu relacionamento com o dr. Habash tivesse apenas se tornado clandestino como o existente entre o Setembro Negro e a Al-Fatah. Não há evidência de que a morte do dr. Haddad na Alemanha Oriental tenha sido devida a qualquer coisa a não ser à causa declarada publicamente: câncer.

Abu Daoud (Mohammed Daoud Odeh) foi ferido a bala no saguão de um hotel na Polônia, embora não fatalmente, em 1º de agosto de 1981. Artigos publicados sugeriram que o homem que tentou assassinar Daoud — e que, de algum modo, conseguiu escapar depois do atentado — era um agente de Israel. Se foi verdade, isto levanta perguntas interessantes sobre se o serviço secreto israelense se tornou bastante audacioso para estender suas operações — além de coleta de informação — aos países do bloco soviético; locais que costumavam estar estritamente fora dos limites na época da equipe de Avner e, conseqüentemente, abrigo seguro para terroristas. É extremamente difícil operar equipes contraterroristas em países totalitários, onde até atividades triviais como alugar apartamentos, registrar-se em hotéis e pagar contas ao sair deles, alugar veículos são minuciosamente verificadas e muitas vezes severamente limitadas. Além disso, se capturados, os agentes não podem esperar confiar em garantias legais e restrições civilizadas, que protegem até suspeitos de espionagem ou terroristas em democracias ocidentais. As repercussões internacionais dessas operações talvez sejam incomumente severas; a retaliação soviética contra países que planejam penetração hostil talvez seja muito mais vigorosa do que a resposta de nações ocidentais em tais circunstâncias.

Diante disto, um relatório não confirmado de que Abu Daoud foi, realmente, ferido por um agente israelense, mas um agente que agiu por impulso ao ver o infame terrorista em um hotel, em vez de um agente cuja missão na Polônia era assassiná-lo, faz bastante sentido. Embora se pudesse argumentar que agentes cuidadosamente escolhidos e treinados provavelmente não agiriam fora dos perímetros de suas missões, houve exemplos suficientes de agentes fazendo isto, de modo a torná-lo não menos provável do que uma mudança fundamental da política de Israel em relação às operações dentro do bloco soviético. (Também é possível que o atentado contra a vida de Abu Daoud, apesar das declarações em contrário, tenha sido o resultado de uma disputa dentro dos movimentos palestinos — os israelenses acusam o Junho Negro de Abu Nidal — ou que tenha sido preparado pelo KGB.) O único fato que pode ser confirmado, com certeza, é que Abu Daoud foi ferido a bala na Polônia.

Toda a matéria publicada fala, com igual certeza, do assassinato de Ali Hassan Salameh em 22 de janeiro de 1979, em Beirute. Oficialmente, atentados contra a vida de Salameh continuaram durante a década de 1970. Richard Deacon, em seu livro *The Israeli Secret Service*, descreveu dois atentados anteriores, um em 1975 e outro em 7 de outubro de 1976; o primeiro — um atirador de elite israelense disparando, em Beirute, através de uma janela com um rifle telescópico — conseguiu apenas meter uma bala em uma imitação de figura humana. O atentado de 1976, na versão de Deacon, resultou em Salameh criticamente ferido; outras fontes, como David B. Tinnin, relatam apenas o ferimento de um dos amigos de Salameh.

Contudo, em 22 de janeiro de 1979, Salameh e vários guarda-costas morreram em explosão quando sua camioneta Chevrolet passou por um Volkswagen estacionado, às 3h30 da madrugada, perto da esquina das ruas Verdun e Madame Curie, em Beirute. Aparentemente, esse assassinato se tornou possível porque Salameh, que havia sido um alvo excepcionalmente astuto, adotou um modo de vida mais rotineiro após seu casamento, em 1978, com a ex-Miss Universo de 1971: uma beleza libanesa chamada Georgina Rizak. De acordo com a prática tradicional muçulmana, Salameh não se divorciou da primeira esposa, e começou a viajar com alguma previsibilidade entre os quartéis-generais da OLP, a casa de sua primeira esposa e dois filhos, e o apartamento de Georgina na rua Verdun.

O que ele ignorava era que seus movimentos estavam sendo observados por uma agente israelense, fingindo ser uma solteirona inglesa excêntrica, amante de gatos, com o nome de Erika Mary "Penelope" Chambers. Ela havia alugado um apartamento perto do de Georgina na rua Verdun. Alguns outros agentes israelenses alugaram um Volkswagen, carregaram-no com explosivos, e estacionaram o carro no trajeto diário de Salameh para o apartamento da nova esposa. Depois, de acordo com uma fonte, "Penelope" colocou um pequeno radiotransmissor sob o pára-lama da camioneta de Salameh ou (segundo outra fonte) apertou o botão de seu próprio radiotransmissor ao ver o carro de Salameh passando pelo Volkswagen estacionado na rua, abaixo de sua janela. De qualquer maneira, o Volkswagen explodiu, destruindo o carro de Salameh e o Land Rover dos guarda-costas, que o seguia, assim como matando ou ferindo vários passantes.

A morte de Salameh foi oficialmente anunciada pela OLP e devidamente relatada pelo noticiário de TV israelense. Seu funeral foi prestigiado por Yasser Arafat, e a imprensa mundial deu ampla divulgação a uma foto do líder palestino na cerimônia, de pé, abraçando o filho de 13 anos, excepcionalmente bonito, de Salameh, chamado Hassan.

— Perdemos um leão — foram palavras supostamente citadas por Arafat. *The Spymasters of Israel*, de Stewart Steven, publicado em 1980, descreve o assassinato de Salameh com algum detalhe, e um livro de 1983, dos autores israelenses Michael Bar-Zohar e Eitan Haber, *The Quest for the Red Prince*, é parcialmente dedicado a contar novamente a mesma história.

Os fatos que cercam a explosão do Chevrolet de Salameh em 22 de janeiro de 1979, em Beirute, parecem indiscutíveis. Um boato não-confirmado, contudo, insiste que Salameh não morreu na explosão pela simples razão de que não se encontrava no carro quando ele explodiu. (A explosão resultou em suficientes corpos destroçados para tornar esta, ao menos, uma possibilidade teórica.)

Este boato tem muita probabilidade de ser uma continuação da lenda de Salameh, expressando apenas um mito ansioso. Tais mitos surgem, muitas vezes, da lembrança de um vulto revolucionário, especialmente um cuja existência esteve encoberta em mistério durante o período em que viveu e que, é notório, escapou da morte em várias outras ocasiões. Ao mesmo tempo, se Salameh não estava na camioneta naquele dia (um logro bastante rotineiro), os palestinos, assim como os israelenses, tiveram suas razões para fingir acreditar em sua morte. Do ponto de vista dos palestinos, nada manteria Salameh mais seguro do que a certeza israelense de que tinham tido sucesso em matá-lo. A Mossad, por seu lado, talvez tentasse convencer os palestinos de que Israel havia sido bem-sucedido, para dar a Salameh, *se* continuasse vivo, uma sensação de falsa segurança.

Esses ardis, sabe-se, continuam entre serviços secretos contrários *ad infinitum* — embora também seja verdade que, não importa quão convoluta a realidade possa ser, os boatos têm uma forma de serem mais retorcidos ainda. Os únicos fatos conhecidos são que o carro de Salameh explodiu, matando várias pessoas que viajavam nele, e que tanto palestinos quanto israelenses tomaram a postura pública de que o líder terrorista estava morto.

Nas notas, descrevi alguns casos em que minha informação foi diferente da informação apresentada em outra parte. Quando se torna a narrar atividades que, por sua própria natureza, tiveram que ser realizadas secretamente — e em que informação subseqüente pode ser estendida livremente a jornalistas com o propósito único de engano —, seria ousado reivindicar maior exatidão na informação reunida por si próprio do que na informação conseguida por outros.

Dificuldades adicionais surgem quando a lógica ou o senso comum não podem mais ser confiáveis para provar a verdade de qualquer evento relatado, uma vez que mesmo as matérias mais ilógicas ou sem sentido podem resultar verdadeiras. Isto é especialmente verdade no submundo do terror político. Para mencionar apenas um exemplo, o cuidadoso e consciencioso jornalista francês Serge Groussard, sem dúvida com base em informação concedida a ele por fontes normalmente dignas de confiança, apontou Mahmoud Hamshari como responsável pela "execução" de Wael Zwaiter, como parte de uma operação do Setembro Negro.[1] Falsa como era esta informação — e até mesmo improvável diante do fato de que Hamshari e Zwaiter eram companheiros de luta —, pode ter parecido perfeitamente crível em 1973, quando Groussard a publicou pela primeira vez, por causa da tendência dos terroristas de matar uns aos outros em lutas de facções.

É com este aviso de cautela — e não para contradizer outros relatos, mas como assunto de interesse — que me sinto obrigado a salientar algumas outras discrepâncias.

Para começar, compreendo que o nome em código *Wrath of God* ("Ira Divina") que os israelenses parecem ter dado à sua operação contraterrorista depois do massacre de Munique — e que é quase uniformemente confirmado por jornalistas ocidentais, inclusive Claire Sterling, Edgard O'Ballance, David B. Tinnin, e outros — talvez tenha sido inventado depois do fato, quer por repórteres ocidentais ou por seus informantes israelenses. O nome não foi reconhecido, como o código em uso na época da missão, por minhas fontes. (É interessante que os dois escritores israelenses, Michael Bar-Zohar e Eitan Haber, não mencionam o nome em seu livro.)

Os nomes em código "Mike", "Tamar" e "Jonathan Ingleby" — um ou mais deles usados por vários escritores ao descreverem os assassinatos de Zwaiter e Boudia, assim como os incidentes em Lillehammer — não são reconhecidos por minhas fontes. Enquanto "Ingleby" talvez tenha sido uma identidade falsa usada por um agente em Lillehammer, não havia esse passaporte falso em uso, quer em Roma ou Paris. "Tamar" — supostamente a bela loura, namorada do líder da equipe, descrita como estando envolvida na morte de Zwaiter, e como tendo puxado o gatilho pessoalmente em Lillehammer — tem a aura de invenção pura. (Não necessariamente pelos autores que a descrevem, mas pelos seus informantes.) Entendo que a afirmação da presença física do general Zvi Zamir durante os assassinatos de Zwaiter e Boudia é também sem fundamento, enquanto sua presença em Lillehammer é improvável. Juntamente com "Tamar", a pistoleira loura, o comparecimento do chefe da Mossad à cena dos vários assassinatos na Europa se trata de pura ficção. Não é improvável, contudo, que essa ficção audaciosa tenha sido promovida pelos setores de "relações públicas" da Mossad.

Honestamente, a dificuldade que o pesquisador enfrenta neste campo é considerável, e pode até levar à recusa inicial de informação que, mais tarde, prova ser exata. Para usar um exemplo de minha própria investigação, o nome da mulher australiana de Wael Zwaiter em Roma me foi dado, originalmente, como "Jeanette von Braun". Como o nome parecia levemente improvável, e foi-me citado de memória, resolvi não incluí-lo nesta narrativa a menos que pudesse comprová-lo de algum modo. Não encontrando vestígio do nome nos arquivos de jornal, resolvi deixá-lo de lado. O livro já estava terminado quando encontrei comprovação independente do nome Braun a tempo de anotá-lo aqui.

Embora dificilmente de grande importância, tais detalhes ilustram os problemas que todos os escritores enfrentam quando tratam de assuntos que não podem ser comprovados por um telefonema. Com esta explicação acrescento que, segundo minha informação, ninguém fingiu ser um bombeiro para interceptar a linha telefônica de Hamshari; e a bomba não foi colocada na base do telefone "totalmente à vista" de Hamshari ou de seus guarda-costas por alguém fingindo ser um funcionário da companhia telefônica, como relatado por uma fonte.

Voltando a temas mais importantes, embora eu tenha tentado manter minha avaliação de Avner nos bastidores através deste livro, neste ponto talvez seja interessante observar minhas impressões dele.

Durante nossos encontros, achei que era um homem com duas disposições físicas distintas: uma calma imperturbável, quase indolente, alternando-se — praticamente sem aviso — com uma agilidade repentina, como a de um lagarto. Para um israelense, tem muito poucos gestos. Falando ou ouvindo, relaxa e fica quase imóvel; no entanto, quando se move é com uma determinação rápida que pode ser melhor descrita como réptil. A impressão é de um homem que não pensa demais antes de agir — que comanda sem se virar para olhar se os outros o seguem. ("Como entraria nesse prédio?", perguntei-lhe uma vez na Europa apontando para uma zona proibida. "Assim", respondeu, e no instante seguinte, atravessava a entrada.) É meticuloso em seus hábitos pessoais, até o ponto de ter quase uma aparência militar exata, e tende a ser atencioso e generoso em sociedade.

Embora afirme estar satisfeito com a vida familiar pacífica e calma, permanece nele "um desejo pela altura" (uma expressão que tomo emprestada do psiquiatra Andrew I. Malcolm), que a rotina de nove às cinco do cidadão comum dificilmente preencheria. Atividades clandestinas talvez sejam, agora, contra seus desejos expressos, assim como seu critério sensato, mas claramente permanece nele um anseio por experiências cheias de tensão. Em conseqüência, não dou crédito à sua afirmação de que se tornou um contraterrorista somente por causa do alto valor dado ao patriotismo pelos seus companheiros do *kibutz*, do Exército, por sua própria família e por Israel em geral, embora não tenha dúvidas de que foi um fator.

Aceito que a esperança de recompensa financeira não foi um motivo; tampouco ele tiraria qualquer satisfação física do exercício da força física sobre os outros. Que ele tenha se tornado rapidamente um contraterrorista pode ser explicado por outras necessidades. Sua personalidade inatamente aventureira exigia um elemento de perigo para o simples equilíbrio (um tipo de personalidade comumente observado em páraquedistas, corredores de motocicleta etc.); ele também possuía um alto grau de competição que não encontraria saída em qualquer outro talento ou habilidade.

Tais traços de personalidade não desaparecem com a oportunidade de exercê-los. Uma pessoa que precisa brilhar, uma pessoa que exige tensão ou perigo apenas para estar equilibrada não perderá estas necessidades quando circunstâncias ou seu melhor critério a afastam das condições em que pode preenchê-las, nem mesmo se perdeu a coragem ou vontade exigida para entregar-se ao seu preenchimento. O problema ainda é pior se surge em uma idade incomumente precoce, como em atletas profissionais, por exemplo. No caso de Avner, parece-me provável que sua principal razão para contar suas experiências foi que isto lhe permitiu revivê-las.

As opiniões atuais de Avner sobre sua missão estão desprovidas de reconsiderações ou lamentações. Ele afirma não ter tido, nunca, quaisquer sentimentos pessoais de inimizade pelos homens que matou ou ajudou a matar, mas continua a considerar sua eliminação como algo exigido pela necessidade e honra. Ele apóia totalmente a decisão que o enviou e a seus companheiros para a missão, e não tem absolutamente remorsos de qualquer coisa que fizeram.

Enquanto convencido como nunca sobre a correção da missão, não tem mais qualquer opinião sobre sua utilidade. Admite que a missão, de forma alguma, eliminou o terrorismo ou diminuiu ódios e tensões no mundo, mas, no todo, acha que mais pessoas inocentes teriam se tornado vítimas de atos de terrorismo em Israel e na Europa Ocidental se sua equipe e outras não houvessem matado alguns dos principais organizadores terroristas durante os anos 1970. Ele considera o assassinato dos jovens soldados *fedayeen* na Suíça e na Espanha como lamentáveis, mas inevitáveis diante das circunstâncias. Não tem remorsos sobre o assassinato da criminosa na Holanda. E se ela não tivesse morrido na época, ele estaria pronto, até mesmo hoje, para caçá-la por conta própria.

Embora Avner tenha uma profunda sensação de perda pessoal em relação às mortes de seus companheiros — e seja capaz de se emocionar até as lágrimas quando conta as circunstâncias — não se sente responsável pelo que aconteceu com eles. A única exceção é "Carl". Nesse caso, ele acredita, seu desejo de evitar discussão com um homem mais velho muito admirado podia ter toldado seu julgamento como líder, mas salienta rapidamente que nem seus companheiros, nem seu chefe de instruções o censuraram. Como líder designado de agentes, não se esperava que ele exercesse controle sobre seus casos pessoais. Ele era apenas o primeiro entre iguais. De acordo com a natureza da missão, o líder nem sequer tinha o controle único das operações. Em momento algum ninguém sob suas ordens somente correu qualquer risco, como podia acontecer no Exército, mas apenas através de decisões tomadas por todos.

Embora se sinta enganado, e sua confiança na honestidade da elite "galiciana" do poder em Israel esteja completamente abalada — ele acredita agora que eles exigem lealdade total, mas não retribuem com nenhuma, e cinicamente usam jovens confiantes e entusiastas como joguetes, sem respeito por seus sentimentos e bem-estar —, seu patriotismo global como israelense permanece o mesmo. Observando cada conflito, presente ou passado, ele toma o lado de Israel inequivocamente. Entre Israel e seus inimigos, ele permanece ao lado de seu país. Até admite que a elite do poder pode ser orientada por impulsos igualmente patrióticos, mas argumenta que os verdadeiros interesses de Israel não são mais servidos por suas maneiras exclusivas, impiedosas e egoístas. Ele concede que talvez seja da natureza de todas as agências do governo, envolvidas em trabalho clandestino, serem cínicas e implacáveis — com seus funcionários assim como com estranhos —, e que foi, provavelmente, tolice dele esperar outra coisa.

Quando ele tem pesadelos — muito raramente —, centralizam-se em sua infância no *kibutz*. Virtualmente, não tem sonhos tensos sobre o Exército ou a Guerra dos Seis Dias, e nenhum sobre a missão.

Condicionado, como a maioria de nós, aos mitos que foram construídos ao redor das modernas agências de serviço secreto como o KGB, a CIA e especialmente a Mossad, surge a pergunta: por que um jovem comum foi enviado para chefiar uma operação tão extraordinária? Além dos mitos, esta sensação é fortalecida por representações fictícias de superagentes — os James Bonds e Smileys — cujas personalidades vivas, de múltiplas facetas, altamente perfeitas, se tornaram parte de nossas expectativas culturais. Em um nível sabemos que o agente de ficção que combinou a experiência mundana de Maquiavel com as virtudes nobres do rei Artur é meramente o produto da imaginação de alguém. Em outro nível, se encontramos uma pessoa que ousa operar na área de James Bond, e no entanto é notavelmente deficiente em relação aos seus talentos, nós nos sentimos enganados.

A menos que ele seja um monstro psicopata. Esse é outro arquétipo que achamos aceitável. Estamos condicionados ao assassino frio, inescrutável, o pistoleiro da Máfia, o bandido. No entanto, enquanto tanto o bandido brutal quanto o altamente sofisticado e soberbamente motivado superagente podem existir na vida real, eles (especialmente o último) são uma minoria. Apesar da ficção e apesar do mito, minha leitura honestamente sistemática do arquivo me leva a acreditar que a maioria dos funcionários de burocracias de serviço secreto — inclusive a Mossad, apesar das lendas — são pessoas bastante comuns. Isto é rotineiramente confirmado pelos fatos sempre que uma operação clandestina vem à luz — quer seja Lillehammer ou a famosa "Operação Suzana" dos anos 1950, em que agentes israelenses tentaram sabotar instalações ocidentais no Egito, esperando jogar a culpa sobre nacionalistas egípcios.

Diante disto, não é surpreendente que o líder de uma das famosas equipes "vingadoras" da Mossad resultasse ser uma pessoa de gostos, pontos de vista, motivações e talentos bastante comuns. Ao contrário do KGB, a Mossad, em geral, não parece confiar em psicopatas criminosos mesmo para as operações de "negócio sangrento" ou "truques sujos"; parcialmente, sem dúvida por causa do controle e apoio que eles exigiriam. Seria bastante impraticável enviar cinco bandidos com contas bancárias na Suíça para matar terroristas por conta própria; eles teriam que ser estruturados e supervisionados constantemente. Ao mesmo tempo, Einsteins incipientes não representariam bem o papel. Pessoas excepcionais optam, em geral, por contribuir para suas sociedades de maneiras diferentes — ou em condições diferentes quando (raramente) tornam o serviço secreto sua carreira. Isto deixa as pessoas comuns, normais, para a matança.

Ironicamente, enquanto devem ser leais e corajosas, podem ser escolhidas por sua falta de qualidades importantes tanto quanto pelas qualidades que possuem. Evidentemente, não é desejável que estes indivíduos se tornem imaginativos, fanáticos ou ousados demais: imaginação demasiada conduz a dúvidas; fanatismo exagerado à instabilidade; ousadia excessiva à imprudência. Com o risco de minimizar os problemas envolvidos, parece que uma equipe de assassinato contraterrorista tem de encontrar respostas para duas perguntas apenas: como localizar o alvo, e como fugir depois do crime. (A terceira pergunta — como praticar o crime — é determinada, geralmente, pelas respostas das duas primeiras.) A solução para a primeira pergunta, quase invariavelmente, chega através de informantes. A solução para a segunda pergunta — fugir — representa 90% da dificuldade e requer a maior parte das aptidões de organização e preparatórias de qualquer equipe.

O segundo problema pode ser solucionado devido principalmente à dinâmica das sociedades modernas, especialmente urbanas. O anonimato, a mobilidade e a aglomeração das comunidades contemporâneas — mesmo fora dos principais centros populacionais — são tais que provocam uma indiferença nos espectadores e mesmo nas autoridades. Quase ninguém atrai a atenção de alguém. Combinado com um elemento de surpresa e relutância em interferir no que passou a ser considerado como problema de outra pessoa, isso permite, geralmente, vigilância, assim como a fuga após um crime. Poucos assassinos políticos — além de camicases obstinados e indivíduos únicos agindo por conta própria — são presos na cena do crime. Então, tendo se retirado para seus locais de segurança anteriormente providenciados, os assassinos, como suas vítimas, se tornam vulneráveis a pouco mais que traição de um dos seus próprios companheiros. Sem essa traição, o risco de prisão pelas autoridades não é muito grande.

Em minha opinião, o gênio operacional da Mossad — e de outras agências que agem de forma semelhante — jaz no reconhecimento da simplicidade essencial da tarefa. A Mossad talvez tenha sido levada a este reconhecimento pelos próprios terroristas, cujas armas principais têm sido a audácia, autoconfiança, segurança na surpresa e velocidade, e a descoberta de que somente um minuto antes ou depois da ação — ou a distância de um simples quarteirão do cenário da ação — lhes permite fundir-se no anonimato de uma comunidade moderna, livre, instável. O que a Mossad descobriu, evidentemente, foi que estes fatores, enquanto dificultam a prevenção do terrorismo, tornam os terroristas igualmente vulneráveis para os contraterroristas que utilizam as mesmas táticas.

Enquanto é provável que a Mossad tenha mantido diferentes equipes de contraterroristas experimentando métodos diversos de penetração, o segundo golpe de gênio organizacional parece ter sido usar uma equipe — a de Avner — como uma unidade auto-suficiente, apoiada por nada a não ser uma lista e fundos, para abrir seu caminho no submundo da Europa, exatamente da mesma forma que qualquer outra pequena célula terrorista. Este método imitou, provavelmente bastante, a maneira como os grupos terroristas são lançados e mantidos pelos vários países árabes ou do bloco soviético.

Esta aproximação — que pode ter sido experimental — parece ter resultado em uma impressionante vitória inicial, levando alguns estudiosos a suspeitar de que havia uma organização complexa e assustadora, assim como agentes de qualidades pessoais excepcionais, por trás dele. O fato, contudo, parece ser que foi a simplicidade audaciosa no uso de alguns poucos agentes e ex-comandos comuns, com fundos generosos e uma autonomia quase completa, que foi responsável pelo sucesso da operação.

Voltando à questão do tratamento da Mossad de seu próprio agente, os acertos e erros se tornam particularmente obscuros. Supondo que os fatos sejam exatos — pareceria que, por padrões comuns, o agente era desonestamente tratado. Mas não existe uma admissão básica, de que o agente deve estar ciente de que não se pode "deixar" um serviço secreto segundo a própria vontade? Não existe reivindicação de uma lealdade maior? Não existe um contrato implícito de obediência, nenhum acordo implícito para servir de maneira tediosa ou menos importante, quando não se quer mais ser voluntário para um trabalho perigoso? Não se pode dizer que um agente rompeu seu contrato se se recusar? Não estou certo da resposta, mas — enquanto em termos humanos me solidarizo com a desilusão do agente — acho uma indicação tranqüilizadora da liberalidade da Mossad o surgimento de tal disputa, em primeiro lugar. Nenhum agente do KGB esperaria se opor aos seus superiores desta maneira — não se quisesse sobreviver para contar a história.

Além das questões de certo ou errado, um ponto final de interesse talvez seja a vantagem do contraterrorismo. A missão de Avner teve sucesso ou fracassou, afinal? Sugere-se, muitas vezes, que o contraterrorismo não resolve nada; exacerba em vez de reduzir as tensões básicas; aumenta em vez de reduzir os incidentes terroristas, e assim por diante. Estas objeções podem ser verdadeiras. Com certeza, quase um década depois de Munique, durante o período entre agosto de 1980 e novembro de 1981, ao menos vinte atos de terrorismo foram registrados pela Al-Fatah de Arafat, pelo Junho Negro de Abu Nidal, pela Saiqua, a Frente Popular de George Habash, e pelo último "Movimento de Quinze de Maio para a Libertação da Palestina", resultando em 36 mortos e centenas de feridos em Paris, Beirute, Nairóbi, Cairo, Buenos Aires, Istambul, Viena, Atenas, Antuérpia e Roma. No entanto, parece-me que a vantagem do contraterrorismo não pode ser decidida com base no que ele resolve ou deixa de solucionar. Um choque armado nunca "soluciona" coisa alguma, com exceção de um envolvimento militar decisivo como Waterloo, e, mesmo assim, esse tenha talvez apenas adiado as questões por uma ou duas gerações.

O fato trágico é que os mapas do mundo são desenhados a sangue. Nenhuma fronteira já foi delimitada senão através de vitória ou exaustão, a menos que a paz tenha sido imposta às partes guerreiras por uma força superior externa. Enquanto o espírito de luta estiver vivo, as nações não terão escolha senão lutar diariamente, quer um dia de combate "solucione" alguma coisa ou não, porque a única outra escolha é render-se e fracassar. As nações mais antigas foram hipócritas, quando desenharam seus mapas sobre a terra com o sangue de seus ancestrais, ao aplicar padrões de restrição aos países mais jovens — quer de princípios ou de utilidade — que, se fossem aplicados a si mesmas no passado, teriam impedido sua emergência ou sobrevivência, em primeiro lugar.

Isto, ao ser dito, poderia ser confundido com a sugestão de que não existem padrões de restrição na guerra, mas não é a mesma coisa, de modo algum. Pode-se, em termos de justificativa moral, distinguir terrorismo de contraterrorismo, da mesma maneira que se distingue crimes de guerra de atos de guerra. Há padrões; o terrorismo está do lado errado deles; o contraterrorismo não. É possível dizer que a causa palestina é tão honrada quanto a causa israelense; não é possível dizer que o terrorismo seja tão honroso como a resistência ao terror. Posteriormente, tanto a moralidade quanto a vantagem de resistir ao terror estão contidas na desvantagem e imoralidade de não resistir a ele.

Toronto, 16 de junho de 1983.

NOTAS

PREFÁCIO

1. Por exemplo, as descrições físicas e históricas pessoais de algumas das pessoas que aparecem no livro.
2. Embora duas fontes representem um padrão manifesto mais elevado do que apenas uma única fonte, o próprio método pode se tornar algo como um amuleto. No jornalismo americano, em anos recentes, houve a tendência para reduzir o assunto — nas palavras de Michael Ledeen — para: "não se trata de uma coisa ser verdadeira, mas simplesmente de duas pessoas dizerem que é verdadeira".
3. A Conferência de Jerusalém sobre Terrorismo Internacional definiu o terrorismo como "o assassinato deliberado, sistemático, a mutilação e ameaça dos inocentes para provocar medo a fim de obter fins políticos". (De uma declaração lida na sessão de encerramento pelo senador dos EUA, Henry Jackson, noticiada pelo Jonathan Institute, 1979.)

PRÓLOGO

1. As equipes cubanas, sírias e búlgaras estavam, de fato, alojadas na extremidade oposta da Vila Olímpica à equipe israelense. No entanto, a distância total entre a Strassberger Strasse, onde estas equipes se alojavam, e o prédio da equipe israelense não é mais do que quatrocentos metros.

    Para uma planta completa da Vila Olímpica em Munique, consulte *The Blood of Israel*, de Serge Groussard (William Morrow, Nova York, 1975), uma narrativa meticulosamente pesquisada em que confiei em relação a vários fatos neste prólogo.
2. Os ocupantes incluíam cinco atletas, dois médicos e, no apartamento 5, Shmuel Lalkin, o chefe da delegação israelense, que os terroristas desejavam, especialmente, capturar. Groussard e outros argumentaram que os funcionários da segurança israelense que, sabia-se, viajavam com a delegação estavam aparentemente ausentes de seu apartamento (possivelmente o apartamento 6) na noite do ataque terrorista em Connollystrasse.
3. Segundo algumas fontes, o líder do grupo era "Tony". Outras destinam esse papel a "Issa". Edgar O'Ballance (em *Language of Violence*, Presidio Press, Novato, Califórnia, 1979) informa que sua verdadeira identidade é Mohammed

Masalhad, um arquiteto que trabalhou na construção da Vila Olímpica e fora enviado da Líbia porque estava familiarizado com o local. O'Ballance também cita o jornal árabe *An Nahar*, que atribuiu o arremesso da granada de mão a Badran, em vez de Issa, e a matança dos reféns no outro helicóptero, a el-Denawi (*op. cit.*, p. 124). Como salienta O'Ballance, a seqüência exata de eventos, assim como a identidade completa dos terroristas, é muito difícil de estabelecer.

CAPÍTULO 1

1. Agaf Modiin — Bureau de Informações — comumente abreviado para *Aman*. O serviço secreto militar de Israel, *Aman*, nasceu no verão de 1948, como um dos ramos do antigo Sherut Yediot (Serviço de Informação) conhecido como *Shai*. Para descrições detalhadas consultar *The Spymasters of Israel*, de Steart Steven (Hodder & Stoughton, 1981), e *The Israeli Secret Service*, de Richard Deacon (Sphere, 1979).
2. Os *kibutz*, as comunidades agrícolas coletivas, expressavam muito sobre as raízes, o espírito básico, os impulsos sociais mais antigos de Israel. Os primeiros imigrantes, especialmente os membros dos poderosos Segundo e Terceiro Aliyah, chegando entre a virada do século e os meados da década de 1920, vieram predominantemente do Leste Europeu. Trouxeram consigo um conjunto de ideais que eram uma mistura de várias tendências importantes do pensamento político e social europeu do século XIX, inclusive nacionalismo assim como igualdade extrema.

   O movimento do *kibutz*, encarnando muitos dos primeiros impulsos sionistas, alcançou o auge de sua influência na década de 1950. Embora os *kibutzniks* ativos formassem apenas 3 a 5% da população de Israel, seus hábitos, crenças, costumes e maneiras eram exibidos para adulação pública, quase à maneira de símbolos de *status*. A influência política dos *kibutzniks* em Israel era profunda: as estimativas a colocam como de cinco a sete vezes em proporção à população. Segundo Amos Elon (consultar seu estudo brilhante, *The Israelis*, p. 315; Weidenfeld & Nicolson, 1971, a que me referi para este e alguns outros fatos), em 1969, os *kibutzniks* mantinham cerca de 15% dos mais altos cargos políticos e 30% de todas as cadeiras no parlamento.

   Os ideais do *kibutznik* incluíam um culto de resistência, serviço, sacrifício próprio e um elo místico com o solo. O trabalho manual, especialmente o agrícola, era reverenciado. O novo cidadão israelense devia ser direto na fala (muitas vezes até o ponto da rudeza) e simples no vestuário e nas maneiras. Em uma forma de esnobismo às avessas, todos os adornos pessoais, todos os distintivos de posição social ou hábitos formais de fala eram censurados. Embora isto não fosse uma mera afetação — os *kibutzniks* eram resistentes, trabalhavam inacreditavelmente pesado e muitas vezes sacrificavam desejos humanos comuns de conforto, recompensas materiais ou privacidade —, o resultado final era elevar os costumes e maneiras do *kibutznik* para uma nova hierarquia de precedência. Tornaram-se uma espécie de aristocracia, uma elite em Israel.

3. Har-Zion, um *sabra* de terceira geração, nascido em 1934, tornou-se um comando legendário do Exército de Israel, às vezes aventurando-se em incursões privadas em territórios ocupados pelos árabes e matando soldados árabes. Em uma ocasião, foi preso pelas autoridades israelenses (embora solto mais tarde) por ter matado dois árabes que talvez tivessem sido responsáveis pelo assassinato da irmã de Har-Zion. O general Ariel Sharon contribuiu com um prefácio entusiástico para as memórias de Har-Zion, publicadas em 1969.

CAPÍTULO 2

1. A fábrica italiana de armas Pietro Beretta é, provavelmente, um dos mais antigos fabricantes de armas de fogo, tendo sido fundada em 1680. A fábrica começou a se concentrar na produção de pistolas automáticas em 1951, e desde então produziu vários milhões delas, de vários modelos e calibres. Dois dos modelos .22 são vendidos nos Estados Unidos como "Plinker" e "Minx" e são bastante populares, mas o modelo adaptado pelos israelenses se baseia na "Lungo Parabellum" de 9mm projetada pela primeira vez em 1915 para destacamentos especiais da Força Aérea e Marinha italianas. Tem uma estrutura leve de aço ("Ergal") e um depósito de cartuchos especial com capacidade para dez projéteis. Foi posteriormente modificada para uso da Mossad.
2. "Ortega" é um pseudônimo, assim como "Dave".
3. Forma abreviada para *Sherut Habitachon*, às vezes traduzido como o Departamento para a Segurança. *Shin Bet* é para a Mossad o que o FBI é para a CIA, embora a comparação não seja exata. As estruturas operacionais e administrativas das duas agências israelenses são diferentes, sob muitos aspectos, daquelas de suas contrapartes americanas. Tanto a Mossad quanto a *Shin Bet*, assim como a *Aman* e mais duas agências (a Divisão de Investigação Especial da polícia de Israel e o Departamento de Pesquisa do Ministério Exterior), pertencem a um órgão matriz, o Comitê Central de Serviços de Segurança ou *Veada Merkazit Lesherutei Habitachon*, que coordena suas atividades.
4. Iídiche para "ladrão".
5. Eliahu Cohen, provavelmente o agente mais famoso de Israel, assim como o mais bem-sucedido (ao menos, daqueles que foram detectados eventualmente), nasceu em Alexandria em 1924. Durante três anos, entre 1962 e 1965, penetrou nas esferas mais altas do governo da Síria sob o disfarce de "Kamal Amin Taabet", um negociante sírio da América do Sul, e do seu apartamento em Damasco transmitiu dados secretos inestimáveis para Tel Aviv. Foi capturado e enforcado pelos sírios em maio de 1965. A narrativa mais detalhada e erudita das explorações de Eli Cohen é *The Shattered Silence*, por Zwy Aldouby e Jerrold Ballinger, publicada em 1971, em Nova York, por Lancer Books, por acordo com Coward, McCann & Geohegan.
6. Em *The Spymasters of Israel*, Stewart Steven relata como dois ou três agentes israelenses na Europa foram denunciados à polícia, na verdade, como "tipos suspeitos" por causa de sua dificuldade em se fundir na paisagem. "Tendo vivido a vida inteira em *kibutz*, nunca tendo entrado ou se hospedado em um elegante hotel internacional, ficaram completamente perdidos." Neste con-

texto, Steven também salienta que Isser Hareh, o primeiro grande *memune* da Mossad, teve de incluir, com alguma relutância e dúvidas, "boas maneiras" no programa de treinamento para os trabalhadores da Mossad. O próprio Harel era um galiciano modelo; não que isso diminuísse sua estatura como um dos maiores mestres de espionagem do século.

7. Mudar de nome era um costume israelense, e ainda é, até certo ponto. Novos colonos rapidamente tornam seus nomes hebraicos, e outros escolhem novos nomes quase à vontade, significando qualidades que admiram ou desejam possuir. Uma piada sugere que o registro social israelense deveria se chamar *Quem Era Quem*.

8. As-Saiqa (Thunderbolt), Setembro Negro, Al-Fatah, a Frente Democrática para a Libertação da Palestina, a Frente Popular para a Libertação do Comando Geral Palestino, Junho Negro, Juventude Árabe Nacional para a Libertação da Palestina etc. são todos grupos e dissidências de grupos dentro da estrutura complexa e sempre em mudança da Organização para a Libertação da Palestina. Até certo grau, todos são marxistas ou inspirados pelo marxismo, embora talvez não aceitem a interpretação do Kremlin de "socialismo científico" em cada detalhe. Todos defendem alguma forma de terror como aceitável na luta contra Israel. Embora cooperem freqüentemente uns com os outros na luta contra o "imperialismo ocidental" e Israel, também aceitam o terror como um meio de resolver disputas dentro de suas próprias fileiras. O quadro apresentado em Apêndice I, tirado de *P.L.O.: A Profile*, de Avrim Yaniv (Grupo de Estudo das Universidades de Israel para Negócios do Oriente Médio, 1974), representa a estrutura organizacional dos *fedayeen* como existia durante o período coberto por esta narrativa.

9. O dr. George Habash, muitas vezes chamado de "dentista", diplomou-se em medicina na Universidade Americana de Beirute. Como árabe cristão, nascido em Lod (depois Lydda), fazia sentido para Habash adotar uma teoria marxista de libertação para a Palestina, em vez de religiosa em intensidade. A Frente Popular surgiu de uma organização anterior fundada pelo dr. Habash, chamada *Haraka* (Haraka al-Kuamiyyim al-Arab), ou o Movimento Nacionalista Árabe. A Frente Popular foi, decididamente, mais esquerdista e militante do que a Al-Fatah de Arafat (dando à Fatah, em comparação, um crédito bastante imerecido de "moderação"), embora dois anos depois de sua fundação, em 1967, alguns grupos ainda mais militantes e esquerdistas tenham se separado dela, como a Frente Popular de Ahmed Jibril — A Frente Popular Democrática de Nayef Hawatmeh e o Comando Geral. O primeiro foi notável pela sua falta de democracia e popularidade, desde que se calcula que nunca teve mais de trezentos membros. Para mais detalhes sobre o dr. Habash e as origens da Frente Popular, consultar *Language of Violence* (*op. cit.*), de Edgar O'Ballance.

Claire Sterling, em *The Terror Network* (Weidenfeld & Nicholson, p. 39), afirmou que o dr. Habash foi "persuadido" a se "tornar internacional" em 1967 pelo rico *playboy* e editor italiano Giangiacomo Feltrinelli, e que foi com "o dinheiro de Feltrinelli que Habash mandou seu primeiro comando para a Europa Ocidental em 1968". Se isso é verdade, a mão da União Soviética não está longe. Feltrinelli, embora instável demais para controlar confiavelmente, era famoso por ter sido inspirado em muitas de suas idéias pelo KGB através do serviço secreto checo.

10. O dr. Wadi Haddad, outro árabe cristão, era filho de um conhecido erudito árabe. Em 1952, ele fundou uma clínica médica em Amã, em sociedade com o dr. Habash. Segundo Edgar O'Ballance (*op. cit.*, p. 60), os dois médicos "tinham fama de entregar panfletos de propaganda com suas prescrições". Um homem cauteloso e, certamente, um brilhante organizador, Haddad permaneceu como chefe de operação do dr. Habash e o segundo no comando durante alguns anos; depois de se separar de Habash, continuou a organizar as ações terroristas mais espetaculares da década de 1970 até sua morte.

Como salientado antes, é interessante que três dos mais ativos líderes terroristas palestinos, Habash, Haddad e Hawatmeh não sejam muçulmanos. Isto explica, provavelmente, por que todos os três extraíram sua inspiração do marxismo em vez do conceito religioso do *Jihad* ou Guerra Santa contra Israel. É especulação, necessariamente, se é um fator adicional na inimizade considerável entre eles e as facções muçulmanas da luta palestina. Em 1970, por exemplo, o dr. Haddad e a sua família escaparam da morte por pouco, quando a Fatah disparou foguetes contra seu apartamento em Beirute, embora Haddad culpasse, mais tarde, a Mossad pelo atentado.

CAPÍTULO 3

1. Uma possível razão para o assassinato dos 11 atletas olímpicos de Israel, tendo um impacto emocional mais profundo sobre a maioria dos israelenses do que os assassinatos de números até maiores de pessoas igualmente inocentes — isto é, no Aeroporto de Lod — talvez tivesse sido a qualidade misteriosa, simbólica, das figuras esportivas representando uma nação em um evento internacional. Uma tolice de um relações-públicas alemão — um porta-voz oficial do governo anunciando na TV, ao vivo, pouco depois da meia-noite, que a ação dos comandos havia tido sucesso e que todos os reféns israelenses tinham sido salvos — talvez tenha contribuído para a frustração e cólera do povo de Israel quando a verdade foi revelada no dia seguinte. Depois disso, a maioria dos israelenses não confiava que mesmo os *fedayeen* presos fossem julgados, algum dia, pelos alemães. Estavam certos: dentro de algumas semanas, dois guerrilheiros do Setembro Negro seqüestraram um Lufthansa 722 em vôo regular entre Damasco e Frankfurt. Antes de o dia terminar, os alemães ocidentais tinham negociado os três terroristas sobreviventes de Munique pelo jato da Lufthansa e seus passageiros no Aeroporto Pleso de Zagreb, na Iugoslávia.

2. Segundo minha informação, as "equipes assassinas" não "saíram" do Esquadrão 101 de Ariel Sharon, como relatado por diversas fontes, exceto talvez como uma tradição histórica. O grupo original de Sharon, criado no fim da década de 1950 e operando de uma maneira impiedosa (talvez inevitável) contra os *fedayeen* na Faixa de Gaza e outros territórios nas fronteiras de Israel, "desenvolveu-se" de uma tradição anterior de guerra contraterrorista. Mas o pessoal e a organização das equipes de assassinato pós-Munique do general Zamir eram inteiramente diferentes. Embora minha fonte informe a presença

de Sharon durante o encontro no apartamento de Golda Meir no início da missão, parece ter sido apenas uma presença simbólica, possivelmente destinada a elevar o moral operacional. Em 1972, o original Esquadrão 101, seus homens e sua organização, estariam consideravelmente ultrapassados em todo sentido da palavra.

3. Talvez seja artificial sugerir que Israel não adotar a pena de morte talvez tenha custado a vida de Eli Cohen, mas é, no mínimo, uma possibilidade remota. Quando, após a prisão de Cohen, os israelenses propuseram, através de canais não-oficiais, trocar alguns agentes sírios presos por ele, os sírios responderam com indignação que essa troca seria um mau negócio para a Síria. Cohen enfrentava a morte em Damasco enquanto os agentes sírios capturados não corriam perigo de perder as vidas. Zwy Aldouby e Jerrold Ballinger também se referiram a essa resposta síria em uma versão ligeiramente diferente (*op. cit.*, p. 389).
4. Consultar também Stewart Steven (*op. cit.*, p. 262).

CAPÍTULO 4

1. Aparentemente, na noite de 21 de junho de 1965, quatro comandos israelenses entraram no cemitério judaico em Damasco, numa tentativa malsucedida de recolher o corpo de Eli Cohen. Desenterraram o caixão, colocaram-no em um caminhão e quase alcançaram a fronteira libanesa antes de serem descobertos. Embora a patrulha de fronteira síria não pudesse prender os israelenses, forçou-os a fugirem, abandonando o cadáver de Cohen. O incidente é descrito por Zwy Aldouby e Jerrold Ballinger, em *op. cit.*, pp. 425-26.
2. As dúvidas israelenses sobre o assassinato de Kanafani não foram o resultado de quaisquer dúvidas reais sobre seu papel como um líder terrorista. Além do remorso por haver explodido a sobrinha adolescente com ele, matar homens como Kanafani, que em seu papel como escritores, intelectuais e funcionários da imprensa tinham muitos laços pessoais e amizades com comentaristas e jornalistas ocidentais, e cujas personalidades públicas eram, muitas vezes, bastante atraentes, provocou algumas perguntas nas esferas da Mossad sobre o recuo que essa violência poderia engendrar. Estas nunca eram dúvidas *morais*; simplesmente, a opinião de que assassinar intelectuais conhecidos poderia ser contraproducente, não importando o papel deles no terrorismo. No entanto, estas dúvidas não impediram que a Mossad enviasse uma carta-bomba para Bassam Abou Sharif, o sucessor de Kanafani como porta-voz para a Frente Popular, depois de seis semanas da morte de Kanafani. A bomba não matou Sharif, embora o tenha desfigurado permanentemente. (Ver também *The Hit Team*, por David B. Tinnin e Dag Christensen, Future, 1977; Stewart Steven, *op. cit.*, pp. 265-6; e Edgar O'Ballance, *op. cit.*, pp. 87, 90, 145, para opiniões adicionais sobre a morte de Kanafani.)
3. A resposta é conhecida hoje, quer Efraim a soubesse na época ou não. Sem dúvida, havia mais de uma equipe que tinha como alvo, no mínimo, alguns dos mesmos líderes terroristas. A prática, que claramente possui algumas vantagens assim como desvantagens, tem com certeza um precedente histórico.

Para uma narrativa excelente de como os alemães enviaram agentes independentes de dois serviços secretos separados, o *Sicherheitsdienst* e o *Abwehr*, para assassinar os líderes aliados em Teerã, consultar *Hitler's Plot To Kill The Big Three*, por Laslo Havas (Cowlwes, Cambridge, Massachusetts, 1969).

CAPÍTULO 5

1. Segundo Christopher Dobson e Ronald Payne em *The Terrorists* (Material de Arquivo, Nova York, 1979, p. 132), os italianos fugiram da responsabilidade embaraçosa de terem que julgar os terroristas palestinos que se apresentaram como Ahmed Zaid e Adnam Ali Hashan concedendo-lhes "liberdade temporária", com base no fato de que sua bomba "não era adequada para destruir o avião". Os italianos não estavam sozinhos. Edgar O'Ballance cita o ministro da Defesa israelense, Moshe Dayan, como dizendo, em 1973: "Dos 110 terroristas presos até agora no mundo, setenta foram soltos após curto tempo. Não sabemos quanto dinheiro de resgate foi pago, ou que acordos públicos ou secretos as nações fizeram com eles" (*op. cit.*, p. 185). Dayan provou estar certo em 1978, quando o ex-primeiro-ministro italiano Aldo Moro, assassinado pelas Brigadas Vermelhas e já prisioneiro delas, suplicou de seu cativeiro, em uma carta ao governo: "Liberdade (com deportação) foi concedida a palestinos para evitar graves riscos de represálias. Não uma, mas muitas vezes, palestinos presos foram soltos por vários mecanismos. O princípio era aceito..." Moro escreveu isto de sua prisão para persuadir o governo italiano a libertar terroristas presos das Brigadas Vermelhas em troca de sua vida. Afinal, "o princípio era aceito"; o governo italiano havia feito isso antes. Em 1978, contudo, não o fez, e Moro foi morto. (Citado por Claire Sterling em *The Terror Network*, *op. cit.*) Incidentalmente, os nomes de Ahmed Zaid e Adnam Ali Hashan também são citados como "Ahmed Zaidi Ben Naghdadi" e "Adnam Mohammed Ashem". Este pode ser um bom local para dizer que a grafia inglesa dos nomes árabes (ou mesmo hebraica) é altamente idiossincrásica e consagrada por poucas convenções de uso comum. Esta falta de uniformidade, combinada com a tendência árabe (e israelense) de mudar de nomes, selecionando nomes mais longos dos quais somente parte é usada, apelidos, *noms de guerre* etc., destruiu muitas vezes os registros dos serviços secretos e dos jornalistas ocidentais.
2. Vários livros mencionam o assassinato de Zwaiter sem se aprofundar em detalhe algum. Uma descrição elaborada, dada em *The Hit Team*, de David B. Tinnin e Dag Christensen, está em desacordo com minha informação em vários aspectos. Tinnin e Christensen dizem que o general Zvi Zamir foi testemunha do assassinato, de um carro estacionado perto do local. Se isso é verdade, minhas fontes desconheciam o fato. Disseram ser "tolice" diante do menor comentário sobre a idéia de que o chefe da Mossad se exporia de tal maneira. Tinnin e Christensen colocam o carro de fuga abandonado na Via Bressanone, a cerca de trezentos metros da cena do crime. A distância é pouco exata, mas minha fonte de informação coloca o carro na direção oposta, ao longo do Corso Trieste, perto da Via Panaro. (*Existe* uma possibilidade de que Carl, em seu

papel de "varredor", talvez houvesse movido o veículo antes que a polícia o descobrisse, mas é improvável.) O carro de fuga não estava estacionado diretamente em frente à entrada C e, embora uma mulher loura se encontrasse sentada nele em determinado momento, não estava mais no carro quando os assassinos saíram pela porta. (A "mulher loura" deve ter despertado a imaginação de testemunhas, porque ela aparece em mais dois relatos, *The Spymasters of Israel*, de Stewart Steven, e *Language of Violence*, de Edgar O'Ballance, como tendo fugido de carro com os dois assassinos.) Zwaiter voltava para casa *de uma visita* à sua amante, segundo minhas fontes, e não *com* ela, como na narrativa de O'Ballance. Minha opinião é de que os comandos israelenses não foram de carro diretamente para o aeroporto, pegando um vôo de meia-noite em Roma, como no livro de Tinnin e Christensen, e que o tempo que passaram na Itália havia sido bem mais que cinco horas. A alegação de Stewart Steven de que os assassinos, "embora recrutados e treinados pela Mossad, não eram agentes do serviço secreto de tempo integral", coincide com a minha informação, ao menos em um sentido técnico. Mas o ponto de vista de Steven, de que o assassinato foi obra de uma equipe especialmente recrutada para esta determinada ação, não coincide com a minha informação.
3. Aparentemente, Robert pegou uma cápsula deflagrada, embora não a conseguisse encontrar em seu bolso mais tarde, e concluiu que devia tê-la deixado no assento do carro de fuga. Pode ser esta a cápsula que Tinnin e Christensen citam em seu livro, como tendo sido encontrada no carro, embora a descrevam como "um cartucho não deflagrado de arma calibre 22" (*op. cit.*, p. 81).

CAPÍTULO 6

1. Não há, na verdade, qualquer reivindicação da Mossad ter cometido esse tipo de erro algum dia. Erros de outros tipos foram cometidos, em maior quantidade, tempos depois.
2. Embora a Bélgica ainda representasse um papel, na década de 1970 não era de modo algum o ponto central para armas ilícitas que havia sido antes da Segunda Guerra Mundial. Os países do bloco soviético, alguns países do Oriente Médio como a Líbia, algumas nações africanas, assim como vários países comunistas "não-alinhados", como a Iugoslávia ou Cuba, se tornaram muito mais importantes como fornecedores de armas, mesmo se, muitas vezes, somente no papel de intermediários. No entanto, a natureza deste mercado de armas era consideravelmente diferente do antiquado mercado ilegal, que tinha sua mercadoria disponível para particulares. No mercado moderno, embora a posse das armas possa ser ilícita da parte dos usuários finais, o vendedor é quase sempre controlado pelo governo. Neste sentido, a França, os Estados Unidos, a África do Sul, Israel e outros também contribuem para um mercado ilegal de armas, embora, provavelmente, não na escala dos países do bloco soviético, e não, invariavelmente, como uma expressão de política governamental.
3. Não quero dizer que, desde o início da década de 1960 até hoje, toda pessoa que fumava maconha se opunha à Guerra do Vietnã, protestava contra a poluição, exigia salário igual para as mulheres, tentava preservar as espécies em

perigo e assim por diante, ou que estava, ao mesmo tempo, consciente ou inconscientemente, favorecendo os interesses políticos exteriores da União Soviética. Quero dizer que: a) todos estes movimentos serviram como uma área de encenação para minorias violentas desintegrarem as sociedades ocidentais ou mudarem sua natureza provocando medidas repressivas — uma antiga tática comunista — e, b) que minorias substancialmente maiores dentro destes movimentos juntaram-se a eles na crença de que seus motivos freqüentes de discussão, do pensamento linear à matança de baleias, eram tramas ou problemas peculiares do sistema de livre empresa.

Isto criou um clima no Ocidente, especialmente entre 1965 e 1975, em que toda política ocidental tinha que ser executada com referência às crenças e aos interesses especiais destes grupos, mesmo quando, ao fazer isto, havia prejuízo evidente para os interesses mais amplos das sociedades ocidentais como um todo. Ao falar sobre as conseqüências dos esforços de apenas um destes grupos — os defensores do meio ambiente —, Paul Johnson, ex-diretor do *New Statesman*, disse o seguinte em seu livro *Enemies of Society*: "Os efeitos econômicos precisos, em termos de morte e miséria humana do *coup* do grupo ecológico, jamais serão conhecidos... O único ganhador foi o Estado totalitário exemplar, a União Soviética, que viu seu prestígio crescer e seu poder político e militar sobressair, enquanto a riqueza do Ocidente decrescia e sua autoconfiança evaporava-se" (Weidenfeld & Nicolson, Londres, 1977, p. 101).

4. Citada por Clair Sterling, *op. cit.*, p. 274.
5. "Sempre foi surpreendente para mim", observa Richard Pipes, um professor de história de Harvard, "que estes grupos terroristas, entre os quais existem muitos anarquistas que detestam a União Soviética tanto quanto os países capitalistas ocidentais, quase *nunca* atacaram alvos soviéticos. Isto é para mim evidência adicional de que os russos exercem uma considerável influência controladora sobre estes movimentos". (Relato do Jonathan Institute, p. 14, grifo no original.)
6. Poucas coisas mostram mais claramente o desinteresse da Rússia Soviética em ideologia, quando se trata de uma chance para desestabilizar o Ocidente e seus aliados, do que seu apoio aos vários grupos terroristas "negros" neofascistas, quer diretamente ou através de agentes em todo o mundo. Para ter alguns exemplos, consultar, *inter alia*, Claire Sterling, *op. cit.*, especialmente pp. 113-18.
7. Sobre alguns dos fatos que vêm à luz durante os anos 1970, consultar Claire Sterling, *op. cit.*, pp. 286-92. Um livro escrito por Klaus Reiner Rohl, marido da líder terrorista alemã Ulrike Meinhof, também é uma leitura muito interessante sob este aspecto (*Fünf Finger sind keine Faust*, Kiepenheuer e Witsch, Colônia, 1977). "Domínio público" neste sentido significava somente que a informação se tornava disponível e parte dela seria impressa de vez em quando, principalmente em publicações eruditas e especializadas.

Publicações populares, quase sem exceção, não abordariam o assunto senão no fim da década de 1970, e os editores — como sei por experiência pessoal — talvez acusassem um escritor de "preconceituoso" ou de "mentalidade de Guerra Fria" por apresentar relatos documentados do papel da Rússia no

terrorismo internacional. O papel da Rússia Soviética no terrorismo tem sido cercado pelo que o jornalista-autor Robert Moss denominou na Conferência de Jerusalém de 1979 "uma conspiração do silêncio" (Relato do Jonathan Institute, p. 23).
8. Nas palavras de Jean François Revel, "A CIA e o KGB trabalhando juntos, com todo o ouro do Transval, não seriam suficientes, ao menos no atual estado de coisas, para estabelecer-se uma ditadura militar nos Países Baixos ou na Suécia" (*The Totalitarian Temptation*, Penguin, 1978, p. 243).
9. Claire Sterling menciona o exemplo de Libero Mazza, o prefeito de Milão, que deu o alarme sobre jovens italianos que iam para a Checoslováquia para treinamento de guerrilha. "Sua informação foi enterrada e sua reputação arruinada", escreveu a sra. Sterling. "Ele foi exposto na imprensa de esquerda como um exemplo terrível de reação incorrigível, ou pior" (*op. cit.*, p. 289). Pode-se ajuntar que os funcionários que enterraram o relatório de Mazza, em 1970, enterrariam muitos dos seus próprios — e eventualmente Aldo Moro — dentro dos próximos oito anos, quando os terroristas inteiramente treinados começaram a voltar da Checoslováquia.
10. Os funcionários do serviço secreto suíço e alemão ocidental estavam familiarizados com Lenzlinger, que descreviam como "um Feltrinelli em miniatura", embora nunca tenha sido acusado de qualquer delito. Morreu em circunstâncias misteriosas em 1976.
11. O terrorismo é caro; em 1975, as estimativas para o orçamento apenas da Al-Fatah ia de 150 milhões (fontes israelenses) a 240 milhões de dólares (fontes sírias), segundo Walter Laqueur (*Terrorism*, Weidenfeld & Nicolson, 1977, p. 90). A Rússia Soviética, notoriamente deficiente em câmbio exterior, sempre relutou em desperdiçar valiosos dólares americanos ou francos suíços com terroristas estrangeiros; esse dinheiro, que a Rússia tem para propósitos de desestabilização e espionagem, é necessário ao próprio KGB.

Ao contrário, a Rússia Soviética prefere ganhar dinheiro através da venda de armas e serviços. A maioria dos fundos reais para o terrorismo vem de países árabes ricos em petróleo como a Líbia; "impostos" sobre os ganhos de palestinos nesses países; doações de simpatizantes ricos como Feltrinelli, e coletas feitas para os terroristas, muitas vezes sob o disfarce de ajuda humanitária para refugiados, ou fins nacionalistas, da população em geral. (Dobson e Payne relatam que foram levantados 600 mil dólares em 1972 de americanos-irlandeses para o IRA Provisório através de danças e rifas, enquanto várias organizações da Igreja do Ocidente levantaram dinheiro, segundo se sabe, para os terroristas africanos.) O crime comum é o último, mas não o menos importante na lista, como assaltos a bancos e seqüestros para resgate, que têm sido os métodos utilizados pelos grupos terroristas sul-americanos, italianos e alemães. (Consultar *inter alia*, Christopher Dobson e Ronald Payne, *The Terrorists*, pp. 83-100; Claire Sterling, *op. cit.*, especialmente pp. 258-71.)

CAPÍTULO 7

1. Ver também Serge Groussard, *op. cit.*, p. 107.

2. Para uma descrição excelente dos ishutinitas consultar *The Russian Tradition*, de Tibor Szamuely, Secker & Warburg, 1974, pp. 247-49.
3. Fakhri al-Umari, um importante terrorista do Setembro Negro. Edgar O'Ballance o descreve como "o chefe de sua 'divisão de assassinos'" (*op. cit.*, p. 107).
4. Mohammed Daoud Odeh, conhecido como "Abu Daoud", se tornou um dos principais líderes do Setembro Negro desde o seu começo.
5. Ironicamente, Ali Hassan Salameh e Abu Daoud estiveram em Genebra, segundo foi informado mais tarde, durante os últimos dias de setembro de 1972, enquanto a equipe realizava suas primeiras reuniões no Hotel du Midi. A cidade sendo relativamente pequena, podiam ter-se encontrado casualmente ao dobrar uma esquina.
6. Os modelos bem conhecidos: "Star", "Astra" e "Llama". O revólver é o "Ruby".
7. Stewart Steven relata que Hamshari "era cercado por guarda-costas. Eles se encontravam fora do seu apartamento, na porta de entrada e na rua, embaixo" (*op. cit.*, p. 269). Isto não coincide com minha informação, mas está de acordo com os dados iniciais que a equipe recebeu sobre Hamshari, que mais tarde resultaram errados.
8. O dr. Ami Shachori, um *attaché* agrícola, morto enquanto estava sentado à sua mesa em 19 de setembro de 1972. O ferimento fatal foi causado por uma lasca da mesa.
9. Hamshari sobreviveu por mais um mês. Afinal não resistiu aos ferimentos e morreu em 9 de janeiro de 1973.

CAPÍTULO 8

1. Por alguns anos, no início dos anos 1970, o centro operacional do KGB para as atividades terroristas árabes era em Chipre. (Ver também Richard Deacon, *op. cit.*, especialmente a p. 249.) Edgar O'Ballance cita o presidente cipriota Makarios: "Chipre tem seus próprios problemas; não queremos nosso território usado como campo de batalha no conflito árabe-israelense" (*op. cit.*, p. 194).

    Em 10 de abril de 1973, quando o presidente Makarios fez este comentário, mais de meia dúzia de assassinatos, tentativas de seqüestros etc. tinham sido executados pelos árabes, assim como israelenses, em território cipriota. Embora o KGB, eventualmente, mudasse seu centro de ligação com os terroristas árabes para Damasco, Chipre continuou sendo um campo de batalha, em parte por causa de sua localização geográfica. Um dos piores incidentes ocorreu em fevereiro de 1978, quando pistoleiros palestinos, tendo assassinado um editor egípcio, aterrissaram em um avião seqüestrado em Nicósia. O Egito enviou uma força de assalto a Chipre para pegar os terroristas, mas, possivelmente por causa de um erro nas comunicações entre os comandos egípcios e a Guarda Nacional de Chipre, 15 comandos morreram no tiroteio resultante.
2. Viajando com um passaporte sírio, com o nome de Hussein Bashir.

3. Segundo minhas fontes, o envelope continha mil dólares em moeda americana. Se, como relatam alguns escritores, al-Chir "estava sendo financiado, realmente, pelo KGB" (Richard Deacon, *op. cit.*, p. 255), a quantia modesta realça a parcimônia russa nesses casos.

CAPÍTULO 9

1. Uma vez que o principal trabalho de um agente é fornecer informação ao seu país, seu fracasso intencional em fazê-lo, por qualquer que fosse a razão, pareceria uma negligência grave do dever. No entanto, os arquivos das agências de serviço secreto estão cheios de exemplos de dados sendo mantidos em sigilo propositadamente, em um nível ou outro, em vez de serem comunicados. As razões — além de simples traição — variam da negligência a considerações de progresso pessoal dentro de uma burocracia. Talvez um agente preferisse colher os louros pela realização de uma tarefa a arriscar que a glória fosse para outro agente ou departamento.

    Outro exemplo talvez seja que os dados sejam conflitantes com uma teoria favorita ou com a filosofia de uma seção da agência, sendo portanto ocultos. Antes da Guerra do Yom Kippur, um funcionário novo chamado Siman Tov, ligado ao Southern Command Intelligence, apresentou uma análise da situação indicando que os egípcios preparavam-se para hostilidades. Seu relatório — segundo o inquérito público de após-guerra da Agranat Commission — jamais foi além da mesa de seu chefe. Não é, de modo algum, um exemplo raro. Embora possa parecer chocante para estranhos, não é surpreendente que a equipe levasse em consideração a idéia de não comunicar nada ao serviço secreto de Beirute, embora o tenham feito, honradamente, no final.
2. Por exemplo, em 1º de março de 1973 — menos de três semanas antes do encontro de Genebra entre a equipe e seu chefe de instruções —, terroristas do Setembro Negro mataram dois diplomatas americanos e o *Chargé d'Affaires* belga durante a tomada da embaixada da Arábia Saudita em Khartum. O agente da Mossad Baruch Cohen foi morto em janeiro, na Espanha. Durante o mesmo período houve uma tentativa de sabotagem, do Setembro Negro, do acampamento de refugiados do Schonau Castle para judeus-russos, na Áustria.
3. Nessa época, havia uma reunião semanal para altos chefes da Mossad marcada, rotineiramente, para as quintas-feiras.
4. A notoriedade de Tannous e Halesh talvez tenha tido mais a ver com sua aparência do que com o sucesso de suas explorações. Ambas eram enfermeiras cristãs-árabes de uma beleza ardente que, com dois companheiros, seqüestraram um avião belga e levaram-no para Israel, exigindo a libertação de prisioneiros árabes mantidos por Israel em troca do avião e dos reféns. Os comandos israelenses atacaram, matando dois terroristas e prendendo Tannous e Halesh. Ambas foram condenadas à prisão perpétua em Israel, em 1972. Para uma descrição detalhada desta operação, consultar Edgar O'Ballance, *op. cit.*, pp. 110-15.

5. A maioria das fontes associa al-Kubaisi com a Frente Popular para a Libertação da Palestina de George Habash, em vez de associá-lo com a Al-Fatah de Yasser Arafat — isto é, o Setembro Negro. Minhas fontes concordam com isto. Uma vez que o massacre de Munique é considerado como uma operação do Setembro Negro, a inclusão de al-Kubaisi na lista de alvos da equipe enfatiza que a política de Israel de contra-ataques a terroristas era consideravelmente mais ampla do que uma simples ação de vingança contra indivíduos responsáveis por Munique.
6. A idéia de que estar de frente para as vítimas reduz, de algum modo, seu fardo moral é comum para muitos assassinos políticos. Em uma entrevista, em transmissão de televisão pela rede *Global* canadense em 13 de março de 1983, um dos assassinos da Falange que tomou parte no massacre de civis nos campos de refugiados palestinos no verão de 1982 insistiu com o entrevistador que "ele jamais havia atirado em ninguém pelas costas". Evidentemente, aos olhos do assassino, isto tornava sua ação menos criminosa. É possível que assassinos não-políticos tenham crenças semelhantes, mas não estou ciente de qualquer pesquisa sobre o tema.
7. Em seu livro *The Quest for the Red Prince* (William Morrow, Nova York, 1983), os autores israelenses Michael Bar-Zohar e Eitan Haber afirmam que o assassinato de al-Kubaisi na noite de 6 de abril foi retardado por uns vinte minutos porque al-Kubaisi foi abordado por uma prostituta que o levou em seu carro justamente quando ia ser morto. Os assassinos resolveram esperar, pensando que a mulher traria seu freguês de volta ao mesmo local onde o tinha apanhado, e ela o fez, vinte minutos mais tarde. Embora isto dê uma boa história, não coincide com a minha interpretação dos eventos.
8. As testemunhas oculares não seguiram ninguém. Na verdade, sequer viram Robert, que havia parado a uma curta distância, do lado oposto da rua, quando o tiroteio começou. Todos os relatos de testemunhas oculares nos jornais mencionam dois assassinos, não três (por exemplo, consultar *Le Figaro*, 7 de abril de 1973).

CAPÍTULO 10

1. Alguns destes nomes — assim como outros desconhecidos para minhas fontes — foram mencionados por Richard Deacon em *op. cit.*, pp. 257-58. A seqüência de tempo do livro de Deacon difere ligeiramente da minha informação.
2. Edgar O'Ballance observa que um francês chamado François Rangée foi condenado à morte em 1974 por um tribunal de Beirute por ter alegadamente colaborado com os atacantes israelenses (*op. cit.*, p. 174). Minhas fontes de informação ignoram isto. *Le Group* acabou cooperando com a equipe no ataque contra a OLP em Beirute (ver abaixo), mas diz-se que todos os agentes que participaram se retiraram com os israelenses imediatamente após o ataque-surpresa.
3. Depois de Yasser Arafat, chefe da Al-Fatah, e Saleh Khalif (conhecido como Abu Iyad), que era o subchefe da Fatah e chefe do Setembro Negro.

4. Este número pode estar exagerado. Christopher Dobson e Ronald Payne anunciam a morte de 17 guerrilheiros árabes, o que parece um número mais realista (*op. cit.*, p. 212).
5. As fontes variam muito pouco em relação ao número de israelenses mortos e feridos. Alguns relatos sugerem que os helicópteros não tomaram parte na operação como originalmente planejado, mas a necessidade de helicópteros cresceu por causa de um grande número de documentos encontrados na sede da OLP, que tiveram de ser retirados juntamente com algumas vítimas. Segundo estes relatórios, a idéia original era manter o envolvimento de israelenses em segredo e culpar, por todo o episódio, a luta entre facções palestinas rivais, e este plano foi posto de lado apenas porque os helicópteros tiveram que ser utilizados. (Consultar David B. Tinnin, *op. cit.*, p. 96; Stewart Steven, *op. cit.*, p. 247.) Minha informação é de que o logro planejado tinha apenas o objetivo limitado de manter as forças libanesas afastadas do cenário do combate, mantendo sua tradição de não-interferência com as rivalidades palestinas, e Israel não pretendia manter a operação em segredo após sua conclusão bem-sucedida.
6. O ataque-surpresa em Beirute e seu significado são discutidos em detalhe considerável em outras obras. Talvez a única coisa que precise ser acrescentada é que o ataque provou a validade de pequenas operações dos comandos — ao menos em certas situações —, causando quase tanto dano à OLP quanto a invasão do exército israelense do Líbano nove anos mais tarde. Além do mais, fez isso por uma fração do custo em material, dinheiro e em vidas libanesas, palestinas e israelenses. Em vez de manchar, realçou a reputação de Israel. Inegavelmente, os benefícios do ataque a Beirute para Israel tiveram vida curta — mas se a invasão libanesa de 1982 proporcionará benefícios mais duradouros ainda resta ver.
7. Consultar *Le Figaro*, 10 de abril de 1973.
8. O residente do KGB em Atenas não faria, provavelmente, um esforço para manter em segredo seu contato com Muchassi. Vale a pena repetir que a União Soviética (enquanto fez algumas declarações públicas de desaprovação a certas ações terroristas como a de Munique) no todo tentou esconder menos seu papel de apoio ao terrorismo do que a imprensa e governos ocidentais atingidos pela *détente* durante esse período. É um assunto totalmente diferente que o KGB não desejasse ter um confronto direto com a Mossad, assim como a Mossad não desejaria envolver-se com o KGB. Por exemplo, nenhuma equipe consideraria uma tentativa de assassinar um terrorista da OLP enquanto ele se encontrasse no carro do seu contato russo.
9. Por algum motivo, enquanto a maioria das fontes que consultei concordam sobre a maioria dos detalhes (como tempo e local) de outros atos contraterroristas da Mossad, as notícias sobre o assassinato de Muchassi são bastante contraditórias. Richard Deacon, por exemplo, relata como tendo ocorrido em Chipre, em 9 de abril (*op. cit.*, p. 256). Stewart Steven fala em 7 de abril em Chipre e até apresenta o ataque de 9 de abril contra a residência do embaixador israelense em Timor como uma vingança dos palestinos pela morte de Muchassi (*op. cit.*, p. 271). Mas os palestinos tinham pouca probabilidade de se vingar de

um ato que não ocorreria senão três dias depois. Edgar O'Ballance cita a data e o local (12 de abril, Atenas) concordando com minha informação, embora o nome da vítima não esteja de acordo (*op. cit.*, p. 178). Não consegui encontrar notícia alguma sobre o ferimento ou morte de um agente do KGB (ou qualquer russo) em qualquer narrativa publicada.

CAPÍTULO 11

1. Richard Deacon envolve muito Boudia na morte de Baruch Cohen. "Dentro de uma hora ele [Cohen] havia sido morto a tiros: seu assassino não foi outro senão Mohammed Boudia, o homem que ele estava caçando" (*op. cit.*, p. 256). Outras fontes não vão tão longe, quer em termos do envolvimento de Boudia, quer em termos do assunto que levou Baruch Cohen à Espanha. Em sentido geral, os dois homens caçavam um ao outro como parte da guerra sombria entre todos os agentes do terror e contraterror, mas não está confirmado que estavam caçando um ao outro, especificamente, no dia da morte de Cohen, em janeiro de 1973.
2. Para uma descrição detalhada da carreira de Feltrinelli, ver Claire Sterling, *op. cit.*, pp. 25-48. É um retrato frio, inesquecível do neurótico *playboy*-revolucionário.
3. Consultar *Le Figaro*, 29 de junho de 1973. A informação contraditória sobre os movimentos e o paradeiro de Boudia na noite precedente, e na manhã de sua morte, acrescentou à confusão. Christopher Dobson e Ronald Payne relatam que o Renault de Boudia "havia ficado estacionado a noite toda na rue des Fossés Saint-Bernard" e que "por alguma razão confusa, outra amiga de Boudia contou [à polícia] que ela havia passado a noite com ele do outro lado de Paris" (*The Carlos Complex*, Coronet, 1978, p. 25).

    A informação que obtive foi de que a garota em questão disse a verdade à polícia. Boudia *passara* a noite na rue Boinod, no 18º *arrondissement*, e guiou seu Renault para a rue des Fossés Saint-Bernard nas primeiras horas da manhã, onde o havia deixado estacionado enquanto visitava outra moça que vivia perto. O mecanismo explosivo foi colocado durante este tempo. Quando Boudia voltou de sua visita matinal à segunda namorada, perto de 11 horas da manhã, o crime aconteceu.

CAPÍTULO 12

1. As palavras reais de Golda Meir, "Não posso prometer que os terroristas nos deixarão viver em paz. Mas posso, e prometo, que todo governo de Israel decepará as mãos daqueles que querem tirar as vidas de nossos filhos", são citadas por Edgar O'Ballance em *op. cit.*, p. 233. As palavras foram ditas em resposta à ostentação de responsabilidade de Naif Hawatmeh, líder da Frente Popular Democrática, pela atrocidade de Maalot em que morreram 22 crianças israelenses. É interessante observar que Golda Meir, cuja oposição inicial ao contraterrorismo era bem conhecida, e parecia basear-se não somente no medo de possíveis erros e enredamentos diplomáticos, mas em considerações gerais de

conduta civilizada, adotou uma linha muito mais dura em seus pronunciamentos posteriores sobre o tema. Por exemplo, ela disse oficialmente ao Knesset depois do ataque de Beirute: "Foi maravilhoso. Matamos os assassinos que planejavam matar de novo." Citado por David B. Tinnin em *op. cit.*, p. 96.

2. No entanto, um boato sinistro, que provavelmente não tem fundamento, atribui a morte de Alon a uma luta mortífera dentro da estrutura de poder israelense. Considero o boato falso, mais porque nunca houve um vislumbre de evidência de israelenses assassinando uns aos outros do que pelo fato de os palestinos terem reivindicado o "mérito" pela morte de Alon. O que muitas facções palestinas — e possivelmente até os israelenses — fizeram em algumas ocasiões foi reivindicar o "mérito" por atos terroristas que não cometeram, realmente. Pelo princípio de "mate um, assuste uma centena", isto faz sentido: se o verdadeiro propósito do terrorismo é colocar temor no coração do oponente, isso pode ser conseguido roubando "méritos" tão facilmente quanto ganhando-os. No entanto, o boato em relação à morte de Alon é, provavelmente, mais indicativo de uma informação incorreta.

3. Na primavera de 1973 — enquanto fingia ser um membro do Baader-Meinhof —, Avner passou duas noites em uma casa segura com Carlos. Era uma espécie de comunidade em Paris, na Rive Gauche, onde pessoas de todos os tipos — a maioria *hippies*, simpatizantes e seguidores, mais que terroristas — iam e vinham, alguns amontoando-se em cantos, sem ninguém perguntar qualquer coisa a ninguém. Avner até conversou com Carlos, sem grande interesse, uma vez que o venezuelano atarracado não o impressionou muito, e tomou-o por algum anarquista de nenhum interesse para Israel. Presumivelmente, Carlos tampouco se preocupou com Avner.

4. Richard Deacon cita seus nomes como Abdel Hadi Nakaa e Abdel Hamid Shibi (*op. cit.*, p. 262). No entanto, outras fontes afirmam que a explosão não foi causada por agentes da Mossad, e que "a polícia de Roma concluiu que se tratara de detonadores instáveis" que os dois homens carregavam em seu carro quando ele explodiu na Piazza Barberim (Edgar O'Ballance, *op. cit.*, p. 225). Claro, as autoridades italianas tinham uma preferência marcante por encerrar os casos de atos de terrorismo atribuindo-os a causas acidentais, que não apenas as pouparia dos rigores de uma investigação como também de complicações diplomáticas. Ao mesmo tempo, como salientado acima, nenhum lado no conflito do Oriente Médio reivindicou o "mérito" por acidentes ou atos cometidos por uma facção do lado oposto. Minhas fontes afirmam apenas que eles não tiveram nada a ver com a ação em Roma, em junho de 1973; e que, na época, também acreditaram que houvesse sido executada por uma equipe contraterrorista da Mossad. A verdade talvez nunca seja conhecida.

5. David B. Tinnin e Dag Christensen — cuja informação, em muitos aspectos, varia bastante das minhas fontes — proporcionam um relato fascinante do fiasco de Lillehammer em seu livro *The Hit Team*. Muitos detalhes importantes em sua história soam totalmente autênticos. Há algumas exceções, como o uso de uma agente como um dos membros do esquadrão da morte que, segundo minha informação, é altamente improvável (embora ela também seja men-

cionada em outros relatos); e a presença do general Zvi Zamir, chefe da Mossad, na Noruega durante o assassinato, que meus informantes consideram "um conto de fadas".
6. Os versos do poema de Nizar Qabbani neste capítulo são do seu livro *Political Works*, publicado em 1974, citado por Elie Kedourie em *Islam and the Arab World*. Os outros fragmentos são da antologia *Enemy of the Sun: Poetry of Palestinian Resistance*, publicada por Naseer Aruri e Edmund Ghareet (Drum and Spear Press, Nova York, 1970).
7. Não há dúvida de que extremistas sionistas também usam o assassinato político como arma contra estadistas e diplomatas, assim como atos de terrorismo indiscriminados contra não-combatentes. É verdade que muitos sionistas moderados têm clara e inequivocamente condenado os extremistas sionistas — mas os nacionalistas árabes também têm condenado os terroristas árabes em diversas ocasiões. Permanece o fato de que, entre 1944 e o fim de 1948, terroristas sionistas assassinaram lorde Moyne, o ministro residente britânico para o Oriente Médio; conde Bernadotte, o mediador sueco da ONU para o Oriente Médio; Rex Farran, irmão do oficial inglês antiterrorista, major Roy Farran (por um pacote-bomba enviado para a Inglaterra); e tentaram enviar cartas-bombas a outros estadistas britânicos, inclusive Clement Attlee, primeiro-ministro.

Também explodiram o King David Hotel, em Jerusalém, matando 91 pessoas. inclusive 15 judeus, e massacraram 254 velhos, mulheres e crianças no vilarejo árabe de Deir Yassin. Estes atos de terrorismo se somaram ao bombardeamento e matança de oficiais e soldados britânicos e destruição de instalações (inclusive de recreação) na Palestina. Não é preciso dizer que, de modo algum, os atos terroristas sionistas proporcionam justificativa para os atos de terror *fedayeen* subseqüentes (ou contemporâneos); mas também indicam que os enganos morais do tipo mais terrível não são exclusivos de qualquer nação ou movimento.
8. A frase é de Claire Sterling (*op. cit.*, p. 117).
9. A Haganah era uma força judaica de autodefesa antes do estabelecimento do Estado de Israel. Naqueles anos, Papa Salameh era conhecido por façanhas como o assassinato do comerciante árabe Ahmed Latif na rua principal de Jaffa, depois por desenterrar o corpo e recolocá-lo na rua como um aviso aos que colaborassem com os judeus. "Este traidor recebeu a recompensa justa", diziam os capangas de Salameh aos passantes. "Que ele apodreça aqui, e que os cães comam seu cadáver." (Recontado por Michael Bar-Zohar em *Spies in The Promised Land*, Davis-Poynter, 1972.)
10. Consultar Claire Sterling, *op. cit.*, pp. 118-19. Mas, em adição aos comunistas e neonazistas, foi sugerido que Salameh — especialmente nos últimos anos de sua carreira como chefe de segurança da Fatah — talvez tenha colaborado com a CIA, ao menos de forma limitada. (Ver David Ignatius no *Wall Street Journal*, 10 de fevereiro de 1983.) Embora seja altamente improvável que Salameh tenha sido um agente da CIA algum dia — ou sequer tenha sido utilizado pela CIA em operações isoladas —, é possível que ele, um homem tão astuto e sofisticado, tentasse garantir sua própria segurança contra os inimigos israelen-

ses fazendo certos favores a diplomatas americanos ou agentes da CIA. Sem dúvida, a ajuda de Salameh aos americanos em missões no Oriente Médio poderia ser inestimável em certas ocasiões, e talvez eles retribuíssem, às vezes, ajudando Salameh a se manter um passo à frente da Mossad. No entanto, tudo isto é especulação.

CAPÍTULO 13

1. Hilarion Capucci, o arcebispo católico grego de Jerusalém, contrabandeava armas para a OLP. Preso em julho de 1974, foi mais tarde condenado a 12 anos por um tribunal israelense. A Mossad estivera ciente do envolvimento de Capucci com o terrorismo antes de capturá-lo em flagrante, por assim dizer. Tampouco Capucci ofereceu qualquer defesa senão uma reivindicação de "imunidade diplomática" e uma rejeição da jurisdição do tribunal de Israel sobre ele. Mas nenhuma igreja — protestante, católica ou ortodoxa — tem estado imune a tentativas de infiltração soviética, principalmente através da promoção de algum tipo de aliança ideológica entre religião e marxismo.
2. Não consegui encontrar notícia alguma sobre o incidente na imprensa suíça de língua alemã (sobre este assunto consultar também nota 2, capítulo 18).

CAPÍTULO 14

1. David B. Tinnin cita a primeira-ministra Meir: "Não podem me garantir que não haverá um erro, algum dia. Em certo momento, alguns dos nossos serão apanhados. Então, digam-me: o que vamos fazer?" (*op. cit.*, p. 29). Embora esta citação pareça expressar uma preocupação maior com as conseqüências políticas para Israel do que com as vidas de espectadores, é provável que existissem duas considerações presentes, igualmente, na mente de Golda Meir. Na verdade, no curso da história de Israel, vários espiões israelenses e sabotadores foram presos em países estrangeiros; Israel não fez nada, e não aconteceu muita coisa. Muitos países espionam, sabotam, aterrorizam, são apanhados, e não sofrem grandes conseqüências. Alguns diplomatas são expulsos de vez em quando, e talvez sejam trocadas algumas declarações mordazes, juntamente com brandas sanções econômicas por períodos limitados. Israel não tinha razão para acreditar que seria tratado de forma diferente.

CAPÍTULO 15

1. Quando a luta é difícil, muitos terroristas morrem em combate. E algumas terroristas também. A maioria delas, contudo, tem suficiente bom senso para desistir no último minuto, ou não puxar o pino da granada que as explodiria juntamente com seus atacantes e vítimas. Khaled, Halesh e Tannous foram capturadas vivas em situações em que seus companheiros não sobreviveram. Não conheço nenhum caso de um terrorista ter sido preso com vida enquanto suas companheiras morriam lutando.

A líder de uma tentativa de seqüestro de um jato 747 da Japan Air Line explodiu a si mesma por acidente, na sala de coquetel do avião, enquanto segurava a bolsa que continha uma granada de mão. (Como Christopher Dobson e Ronald Payne comentam, com precisão, mesmo se maldosamente, em seu livro: "[ela] devia ter prestado mais atenção à sua granada do que ao champanhe". *The Carlos Complex*, p. 176.) Na verdade, as terroristas morrem em ação principalmente por danos causados a si mesmas ou em situações em que as forças atacantes não lhes dão uma chance para se render.

CAPÍTULO 16

1. Para fazer justiça a Pepe, poucos homens seriam mesmo marginalmente adequados para ser *maridos* de uma agente. É uma experiência comum das agências do serviço secreto que as agentes não possam contar com o tipo de apoio sem perguntas dos maridos que os agentes podem. Portanto, quase invariavelmente, as agentes são solteiras ou trabalham com os maridos. No mínimo, o marido será um agente do serviço secreto.
2. Talvez Hans não estivesse paranóico. O que *Le Group* fazia e quaisquer forças que estavam por trás dele não eram obstáculo para o KGB formar um grupo privado, em alguns aspectos semelhante à organização de Papa, que operou na França até 1978. Chamado *Aide et Amitié*, proporcionou alegadamente ajuda e amizade a terroristas internacionais. (Consultar Claire Sterling, *op. cit.*, pp. 49-69.)
3. Este é o problema perene de todas as operações clandestinas. É impossível buscar informação sem revelar o fato de que se está procurando informação; é impossível encontrar um informante sem que ele o conheça; é impossível ver sem ser visto. Pode-se tomar precauções somente para reduzir o risco; não se pode eliminá-lo totalmente. Um agente só poderia estar perfeitamente seguro se não tentasse descobrir nada. O que, realmente, é a razão por que "dorminhocos" ou "toupeiras" podem passar, às vezes, décadas sem serem descobertos: não fazem nada, apenas esperam ser ativados por seus chefes. No minuto em que são, sua vida como agentes se torna bastante finita.

   Confiar em informantes "regulares" em vez de particulares como *Le Group* não reduz o risco. Oficialmente, Baruch Cohen foi morto enquanto sentado na calçada de um café com um informante árabe conhecido dele, que buscava no bolso o que Cohen acreditava ser uma lista de nomes. Em vez da lista, o árabe sacou uma arma e deu quatro tiros nele. (Ver Christopher Dobson e Ronald Payne, *The Carlos Complex*, p. 25.)
4. Entre novembro de 1971 e setembro de 1973, o Setembro Negro — o grupo terrorista responsável por Munique — reivindicou, no mínimo, a responsabilidade por 14 atos de terrorismo, a maioria deles na Europa Ocidental. No entanto, após o outono de 1973, não houve mais ataques do Setembro Negro na Europa e somente um — uma tentativa de assassinato do rei Hussein em Rabat em 11 de outubro de 1974 — no Oriente Médio. Enquanto é impossível dizer se o cessar das atividades do Setembro Negro na Europa se deveu à perda de nove organizadores importantes entre outubro de 1972 e junho de 1973 —

é uma suposição melhor que foi, principalmente, por causa da política interna da OLP depois da Guerra do Yom Kippur —, também é verdade que a equipe de Avner poderia concluir disso, justificadamente, que sua operação teve um efeito. Especialmente, uma vez que era nisto que eles queriam acreditar.

CAPÍTULO 17

1. Tais conseqüências psicológicas são, provavelmente, o resultado inevitável para maior segurança sempre que uma equipe é enviada em uma missão sem contato regular com sua base natal. Não ter que se comunicar reduz as chances de detecção, e — para agentes experimentados — a autonomia pode acentuar a eficiência. No entanto, isto talvez seja compensado por sentimentos de insegurança e falta de sentido quando as coisas vão mal. A história das operações de comandos, clandestinas, está cheia de exemplos de dúvidas, pressão psicológica, sentimentos de inadequação ou de ações equivocadas. Essa autocondenação pode ser justificada, mas também observada quando — do ponto de vista do observador objetivo — os agentes fizeram a única coisa que poderiam ter feito em termos de sua missão.
2. Não encontrei registro algum do incidente na imprensa espanhola. Como no caso de Glarus, razões de segurança impediram um inquérito direto das autoridades. Minhas fontes concordaram em cooperar sob a condição de que nenhuma força policial ou de segurança fosse avisada, em relação à investigação que era feita sobre o caso. Como resultado, posso apoiar certas alegações neste relato somente por minha confiança em fontes cuja exatidão pude verificar em outros aspectos.
3. Juntamente com a explosão do jato da Pan American em Roma, em 17 de dezembro de 1973, resultando na morte de 32 passageiros, surgiu Abu Nidal como o líder terrorista responsável pelo maior número de mortes. Abu Nidal, um renegado do Setembro Negro, e Yasser Arafat "condenaram" oficialmente um ao outro à morte, embora na época deste escrito nenhuma "sentença" houvesse sido executada. Em 1983, quando o sócio mais íntimo de Arafat, o dr. Issam Sartawi, foi assassinado em Portugal, a imprensa ocidental atribuiu o crime a Abu Nidal, embora o próprio Arafat culpasse o serviço secreto israelense. (Revista *Time*, 25 de abril de 1983.)

CAPÍTULO 18

1. O general Zvi Zamir se aposentara no outono de 1974, para ser substituído pelo general Yitzhak Hofi. Por razões de segurança, Israel nunca revela a identidade do *memune* — ou de certos outros altos funcionários de segurança e chefes do serviço secreto militar — até seu afastamento. Como ocorre com muitos princípios de segurança, isto faz mais sentido no papel do que na realidade. A identidade de altos funcionários, bem escondida de cidadãos israelenses, jornalistas e outros, raramente permanece um segredo para o KGB ou a rede terrorista, como eventos subseqüentes mostram, muitas vezes. Por exemplo, o espião soviético Israel Beer (preso em 1962) teria ficado totalmen-

te ciente das identidades de altos funcionários do serviço secreto em Israel quando ele próprio alcançou a posição de subchefe da *Aman*. Isto significa, claramente, que a identidade do primeiro grande *memune*, Isser Harrel, era conhecida o tempo todo pelos inimigos de Israel — embora talvez não por seus amigos. Uma vez que a identidade do general Hofi também fora conhecida durante sua ocupação do cargo (do outono de 1974 até, aproximadamente, o fim de 1982), devido a um deslize na época de sua designação, somente dois *memunim*, Zamir e seu predecessor Meir Amit, parecem ter tido sucesso em esconder suas identidades enquanto ocupavam o cargo. (O homem que havia sido preparado para ser o sucessor do general Hofi morreu em circunstâncias um pouco misteriosas durante a campanha de 1982 no Líbano. A identidade do atual *memune* tem sido mantida em segredo até agora.)

EPÍLOGO

1. Serge Groussard, *op. cit.*, p. 107.

CRONOLOGIA

5 de setembro de 1972   Os terroristas do Setembro Negro massacram 11 atletas olímpicos israelenses em Munique.

16 de outubro de 1972   Wael Zwaiter é morto a bala no vestíbulo de seu prédio em Roma.

8 de dezembro de 1972   Em Paris, Mahmoud Hamshari é ferido fatalmente por uma bomba em seu telefone.

24 de janeiro de 1973   Abad al-Chir é morto em uma explosão em seu quarto de hotel em Nicósia, Chipre.

6 de abril de 1973   Basil al-Kubaisi é morto a bala em uma rua de Paris.

9 de abril de 1973   Kamal Nasser, Mahmoud Yussuf Najjer e Kemal Adwan são assassinados em seus apartamentos em Beirute.

12 de abril de 1973   Zaid Muchassi é morto por uma explosão em seu quarto de hotel em Atenas. Um homem, supostamente um agente do KGB, também é ferido a bala fora do hotel.

28 de junho de 1973   Mohammed Boudia é morto por uma explosão em seu carro, em Paris.

12 de janeiro de 1974   Três árabes armados, não-identificados, são baleados em uma igreja perto de Glarus, Suíça.

21 de agosto de 1974   A mulher "Jeanette" é morta a bala em sua casa flutuante perto da cidade holandesa de Hoorn.

11 de novembro de 1974   Um jovem árabe armado, não-identificado, é morto a bala em um jardim de Tarifa, Espanha.

Reproduzido de *P.L.O.: A Profile*, de Avrim Yaniv, publicado pelo Grupo de Estudo das Universidades Israelenses para Negócios do Oriente Médio, 1974.

COMENTÁRIOS A RESPEITO DE UMA CONTROVÉRSIA

Desde a publicação da primeira edição em capa dura deste livro, em maio de 1984, uma controvérsia surgiu no Canadá, no Reino Unido e nos Estados Unidos, assim como em alguns outros países. Essencialmente, ela gira em torno de três questões:

1) *A hora da vingança* é um relato verídico de uma determinada missão antiterrorista israelense?
2) Israel realmente recorreu a equipes de assassinos sancionadas pelo governo para eliminar certos homens-chave de grupos terroristas? E se o fez, algum desses grupos teria operado da forma descrita em *A hora da vingança*?
3) A crença de que grupos internacionais terroristas recebem apoio direto ou indireto da União Soviética é ou não é mera propaganda direitista?

A Questão 3 também foi formulada com diversos outros termos do sofisma da Nova Esquerda, como por exemplo: é justo usar a palavra "terrorista" para descrever tais "esforços armados de libertação nacional" ou "movimentos extraparlamentares", como a OLP, o IRA Provisório, ou o grupo Brigadas Vermelhas da Itália, enquanto forças ocidentais e governos aliados, com seus exércitos e polícia que também podem ferir e matar civis, jamais são chamados da mesma forma? Em suma, por que em meu livro os *fedayeen* da OLP são "terroristas" e os agentes israelenses são "antiterroristas"?

Nestes comentários, eu gostaria de me concentrar principalmente na primeira questão: a história de *A hora da vingança* é verídica? Este é o assunto que guarda a relação mais direta com a minha pesquisa, e é a questão mais importante para os leitores que queiram chegar às suas próprias conclusões em todos os outros assuntos. Mas primeiro tratarei brevemente das questões 2 e 3, porque as posições assumidas nelas podem iluminar alguns dos motivos por trás da controvérsia principal.

Para aqueles que não acreditam ou não querem acreditar que Israel enviou ou seria capaz de enviar equipes de agentes para assassinar homens-chave de grupos terroristas como uma forma de combater o terrorismo, o relato do agente chamado "Avner" em *A hora da vingança* é simplesmente inacreditável.

Ilya Gerol, colunista do *Province* de Vancouver, escreveu: "A idéia de que um serviço de inteligência responsável, de um país democrático, que decerto é o caso de Israel, formaria uma equipe de ataque com recursos ilimitados para matar pessoas... parece ridícula demais para ser verdadeira." Sentimentos como este — expressos com clareza ou não — sustentam as atitudes de alguns indivíduos ou grupos que questionam o relato de Avner.

Embora exista um considerável corpo de evidências independentes que comprovam que terroristas árabes foram assassinados (fora aqueles mortos como resultado de disputas internas dentro das diversas facções da OLP), um crítico como Gerol afirma que: "esses assassinatos (...) foram realizados como parte de um esforço coletivo de diversas agências de inteligência ocidentais." Em outras palavras, não foram mortos por Israel, ou não apenas por Israel. Ademais, mesmo se Israel desempenhou um papel — e mesmo se alguns detalhes no relato de Avner são críveis —, o processo conforme recontado por ele é tão decepcionante em comparação com o mito de uma agência onisciente e lendária como a Mossad que não pode ser aceito como verídico. Nas palavras de Gerol: "Eu não acredito que a história de Avner seja completamente mentirosa. Provavelmente ele participou de uma série de operações realizadas pela Mossad contra terroristas da OLP (...) [Mas mesmo assim] seu grupo transparece ao leitor como um simples bando de mercenários, em vez de agentes dedicados e profissionais de um dos melhores serviços de inteligência do mundo."

Crenças profundamente enraizadas e um tanto românticas a respeito da integridade de uma nação admirada e apoiada — bem como crenças similares concernentes ao profissionalismo e à dedicação das agências de inteligência em geral e da Mossad em particular — são difíceis de contra-argumentar. Não desejo, de forma alguma, questionar essas crenças enquanto propostas abstratas. Como aponto em outra parte deste livro, também apóio Israel e acredito que, em comparação aos outros serviços secretos, a Mossad é, segundo todos critérios, um dos melhores. Contudo, as evidências não sustentam uma visão romântica. Todas as agências dependem de fontes externas para a obtenção de certas informações; todas as agências ocasionalmente operam de formas que, em retrospecto, podem parecer antiprofissionais ou até mesmo amadoras. Os serviços secretos, até os melhores, até certo ponto operam segundo a lógica da tentativa e do erro. Sorte e coincidência desempenham um papel em seus maiores sucessos, assim como desjeito, inépcia e burocracia ocasionam erros rotineiros. Todas as agências empregam métodos questionáveis, bem como alguns agentes cujas habilidades, conquistas e dedicações são questionáveis. Inevitavelmente, apenas uns poucos agentes enquadram-se nas dimensões heróicas da ficção popular. Todas as agências empregam alguma quantidade de coerção, intimação e logro para controlar seus próprios funcionários. A literatura sobre o assunto é abundante em exemplos. Avner não narrou nenhum detalhe de sua missão para o qual um paralelo não pudesse ser encontrado em outro lugar. Embora este fator por si só não comprove a credibilidade de Avner — e eu não confiei neste fator para verificar seu relato —, ele nega a sugestão de que a narrativa não possa ser verídica porque tais coisas não acontecem. Para citar o ex-diretor da CIA Allen Dulles, que provavelmente teve bons motivos para colocar a questão desta forma, "é muito difícil verificar a verdade depois que são estabelecidas lendas que satisfazem nossa sede por heróis e heroísmos".*

O fato de Israel não ter confirmado oficialmente o envio de equipes de assassinos em qualquer momento — quanto mais ter provido uma descrição oficial de seus métodos operacionais —, não ajuda a confirmar ou negar o relato de Avner. O jornalista do *New York Times* Philip Taubman, que em 2 de maio de 1984 iniciou a controvérsia em torno de *A hora da vingança*, enfatiza que "autoridades anteriores e atuais do serviço de inteligência israelense confirmaram em caráter particular que Israel organizou equipes de assassinos para eliminar terroristas palestinos depois do ataque em Munique, embora isso seja negado em caráter público". Mas há muitos anos este tem sido o consenso entre observadores dos serviços de inteligência, e elimina a alegação de que o relato de Avner não pode ser verídico porque operações como essa não acontecem.

---

* *Great True Spy Stories*, Castle, 1968.

O artigo de Taubman prossegue, afirmando que as mesmas autoridades alegaram que "*A hora da vingança* não foi um relato preciso dessa operação, e insistiram que nenhum indivíduo que se assemelhe ao personagem principal do livro esteve envolvido num papel de destaque". Obviamente, essas autoridades não ofereceram a Taubman sua versão da operação, num relato mais exato, nem disseram se algum indivíduo semelhante ao personagem principal do livro esteve envolvido naquilo que eles considerariam um papel subsidiário. Uma mera negação não exerce peso considerável quando precedida de uma confissão de que tudo que foi confirmado — isto é, que Israel organizou equipes de assassinos — também foi negado. Portanto, após as entrevistas independentes de Taubman, somos deixados com fontes da inteligência israelense que confirmam oficiosamente a primeira afirmativa de Avner, de que essas equipes de assassinato existiram, ao mesmo tempo que negam (mas não oferecem nada para refutar) sua segunda afirmativa, de que ele próprio esteve envolvido numa dessas equipes, que operou da forma como ele descreveu. Falaremos mais a respeito disso depois.

* * *

Depois dos críticos incapazes de acreditar no relato de *A hora da vingança* desde o começo, vem outro grupo que fecha suas mentes para a história de Avner por um motivo inteiramente diferente. Eles tomam toda a narrativa como uma peça de propaganda mal disfarçada cunhada pelos Estados Unidos, pela CIA e por Israel, e ficam eufóricos quando conseguem desafiar sua veracidade. Uma contribuição típica desses críticos veio da caneta de Carole Corbeil no *Globe and Mail* de Toronto. Ela escreveu: "*A hora da vingança* alega ser verídico enquanto na verdade apenas transmite a visão reaganista de Jonas." Por que se dar ao trabalho de manter uma mente aberta sobre um relato que, nas palavras de Corbeil, "segue ao pé da letra a teoria de Claire Sterling de que todas as 'atividades terroristas são engendradas pela União Soviética', e [que] alardeia constantemente essa teoria sob o disfarce de (...) uma narrativa de suspense da vida real." Um livro como *A hora da vingança* não merece, na visão dos críticos da Nova Esquerda, a mesma avaliação fria e objetiva (ou, ocasionalmente, endosso passional) que eles estão prontos para conceder até à alegação menos substancial e implausível, desde que tenha relação com tramas da CIA para desestabilizar os regimes "progressistas" (leia-se: pró-soviéticos) na América Central.

Não satisfeitos em receber de braços abertos dúvidas genuínas — ou pelo menos genuína carência de confirmação — sobre algumas partes de um relato que perturba o pastio plácido de suas vacas sagradas, os críticos esquerdistas como Corbeil tentaram atiçar as chamas da controvérsia ao atribuir a mim visões que são absolutamente opostas às visões que alimento ou que expressei em meu livro. Por exemplo, Corbeil insinua que eu não consideraria um ato de terrorismo "quando exilados cubanos treinados pela CIA detonaram uma bomba num jato de passageiros cubano, matando todas as 73 pessoas a bordo", ou quando "a Gangue Stern sionista assassinou Lord Moyne em 1944". O fato é que eu não apenas considero esses atos como terroristas, como disse isso explicitamente em *A hora da vingança*. Meu ponto de vista total é que — com exceção de atos de guerra declarada entre nações soberanas — considero todos os atos de violência indiscriminada, ou violência direcionada contra civis, como terrorismo. Não apenas quando, mas certamente também quando, a União Soviética inspira ou apóia esses atos — conforme indubitavelmente fez em diversos casos no Oriente Médio, na América Latina e na Europa Ocidental durante os últimos 25 anos.

Eu de fato faço distinção entre terrorismo e muitos outros crimes. Um país invadindo outro, por exemplo, pode estar sendo hediondo, e bárbaro, sem que possa ser descrito precisamente como terrorista. Chamar cada hostilidade que se desaprova de "terrorismo" é um ato de uso inadequado de linguagem e de raciocínio, semelhante a chamar um pedágio injusto de um "assalto na estrada". Contudo, distinções esmaecidas são uma das artimanhas favoritas dos extremistas, que as usam quando julgam mais conveniente — por exemplo, quando se referem a guerrilheiros urbanos aprisionados por assaltos a bancos como "prisioneiros políticos". Nesse espírito, para obter a aprovação desses críticos de esquerda, ao me referir aos palestinos que capturaram e mataram um grupo de atletas olímpicos como terroristas, eu teria de descrever como "terroristas governamentais" os homens que os caçaram e assassinaram. Eu não faço isso. Eu descrevo tais homens como contraterroristas. Eles não assassinam indiscriminadamente; eles não assassinam civis. Eles assassinam assassinos. A despeito de todas as reservas que se possa ter sobre a legitimidade desse tipo de reação (e eu deixo as minhas próprias reservas bem claras), a minha visão é de que terroristas e contraterroristas habitam dois mundos morais diferentes. Posso não querer viver em nenhum desses mundos — nem fingir que os dois são iguais.

Muitas das visões que realmente acalento enfurecem alguns críticos de esquerda; eles acreditam, em perfeita consonância com sua filosofia, que a melhor maneira de me desacreditar é deformando o que digo. Por exemplo, escrevi em *A hora da vingança* que "Não creio que todas as pessoas que, do começo dos anos 1960 até hoje, opuseram-se à guerra do Vietnã, protestaram contra a poluição, exigiram igualdade salarial para as mulheres, tentaram preservar espécies ameaçadas, e assim por diante, estavam ao mesmo tempo, conscientemente ou não, promovendo os interesses da política de relações exteriores da União Soviética". A srta. Corbeil apropriou-se desse trecho para recorrer à prática questionável de extirpar o início da citação e combinar o meio com uma frase diferente, de modo a fazer parecer que a minha opinião é precisamente oposta à que expressei. É claro que isto ocorre freqüentemente a autores nas mãos de críticos hostis, e menciono isso apenas para ilustrar por que um livro contencioso, percebido como de "direita" — e partes do qual podem estar abertas a dúvida genuína —, é propenso a não receber um exame de mente aberta da parte da mídia de esquerda.

Repeti as frases "dúvida genuína" e "genuína carência de confirmação" porque ambas existem em conexão a este relato, que descreve uma série de operações secretas jamais reconhecidas oficialmente, e que confia, para muitos de seus detalhes, em evidências providas para uma única fonte. Expressei esta advertência no começo do Prefácio da edição original, porque iniciei minhas pesquisas sobre o relato de Avner nutrindo essas mesmas reservas.

Agora delinearei o processo que me possibilitou concluir que, no geral, o relato era verídico — embora não sem alertar ao leitor que certos detalhes do relato não poderiam ser verificados —, e os motivos pelos quais, após um ano de pesquisa controversa e independente da parte de outros jornalistas, as minhas conclusões permanecem as mesmas.

Quando, no começo de dezembro de 1981, fui convidado por meus editores, Collins (Canadá) and Lester & Orpen Dennys, a pesquisar a história, eles me informaram que já haviam chegado a algumas conclusões preliminares por seus próprios meios. Nesse estágio, haviam determinado apenas que o relato de Avner poderia ser verídico. Contudo, propositalmente, não me disseram mais nada. Deixaram que eu — e também o seu co-editor, Collins (Reino Unido) — tirasse as minhas próprias conclusões, independentemente dos fatores que os inclinaram a acreditar na história de Avner.

Como eu conhecia um pouco os antecedentes de meus editores, sabia que eles estavam em posição de realizar certas entrevistas a respeito de assuntos de inteligência. Concomitantemente, apreciei que eles tivessem evitado influenciar a minha pesquisa privando-se de me dizer o que haviam descoberto. Também era minha preferência ver quais conclusões, se alguma, eu poderia obter mediante minhas próprias investigações.

Eu não tinha nenhuma experiência em pesquisa de assuntos de inteligência, embora possuísse um currículo decente em outros tipos de jornalismo investigativo. Depois de ler um pouco de literatura relevante e fazer algumas perguntas a pessoas que detinham certo conhecimento sobre o campo geral, senti que estavam ao meu dispor os seguintes passos de eliminação:

1) A maioria dos relatos contemporâneos de assuntos secretos nos quais escritores confiaram em fontes oficiais revelaram-se deficientes. Isso foi verificado depois que as informações perderam seu *status* de confidencialidade. Eu poderia considerar entrevistas como essas inúteis e eliminá-las. No que diz respeito ao tipo de operação secreta em foco, as fontes oficiais ou não me diriam nada ou me diriam aquilo em que quisessem que eu acreditasse. Eu não teria meios para discernir informação de desinformação.

2) Eu poderia eliminar pesquisa de documentos. Na vida real, os serviços secretos não emitem licenças 007. Não haveria documentos pertinentes a uma missão como essa — decerto nenhuma fora dos arquivos da agência envolvida.

3) As identidades de cobertura de minha fonte durante o período relevante, caso elas se tornassem disponíveis para mim, em si próprias não iriam confirmar ou negar muita coisa. Essas identidades são planejadas precisamente para suportar investigações que possam conduzir às atividades reais das pessoas envolvidas.

4) Opiniões especializadas de fontes confidenciais, embora de certo modo mais confiáveis do que comentários oficiais, provavelmente seriam contraditórias, e em todo caso não constituiriam confirmação. Embora a solicitação de opiniões desse tipo pudesse ser útil, eu não poderia confiar nelas como provas.

Meus editores e eu concordamos que, antes de iniciar o livro, eu deveria obter alguma confirmação independente em pelo menos três pontos:

1) Que meu informante realmente havia sido um agente israelense;

2) Que as operações haviam ocorrido quando, onde e da forma descrita por ele; e

3) Que ele havia tido algum envolvimento pessoal nessas operações.

Sentimos que se esses pontos fossem sustentados por evidências independentes, poderíamos decidir dar prosseguimento ao livro, ainda que testando constantemente as recordações de Avner relativas aos eventos que conduziram à missão e ao papel que ele alegou haver desempenhado nela. Tendo plena consciência de que partes do livro foram baseadas exclusivamente em informações de uma fonte anônima — Avner, para o leitor —, concordamos que isto atenderia ao critério principal de publicação responsável. Jornais e revistas publicam rotineiramente informações com mera atribuição a fontes anônimas, contanto que esses veículos acreditem que possuem motivos para confiar em sua exatidão. (Por exemplo, este foi o procedimento da revista canadense *Maclean's* quando informou aos seus leitores que certos especialistas em inteligência, "cuja maioria insistiu em manter o anonimato", tiveram "reservas sérias quanto à história de Avner". A questão não é que um relato como esse é ilegítimo, apenas que é hipócrita quando usado para criticar editores e autores por empregar procedimentos semelhantes.)

Não tardamos a encontrar sustentação independente para dois dos três pontos listados acima: 1) Durante os meses seguintes conseguimos nos assegurar de que Avner havia trabalhado para a Mossad em alguma área, e 2) que as operações cujos registros estavam abertos ao público tinham sido executadas da maneira por ele descrita. Na verdade, em relação ao último ponto, sempre que relatos prévios pareceram inicialmente contradizer a versão de Avner, pesquisas adicionais indicaram que a versão de Avner estava correta (por exemplo, a hora e local do assassinato de Zaid Muchassi; o envolvimento de alguém que se acreditava ser agente da KGB etc.). Com o tempo, os repórteres da *Maclean's*, enquanto esforçavam-se para desacreditar a história, acabariam por obter apoio de suas próprias fontes para o fato de que Avner trabalhara para a Mossad — falaremos mais disso depois.

Contudo, o terceiro e mais importante ponto foi o mais difícil de confirmar independentemente. Sem algumas evidências do envolvimento pessoal de meu informante nos eventos por ele descritos, eu ainda poderia julgá-lo como um mero ex-agente amargurado recontando ou enfeitando fofocas de vestiário — fofocas assim existem, mesmo nos círculos da inteligência — sem nenhum conhecimento em primeira mão das operações. Por outro lado, não era surpreendente que ele não pudesse oferecer provas documentais, fotográficas ou testemunhais de seu envolvimento numa missão dessa natureza. Por via de regra, essas evidências simplesmente não se encontram disponíveis ao agente de campo. Eu teria julgado *mais* suspeito se ele houvesse brandido "documentos" autorizando-o a fazer o que alegava ter feito.

Decidi abordar o problema usando o mesmo método que um policial comum emprega para obter apoio circunstancial para a história fornecida por um informante. Nesse caso, Avner alegava haver estado pessoalmente envolvido em eventos relacionados a lugares e momentos específicos. Esses eventos não foram reportados na imprensa em quaisquer detalhes significativos. Eles ocorreram em partes obscuras de países e cidades da Europa e do Oriente Médio. Em conexão com esses eventos, era improvável que alguém pudesse descrever os detalhes da porta de ferro de um prédio num subúrbio de Paris, o espelho no saguão de um edifício residencial em Roma, ou a distância entre um correio e um posto do corpo de bombeiros numa rua transversal em Genebra, sem realmente ter estado lá. Da mesma forma era improvável que uma pessoa pudesse recordar o clima e a temperatura aproximada de um dia específico de, digamos, 1972, sem tê-lo vivenciado, e sob circunstâncias que lhe dessem motivo para recordar. Ainda assim todos esses fatos eram físicos, passíveis de verificação.

Em diversas sessões de entrevistas revisei o relato de Avner, concentrando-me nos detalhes físicos. Suas descrições, embora não extraordinárias, eram bem acima da média, conforme seria esperado de alguém com suas inclinações e treinamento. Não acredito que ele tenha antecipado — e se preparado para — as questões que formulei. Quando não conseguia recordar de alguma coisa instantaneamente, nós colocávamos a questão de lado. Mas se depois ele conseguisse lembrar da resposta dentro de um período de tempo que o impedisse de descobri-la por outros meios — por exemplo, antes do final de uma sessão —, nós a incluíamos na lista de detalhes relembrados. No fim, ele havia fornecido uma série de fatos físicos, independentemente verificáveis, que só poderiam ser observados por um participante em primeira mão.

Embora esses detalhes também pudessem estar disponíveis a um indivíduo que tivesse passado meses familiarizando-se com minúcias do ambiente físico que cercasse essas operações, além de uma capacidade de previsão extraordinária, tal preparação teria exigido um dispêndio de energia e fundos bem maiores que quaisquer benefícios por ele antecipados. Do meu ponto de vista — que é compartilhado por meus editores —, a possibilidade disto acontecer era infinitamente menor do que ele estar falando como resultado de uma experiência direta.

Armado com a confirmação de meu informante de dúzias de detalhes, passei os meses seguintes viajando pelas locações de seu relato na Europa e em outros lugares. Constatei que suas recordações firmes eram invariavelmente precisas, enquanto suas recordações aproximadas ou condicionais geralmente não o eram. Seus erros encontravam-se dentro dos limites da margem normal da memória humana (quantas pessoas poderiam dizer o número exato de interruptores de luz em suas próprias casas, por exemplo), e suas recordações exatas não tinham explicação mais plausível do que experiência pessoal. Por exemplo, numa entrevista que não foi planejada para extrair detalhes físicos, ele mencionou casualmente, no contexto de descrever seus próprios sentimentos, uma sensação de alívio por se encontrar oculto da visão por alguns toldos de lojas numa travessa de Paris, a cena de um dos assassinatos. Alguns meses depois, naquele exato local, olhei para cima e vi que os toldos estavam lá. Em outro exemplo, quando minhas próprias observações do interior de um hotel pareceram contradizer a memória de Avner, descobri que os quartos tinham sido reformados, mas que até então eram como Avner os descrevera. Isto, também, era mais consistente com recordação genuína do que com qualquer teoria alternativa.

Além de confirmar detalhes físicos pessoalmente, usei essas viagens para entrevistar fontes com algum conhecimento sobre outros aspectos desses incidentes específicos ou sobre operações de inteligência em geral. Seis desses contatos foram-me possibilitados por Avner; o restante consegui por conta própria. No todo, não descobri nada que contradissesse o relato de Avner, enquanto grande parte da informação que colhi tendeu a sustentá-lo. Voltei da Europa satisfeito que, no balanço das probabilidades, minha fonte estivera dizendo a verdade.

Grande parte dessa pesquisa foi efetuada durante a primavera e o verão de 1982. Depois que o manuscrito foi completado no final de 1983, os editores britânicos, canadenses e americanos obtiveram a concordância de Avner de se colocar à disposição de três jornalistas da mídia impressa, um de cada um dos três países, para entrevistas pessoais. Essas entrevistas seriam conduzidas sob condições seguras da escolha de Avner nos Estados Unidos da América e na Europa. Antes dessas entrevistas, a editora Collins (Reino Unido) também quis que Avner se encontrasse com um especialista em inteligência cuja opinião eles prezavam. Eu concordei, e essa reunião/entrevista transcorreu no começo da primavera de 1984, com resultados aparentemente satisfatórios. As outras três entrevistas foram realizadas logo depois.

Os dois jornalistas norte-americanos, Philip Taubman do *New York Times* e Robert Miller da revista *Maclean's*, deram continuidade às suas entrevistas com pesquisas assistidas pelos recursos consideráveis de suas respectivas publicações. (A *Maclean's* alegou ter designado 15 jornalistas para cobrir a história.) No fim, embora tenham devotado muito espaço ao livro, ambas as publicações declinaram divulgar trechos dele. Ambas decidiram que *A hora da vingança* não conseguira satisfazer, nas palavras de Miller, "as exigências de comprovação da revista". O *Mail on Sunday* londrino, editado por Stewart Steven (autor de *The Spymasters of Israel, a study of the Mossad*), chegou a uma conclusão diferente e publicou três longos trechos do livro. Steven sentiu que o livro "é um retrato fiel nas partes em que se relaciona com minhas próprias pesquisas. Não posso atribuir [a Jonas] nenhuma falha nos pontos de contato com minhas próprias informações".

Essas visões conflitantes estabeleceram o tom da controvérsia que viria a seguir. Os jornalistas que investigaram a história — dos quais eu tinha conhecimento, com apenas duas exceções — empregaram métodos que eu havia rejeitado no começo como inadequados e duvidosos para pesquisar operações clandestinas. Esses métodos consistiram principalmente de solicitar comentários ou opiniões de fontes oficiais e também de fontes confidenciais — e ocasionalmente de uma ou outra — para confirmação ou negação. Freqüentemente essas opiniões diziam respeito apenas ao que uma fonte, declarada ou anônima, achava sobre a possibilidade ou plausibilidade do relato de Avner. (De certa forma, não existem especialistas gerais em atividades de inteligência. Uma de suas regras cardeais é que informações são transmitidas de acordo com a necessidade de transmiti-las, e até mesmo um funcionário de posto elevado sabe apenas o que é necessário para sua própria contribuição para o trabalho que o envolve.)

Previsivelmente, os especialistas e funcionários do ramo de inteligência consultados pelos diversos jornalistas contradisseram uns aos outros em detalhes vitais, mesmo quando suas conclusões eram as mesmas. Por exemplo, o *New York Times* citou o ex-chefe da Mossad Zvi Zamir como tendo dito: "O personagem chamado Avner não era o que alegou ser. Ele definitivamente não era um membro da Mossad." Mas o especialista da *Maclean's* — o celebrado ex-agente israelense Wolfgang

Lotz, contatado inicialmente devido à noção da revista de que ele se parecia com o personagem do pai de Avner em *A hora da vingança* —, embora tenha classificado o relato de Avner sobre a equipe de assassinos como "bobagem pura", acrescentou: "É claro que ele [Avner] esteve na Mossad. Ele foi designado para alguma missão de nível inferior em Nova York."

Houve divergências semelhantes entre os especialistas em relação a outros aspectos de *A hora da vingança*. Em vários momentos, os próprios detalhes que pareciam confirmar a história para um observador indicavam sua não plausibilidade para outro. John Starnes, diretor-geral aposentado do Serviço de Segurança da Royal Canadian Mounted Police, numa crítica — de resto bem elogiosa — no *Ottawa Citizen*, sugeriu que "A parte menos crível e mais grotesca da história diz respeito ao Le Group, uma organização mercenária do submundo que opera em escala internacional". Uma semana depois da crítica de Starnes, o observador de inteligência Ian Black, escrevendo no *The Guardian*, disse que "Um dos aspectos mais intrigantes e, em minha opinião, mais convincentes deste livro é a forma como a equipe de assassinos depende de uma organização criminosa francesa denominada Le Group". No *New York Times*, Ken Follett, o renomado autor de ficção e não-ficção sobre operações clandestinas, considerou o livro "entupido com detalhes convincentes", embora "algumas páginas duvidosas" tenham lhe parecido exsudar o "aroma inconfundível de mendacidade". Follett especulou que "Avner é genuíno", mas que pode ter inventado certas histórias para ocultar a real "pessoa ou fonte de informação".

Avner pode ter feito isso. Teoricamente, ele pode ter exagerado seu próprio papel ou até convertido algum conhecimento adquirido de segunda mão em experiência direta para ressaltar o valor de sua informação. Esse tipo de controvérsia sempre ocorreu entre especialistas em relação à maioria dos ex-agentes e dissidentes, de Anatoli Golitsin a Igor Gouzenko. Como o grande jornalista de inteligência Chapman Pincher ressalta em seu livro *Too Secret Too Long*, até mesmo um dissidente como Golitsin, cujo valor genuíno como informante estava acima de qualquer dúvida, gerou algumas alegações que "conduziram à formação de facções anti- e pró-Golitsin dentro da CIA, com conseqüências sérias para a moral". Foi por razões como essa que eu, embora tenha consultado alguns especialistas com o intuito de complementar dados, não contei com suas especulações ou opiniões sobre o que não era "plausível" ou "provável" no relato de Avner. Da mesma forma, tentei não confiar em confirmações ou negações oficiais. Tendo concluído que Avner realmente era um ex-agente cuja ocupação de cobertura durante o tempo relevante não era inconsistente com sua história (mais tarde ambos fatores foram confirmados pela pesquisa independente da *Maclean's*), contei para o resto apenas com as evidências circunstanciais que eu pudesse verificar com os meus próprios olhos.

Logo depois da publicação de *A hora da vingança*, a revista *Maclean's*, já tendo publicado uma matéria de capa sobre o livro, combinou recursos investigativos com o *The Observer* de Londres para seguir uma dica de que Avner havia, alguns anos antes, assinado um contrato para sua história com os mesmos editores americanos — Simon & Schuster — que estavam publicando meu livro nos Estados Unidos. Segundo a *Maclean's* e o *The Observer*, este projeto foi abandonado depois que um jornalista norte-americano, Rinker Buck, que fora contratado para pesquisar e escrever o relato original de Avner, retirou-se da colaboração "porque duvidou da autenticidade da história".

Antes de publicar suas matérias, Robert Miller da *Maclean's* e Robert Chesshyre do *The Observer* disseram-me que tinham em seu poder um memorando de 11 páginas preparado por Buck — mais tarde chamado de "devastador" pela *Maclean's* —, que ele enviara a seu agente antes de se retirar do projeto. Os pontos básicos da crítica de Buck, conforme delineados a mim por Miller e Chesshyre, foram que ele descobriu, depois de uma viagem de pesquisa para a Europa, que muitos aspectos do relato "não coincidiam com o registro aberto ao público", e que Avner não proveu certas corroborações para suas alegações. Os dois jornalistas também descreveram grandes discrepâncias entre a história que eles me disseram ter sido contada a Buck por Avner e o relato que apareceu em meu livro. A questão não era que a história em *A hora da vingança* era falsa — ela coincidia com os registros abertos ao público —, mas que Avner teria revisado sua história para encaixar os fatos conhecidos.

Obviamente, era impossível para mim comentar sobre as experiências de outro jornalista. (Meus editores haviam me informado sobre as tentativas anteriores de encontrar um escritor para o relato de Avner, mas eu não conhecia nenhum dos detalhes e jamais ouvira falar do memorando de Buck.) Em todo caso, minhas próprias experiências com Avner foram totalmente diferentes. O que ele me contou em geral coincidia com o registro aberto ao público e, conforme eu disse antes, quando isso não acontecia, pesquisas subseqüentes provaram que a versão de Avner era correta. Avner não me prometeu nenhuma corroboração que não tenha cumprido. Em nenhum momento ele precisou alterar sua história para adequá-la a qualquer outra coisa que eu tivesse descoberto através de fontes independentes. Finalmente, a despeito do que ele tenha dito a outro escritor três anos antes, o que ele me contou nasceu de minha própria pesquisa.

Quando pedi para ler a crítica de Buck, Miller e Chesshyre não atenderam ao meu pedido. A história que apareceu na *Maclean's* e no *The Observer* — e que mais tarde foi reproduzida, com apenas algumas mudanças pequenas, por vários outros jornais, incluindo o *Wall Street Journal* — afirmava que Buck, enquanto jornalista consciente, demitira-se de um projeto de autenticidade muito duvidosa, "convencido de que estava alertando a todos os envolvidos de que estavam cometendo um erro gravíssimo".

Na verdade, esta não foi exatamente a opinião de Buck na época. Quando, alguns meses depois, obtive uma cópia de seu memorando de 11 páginas, constatei que ele indicava uma opinião bem menos segura. Embora o memorando expressasse longamente preocupações genuínas a respeito de discrepâncias percebidas, também continha um conjunto de perguntas e respostas muito simples: "Estou sugerindo que não acredito mais no relato de meu co-autor? Não." A crítica de Buck concedia que a "explicação de Avner para todas essas diferenças é plausível". E no mesmo parágrafo, concluía que os detalhes da história de Avner "ao menos mantêm consistência interna".

A questão não é se Buck tinha ou não razão em suas dúvidas; como jornalista honesto, ele poderia apenas transmitir informações na medida em que acreditasse nelas. A questão é, qual era sua visão sobre as informações enquanto as recebia? Todas as opiniões de Buck estavam disponíveis para *Maclean's* e *The Observer*, mas apenas parte delas foi refletida nas matérias publicadas nesses veículos: a parte que sustentava sua tese de que provavelmente o relato de Avner era uma fraude. A outra parte foi ignorada. Não é de surpreender que eles tenham se recusado a me mostrar o memorando de Buck.

Lendo o memorando, constatei que, quaisquer que fossem as direções que a pesquisa de Buck teria tomado caso ele a houvesse levado adiante, naquela época ela não progredira além de uma comparação entre o relato de Avner e os relatos ou opiniões publicados de outros jornalistas acerca dos assassinatos conhecidos. (Uma exceção notável foi o assassinato de Hamshari em Paris, onde Buck encontrou discrepâncias significativas entre o que ele entendia como sendo a versão de Avner e a versão dos policiais franceses que investigaram o incidente. Minha própria experiência foi diferente: o relato de Avner, quando o ouvi pela primeira vez, não conflitava com nenhum detalhe conhecido pelas autoridades francesas.) Em todo caso, naquele estágio Buck procurou resolver as contradições retornando a Avner para pedir-lhe explicações, seguindo a pressuposição de que os registros publicados tendiam a ser corretos.

Quando a minha pesquisa esteve num estágio similar, segui uma rota um pouco diferente. Quando ocorriam discrepâncias, embora ocasionalmente eu as tenha levado à atenção de Avner, eu não checava imediatamente as versões publicadas ou oficiais. E sempre acabava descobrindo ou que Avner estivera correto no início, ou que ao menos havia apoio independente para a versão dele. (Um bom exemplo desse segundo caso foi o disparo contra um suposto oficial da KGB, o que intrigou Buck, assim como a mim, porque não havia registro publicado do incidente, que foi posteriormente sustentado por uma fonte totalmente independente que meus editores disponibilizaram à equipe de jornalistas *Maclean's/Observer*.)

Miller e Chesshyre disseram-me que a conclusão de sua breve investigação foi de que meus editores e eu tínhamos sido enganados por um impostor. Um impostor que, tendo tido seu relato rejeitado por Rinker Buck devido a erros grosseiros, conseguiu nos fazer engolir suas invenções após usar o intervalo de tempo para encaixá-las com certos fatos conhecidos e publicados.

Expliquei a Miller e Chesshyre por que considerava essa visão absolutamente implausível. Um impostor que no início é negligente a ponto de cometer erros fundamentais dificilmente irá se tornar, pouco tempo depois, meticuloso a ponto de pesquisar com precisão eventos até em seus detalhes físicos mais ínfimos. Um homem que inicialmente — segundo a experiência de Rinker Buck — não havia se dado ao trabalho de ler com cautela relatos publicados em jornais não irá, dali a um ou dois anos, gastar meses e dezenas de milhares de dólares para pesquisar os detalhes de portas de ferro em ruas sem saída em partes obscuras de cidades européias. Esse tipo de mudança não faz sentido prático ou psicológico. Impostores ou são descuidados ou são meticulosos; ou detêm perspicácia, tempo, fundos e habilidade para pesquisar suas invenções ou não detêm. Eles não se transformam do primeiro tipo no segundo tipo num espaço de um ou dois anos.

Considerei que era bem mais consistente com os fatos a possibilidade de Avner originalmente ter se confundido com certos detalhes (seu inglês, mesmo quando o conheci dois anos depois, estava longe de ser perfeito), e também que, quando narrou sua história pela primeira vez, ainda não ter se decidido por contar tudo, especialmente os seus *contretemps* com a Mossad.

É de conhecimento geral que muitas vezes ex-agentes começam a falar com relutância, contando suas histórias aos pedacinhos, mesmo depois de terem se voluntariado a falar. Às vezes escondem ou alteram informações, por motivos que variam de um senso de alarme a resquícios de lealdade a seus patrões anteriores. De vez em quando não conhecem toda a verdade, e por acharem que admitir isso deporia contra sua credibilidade, inventam dados ou promovem palpites a fatos. Em geral é necessário muito tempo para estabelecer a atmosfera de confiança necessária para que se obtenha uma exposição precisa e honesta. Esses fatores por si só poderiam ser responsabilizados pela maioria das discrepâncias: em dois anos de pesquisa tive muito mais tempo ao meu dispor para colocar Avner à vontade do que qualquer pessoa conseguira até então. Além disso, Buck parecia considerar que qualquer divergência dos registros publicados agiria em detrimento da credibilidade de Avner — uma pressuposição incorreta, como se revelou mais tarde.

Na minha opinião, uma conduta jornalística honesta teria exigido que Miller e Chesshyre incorporassem minha resposta às suas matérias. Lamentavelmente, eles optaram por não fazê-lo.

No caso do *Observer*, fiquei particularmente decepcionado que, em nenhuma das duas matérias publicadas no veículo, os editores tivessem incluído dados obtidos na investigação conjunta de seu jornal com a *Maclean's*, dados que apoiavam o outro lado da controvérsia. A revista canadense ao menos publicou comentários que confirmavam os antecedentes de Avner na Mossad, as datas de seu emprego na companhia aérea israelense El Al e a recusa da companhia aérea de especificar quais tinham sido suas atribuições de trabalho. O *Observer* não fez isso. Durante um almoço de negócios, o editor Magnus Linklater explicou-me que essas peças de informação foram descobertas apenas pela *Maclean's*, deixando a implicação de que a pesquisa *conjunta* envolvia procurar apenas evidências que pudessem desacreditar o livro. Linklater expressou a visão — a mim e também a Christopher MacLehose, que depois se tornou editor da divisão de administração da Collins inglesa — de que os editores de livros são culpados de longa data por publicarem relatos de autenticação insuficiente como histórias verídicas, satisfazendo-se com padrões de jornalismo baseados numa única fonte, portanto inferiores àqueles adotados por jornais e revistas. Verdade ou não, este me parece um motivo adicional para o *Observer* obedecer aos seus próprios padrões elevados e reportar todas as informações colhidas de todas as suas fontes. Eu também descobri que Linklater — juntamente com alguns dos jornalistas investigativos —, embora não tenha objetado ao meu método de pesquisa baseado em evidências circunstanciais, aparentemente teria ficado muito mais impressionado com alguma autenticação de fontes oficiais de inteligência, ainda que anônimas. Eu deveria ter pensado que, havendo em algum momento de sua história creditado Harold "Kim" Philby como seu correspondente em Beirute porque oficiais de inteligência tinham garantido que fazê-lo seria no interesse nacional, o *Observer* estaria menos inclinado a confiar na opinião oficial.

Nestes comentários, concentrei-me nas opiniões negativas concernentes à autenticidade de *A hora da vingança*. A imprensa também teceu muitos comentários positivos, mas não vi motivo para listá-los aqui. Aqueles que tendiam a acreditar no relato de Avner, assim como aqueles indispostos a isso, confiaram principalmente em seus próprios sentimentos ou nas opiniões de outras pessoas para decidir se a história parecia "provável" ou "plausível". Exceto por um relato da história de publicação do projeto, ninguém apresentou quaisquer evidências, a favor ou contra. As fontes oficiais simplesmente negaram ou se recusaram a oferecer comentários sobre o assunto, como invariavelmente o fazem.

A revista alemã *Der Spiegel* tentou empregar métodos de verificação que não dependiam exclusivamente de opiniões/evidências, e descobriu um erro de detalhe. No manuscrito original, errei ao descrever uma rota de fuga que teria conduzido Avner através de uma certa passagem nas montanhas suíças no mês de janeiro. Na verdade, a rota não teria estado disponível a tráfego de veículos naquela época do ano. O erro foi meu; compreendi mal a descrição de Avner, e embora também tenha viajado por essa rota, eu o fiz no início do outono. Contudo, descontando esse erro, o ano da controvérsia não gerou qualquer negação factual.

Obviamente, alguns aspectos da história não poderiam ser confirmados de nenhuma maneira, conforme deixei claro no começo do Prefácio. Portanto, considerei um tanto surpreendente que uma revista como a *Maclean's*, tendo requisitado o direito de publicar trechos do livro plenamente cônscia de que partes dele não eram confirmadas, mais tarde iria se recusar a exercer seus direitos e citar esta razão. Empregar 15 jornalistas para chegar às mesmas conclusões que qualquer um poderia obter a partir da leitura do Prefácio é uma coisa que faz pouco sentido para mim.

Existe uma reação defensiva, absolutamente humana, que faz com que um pesquisador, após uma série de ataques aos seus métodos de pesquisa e à credibilidade de suas fontes, reaja colocando seu próprio caso num patamar acima do assegurado pelas evidências. É uma tentação à qual irei resistir. Estou colocando o caso por minha crença na autenticidade do relato de Avner na mesma base em que o fiz há um ano, no Prefácio original. Hoje eu não acredito menos, nem mais, do que acreditava naquela época.

Em *Books in Canada*, o crítico Phil Surguy, embora questionando implacavelmente a credibilidade do meu livro, levantou o que me pareceu uma questão válida. Ele escreveu: "A coisa realmente interessante sobre *A hora da vingança* é que, em essência, ele não é muito diferente dos livros anteriores de Jonas: o excelente *By Persons Unknown* (escrito com Barbara Amiel) e o soberbo romance *Final Decree*. Colocando de forma muito simples, ambos os livros versam sobre estrangeiros aturdidos pela maquinaria da sociedade na qual por acaso estão vivendo. Avner é um personagem interessante (...) Obviamente, é impossível precisar o quanto este aspecto da personalidade de Avner influenciou o julgamento de Jonas."

Quando li a consideração de Surguy, parei para pensar. É verdade que fiquei fascinado pelo personagem que Avner aparentava ser. Fiquei comovido por sua história. Mas não creio que tenha sido por causa disso que acreditei em Avner. Acreditei em Avner porque ele sabia como o interruptor de luz funcionava num edifício residencial obscuro em Roma.

George Jonas
Toronto, março de 1985

BIBLIOGRAFIA

Alan M. Tigay *Myths and Facts 1980, Near East Report*, 1980.

Amos Elon *The Israelis*, Weidenfeld & Nicolson, 1971.

Benjamin Netanyahu *International Terrorism: The Soviet Connection*, The Jonathan Institute, 1979.

Bernard Lewis *Islam and the Arab World*, McClelland e Stewart, Toronto, 1976.

Chaim Herzog *The Arab-Israeli Wars*, Methuen, 1982.

Christopher Dobson & Ronald Payne *The Carlos Complex*, Coronet, 1978.

_____. *The Terrorists*, Fatos de Arquivo, Nova York, 1979.

Claire Sterling *The Terror Network*, Weidenfeld & Nicolson, 1981.

Clutterbuck, Richard. *Guerrilheiros e terroristas*, Rio de Janeiro: Biblioteca do Exército, 1980.

David B. Tinnin com Dag Christensen *The Hit Team*, Futura, 1977.

Edgar O'Ballance *Language of Violence*, Presidio Press, Novato, Califórnia, 1979.

Eli Ben-Hanan *Our Man in Damascus*, Nova York: Crown, Nova York, 1969.

Fanon, Frantz. *Os condenados da terra*, Rio de Janeiro: Civilização Brasileira, 1968.

Gabriel e Daniel Cohn-Bendit *Obsolete Comunism: The Left-Wing Alternative*, Penguin, 1969.

Jean-François Revel *The Totalitarian Temptation*, Penguin, 1972.

Jillian Becker *Hitler's Children*, Lippincott, Nova York, 1977.

John Laffin *Fedayeen*, Cassell, 1978.

Kim Philby *My Silent War*, Granada, 1969.

Laslo Havas *Hitler's Plot to Kill the Big Three*, Cowles, Cambridge, Massachusetts, 1969.

Leila Khaled *My People Shall Live*, c. 1973.

Michael Bar-Zohar & Eitan Haber *The Quest for the Red Prince*, William Morrow, Nova York, 1983.

Michael Bar-Zohar *Spies in the Promised Land*, Davis-Poynter, 1972.

Michael Davitt *Within the Pale*, c. 1903.

Michael Selzer *Terrorist Chic*, Hawthorn Books, Nova York, 1979.

Paul Johnson *Enemies of Society*, Weidenfeld & Nicolson, 1977.

Ralph Baker *Not Here, But In Another Place*, St Martin's Press, Nova York, 1980.

Regis Debray *Revolution in the Revolution*, Greenwood Press, 1980.

Richard C. Clark *Technological Terrorism*, The Devin-Adair Co., Old Greenwich, 1980.

Richard Deacon *The Israeli Secret Service*, Sphere, 1979.

Serge Groussard *The Blood of Israel*, William Morrow, Nova York, 1975.

Shimon Peres *From These Men*, Wyndham, 1979.

Shlomo Avineri *The Making of Modern Zionism*, Weidenfeld & Nicolson, 1981.

Stewart Steven *The Spymasters of Israel*, Hodder & Stoughton, 1981.

Tibor Szamuely *The Russian Tradition*, Secker & Warburg, 1974.

Walter Lacquer *Confrontation: The Middle East and World Politics*, Quadrangle, Nova York, 1974.

Walter Lacquer *Terrorism*, Weidenfeld & Nicolson, 1977.

Zwy Aldouby & Jerrold Ballinger *The Shattered Silence*, Lancer Books, por acordo com Coward, McCann & Geohegan, Nova York, 1971.

Este livro foi composto na tipografia Minion,
em corpo 11,5/15,5, e impresso em papel off-white
no Sistema Digital Instant Duplex da Divisão Gráfica
da Distribuidora Record.